Nordrhein-Westfalen

Doppel-Klick 8

Das Sprach- und Lesebuch

Differenzierende Ausgabe

Herausgegeben von
Renate Krull, Elisabeth Schäpers und Renate Teepe

Erarbeitet von
P. Altschuh-Riederer, Dorothee Gaile, Mahir Gökbudak,
Silke González León, Beate Hallmann, Kerstin Hammer,
August-Bernhard Jacobs, Lucia Jacobs, Jona Jasper, Gesine Jordan,
Michaela Koch, Renate Krull, Ekhard Ninnemann,
Martin Püttschneider, Florian Recksiegel, Elisabeth Schäpers,
Matthias Scholz, Salih Sönmez, Michael Strangmann, Renate Teepe

Unter Beratung von Jörn Stückrath

Themen	Kompetenzen
Sag mal, meinst du auch, was du sagst?	Mündlicher Aufgabentyp 3 a und 3 b: Gruppen- und Streitgespräche führen und reflektieren
Kommunizieren ist mehr als sprechen ... 12	Grundsätze der Kommunikation beachten
Einen Dialog deuten ... 14	Kommunikationsabsichten ermitteln
Loriot: Feierabend ... 14	persönliche und sachliche Argumente unterscheiden
Extra Sprache: Killerphrasen und Ich-Botschaften ... 18	unfaires Diskussionsverhalten abwehren
Weiterführendes: Kommunikation in einem Jugendbuchauszug ... 20	
Jochen Till: Zu(g)einander ... 20	
Das kann ich! Kommunikation verstehen	
Sachlich Kritik üben ... 22	
Training: Kritik üben – mit Kritik umgehen ... 23	Mündlicher Aufgabentyp 3 b: Streitgespräche führen und reflektieren
Kritik üben ... 23	konstruktiv Kritik üben
Mit Kritik umgehen ... 24	Kritikgespräche führen
	Gefühle wahrnehmen und ausdrücken

(K)ein Idol für mich	Schriftlicher Aufgabentyp 4 a: fragengeleitet literarische Texte untersuchen
Sich über Idole austauschen ... 26	direkt und indirekt charakterisierende Textstellen erschließen
Gabriele Meinhard: Janis Joplin ... 27	Figurenkonstellation und Figurenentwicklung verstehen
Eine literarische Figur charakterisieren	Figuren charakterisieren
Kirsten Boie: Kerle mieten ... 28	sich produktiv mit literarischen Figuren auseinandersetzen
Extra Arbeitstechnik: Eine Charakteristik überprüfen und überarbeiten ... 32	sprachliche Bilder verstehen
Extra Sprache: Sprachliche Bilder entschlüsseln ... 33	die Erzählperspektive untersuchen
Weiterführendes: Den Ich-Erzähler charakterisieren ... 34	
Andreas Steinhöfel: Paul Vier und die Schröders ... 34	
Das kann ich! Literarische Texte erschließen	
Figuren charakterisieren ... 35	
Training: Eine literarische Figur charakterisieren ... 36	Schriftlicher Aufgabentyp 4 a: fragengeleitet literarische Texte untersuchen
Wer ist Sam? ... 36	Handlungsmotive von Figuren verstehen
Nick Hornby: Slam ... 36	Figurensprache untersuchen
Eine Charakteristik schreiben ... 38	Figuren charakterisieren

Bionik: Vorbild Natur

Bionik – Sich dem Thema nähern	40
Natur und Alltag: Funktionsweisen beschreiben	41
Einen Sachtext mit dem Textknacker lesen	42
Der Natur abgeschaut	42
Eine Funktionsweise beschreiben	45
Extra Rechtschreibung: Zusammengesetzte Wörter	46
Extra Sprache: Die Bedeutung von Fachwörtern	47
Ein natürliches Belüftungssystem	47
Weiterführendes: Einen Sachtext lesen	48
Einfach nachmachen?	48
Weiterführendes: Funktionsweisen beschreiben; Präsentieren	50
Mit den Ohren sehen	50
Das kann ich! Sachtexte erschließen Beschreiben	52

Schriftlicher Aufgabentyp 2: auf der Basis von Materialien sachlich beschreiben
Strategien und Techniken zum Textverständnis anwenden und reflektieren
Textaussagen mit dem Vorwissen verknüpfen
Texte zusammenfassen
Abbildungen und Funktionsweisen beschreiben
Ergebnisse präsentieren

Training: Sachtexte erschließen 54

Den Textknacker anwenden	54
Die Grenzen der Bionik	54

Schriftlicher Aufgabentyp 4 b: aus Sachtexten Informationen entnehmen, vergleichen und bewerten
Sachtexte erschließen
Informationen zielgerichtet zusammenfassen

Unterwegs

Über das Unterwegssein sprechen	58
Verkehrsmittel – früher und heute	59
Über die Geschichte des Reisens informieren	60
Unterwegs sein	60
Zu einem Zitat Stellung nehmen	64
Isabel Allende: Die Stadt der wilden Götter	64
Extra Sprache und Stil: Argumente verknüpfen	66
Extra Stil: Sachlich formulieren	67
Weiterführendes: Stellung nehmen	68
Michael Wigge: Ohne Geld bis ans Ende der Welt	68
Das kann ich! Sich und andere informieren Stellung nehmen	70

Schriftlicher Aufgabentyp 3: eine Argumentation verfassen
kontinuierliche und diskontinuierliche Texte sinnerfassend lesen
Informationen entnehmen
Informationen zweckgerichtet und adressatengebunden präsentieren
sich argumentativ mit Sachverhalten und Meinungen auseinandersetzen
die persönliche Meinung begründet darlegen

Training: Schriftlich Stellung nehmen 72

Eine Stellungnahme planen, schreiben und überarbeiten	72
Wohin in den Sommerferien?	72

Schriftlicher Aufgabentyp 3: eine Argumentation verfassen
Argumente sammeln, ordnen und konkretisieren
eine Stellungnahme schreiben

Themen

Einsatz für den Frieden

Sich über den Friedensnobelpreis informieren	76
Alfred Nobel	77
Ein Kurzreferat über Nelson Mandela	78
Nelson Rolihlahla Mandela: Freiheitskämpfer, Häftling, Präsident	78
Ein Interview vorbereiten und durchführen	80
Ein neuer Name für unsere Schule?	80
Extra Sprache: Fragetechniken anwenden	82
Weiterführendes: Ein Interview lesen und planen	84
„Frieden ist eine Männerbastion" Interview mit Maren Haartje	84
Sabriye Tenberken	85
Das kann ich! Präsentieren: Kurzreferat	
Interviews durchführen und reflektieren	86

Training: Präsentieren: Kurzreferat 88
In sechs Schritten zum Kurzreferat 88

Training: Ein Interview planen, durchführen und auswerten 90
In fünf Schritten zum Interview 90

Kompetenzen

Mündlicher Aufgabentyp 3 c: Interviews durchführen und reflektieren
Informationen über Personen beschaffen, auswerten und adressatengerecht weitergeben
Visualisierungen einplanen
frei vortragen
wesentliche Aussagen von Vorträgen notieren
Interviews untersuchen
Fragemuster erproben

Mündlicher Aufgabentyp 3 c: Interviews durchführen und reflektieren
ein Interview planen und durchführen

Berufe erkunden – Sich bewerben

Was will ich denn, was passt zu mir?	94
Ein Beratungsgespräch in einer Erzählung	96
Ann Ladiges: Blaufrau	96
Sich über Berufsbilder informieren	98
Julia Siebert: Mollusken fasten wöchentlich	98
Berufsbild Tierpfleger/-in	101
Felix Rettberg: Im Bauch des Riesen	102
Für die Bewerbungsmappe: Das Bewerbungsschreiben	104
Für die Bewerbungsmappe: Der Lebenslauf	106

Schriftlicher Aufgabentyp 5: einen Text überarbeiten
Wünsche und Erwartungen situations- und adressatengerecht äußern
standarisierte Texte verfassen: Bewerbungsschreiben, Lebenslauf
verschiedene Medien als Informationsquelle nutzen
Berufsbilder beschreiben
Textverarbeitungsprogramme nutzen

Training: Ein Praktikumstag im Fotostudio — 108

Einen Tagesbericht planen	108
Einen Tagesbericht schreiben	109
Einen Tagesbericht überprüfen und überarbeiten	110

Schriftlicher Aufgabentyp 2: auf der Basis von Materialien sachlich berichten
formalisierte Textvorgaben kennen und beachten: Tagesbericht

Auf den zweiten Blick

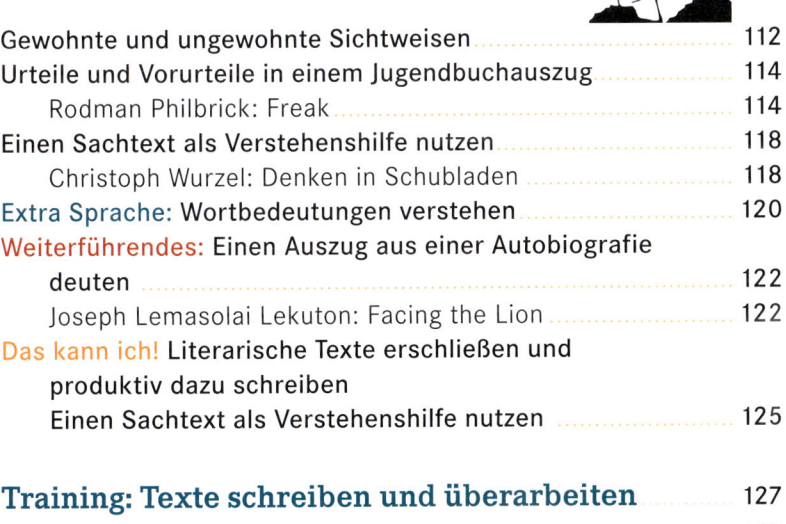

Gewohnte und ungewohnte Sichtweisen	112
Urteile und Vorurteile in einem Jugendbuchauszug	114
Rodman Philbrick: Freak	114
Einen Sachtext als Verstehenshilfe nutzen	118
Christoph Wurzel: Denken in Schubladen	118
Extra Sprache: Wortbedeutungen verstehen	120
Weiterführendes: Einen Auszug aus einer Autobiografie deuten	122
Joseph Lemasolai Lekuton: Facing the Lion	122
Das kann ich! Literarische Texte erschließen und produktiv dazu schreiben	
Einen Sachtext als Verstehenshilfe nutzen	125

Schriftlicher Aufgabentyp 6: sich produktionsorientiert mit literarischen Texten auseinandersetzen
literarische Texte erschließen und deuten
mit Texten experimentieren
aus einer anderen Perspektive erzählen
zu literarischen Figuren schreiben
Leerstellen füllen

Training: Texte schreiben und überarbeiten — 127

Aus der Sicht einer Figur schreiben	127
Schreibkonferenz: Texte überarbeiten	128

Schriftlicher Aufgabentyp 5: einen vorgegebenen Text überarbeiten
nach Vorgaben schreiben
Absicht und Wirkung reflektieren
Schreibprozesse überprüfen und überarbeiten

Gattungen, Autoren, Medien

Im Bann der Großstadt

Die Stadt als Thema im Gedicht	130
Theodor Storm: Die Stadt	131
Inhalt und Form untersuchen	132
Mascha Kaléko: Spät nachts	132
Erich Kästner: Die Wälder schweigen	133
Sprachliche Bilder und Aufbau	134
Kurt Tucholsky: Augen in der Groß-Stadt	134
Gefühlsäußerungen in Gedichten	136
Alfred Wolfenstein: Städter	136
Sarah Kirsch: Trauriger Tag	137
Weiterführendes: Großstadtgedichte vortragen	138
Eugen Gomringer: cars and cars	138
Langston Hughes: Subway Rush Hour	138
Orhan Veli: Ich höre Istanbul	139
Weiterführendes: Das Motiv der Großstadt in Songs	140
Cassandra Steen/Adel Tawil: Stadt	140
Tony Hatch/Petula Clark: Downtown	141

Kompetenzen

Schriftlicher Aufgabentyp 4 a:
fragengeleitet literarische Texte untersuchen
Zusammenhänge von Aussage, Form und Sprache analysieren
sprachliche Bilder untersuchen und deuten
themenverwandte Gedichte vergleichen
Gedichte umschreiben und gestalten

Mündlicher Aufgabentyp 2 b:
Gedichte ausdrucksvoll vortragen

Kurzgeschichten

Die Merkmale einer Kurzgeschichte erschließen	142
Josef Reding: Generalvertreter Ellebracht begeht Fahrerflucht	142
Eine Figur charakterisieren	146
Peter Bichsel: San Salvador	146
Weiterführendes: Zu einer Kurzgeschichte schreiben	150
Gabriele Wohmann: Glorias Witz	150

Schriftlicher Aufgabentyp 4 a:
fragengeleitet literarische Texte untersuchen
wichtige Textstellen erkennen
Handlungsabläufe und Entwicklung von Figuren erfassen
literarische Figuren charakterisieren

Schriftlicher Aufgabentyp 6:
sich mit literarischen Texten produktionsorientiert auseinandersetzen
zu Kurzgeschichten schreiben

Ein unerhörtes Ereignis – Die Novelle

Die Novelle lesen	154
Meinrad Inglin: Drei Männer im Schneesturm	155
Die Novelle erschließen	166
Weiterführendes: Die Merkmale einer Novelle	169

Schriftlicher Aufgabentyp 4 a:
fragengeleitet literarische Texte untersuchen
Figuren in literarischen Texten untersuchen
Handlungsmotive von Figuren erklären
Handlungsabläufe und Handlungsstränge verstehen
Zeit- und Ortgestaltung untersuchen
Erzählperspektive und Erzählhaltung untersuchen

Auf Marsreise mit Andreas Eschbach

Einen Bestseller-Autor kennen lernen	170
Wer ist Andreas Eschbach?	170
Einen Auszug aus einem Sience-Fiction-Roman lesen	171
Andreas Eschbach: Das Marsprojekt	171
Die Erzähltipps von Andreas Eschbach	174
Weiterführendes: Der Sachbuchautor Andreas Eschbach	176
Andreas Eschbach: Das Buch von der Zukunft	176

Schriftlicher Aufgabentyp 4 a:
fragengeleitet literarische Texte untersuchen und bewerten
Auszüge aus einem Science-Fiction-Roman lesen und verstehen
die Raumgestaltung untersuchen
Textauszüge weiterschreiben
ein Interview lesen und auswerten

Aktuelles vom Tage

Tageszeitungen vergleichen	178
Sich orientieren: Titelseite und Ressorts	180
Der Aufbau eines Zeitungsartikels	182
Zeitungstexte untersuchen: Schlagzeilen	184
Zeitungstexte untersuchen: Eine Reportage	185
Weiterführendes: Interview und Kommentar	186

Schriftlicher Aufgabentyp 4 b:
Informationen ermitteln, vergleichen und bewerten
Textsorten und -formen in Zeitungen unterscheiden
Formen der Berichterstattung vergleichen
Inhalt und Wirkungsweise von Zeitungstexten beschreiben

Werbung

Werbung und ihren Einfluss einschätzen	188
Bedürfnisse und Zielgruppen	190
Bilder und Sprache in der Werbung	192
Eine Werbeanzeige untersuchen und gestalten	194
Weiterführendes: Werbung und ihre Wirkung bewerten	196
Oliviero Toscani: Die Werbung ist ein lächelndes Aas	196

Schriftlicher Aufgabentyp 4 b:
Informationen ermitteln, reflektieren und bewerten
Fachbegriffe der Werbesprache kennen
Werbesprache und Bilder untersuchen
Wirkungsabsichten reflektieren

Nur fürs Ohr: Ein Hörspiel gestalten

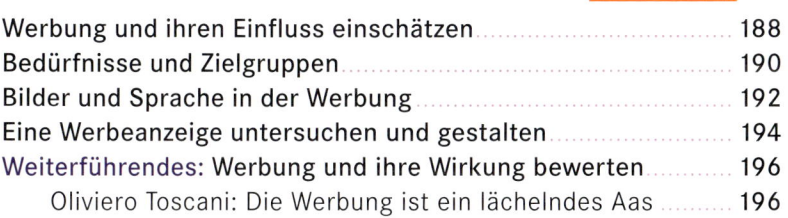

Die Vorlage kennen lernen	198
Die Stimme trainieren	200
Geräusche erzeugen	202
Hörspieldialoge untersuchen und schreiben	203
Szenen planen und aufnehmen	204

Schriftlicher Aufgabentyp 6:
sich mit einem Text produktionsorientiert auseinandersetzen
die Rolle von Text und Geräusch untersuchen
eigene Szenen gestalten
Texte in andere Medien transformieren
szenisch und dialogisch schreiben

Arbeitstechniken trainieren

Lesen erforschen, lesen trainieren

Sich von einem Text ein Bild machen	206
Ilse Aichinger: Das Fenster-Theater	206
Den Text lesen und verstehen	208
Die Ergebnisse der Textarbeit auswerten	211
Den Text szenisch interpretieren	212
Ein Gedicht lesen, untersuchen, interpretieren	214
Zoran Drvenkar: stadt ohne namen	214

Eine Inhaltsangabe schreiben

Eine Kurzgeschichte verstehen	216
Martin Suter: Das Schöne an der „Rose"	216
Eine Inhaltsangabe schreiben	220
Eine Inhaltsangabe überarbeiten	221

Informationen veranschaulichen

Diagramme und ihre Funktion untersuchen	222
Informationen in einem Kurzreferat präsentieren	224

Copyright für Wörter

Richtig zitieren	226
Kurt Hopf: So spannend ist die Welt im Weltraum	227

Feedback empfangen und geben

Feedback empfangen – Feedback geben	228

Kompetenzen

Lesestrategien in der gemeinsamen Auseinandersetzung mit dem Text erwerben, untersuchen und anwenden

analytische Verfahren der Textinterpretation anwenden
Inhaltsangaben planen, schreiben und überarbeiten

Visualisierungsmöglichkeiten vergleichen und adressaten- und zweckgerichtet einsetzen

Aussagen mit Textstellen belegen
korrekt zitieren

Rückmeldungen geben und begründen
konzentriert zuhören
auf Redebeiträge anderer eingehen

Rechtschreiben

Die Trainingseinheiten

1. Trainingseinheit: Häufige Fehlerwörter ... 230
   Der Austausch ... 230
2. Trainingseinheit: Komma in Aufzählungen und Satzgefügen ... 232
   Ein richtiger Junge ... 232
3. Trainingseinheit: Datums- und Zeitangaben, Höflichkeitsanrede, Aufzählung von Wortgruppen ... 234
   Sehr geehrte Frau König ... 234
4. Trainingseinheit: Großschreibung, Komma bei nachgestellten Erläuterungen ... 236
   Das Fliegen – für uns eine Selbstverständlichkeit ... 236
5. Trainingseinheit: Tageszeiten und Wochentage ... 238
   Berufsberatung ... 238
6. Trainingseinheit: Fremdwörter ... 240
   Bionik: Vorbild Natur ... 240
7. Trainingseinheit: Fachwörter, Wörter mit wider ... 242
   Unsere vernetzte Schulbücherei ... 242
8. Trainingseinheit: Getrenntschreibung, Satzreihe, Fremdwörter ... 244
   Zurück zur Erde ... 244
9. Trainingseinheit: Das kann ich! Einen Text korrigieren ... 246
   Prickelnd und gesund ... 247
10. Trainingseinheit: Das kann ich! Einen Text korrigieren ... 248
    Ein köstliches Bratapfelrezept ... 249

Die Rechtschreibhilfen ... 250
Gliedern – verlängern – ableiten ... 250
   Eine erfolgreiche Zusammenarbeit ... 251

Wichtige Rechtschreibregeln ... 252
Zusammenschreibung ... 252
Groß- und Kleinschreibung ... 256

5-Minuten-Übungen ... 257

Die Arbeitstechniken ... 260
Das Abschreiben – das Partnerdiktat – die Rechtschreibkartei ... 260
Übungen zu den Arbeitstechniken ... 262

Kompetenzen

Groß- und Kleinschreibung
Fremdwörter und Fachwörter
Zusammenschreibung/Getrenntschreibung
Dehnung und Schärfung
Zeichensetzung in Satzreihen und Satzgefügen
selbstständige Fehleranalyse und Fehlerkorrektur

Kennzeichen für die Großschreibung
Kürze und Länge des Stammvokals: Sprech- und Schreibproben
Wortableitungen und Worterweiterungen
Wortschatzerweiterung

nach Fehlerschwerpunkten berichtigen
Wortfelder bilden
Fehlerursachen erkennen

Training Grammatik

Kompetenzen

Sprache und sprechen 264
Die Herkunft der Wörter 264
Wortfelder 266
Wörter aus anderen Sprachen 268
Modewörter und Jugendsprache 270

Sprachvarianten unterscheiden
Entstehung und Veränderung sprachlicher Normen erschließen

Fehler verstehen und vermeiden 272
Genitivformen und Vergleiche 272

kollektive und individuelle Fehlerschwerpunkte ermitteln
Fehler vermeiden

Partizipien verwenden 274
Das Partizip I 274
Das Partizip II 275

Verbformen kennen und funktional verwenden

Wortart: Präpositionen 276
Präpositionen mit Dativ oder Akkusativ verwenden 276

Wortarten erkennen, benennen und funktional verwenden
Zusammenhänge zwischen Sprachen erkennen und nutzen

Konjunktivformen 278
Wünsche und Träume ausdrücken 278
Konjunktivformen unterscheiden und verwenden 280

Modi kennen und anwenden
Sprecherhaltung untersuchen

Der Satz: Die Satzreihe 282
Satzreihen erkennen 282
Satzreihen bilden 283

Satzbauformen beschreiben und untersuchen
Satzreihen bilden

Der Satz: Das Satzgefüge 284
Hauptsätze und Nebensätze verbinden 284

Satzbauformen beschreiben und untersuchen
komplexe Satzgefüge bilden

Der Satz: Relativsätze 288
Relativsätze erkennen und bilden 288

Nebensätze und ihre Funktion kennen und bilden

Satzgliedteile: Attribute 290
Attribute erkennen und verwenden 290

Satzgliedteile erkennen
logische Zusammenhänge und Verdichtungen ausdrücken

Wissenswertes auf einen Blick 292

Textquellen 312
Bildquellen 314
Textartenverzeichnis 315
Sachregister 316
Vollständige Gedichte 317
Auf einen Blick:
Die Übungen zu den Aufgaben des Kernlehrplans 319

Sag mal, meinst du auch, was du sagst?

- Kommunikation verstehen
- Sachlich Kritik üben

Kommunizieren ist mehr als sprechen

Kommunizieren bedeutet, sich anderen mitzuteilen.
Die Fotos auf Seite 11 zeigen Situationen,
in denen Personen miteinander kommunizieren.

1 Beschreibt die Situationen mithilfe der folgenden Fragen:
 – Wer könnten die Personen sein?
 – Wo und wann könnten die Personen miteinander sprechen?
 – Worüber sprechen die Personen?
 – Wer wendet sich an wen?
 – Was könnte die Körpersprache der Personen ausdrücken?

Das Mädchen zeigt unterschiedliche Reaktionen auf die gleiche Frage.

2 Untersucht die Reaktionen des Mädchens. Reaktionen untersuchen
  a. Wie unterscheiden sich ihre Antworten auf die gleiche Frage?
  b. Welche Gedanken könnte das Mädchen
     beim Beantworten der Frage haben? Ordnet die Denkblasen
     den Fotos 1 bis 3 zu. Begründet eure Zuordnung.

> Jetzt will sie kontrollieren, mit wem ich unterwegs war.

> Das weiß er doch, er will nur sagen, dass Skaten doof ist.

> Ich möchte so gern, dass sie das nächste Mal mitkommen.

  c. Formuliert zu Foto 3 eine Antwort des Mädchens.
  d. Stellt Vermutungen darüber an, warum das Mädchen und die Mutter
     nicht sagen, was sie in dem Moment denken und meinen.
     Was könnten die Gründe dafür sein?

3 Schreibt zu jeder Situation auf den Fotos   einen kommunikativen
   eine kurze Vorgeschichte auf.   Zusammenhang
                                                   erfinden
   Starthilfe
   Das Mädchen ist neu in der Klasse,
   kennt bislang nur ein Mädchen ...

4 Beschreibt Situationen, in denen ihr etwas Ähnliches erlebt habt.   eigene Erfahrungen
                                                                          beschreiben

Welche Gesichtspunkte beim Kommunizieren eine Rolle spielen, erfahrt
ihr in diesem Kapitel. Außerdem lernt ihr, sachlich Kritik zu äußern.
Das Zeichen in der Randspalte führt euch Schritt für Schritt dorthin.

Ob sich Gesprächspartner verstehen, wenn sie miteinander
kommunizieren, hängt nicht nur davon ab, was sie sagen.
Der folgende Ausschnitt ist dem Dialog „Feierabend"
von Loriot entnommen.

– [...]
– Liest du was?
– Im Moment nicht ...
– Dann lies doch mal was ...
5 – Nachher, nachher vielleicht ...
– Hol dir doch die Illustrierten ...
– Ich möchte erst noch etwas hier sitzen ...
– Soll ich sie dir holen?
– Nein-nein, vielen Dank ...
10 – Will sich der Herr auch noch bedienen lassen, was?
– [...]

5 Untersuche den Textauszug mithilfe der folgenden Fragen: *einen Textausauszug untersuchen*
  – Wer könnten die Gesprächspartner sein?
  – Worum geht es in diesem Dialog?

Wenn Menschen miteinander kommunizieren, können sie
unterschiedliche Absichten haben, die sie aber nicht aussprechen.

6 Welche Absichten könnten die Gesprächspartner haben?   *Kommunikationsabsichten untersuchen*
  a. Tauscht euch darüber aus.
  b. Diskutiert, ob die Gesprächspartner einander verstehen.
       Begründet eure Meinung und belegt sie mit passenden Textstellen.

7 Im Tandem!   *einen Text weiterschreiben*
  a. Schreibt den Textausschnitt weiter.
  b. Lest euch gegenseitig eure Texte vor.
  c. Untersucht in euren Texten, ob es den Figuren gelungen ist,
       einander zu verstehen. Belegt eure Meinung mit Textstellen.

Auch in eurer Klasse kann die Kommunikation gelingen oder misslingen.

8 Wie gelingt euch die Kommunikation in der Klasse?   *über das Kommunizieren in der Klasse reflektieren*
  a. Beschreibt Situationen, in denen es schwirig war,
       sich zu verstehen.
  b. Nennt Gründe für die Schwierigkeiten.
       Tipp: Lest dazu eure Ergebnisse aus Aufgabe 4 noch einmal.
  c. Beschreibt, wie euch die Verständigung schließlich gelungen ist.

Thema: **Sag mal, meinst du auch, was du sagst?**

Einen Dialog deuten

In diesem Dialog kommunizieren die Figuren auf verschiedene Weise miteinander.

Feierabend   Loriot

Sie: Hermann ...
Er: Ja ...
Sie: Was machst du da?
5 Er: Nichts ...
Sie: Nichts? Wieso nichts?
Er: Ich mache nichts ...
Sie: Gar nichts?
Er: Nein ...
10 (Pause)
Sie: Überhaupt nichts?
Er: Nein ... Ich *sitze* hier.
Sie: Du *sitzt* da?
Er: Ja.
15 Sie: Aber irgendwas *machst* du doch?
Er: Nein ...
(Pause)
Sie: *Denkst* du irgendwas?
Er: Nichts Besonderes ...
20 Sie: Es könnte ja nichts schaden, wenn du mal etwas spazieren gingest.
Er: Nein – nein ...
Sie: Ich bringe dir deinen Mantel ...
Er: Nein danke ...
Sie: Aber es ist zu kalt ohne Mantel ...
25 Er: Ich gehe ja nicht spazieren ...
Sie: Aber eben wolltest du doch noch ...
Er: Nein, *du* wolltest, daß ich spazieren gehe ...
Sie: Ich? *Mir* ist es doch völlig egal, ob *du spazieren* gehst ...
Er: Gut ...
30 Sie: Ich meine nur, es könnte dir nicht schaden, wenn du mal spazieren
 gehen würdest ...
Er: Nein, *schaden* könnte es nicht ...
Sie: Also was willst du denn nun?
Er: Ich möchte hier sitzen ...
35 Sie: Du kannst einen ja wahnsinnig machen ...
Er: Ach ...
Sie: Erst willst du spazieren gehen ... dann wieder nicht ... dann soll ich deinen
 Mantel holen ... dann wieder nicht ... was denn nun?

Info

In vielen Texten von Loriot werden Situationen dargestellt, in denen eine Verständigung nicht gelingt. Die Art und Weise, in der die Figuren aneinander vorbeireden, wirkt oft komisch.

Thema: Sag mal, meinst du auch, was du sagst?

Er: Ich möchte hier sitzen ...
Sie: Und jetzt möchtest du plötzlich dasitzen ...
Er: Gar nicht plötzlich ... Ich wollte immer nur hier sitzen ... und mich
    entspannen ...
Sie: Wenn du dich wirklich *entspannen* wolltest, würdest du nicht
    dauernd auf mich *einreden* ...
Er: Ich sag ja nichts mehr ...   3
(Pause)
Sie: Jetzt hättest du doch mal Zeit, irgendwas zu tun, was dir Spaß macht ...
Er: Ja ...
Sie: Liest du was?
Er: Im Moment nicht ...
Sie: Dann lies doch mal was ...
Er: Nachher, nachher vielleicht ...
Sie: Hol dir doch die Illustrierten ...
Er: Ich möchte erst noch etwas hier sitzen ...
Sie: Soll *ich* sie dir holen?   4
Er: Nein-nein, vielen Dank ...
Sie: Will der Herr sich auch noch bedienen lassen, was?
Er: Nein, wirklich nicht.
Sie: Ich renne den *ganzen* Tag hin und her ... du könntest doch wohl
    einmal aufstehen und dir die Illustrierten holen.
Er: Ich möchte jetzt nicht lesen ...
Sie: Dann quengle doch nicht so rum ...
Er: (schweigt)
Sie: Hermann!   5
Er: (schweigt)
Sie: Bist du taub?
Er: Nein – nein ...
Sie: Du tust eben *nicht*, was dir Spaß macht ... stattdessen sitzt du da!
Er: Ich sitze hier, *weil* es mir Spaß macht ...
Sie: Sei doch nicht gleich so aggressiv ...   6
Er: Ich bin doch nicht aggressiv ...
Sie: Warum schreist du mich dann so an?
Er: (schreit) ... Ich schreie dich nicht an!! R

1 Gebt in eigenen Worten wieder, worum es in dem Dialog geht.

2 Lies den Dialog noch einmal genau.
    Untersuche die Handlungsbausteine **Figuren/Situation** und **Ende**.
    a. Schreibe auf, was du über die Figuren und die Situation erfährst.
    b. Wer könnten die Figuren sein?
       Begründe deine Vermutungen und tausche dich mit einer Partnerin
       oder einem Partner darüber aus.
    c. Erkläre, wie der Dialog endet. Schreibe Stichworte dazu auf.

Handlungsbausteine:
Figuren/Situation
Wunsch
Hindernis
Reaktion
Ende

Thema: Sag mal, meinst du auch, was du sagst?

In dem Dialog wird nicht nur über etwas gesprochen, sondern auch etwas über die Beziehung zwischen den Gesprächspartnern ausgedrückt.

3 Gruppenarbeit!
Deutet die Textstellen in den Zeilen 13, 30–31, 45, 57, 63 und 72 mithilfe von Standbildern.
  a. Baut zu jeder Textstelle ein Standbild.
     Drückt dabei mit eurer Körpersprache aus,
     was die Figuren denken und was sie fühlen könnten.
  b. Sprecht darüber, welche Gefühle ausgedrückt werden.
  c. Was könnt ihr mithilfe der Standbilder
     über die Beziehung der Figuren erkennen?
     Schreibt Stichworte dazu auf.

W Auch die Art und Weise, wie gesprochen wird, sagt etwas über die Beziehung zwischen Gesprächspartnern aus.

4 Im Tandem! — Sprechweisen erproben
  a. Probiert aus, wie die Textstellen in den Zeilen 13, 30–31, 45, 57, 63 und 72 so gesprochen werden könnten, dass die Gedanken und Gefühle der Figuren und ihr Verhältnis zueinander deutlich werden.
  b. Beschreibt in Stichworten, was ihr jeweils ausdrücken wollt.
  c. Beschreibt beim Zuhören, wie die Textstellen gesprochen wurden.
  d. Stellt die Ergebnisse und Überlegungen in der Klasse zur Diskussion.

neugierig, aggressiv, ungläubig, interessiert, gereizt, widerwillig, …

5 Was erkennt ihr aus der Sprechweise über die Beziehung der Figuren? — die Sprechweise deuten
Fasst die Ergebnisse aus den Aufgaben 3 und 4 zusammen.

Nun könnt ihr in einer Szene darstellen, wie die Beziehung der Figuren den Verlauf des Dialogs beeinflusst.

6 Im Tandem!
Ergänzt den Dialog mit weiteren Regieanweisungen.
  a. Lest den Dialog mit verteilten Rollen. Achtet auf Regieanweisungen.
  b. Schreibt den Text eurer Rolle („Er" oder „Sie") ab und fügt Regieanweisungen hinzu.

> **Starthilfe**
> Sie: (läuft hektisch auf und ab, ruft ungeduldig) Hermann …

7 Probt das Spielen der Szene und präsentiert sie dann in der Klasse — einen Dialog szenisch interpretieren

Z 8 Was kannst du aus den Ergebnissen der Aufgaben 1 bis 7 ableiten? — Ergebnisse formulieren
  a. Fasse zusammen, warum die Figuren am Ende schreien.
  b. Formuliere in eigenen Worten, welche Gesichtspunkte beim Kommunizieren eine Rolle spielen.

Thema: Sag mal, meinst du auch, was du sagst?

Auch wenn Gesprächspartner verschiedene Absichten haben, kann die Kommunikation gelingen.

- Sie: Hermann ...
- Er: Ja ...
- Sie: (schaut ihn freundlich und interessiert an) Was machst du da?
- Er: (müde) Nichts. Ich bin einfach fertig.
5 - Sie: (auffordernd) Ich brauche aber dringend Unterstützung. Allein schaffe ich die ganze Arbeit hier nicht!
- Er: Verstehe ich ja, aber ich brauche jetzt einen Augenblick für mich.
- Sie: Was war denn heute wieder los?
- Er: (verdreht die Augen) Eine ganze Menge.
10 (bereitwillig) Kann ich dir ja gleich erzählen.
- Sie: In Ordnung. (nachdrücklich) Ich möchte aber dann mit dir sprechen.
- Er: Einverstanden, ...

9 Stellt das Gespräch szenisch dar.
Achtet auch auf Regieanweisungen.

ein Gespräch szenisch darstellen

10 Schreibe in Stichworten auf, was die Gesprächspartner jeweils zum Gelingen der Verständigung beitragen.

Sie	Er
– zeigt Interesse (Zeile 3)	– zeigt, wie es ihm geht, und erklärt ihr sein Verhalten (Zeile 4)

Starthilfe

11 Schreibe den Textausschnitt von Seite 13 so um, dass die Kommunikation gelingt.

eigene Dialoge schreiben

Z 12 Wie können die Gesprächspartner sich verhalten, um besser aufeinander einzugehen?
Berücksichtige die Ergebnisse zu den Aufgaben 9 und 10.

Was du über das Verhalten der Figuren gelernt hast, lässt sich auch auf andere Situationen übertragen.

Z 13 Überprüfe dein Kommunikationsverhalten.
  a. Beschreibe eine Situation, in der es dir gelungen ist, dich mit jemandem in einem Gespräch zu einigen.
  b. Durch welches Verhalten hast du zur Einigung beigetragen? Schreibe Stichworte dazu auf.

Thema: Sag mal, meinst du auch, was du sagst?

Extra Sprache: Killerphrasen und Ich-Botschaften

Beim Kommunizieren spielen Gefühle eine wichtige Rolle. Das kann in Diskussionen dazu führen, dass Kritik in unangemessener Weise geäußert wird.

> **1**
> So etwas ist mir **noch nie** untergekommen: **Alle** quatschen, **keiner** kapiert was! Dabei habe ich das schon **tausendmal** mit euch durchgekaut!

> **2**
> Jetzt sei bloß nicht wieder eingeschnappt. **Wie alt bist du eigentlich?**

> **3**
> Das ist doch wieder **typisch**: **superzickig**, wenn's um deine Sachen geht.

1 Tauscht euch über folgende Fragen aus:
- In welchen Situationen könnten diese Äußerungen gefallen sein?
- Wer könnte sie wem gegenüber geäußert haben?

die Wirkung von Killerphrasen untersuchen

Für solche Äußerungen verwendet man auch den Begriff **Killerphrasen**. Der Begriff **Killerphrasen** leitet sich von dem englischen Verb **to kill** ab.

Z 2 Erkläre den Zusammenhang zwischen dem Begriff und seiner Herkunft:
- Wie lässt sich **to kill** übersetzen?
- Was haben **Killerphrasen** mit der Übersetzung von **to kill** zu tun?

über den Begriff Killerphrasen nachdenken

mehr über die Herkunft von Wörtern
▶ S. 264–265

Killerphrasen sind nicht sachlich. Sie zielen darauf ab, negative Gefühle auszulösen und dadurch Widerspruch zu verhindern.

3 Untersuche die Äußerungen nun genauer.
  a. Lies die hervorgehobenen Wörter und Wortgruppen.
  b. Wie wirken sie in einer Diskussion?
     Tausche dich mit einer Partnerin oder einem Partner darüber aus.

verunsichernd
verletzend
abwertend
…

4 Tauscht euch darüber aus, wodurch der Widerspruch erschwert wird.

So könnt ihr auf Killerphrasen reagieren: etwas Witziges antworten, eine Frage stellen, die Killerphrase ignorieren, den Gesprächspartner auf seine unsachliche Äußerung ansprechen

5 Schreibe zu den Killerphrasen in den Sprechblasen Antworten auf.

auf Killerphrasen reagieren

6 Wie habt ihr schon auf Killerphrasen reagiert? Wie könntet ihr reagieren? Schreibt eure Erfahrungen auf und sammelt weitere Vorschläge.

Thema: Sag mal, meinst du auch, was du sagst?

Killerphrasen behindern die Kommunikation zwischen Gesprächspartnern. Dabei ist es nicht schwer, ohne sie auszukommen – auch wenn man Kritik übt.

A
Ich fühle mich von dir total ausgenutzt.
Wir könnten uns doch gegenseitig aushelfen, wenn wir etwas brauchen.

B
Ich habe den Eindruck, dass nicht alle verstanden haben, worum es geht.
Erklärt mir bitte, woran das liegen könnte.

C
Ich wundere mich über deine heftige Reaktion.
Was hat eigentlich dazu geführt?

7 Welche Killerphrase kann durch welche Äußerung ersetzt werden?
  a. Lies noch einmal die Killerphrasen auf Seite 18 und die Äußerungen A, B und C.
  b. Ordne je eine Äußerung einer Killerphrase zu.
  c. Begründe deine Zuordnung.

die Wirkung von Ich-Botschaften untersuchen

8 Im Tandem!
Untersucht die Äußerungen A, B und C genauer.
  a. Lest die hervorgehobenen Wörter und Wortgruppen.
  b. Wie wirken sie vermutlich in einer Diskussion?
  Tauscht euch darüber aus.

Äußerungen wie in den Sprechblasen A, B und C nennt man Ich-Botschaften.

Z 9 Wie wird die Kommunikation durch das Verwenden von Ich-Botschaften gefördert?
  a. Vergleiche die Wirkung von Killerphrasen und Ich-Botschaften.
  b. Fasse die wesentlichen Unterschiede in Stichworten zusammen.

Nun könnt ihr selbst Killerphrasen durch Ich-Botschaften ersetzen.

> Da kannst du überhaupt nicht mitreden.
> Das hätte ich nie von euch gedacht.
> Das haben doch schon andere vor dir versucht.

10 Ersetze jede Killerphrase durch eine passende Ich-Botschaft.

Killerphrasen durch Ich-Botschaften ersetzen

Thema: Sag mal, meinst du auch, was du sagst?

Z Weiterführendes:
Kommunikation in einem Jugendbuchauszug

In einem Auszug aus dem Jugendbuch „Zu(g)einander" von Jochen Till wird die Begegnung zweier Menschen auf einer Bahnfahrt geschildert.

Zu(g)einander   Jochen Till

„Na, das haben wir ja gerne!", poltert eine Stimme in meiner näheren Umgebung und reißt mich aus dem tiefen Schlaf. „Und dann auch noch so tun, als würde man schlafen!", bellt die Stimme weiter. „Darauf falle ich schon lange nicht mehr rein!"

5 Wie bitte, was? Wo bin ich? Ich öffne mühsam die Augen. Ach ja, stimmt, ich sitze im Zug nach Berlin. Aber der Zug fährt nicht mehr. Bin ich am Ende vielleicht schon da? Kann es sein, dass ich zu lange geschlafen habe? Ich schaue blinzelnd aus dem Fenster. Ach so, das ist nur eine Haltestelle, ich bin immer noch in Bayern, hätte mich auch gewundert.

10 „Hallo?", bellt die Stimme erneut. „Sie brauchen gar nicht so zu tun, als würden Sie mich nicht bemerken! Unverschämtheit! Sie glauben wohl, nur weil Sie jung sind, können Sie sich alles erlauben!" Ich drehe meinen Kopf zur Seite, um nachzuschauen, wer zum Teufel da so rumkrakeelt. Direkt neben meinem Sitz steht ein verkniffen dreinschauender älterer Mann in einer
15 braunen Strickjacke und schaut auf mich herunter.

„Ja, genau Sie meine ich!", schimpft er. „Sie schämen sich wohl gar nicht, was?" Ich? Nein. Warum sollte ich. Ich habe doch gar nichts gemacht, wofür ich mich schämen müsste. Oder etwa doch? Im Schlaf vielleicht? Kann man im Schlaf furzen oder so? Das wäre jetzt das Einzige, was ich mir vorstellen kann,
20 warum mich dieser Mann so anpflaumt. Ich schnüffle kurz in die Luft, ob ich irgendetwas Verdächtiges riechen kann, aber Fehlanzeige.
„Sie brauchen gar nicht so die Nase rümpfen!", schimpft der Mann weiter. „Sie glauben wohl, Sie sind was Besseres!!"
Ha? Das wird ja immer seltsamer. Ich kapiere gerade mal überhaupt nichts.
25 Was zur Hölle will dieser Mensch von mir? Ich lege mein unschuldigstes Gesicht auf und zucke mit den Schultern.
„Na, das wird ja immer schöner!", pflaumt er mich an. „Jetzt auch noch den Unwissenden spielen! Tun Sie mal nicht so! Sie wissen ganz genau, dass Sie auf meinem Platz sitzen! Ich habe reserviert!"

30 Ach so, darum geht es. Woher soll ich das denn wissen?
Das hätte er auch gleich sagen können.
Und zwar in aller Ruhe. Ist doch kein Grund, hier so herumzuschreien.
„Oh, Entschuldigung!", sage ich und stehe auf. „Das wusste ich nicht."
„Ja, ja, von wegen!", motzt er weiter und zeigt auf ein kleines
35 Schildchen neben dem Sitz. „Da steht es doch ganz deutlich!"
Ich werfe einen Blick darauf. Tatsache.
Da steht, dass dieser Platz reserviert ist.

Thema: Sag mal, meinst du auch, was du sagst?

„Entschuldigung", wiederhole ich, während ich meine Tasche aus der Ablage ziehe. „Das wusste ich wirklich nicht. Ich fahre heute zum ersten Mal ICE."
40 „Ach, sparen Sie sich Ihre faulen Ausreden!", drückt er sich rabiat an mir vorbei auf seinen Sitz, während der Zug wieder anfährt. „Diese Generation hat einfach vor nichts mehr Respekt, so ist es doch! Eine Bande von Rüpeln, allesamt!"
Okay, das reicht. […]

1 Verständigt euch über den Textauszug:
– Was erfahrt ihr über die einzelnen Figuren und die Situation?
– Worum geht es in dem Dialog zwischen den Figuren?

sich über die Handlung verständigen

Wie sich Gesprächspartner gegenseitig wahrnehmen, spielt für die Verständigung eine wesentliche Rolle.

2 Untersuche den Textauszug mithilfe der folgenden Fragen genauer. Belege deine Antworten mit passenden Textstellen.
– Wie schätzen die Figuren sich gegenseitig ein?
– Was könnte den Einschätzungen zugrunde liegen?

die Haltung der Figuren untersuchen

3 Im Tandem!
Tauscht euch über die folgenden Fragen aus:
– Warum fühlt sich der Ich-Erzähler falsch verstanden?
– Wie schätzt ihr ihn ein?

So reagiert der Ich-Erzähler:

„Also", sage ich und knalle meine Tasche vor ihm auf den Tisch. „Der einzige
45 Rüpel, den ich hier sehe, sind Sie. Hätten Sie mich in aller Ruhe und mit der unter zivilisierten Menschen üblichen Höflichkeit darauf hingewiesen, dass ich auf Ihrem Platz sitze, könnte ich jetzt eventuell so etwas wie Respekt für Sie empfinden. Aber Respekt kriegt man nicht automatisch zum sechzigsten Geburtstag, den muss man sich verdienen. […]"

W Hier erhältst du Aufgaben zur Wahl.

4 Wie beurteilst du die Reaktion des Ich-Erzählers?
Schreibe deine Meinung auf und begründe sie.

Kommunikationsverhalten beurteilen

5 Wie könnten die Figuren zur besseren Kommunikation beitragen? Schreibe die Zeilen 40–49 um. Berücksichtige, was die Figuren durch Sprechweise, Körpersprache und Ich-Botschaften vermitteln.

Sprechweise und Körpersprache
▶ S. 16–17

Ich-Botschaften
▶ S. 19

6 Warst du schon einmal in einer Situation, in der du falsch eingeschätzt und verbal angegriffen wurdest? Erzähle davon.

Thema: Sag mal, meinst du auch, was du sagst?

Das kann ich!

Kommunikation verstehen
Sachlich Kritik üben

In diesem Kapitel hast du gelernt, dass beim Kommunizieren
die Beziehung der Dialogpartner und deren Gefühle eine Rolle spielen.

1 Gib in eigenen Worten wieder, worum es in der Auseinandersetzung zwischen den Comicfiguren Helga und Hägar geht.

einen Comic über Verständigung untersuchen

2 Untersuche den Comic mithilfe der folgenden Fragen:
– Welche Gefühle zeigen Helga und Hägar?
– Wie werden ihre Gefühle in den einzelnen Bildern, im Text und im Schriftbild ausgedrückt?
– Was sagen die Sprechweise und die Körpersprache über die Beziehung zwischen Hägar und Helga aus?

die Sprechweise und die Körpersprache deuten
▶ S. 16–17

W Zwischen den folgenden Aufgaben könnt ihr wählen.

3 a. Versetzt euch jeweils in eine der Figuren: Helga oder Hägar.
b. Schreibt auf, was sie im Verlauf der Auseinandersetzung denken könnten.

sich in andere hineinversetzen
▶ S. 12, 16

4 Schreibt für Hägar und Helga Ich-Botschaften auf, die ihnen helfen könnten, einander besser zu verstehen.

Ich-Botschaften
▶ S. 19

5 Gestaltet aus dem Comic eine Spielszene, in der Helga und Hägar miteinander diskutieren und sich am Ende erfolgreich verständigen.
a. Schreibt die Äußerungen und Regieanweisungen für Helga und Hägar auf.
b. Spielt die Szene in der Klasse vor.
c. Sprecht über die Gründe für das Gelingen der Kommunikation.

eine Diskussion szenisch darstellen ▶ S. 17

Grundsätze für das Gelingen von Kommunikation
▶ S. 17

Thema: Sag mal, meinst du auch, was du sagst?

Kritik üben – mit Kritik umgehen

Kritik üben

Wo Menschen zusammen leben und arbeiten, kann es Anlass geben, Kritik zu üben.

Warum guckt sie denn schon wieder so? Ständig hat sie etwas an mir auszusetzen. Wenn bloß …

Jetzt sage ich aber was! Kommt heute wieder zu spät und packt jetzt schon ein, bevor es klingelt. Das kann so einfach nicht weitergehen. Ich wünschte …

1 Beschreibe die Situation auf dem Foto.
– Wer könnten die Personen sein?
– Was drücken die Personen vermutlich mit Gestik und Mimik aus?
– Was könnte im Vorfeld zwischen den Personen vorgefallen sein?

Situationen beschreiben und deuten

Hinter jeder Kritik steckt ein Wunsch des Gesprächspartners.

2 Was möchten die Personen? Ergänze ihre Gedanken.

Wünsche und Absichten erkennen

Wünsche ausdrücken
➤ S. 278-281

Gesprächspartner sind meist eher bereit, auf die Wünsche des anderen einzugehen, wenn die Kritik als Ich-Botschaft geäußert wird.

– Deinetwegen kann ich nie pünktlich mit dem Unterricht beginnen.
– Ich bin unzufrieden, weil ich den Unterricht unterbrechen musste, als du hereinkamst.
– Das ist doch total übertrieben.
– Das finde ich ungerecht: Ich habe nach dem Sportunterricht noch beim Abbauen geholfen und bin danach sofort hergekommen.

3 Welche Äußerungen sind Killerphrasen? Welche Ich-Botschaften? Begründe deine Zuordnung.

Killerphrasen und Ich-Botschaften unterscheiden

Z 4 Im Tandem!
Schreibt und spielt einen Dialog zur Situation auf dem Foto, in dem die Gesprächspartner auf die Kritik eingehen können.

einen Dialog schreiben und spielen

Mit Kritik umgehen

Auf Kritik kann man unterschiedlich reagieren.

> – Ich werde traurig und wende mich ab.
> – An manchen Tagen nehme ich Kritik ruhig zur Kenntnis,
>   an anderen Tagen werde ich sehr wütend.
> – Ich höre mir alles in Ruhe an. Da könnte etwas Wahres dran sein.
> – Ich suche sofort nach Gegenargumenten.

1 Wie reagierst du, wenn du kritisiert wirst?   *die eigene Kritikfähigkeit einschätzen*
    a. Schreibe den Satz ab, der deiner Reaktion am ehesten entspricht.
    b. Tausche dich mit einer Partnerin oder einem Partner darüber aus,
       ob sie oder er deine Selbsteinschätzung teilt.

Gefühle, die durch die Kritik ausgelöst werden,
beeinflussen die Reaktion.

2 Welche Gründe könnte es für die Reaktionen in Aufgabe 1 geben?   *Reaktionen verstehen*
    Tauscht euch in der Klasse darüber aus.

Kritik kann eine Chance sein, etwas zu lernen. Du erfährst mehr,
wenn du deinem Gesprächspartner genau zuhörst und nachfragst.

> Was erwartest du von mir? Was meinst du eigentlich damit?
> Warum ist dir das so wichtig? Kannst du mir ein Beispiel nennen?
> Was möchtest du? Was stört dich daran?

3 Welche Informationen kannst du durch die Fragen erhalten?   *Informationen erfragen*
    a. Trage die Fragen in eine Tabelle ein.
    b. Ergänze weitere Fragen.

Starthilfe

Wunsch des Gesprächspartners	Erklärung zur Kritik	Gründe, Gefühle des Gesprächspartners
Was erwartest du von mir?	…	…

Auf unsachliche Kritik muss man nicht eingehen.
Sie wird eingesetzt, um Gefühle negativ zu beeinflussen.

> Mach dich doch nicht lächerlich!

4 Wie kann diese Killerphrase auf den Gesprächspartner wirken?   *die Wirkung von Killerphrasen untersuchen*
    Tauscht euch in der Klasse darüber aus.

Z 5 Wie würdet ihr auf die Killerphrase reagieren?   *Reaktionen bewerten*
    a. Schreibt mögliche Reaktionen auf.
    b. Besprecht die Vor- und Nachteile der einzelnen Reaktionen.

(K)ein Idol für mich

- Literarische Texte erschließen
- Figuren charakterisieren

> Es ist, weil du *gelebt* hast! Richtig und wirklich und intensiv gelebt, nicht so vor dich hin gewurstelt.

Janis Joplin, die berühmteste weiße Bluessängerin aller Zeiten.

    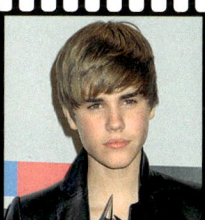 

Sich über Idole austauschen

Idole sind Vorbilder. Manche Menschen faszinieren uns so, dass wir sie bewundern und ihnen nacheifern wollen. Es gibt viele verschiedene Gründe, einen Menschen zu seinem Idol zu machen.

1 Auf Seite 25 sind Teenageridole aus dem Jahr 2011 abgebildet. Sprecht über folgende Fragen:
- Welche von ihnen erkennt ihr?
- Wodurch sind sie berühmt geworden?
- Welche von ihnen sind immer noch berühmt?

über Idole sprechen und schreiben

2 Wählt ein Idol aus. Schreibt auf, was an diesem Idol für Jugendliche bewundernswert sein könnte.

3 Sprecht über eure Idole. Wen bewundert ihr? Warum?

Das große Foto auf Seite 25 zeigt die Bluessängerin Janis Joplin, die 1970 im Alter von nur 27 Jahren starb. Lulu, die Hauptfigur aus dem Jugendroman „Kerle mieten", bewundert Janis Joplin.

4 Lest die Äußerung von Lulu auf Seite 25. Sprecht darüber, was Lulu an Janis Joplin bewundert.

Das berühmteste Lied, das Janis Joplin gesungen hat, heißt „Me and Bobby McGee". Es beschreibt die Reise von zwei Hippies, die musizierend durch ganz Amerika trampen.
Der Refrain lautet so:

Freedom's just another word for nothin' left to lose, And nothin' ain't worth nothin' but it's free. Feelin' good was easy, Lord, when Bobby sang the blues, And feelin' good was good enough for me, Good enough for me and my Bobby McGee.	Freiheit, das heißt einfach nur: nichts mehr zu verlieren. Nichts zu haben kostet nichts, du kriegst es einfach so. Sich gut zu fühlen war ganz leicht, denn Bobby sang den Blues, Und sich gut zu fühlen war mir gut genug, Das war gut genug für mich und Bobby McGee.

5 Sprecht über den Inhalt des Refrains: Was ist seine Botschaft?
Tipp: Ihr könnt euch das Lied im Internet anhören.

über ein Lied sprechen

In diesem Kapitel liest du Auszüge aus Jugendromanen.
Du beschreibst literarische Figuren und charakterisierst sie.
Das Zeichen in der Randspalte führt dich schrittweise dorthin.

Bis heute gilt Janis Joplin als die Queen des weißen Bluesrock.

Janis Joplin: Die weiß-schwarze Stimme   Gabriele Meinhard

> **Info**
> Der **Blues** war zuerst eine eigenständige Form afroamerikanischer Musik in den USA, bis auch weiße Musiker auf die Form zurückgriffen.

Am 19. Januar 1943 wird Janis Joplin in Port Arthur/Texas geboren und hier wächst sie mit ihren jüngeren Geschwistern Michael und Laura auf. „Ich brauche Freiheit, und ich nehme sie mir!" Mit diesem Motto wird Janis in der Schule zur Außenseiterin und leidet darunter. Als sie 16 ist,
5 freundet sie sich mit sogenannten „Beatniks" an. Die Beatniks rebellieren gegen die Gesellschaft und die Diskriminierung von Farbigen. Janis fängt an zu trinken, feiert Partys und schwänzt die Schule. Und sie entdeckt die schwarze Musik. Wenn sie den Blues singt, hat sie das Gefühl, aus dem weißen Leben auszubrechen.
10 „Ich lasse meine Gefühle für mich arbeiten", sagt sie. „Ich stecke alles, was ich habe, in die Songs."
Nach der Highschool weiß Janis nicht weiter, hängt rum und ist ständig unzufrieden. Bis sie mit 19 die Hippiekolonie Venice bei Los Angeles besucht. […] 1965 kehrt sie zu ihren Eltern zurück. Sie geht aufs College,
15 aber das Studium erscheint ihr hohl und anspruchslos.
Als sie ein Jahr später die Chance bekommt, bei einer Band in San Francisco zu singen, zögert sie keine Sekunde. […]
Janis' Auftritte sind mehr als Konzerte. „Sie ist wie eine explodierende 1000-Watt-Birne", sagt eine Freundin und ein Fan schwärmt: „Sie ist wie wir.
20 Ich habe sie nie getroffen, aber ich kenne sie. Wenn man sie hört, ist es, als ob man seinen Körper verlässt."
Mit Liedern wie „Me and Bobby McGee" und „Try" wird Janis zur Göttin der Hippie-Bewegung. […]
1969 gibt Janis in Frankfurt ihr einziges Deutschland-Konzert und im gleichen
25 Jahr fegt sie auf dem legendären Woodstock-Festival über die Bühne.
Sie ist ein Star – und zerstört ihr Leben.
Janis trinkt immer exzessiver, oft hält sie in der einen Hand das Mikro, in der anderen das Whiskey-Glas. Ein Reporter fragt: „Bist du glücklich?", und Janis weicht aus: „Ich bin ganz oben." Ihrer Schwester vertraut sie an:
30 „Ich will bloß ein bisschen Frieden." Bald probiert sie das erste Mal Heroin. […] Tod durch Unfall notiert der Arzt am 4. Oktober 1970, als er die tote Janis Joplin in ihrem Hotelzimmer in Hollywood untersucht. Doch nach der Obduktion[1] ist klar: Die 27-Jährige starb an einer Überdosis Heroin. […]

[1] die Obduktion: Untersuchung einer Leiche zur Klärung der Todesursache

6 Was erfährst du in dem Artikel über Janis Joplin? Schreibe einen Steckbrief mit den wichtigsten Informationen über Janis Joplin.

einen Artikel lesen und verstehen

7 Überlegt, warum Janis Joplin zu einem Idol geworden ist. Schreibt Stichworte auf und diskutiert in der Klasse darüber.

Thema: (K)ein Idol für mich

Eine literarische Figur charakterisieren

Luise, genannt Lulu, ist die Hauptfigur in dem Roman von Kirsten Boie „Kerle mieten". Sie ist 14 Jahre alt und hat ein Idol: Janis Joplin.

Kerle mieten Kirsten Boie

Kirsten Boie (geboren 1950) gehört zu den erfolgreichsten deutschen Kinder- und Jugendbuchautoren. Von ihr sind bisher mehr als sechzig Bücher erschienen und auch in andere Sprachen übersetzt worden.

Die wirklich wichtigen Sachen allerdings, Janis, erzähle ich nur dir. Weil Tagebücher irgendwie – verstehst du nicht? Wenn man das so schreibt, „mein allerliebstes Tagebuch" oder „liebes, liebes Tagebuch, du Gutes" und dazu Sätze wie: „Verstehst wenigstens du mich, mein Geheimes?",
5 da muss man sich doch echt fragen lassen, ob sich unter der Schädeldecke nicht irgendwas gelockert hat. Wer anfängt, einen hinten zusammengehefteten Packen Zettel mit kleinen Karos so zärtlich anzureden, als wäre er ein heimlicher Geliebter, ist vielleicht doch eher auf dem direkten Pfad zur geistigen Verwirrtheit.
10 Aber Sachen einfach nur so aufschreiben, Janis, einfach nur so, für keinen – das ist irgendwie auch ziemlich sonderbar, oder? Mit mir selber reden tue ich schließlich auch nicht. Da käme ich mir ja vor wie der Typ in der U-Bahn, du weißt schon, der mit der Plastiktüte und dem unverwechselbaren Duft. Und darum, liebe Janis, schreibe ich nun an dich, im Heft und in Gedanken.
15 An jemand Echtes kann man ja nicht schreiben, das wäre ja auch schizophren[1], also zum Beispiel an irgendeine Schauspielerin oder an sonst wen, den man gut findet. Warum schickt man es denn dann nicht auch ab? Also ich habe für mich beschlossen, dass es nicht geht.
Die einzige Lösung, Janis, ist jemand, der tot ist. Den gibt's nicht mehr, aber weiß
20 man, ob er nicht vielleicht doch von oben oder von wo auf einen runterguckt? Behaupten doch viele. Und da denke ich eben, dass du mir sozusagen über die Schulter guckst, wenn ich schreibe, und mir zuhörst, wenn ich denke, und dir deine Gedanken machst. Nicht, dass ich das wirklich glaube, Janis, tot ist tot. Aber es ist nützlich, es sich vorzustellen. [...]
25 Aber du, Janis, hast ja noch ganz andere Sachen gemacht. Du weißt, dass das Leben nicht immer einfach ist und manchmal sogar ziemlich gemein und dass man darum auch nicht immer lieb und brav sein kann. Darum kriegst du jetzt Post von mir, hey, Janis da oben! Und ich hoffe doch, du freust dich vor allem, wenn ich dir jetzt endlich mal
30 ein Kompliment zu deinen Songs mache.
So hab ich dich nämlich überhaupt kennen gelernt, weißt du das? So vor ungefähr zwei Monaten haben Mama und Papa sich endlich ihre neue Anlage gekauft, für Bang und Olufsen hat es natürlich wieder nicht gereicht, aber schlecht war sie trotzdem nicht.
35 Sie haben stundenlang CDs eingeschoben und geächzt und gestöhnt,

[1] schizophren: psychisch krank

wie wunderbar die klingen, und ihre alte Anlage, die sogar noch
einen Plattenspieler hatte, haben sie in den Keller gestellt.
Kannst du so was begreifen? Dabei haben sie Berge von alten Platten, alles Vinyl[2],
die könnte man natürlich optimal verkaufen. Man kann sie aber auch aufheben
40 und anhören und sich vorstellen, dass es einmal eine Zeit gegeben hat, in der
man immer diese hoch empfindlichen schwarzen Teile sorgfältig wie rohe Eier
auf den Plattenteller bugsieren musste, wenn man Musik hören wollte.
Da haben Lissa und ich die Platten eben alle mal durchprobiert, und ich sag's dir
ganz ehrlich, ihr hattet nicht nur schlechte Musik damals. Natürlich hör ich
45 gerne Techno und House, aber wenn ich in meinem Zimmer sitze und die dicke
grüne Schwimmkerze mit dem Apfelduft angezündet habe, weil mir innen drin
irgendwie so weich und so warm und so auf eine glückliche Weise traurig ist,
weil ich auf etwas warte, von dem ich nicht weiß, was es ist, passt das
ganz einfach nicht.
50 Aber du, Janis, du passt genau. Blues, das ist genau das, was ich dann brauche.
Als ich zum ersten Mal deine Platte aufgelegt habe, hab ich gedacht:
„Nee, oder? Kennt die dich, Luise? Wieso weiß die genau, wie du dich fühlst?
Und wieso, Sauerei, kann die auch noch einen Song daraus machen,
und du kannst das nicht?"
55 Da hab ich dann den Klappentext gelesen, und da hab ich begriffen, Janis:
Es ist, weil du *gelebt* hast! Richtig und wirklich und intensiv gelebt, nicht so vor
dich hin gewurstelt. Dein Leben war eine Flamme, kurz und hell und leuchtend;
du bist verbrannt, strahlend, anstatt jahrelang vor dich hin zu glimmen
ohne irgendwen zu erleuchten, wie sie das hier alle tun: Mama und Papanski
60 und der überaus wichtige Herr Schippendonck und natürlich sämtliche Lehrer
und überhaupt alle, die ich kenne, die über fünfundzwanzig sind. Begreifen die
denn gar nicht, was das Leben ist, Janis? Dass es das nur einmal gibt
und dass man etwas Großes daraus machen muss? Eine Spur hinterlassen
auf diesem Planeten, etwas verändern? Wenn ich einmal sterbe, will ich, dass
65 diese Welt anders ist, als sie es ohne mich geworden wäre. Nicht wie Mama,
die ihre ganze Energie in Antons Hausaufgaben und saubere Fenster und
perfektes Make-up und Versicherungscomputer steckt. […]
Janis? Verstehst du, Janis? Wir haben doch jeder eine Chance, glaubst du nicht?
Ich hab noch keine Ahnung, was ich machen werde, absolut *rien*[3], aber
70 irgendwas wird es sein, das spüre ich. Vielleicht entdecke ich irgendwas
Wissenschaftliches, ein Mittel gegen Krebs oder wie man genug Lebensmittel
zusammenkriegt, dass keiner auf der ganzen Welt mehr hungern muss;
oder ich werde eine weltberühmte Ärztin oder Sängerin, oder ich schreibe
große Romane oder ich werde so was wie Mutter Teresa, obwohl mir das
75 vielleicht doch nicht so liegt. Etwas Großes, Janis, du, etwas Großes! Mein Leben
soll groß sein, das hab ich mir geschworen, nicht so vergeudet und klein
und grau wie bei allen um mich rum.

---

[2] das Vinyl: Polyvinylchlorid (PVC), Kunststoff
[3] rien: Französisch: nichts

Aber natürlich kann man das keinem erzählen. Nicht mal Lissa.
Was würde die denn von mir denken, wenn ich ihr so was sagen würde? [...]
80 Und weil deine Musik so ist, wie sie ist, und weil dein Leben so war,
wie es war – darum hab ich gewusst, du bist die Richtige. Und darum schreib ich
dir jetzt, hey, Janis!, oder beame dir meine Gedanken. Ich glaub, wir sind uns
ziemlich ähnlich. Mama und Papa haben allerdings eine Krise gekriegt,
als ich plötzlich ständig „Me and Bobby McGee" aufgelegt habe.
85 „Seit wann hörst du denn die alte Janis Joplin?", hat Papa gefragt. „Das ist ja
ganz was Neues."
Dann hab ich mir auch noch das Plattencover an die Wand gepinnt
wie ein Poster, damit ich dich ständig sehen kann und weil es auch
geil aussieht, sogar besser als ein Poster, so abgewetzt und irgendwie gut,
90 und da ist Mama wirklich hektisch geworden.
„Lulu, ich möchte wissen, was das bedeuten soll", hat sie gesagt. „Diese Frau ist
durch eine Überdosis umgekommen, weißt du das? Da war sie
noch nicht mal dreißig, und du ..."
„Siebenundzwanzig", hab ich gesagt und „Me and Bobby McGee" lauter gedreht.
95 „Noch schlimmer!", hat Mama gerufen. „Ich hoffe doch nicht, dass wir uns jetzt
Sorgen machen müssen, dass du auch ..."
Ich hab keine Antwort gegeben. Wenn sie so blöde sein will, soll sie so blöde sein,
ich hindere sie nicht.
Obwohl ich das mit den Drogen am Schluss auch ein bisschen scheiße finde,
100 Janis, du nimmst es mir doch nicht übel? Ich glaube, du hättest ohne
genauso groß sein können, auch ohne deinen Whisky immer, du warst doch
so ein intensiver Mensch. Und dann hättest du vielleicht noch mehr Songs
schreiben können und sie singen mit deiner unglaublichen Stimme, die bei mir
immer irgendwas anrührt, das sonst nichts anrührt, absolut gar nichts
105 in meinem ganzen Leben. Andererseits ist natürlich die Vorstellung komisch,
dass du dann jetzt längst eine Oma wärst. Das wäre natürlich irgendwie
auch nicht richtig. Aber vielleicht wärst du dann eine ganz neue Art von Oma?
Ich will mich nicht in deine Angelegenheiten einmischen, es ist, wie es ist.
Aber weißt du, was ich wieder völlig typisch finde? Schließlich ist es *ihre* alte
110 Platte von dir, die ich jetzt immer höre, da müssten sie doch begreifen können,
was ich daran finde und warum ich sie höre. Sie sind doch schließlich auch nicht
zu lebenslangen Säufern und Fixern geworden wegen deiner Musik! Aber kaum
legt ihr Töchterchen sie auf, explodieren sie vor Panik. So sind sie, Janis, das ist
ein gutes Beispiel. Es muss furchtbar sein, wie sie zu werden, so hohl und
115 nur noch mit Interesse für Tortenrezepte und die Schulnoten ihrer Kinder und
das neueste Textverarbeitungsprogramm! So ein kleines, kleines Leben!
Darum brauch ich dich ja so dringend, Janis. Um zu wissen, dass es
auch andere Menschen geben kann. Dass also noch Hoffnung ist für mich.
Hey, Janis.

1 Was erfährst du aus dem Textausschnitt über Lulu?
Schreibe Stichworte auf und belege diese mit Textstellen.

Info

Eine Figur wird **direkt charakterisiert** durch Textstellen, in denen sie Aussagen über sich macht.

Du erfährst noch mehr über Lulu, wenn du darauf achtest, wie sie spricht, was sie fühlt, denkt und wie sie handelt.

Textstellen untersuchen

2 Lege eine Tabelle an, in die du Informationen einträgst, die du im Text über Lulu erhältst. Belege deine Äußerungen mit Textstellen.

Starthilfe

Dinge, über die Lulu sagt, dass sie sie mag:	Dinge, über die Lulu sagt, dass sie sie nicht mag:	Wünsche, über die Lulu spricht:
Musik	...	etwas Großes tun

> [!info]
> **Indirekt** wird eine Person **charakterisiert** durch die Art und Weise, wie sie spricht, fühlt, denkt und handelt.

3 „Mein Leben soll groß sein", sagt Lulu in den Zeilen 75–76.
  a. Erkläre, was sie damit meint.
  b. Erkläre, was dieses Zitat über ihre Wünsche verrät.

Auch das Verhältnis zu anderen Personen verrät etwas über Lulu.

das Verhältnis der Figuren zueinander untersuchen

4 Im Tandem!
  a. Untersucht das Verhältnis zwischen Lulu und ihren Eltern:
    – Worum geht es bei dem Streit zwischen Lulu und ihrer Mutter?
    – Welche Gefühle werden in dem Streit deutlich?
    Belegt eure Äußerungen mit Textstellen.
  b. Schreibt auf, welches Verhältnis Lulu zu ihren Eltern hat.

Z 5 Versetzt euch in die Lage der Eltern. Schreibt einen Dialog, in dem sie sich über ihre Tochter unterhalten.

Lesemappe ➤ S. 296

6 Charakterisiere Lulu. Gehe vor allem auf ihre Meinungen und ihre Wünsche ein.

eine Charakteristik schreiben

Z 7 Schreibe deine Meinung zu Lulu auf. Diese Fragen helfen dir:
  – Ist dir Lulu sympathisch?
  – Kannst du verstehen, dass sie ein Idol wie Janis Joplin braucht?

Arbeitstechnik

Eine literarische Figur charakterisieren

In einer Figurencharakteristik beschreibst du **Merkmale** und **Eigenheiten** einer literarischen Figur. Diese können im Text **direkt** oder **indirekt** dargestellt werden (z. B. durch die Art, wie die Figur spricht, denkt, fühlt oder handelt).
- Nenne den **Titel** des Textes und **allgemeine Angaben** zur Figur.
- Beschreibe die **äußeren Merkmale**, z. B. Lebensumstände, Erscheinungsbild, Familienverhältnisse ...
- Beschreibe, was du über die **Gefühle, Gedanken, Verhaltensweisen, Wünsche** der Figur und über ihr **Verhältnis zu anderen Figuren** erfährst.
- **Beurteile** abschließend die Figur und ihr Verhalten aus deiner Sicht.
- Charakterisiere die Figur in der Zeitform **Präsens**.

Thema: (K)ein Idol für mich

Extra Arbeitstechnik:
Eine Charakteristik überprüfen und überarbeiten

Um eine Figur aus einem literarischen Text nicht nur direkt, sondern auch indirekt zu charakterisieren, ist es wichtig, auf die Gedanken und Gefühle dieser Figur einzugehen.

1 Lies den Text auf den Seiten 28 bis 30 noch einmal gründlich.
    a. Schreibe auf, welche Eigenschaften Lulu an Janis Joplin bewundernswert findet.
    b. Ergänze auch, warum Lulu ihr Idol bewundert.

Eigenschaften aufschreiben

> **Starthilfe**
> Lulu denkt, dass Janis Joplin ihr Leben intensiv gelebt hat. Sie hält Janis Joplin für …

Marek und Sven haben eine Charakteristik der Figur Lulu geschrieben.

> Lulu heißt die Hauptfigur in dem Roman „Kerle mieten" von Kirsten Boie.
> Die Lulu ist 14 Jahre alt und hat viel Krach mit ihren Eltern.
> Weil sie Janis Joplin als Idol benutzt. Sie findet Janis cool, weil sie
> die Lieder über Freiheit cool findet, zum Beispiel „Me and Bobby McGee".
> 5 Die Leute in dem Lied fuhren ohne Geld und so weiter quer durch Amerika
> und die Lulu wünscht sich, dass sie auch so hippiemäßig frei wäre.
> Janis Joplin war aber krass drauf, sie nahm zum Beispiel Drogen.
> Das findet Lulu auch nicht cool, und ihre Eltern regten sich voll auf und dachten,
> dass Lulu jetzt auch bald Drogen nimmt. Wenn sie immer Janis Joplin hört.
> 10 Lulu findet aber ihre Eltern sowieso blöd und deshalb gab es dauernd Krach.

2 Im Tandem!
    a. Lest die Charakteristik und sprecht darüber, was euch gefällt und was euch stört.
    b. Überprüfe die Charakteristik mit der Checkliste.

eine Charakteristik lesen und überprüfen

Checkliste: Eine Charakteristik schreiben	Ja	Nein
– Wurden die Adjektive richtig verwendet?		
– Stimmt der Satzbau?		
– Wurden umgangssprachliche Formulierungen vermieden?		
– Wurde das Präsens verwendet?		

3 **a.** Überarbeite die Charakteristik.
    b. Überprüfe die Rechtschreibung.

Thema: (K)ein Idol für mich

Extra Sprache: Sprachliche Bilder entschlüsseln

Sprachliche Bilder werden angewendet, um etwas zu veranschaulichen.
Ihr könnt diese Bilder entschlüsseln. Ihr könnt herausfinden,
was sie bedeuten und wie sie in einem literarischen Text wirken.

1 Im Tandem!
Was verbindet ihr mit dem Bild der Flamme?
Sammelt eure Ideen in einem Cluster.

einen Cluster erstellen
Cluster ➤ S. 297

Lulu verwendet die Metapher einer Flamme,
wenn sie über das Leben von Janis Joplin spricht.

Es ist, weil du *gelebt* hast!
Richtig und wirklich und intensiv gelebt,
nicht so vor dich hin gewurstelt.
Dein Leben war eine Flamme,
kurz und hell und leuchtend;
du bist verbrannt, strahlend,
anstatt jahrelang vor dich hin zu glimmen
ohne irgendwen zu erleuchten, wie sie das hier alle tun. […]

2 Erklärt die Metapher.

die Bedeutung von Metaphern erklären

> **Starthilfe**
> Das Bild der leuchtenden Flamme steht für …
> Über das Leben von Janis Joplin will Lulu damit sagen, dass …

3 Tauscht euch darüber aus, wie der Text wirken würde,
wenn Lulu eine einfache Formulierung verwendet hätte.

Mit einer Metapher wird die Bedeutung einer Sache auf etwas anderes
übertragen. Auch im Alltag werden oft Metaphern verwendet.

schwarzsehen	das Licht am Ende des Tunnels sehen
ein leuchtendes Beispiel sein	einen Geistesblitz haben
mit Glanz und Gloria bestehen	im Dunkeln tappen
Feuer und Flamme sein	

4 Was bedeuten diese Metaphern?
  a. Schreibe Erklärungen dafür auf.
  b. Verwende die Metaphern in Sätzen.

Z 5 a. Suche weitere Beispiele für Metaphern im Alltag.
  b. Schreibe die Metaphern und ihre Erklärungen auf.

Z Weiterführendes: Den Ich-Erzähler charakterisieren

In dem Buch von Andreas Steinhöfel „Paul Vier und die Schröders" erzählt die Hauptfigur Paul als Ich-Erzähler von sich.

Paul Vier und die Schröders   Andreas Steinhöfel

Ich war eins dieser Kinder, die es später mal *besser haben* sollten, obwohl ich wusste, dass es meinen Eltern in ihrer Kindheit nie wirklich schlecht gegangen war. [...]
Paps war Metzger. Nicht irgendein Metzger, sondern *der* Metzger in Bergwald,
5 Paul Udo Ewald Walser der Dritte. Ein Hauptgeschäft, sieben Filialen, zwei davon in Supermärkten, drei in Dörfern außerhalb der Stadt.
Er sah gut aus – groß und schlank, markantes Gesicht und schwarze Haare. So eine Art Rock Hudson[1] der Fleischtheke. Meine blauen Augen hatte ich von ihm geerbt. Die hohen Wangenknochen hatte ich von Mams.
10 Sie war ziemlich hübsch, braune Augen und so, auch wenn es zur Miss Nordsee nie gereicht hatte. Als Paps Mams kennen gelernt hatte, die von ihren Eltern zur Erholung nach Bergwald geschickt worden war, war er schon vermögend gewesen. So vermögend, dass er sich einen Mercedes leisten konnte, einen von den alten Dingern mit Heckflossen, die noch aussahen wie
15 ein richtiges Auto. Damit war er so oft nach Hamburg gefahren, bis er Mams weichgeklopft hatte. Und bis ihr Herr Papa, der reiche Anwalt, davon überzeugt war, dass auch ein Metzger sich wie ein zivilisierter Mensch benehmen konnte. Paps musste es irgendwann geschafft haben, mit Messer und Gabel zu essen, ohne dabei zu grunzen.
20 Natürlich hatte Paps seine Metzgereien nicht aus dem Boden gestampft. Er hatte sie von seinem Vater übernommen, der sie wiederum von seinem Vater geerbt hatte. Und nach jedem Sprung in der Erbreihe waren neue Läden hinzugekommen.
Ich war der nächste Metzger in der Linie, Paul Udo Ewald Walser der Vierte,
25 kurz Paul Vier. Da gab es keine Debatte. Ich war krönender Abschluss eines erfolgreichen Stammbaums, der seit Urzeiten sein Geld mit toten Schweinen und Rindern und manchmal auch mit toten Pferden verdient hatte. Und ich hatte absolut keine Lust, Metzger zu werden. Ich hielt mich für einen Denker und welcher Denker verbringt seine Zeit schon damit, Schweine abzumurksen?
30 Gesagt hatte ich das nie. Mein einziger Protest gegen die Vorsehung war ein Bestehen auf vegetarischem Essen, das erst Paps in die Verzweiflung und dann Mams in einen biologisch-dynamischen Volkshochschulkurs getrieben hatte.

[1] Rock Hudson: berühmter Hollywood-Schauspieler

1 Schreibe in Stichworten auf, was ihr im Text direkt oder indirekt über Paul Vier erfahrt.

2 Schreibe eine Charakteristik für Paul Vier.

eine Charakteristik schreiben

Das kann ich!

Literarische Texte erschließen
Figuren charakterisieren

In diesem Kapitel hast du Auszüge aus dem Jugendroman „Kerle mieten" gelesen. Du hast den Charakter, die Gefühle und Wünsche der Hauptfigur Lulu untersucht. So endet der Jugendroman.

Kerle mieten   Kirsten Boie

Hallo Janis, ich denke, ich muss es dir erklären.
Ich hab das Gefühl, ich muss es dir erklären, obwohl es dich doch gar nicht gibt und du mich nicht hören kannst, wenn ich denke. Aber ich möchte nicht das Gefühl haben, dass ich dich einfach im Stich gelassen habe. Darum.
5 Guck, Janis, ich habe deine Songs in der letzten Zeit nicht mehr ganz so viel gehört. [...] Und dass ich nicht mehr so viel mit dir geredet habe, hast du wohl auch mitgekriegt. Nicht im echten Tagebuch und nicht in meinen Gedanken. Du bist mir irgendwie nicht mehr eingefallen.
Weißt du, Janis, dein Leben ist so anders gewesen, da sagt es mir echt nicht
10 so viel. Ich meine, begreifst du überhaupt, wovon ich rede, wenn ich von Jonas erzähle und von Bio-Arbeiten und von Mamas Zettelsammlung?
Mit solchen Sachen hattest du doch nie zu tun. Du hast einfach da auf deiner Bühne gestanden bis zur Erschöpfung, und wenn du runtergestiegen bist, hast du nicht weitergewusst.
15 Entschuldige, Janis, aber so ist es doch, oder? Sonst hättest du dich doch nicht immer so zudröhnen müssen.
Und wenn ich das Gefühl hab, eine ist so ganz anders als ich und lebt so ein ganz anderes Leben, dann hab ich eben auch keine Lust mehr, ihr alles zu erzählen. So ist das nun mal. Ich weiß sowieso nicht mehr genau, wie ich damals
20 auf dich gekommen bin.
Sei nicht traurig, Janis, und bye. Du hast mich doch sowieso nie gehört. Aber auf jeden Fall danke, okay? Vielleicht melde ich mich mal irgendwann wieder. Bis dann.

1 Warum beschließt Lulu, nicht mehr an Janis zu schreiben? Schreibe die Gründe auf.

Gründe heraussuchen

2 Schreibe eine Ergänzung zu deiner Figurencharakteristik von Lulu.

die Charakteristik ergänzen

3 Wie beurteilst du Lulu? Schreibe deine Meinung auf.

Figuren charakterisieren
▶ S. 31-32

Z 4 Was könnte Lulu in der Zwischenzeit erlebt haben, das ihr Verhältnis zu ihrem Idol verändert? Notiere Stichworte.

die Figur beurteilen

Thema: (K)ein Idol für mich

Eine literarische Figur charakterisieren

Wer ist Sam?

Sam ist die Hauptfigur in dem Jugendroman „Slam" von Nick Hornby. Am Anfang des Romans erfährst du einiges über Sam.

Slam Nick Hornby

Eigentlich lief alles gerade richtig gut. Ich würde sogar sagen, dass die Entwicklungen der letzten sechs Monate durchgängig positiv gewesen waren.
Zum Beispiel hatte Mum sich von Steve getrennt, ihrem bescheuerten Freund.
5 Zum Beispiel hatte meine Kunstlehrerin, Mrs Gillett, mich nach der Stunde beiseitegenommen und gefragt, ob ich nicht Kunst studieren wollte.
Zum Beispiel konnte ich plötzlich zwei neue Skatingtricks, nachdem ich mich wochenlang öffentlich blamiert hatte. […]
Das alles, und außerdem hatte ich noch Alicia kennen gelernt.
10 Damit wollte ich eigentlich sagen, dass ihr vielleicht das ein oder andere über mich wissen solltet, ehe ich loslege mit Mum und Alicia und allem. Wenn ihr mehr über mich wüsstet, könnte es immerhin sein, dass euch einiges davon interessiert. Aber andererseits, wenn ich mir ansehe, was ich gerade geschrieben habe, wisst ihr schon eine ganze Menge oder habt es euch
15 wenigstens zusammenreimen können. Zum Beispiel seid ihr wahrscheinlich schon draufgekommen, dass meine Mum und mein Dad nicht zusammenleben, es sei denn, mein Dad wäre so einer, dem es nichts ausmacht, wenn seine Frau noch andere Liebhaber hat. Ist er nicht. Und ihr könnt euch denken, dass ich skate, und ihr könnt euch denken, dass Kunst und Design das Fach ist,
20 in dem ich am besten bin, außer ihr habt angenommen, ich wäre so jemand, den die Lehrer ständig beiseitenehmen, um ihm zu sagen, er soll sich für ein bestimmtes Fach an der Uni einschreiben. Und sich darüber richtig in die Haare kriegen. „Nein, Sam! Vergiss Kunst! Studier Physik!" „Vergiss Physik. Es wäre ein tragischer Verlust für die Menschheit, wenn du Französisch
25 aufgibst!" Und dann fangen sie an, aufeinander einzuprügeln.
Na ja. Genau das würde mir *nie* passieren. Ich kann euch versprechen, ich hab nie einen Streit unter Lehrern provoziert.
Und man muss kein Sherlock Holmes oder so sein, um zu kombinieren, dass Alicia ein Mädchen ist, das mir etwas bedeutet. Ich bin froh, dass es einiges gibt,
30 was ihr nicht wisst und worauf ihr nie kommen würdet, seltsame Sachen, die, soweit ich weiß, in der gesamten Geschichte der Menschheit außer mir noch keinem passiert sind. Denn wenn ihr euch alles schon nach dem ersten kleinen

Tony Hawk, geboren 1968 in Kalifornien, galt mit 16 Jahren als der weltbeste Skater. Er erfand viele Tricks und war der erste Skatboarder, der eine zweieinhalbfache Drehung um die Körperachse (900°) in der Halfpipe erfolgreich ausführte.

Absatz hättet denken können, würde mich das ungute Gefühl beschleichen, nicht unbedingt ein rasend komplizierter und interessanter Mensch zu sein, haha. [...]

Wenn ich diese Geschichte richtig erzählen will, ohne irgendwas auszulassen, sollte ich eine Sache gleich zugeben, weil sie wichtig ist. Also jetzt kommt es. Ich weiß, es hört sich blöd an, und ich bin normalerweise nicht der Typ für so was, ehrlich. Ich meine, ich glaube nicht an, na ja, so was wie Geister oder Seelenwanderung und so einen Quatsch, aber das ... Das ergab sich irgendwann einfach so, und ... Na ja, was soll's, ich sag es jetzt einfach, und ihr könnt denken, was ihr wollt.

Ich rede mit Tony Hawk, und Tony Hawk redet mit mir.

Einige von euch, [...], werden nie von Tony Hawk gehört haben. Schön, ich sag's euch, obwohl ihr den eigentlich kennen müsstet, ehrlich. Wenn man Tony Hawk nicht kennt, ist das so, als würde man Robbie Williams nicht kennen, oder meinetwegen Tony Blair. Es ist sogar im Grunde schlimmer. Denn es gibt endlos viele Politiker, endlos viele Popstars, und Hunderte von Fernsehsendungen. George Bush ist wahrscheinlich noch berühmter als Tony Blair, und Britney Spears und Kylie Minogue sind genauso berühmt wie Robbie Williams. Aber es gibt eigentlich nur einen Skater, und der heißt Tony Hawk. Klar, es gibt nicht nur einen. Aber er ist DER SKATER schlechthin. [...] Für mich gibt es nur eine Entschuldigung, Tony Hawk nicht zu kennen, nämlich, dass man sich nicht für Skaten interessiert.

Als ich mit dem Skaten anfing, bestellte mir meine Mutter ein Tony-Hawk-Poster übers Internet. Es ist das coolste Geschenk, das ich je bekommen hab, und dabei nicht mal das teuerste. Es kam natürlich direkt in meinem Zimmer an die Wand, und seitdem hab ich mir angewöhnt, ihm alles Mögliche zu erzählen. Zuerst hab ich Tony nur vom Skaten erzählt – ich hab ihm erzählt, wenn mir was Probleme machte, oder von Tricks, die geklappt haben. Ich rannte praktisch in mein Zimmer, um ihm von meinem ersten gelungenen Rock 'n' Roll zu erzählen, weil ich wusste, dass ein Poster von Tony Hawk damit sehr viel mehr anfangen kann als eine Mutter aus Fleisch und Blut. Ich will meine Mum nicht dissen, aber sie hat keine Ahnung. Deshalb versuchte sie immer, ein ganz begeistertes Gesicht zu machen, wenn ich ihr so was erzählte, aber in ihren Augen herrschte große Leere. Sie war so total: Oh, ist ja phantastisch. Aber wenn ich sie gefragt hätte, was ein Rock 'n' Roll ist, hätte sie es nicht gewusst. Und was sollte das Ganze dann? Tony wusste es. Vielleicht hatte meine Mum mir darum das Poster gekauft, damit ich jemand anderen zum Reden hatte. [...]

Nach einer Weile redete ich dann mit Tony Hawk auch über andere Dinge – über die Schule, Mum, Alicia, was weiß ich – und stellte fest, dass er auch dazu einiges zu sagen hatte.

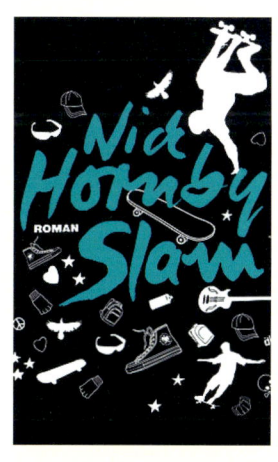

1 Notiere in Stichworten, was du über Sam erfährst.

die Hauptfigur untersuchen

Eine Charakteristik schreiben

Sam spricht als Ich-Erzähler über sich selbst.

1 Schreibe auf, wie sich Sam selbst darstellt. Achte auf seine Gefühle, seine Beziehungen zu anderen Personen und wie er sich selbst sieht.

eine Figur charakterisieren

Sam lernst du über seine Äußerungen kennen.

2 Untersuche Sams Sprachstil.
    a. Trage Besonderheiten in seiner Art, über sich selbst zu schreiben, zusammen und schreibe eine Liste mit Beispielen.
    b. Überlege, was euch Sams Sprachstil über ihn verrät.

den Sprachstil untersuchen

Sams Idol ist der Skateboard-Profi Tony Hawk.

3 Untersuche, warum sich Sam für Tony Hawk begeistert und welches Verhältnis er zu seinem Idol hat. Belege deine Antworten mit Textbeispielen.

Aussagen mit Textstellen belegen

> **Starthilfe**
> Sam interessiert sich für Tony Hawk, weil er selbst skatet (Z. 7). Er findet ihn wie … (Z. …) Er meint, dass … (Z. …)

4 Schreibe auf, wofür Sam ein Idol wie Tony Hawk braucht und warum er mit ihm sogar spricht.

5 Schreibe mithilfe der Arbeitstechnik eine Charakteristik.

eine Charakteristik schreiben

Z 6 Versetze dich in Sam. Schreibe einen Brief, in dem Sam seiner neuen Freundin Alicia zu erklären versucht, was das Tony-Hawk-Poster in seinem Zimmer für ihn bedeutet.

Arbeitstechnik

Eine Charakteristik schreiben

Die Charakteristik einer literarischen Figur besteht aus Einleitung, Hauptteil und Schluss.
Einleitung:
– Name der Figur, Titel des Buches und Name des Autors
– allgemeine Angaben (Alter, …)
– Lebensumstände (Familienverhältnisse, Beruf, …)
Hauptteil:
– Aussehen
– Charaktereigenschaften, Verhalten
– Gefühle, Gedanken, Einstellungen, Vorlieben und Abneigungen
– Verhältnis zu anderen Figuren
– Verhalten in besonderen Situationen
Zum **Schluss** kannst du die Figur und ihr Verhalten beurteilen.

Bionik: Vorbild Natur

- Sachtexte erschließen
- Beschreiben

die Biologie:
die Lehre von der belebten Natur und von den Lebewesen

die Technik:
die praktische Anwendung von naturwissenschaftlichen Wirkungsweisen zum Nutzen der Menschen

Bionik – Sich dem Thema nähern

Die Fotos auf Seite 39 erzählen schon viel, bevor du dich
mit dem neuen Kapitel befasst.

1 Was erzählen dir die Fotos auf der Seite 39?   Erwartungen
    Schreibe zu jedem Foto einen Satz auf.   formulieren

Die Fotos können paarweise zugeordnet werden.

2 Vergleiche die Fotos.   Fotos beschreiben
    a. Beschreibe schriftlich, was du auf den einzelnen Fotos siehst.   und zuordnen
    b. Schreibe auf, welche Fotos du einander zuordnen würdest.
    c. Begründe deine Zuordnung.

3 Im Tandem!   Zuordnungen begründen
    a. Vergleicht eure Zuordnung aus Aufgabe 2.
    b. Tauscht euch darüber aus, welche Ähnlichkeiten und Entsprechungen
         zwischen den Fotos zu erkennen sind.

Auf Seite 39 werden die Wörter **Biologie** und **Technik** erklärt.

4 Untersuche die Wörter **Biologie** und **Technik** genauer.   Wortbedeutungen
    a. Zerlege die Wörter in Silben und schreibe sie gegliedert auf.   erschließen
    b. Aus welchen Silben ist das Wort **Bionik** zusammengesetzt?
         Kreise sie in den gegliederten Wörtern zu Aufgabe 4a ein.

5 Ordne die Worterklärungen den Fotos zu.   Worterklärungen
    Begründe deine Zuordnung.   verstehen

6 Was könnte **Bionik** bedeuten? Sprecht über eure Vermutungen.

Die Überschrift auf Seite 39 verrät etwas über das Thema
dieses Kapitels.

7 Was erwartet ihr von diesem Kapitel?   Vermutungen
    a. Lest die Überschrift.   zum Thema sammeln
    b. Schreibt auf, worum es in diesem Kapitel vermutlich geht.
    c. Tauscht euch über eure Vermutungen aus.
    d. Schreibt Fragen an das Kapitel auf.

In diesem Kapitel lernt ihr, Informationen aus Sachtexten und
Abbildungen zu entnehmen und Funktionsweisen zu beschreiben.
Das Zeichen in der Randspalte führt euch Schritt für Schritt dorthin.

Thema: **Bionik: Vorbild Natur**

Natur und Alltag: Funktionsweisen beschreiben

In unserem Alltag gibt es viele Gegenstände, die nach Vorbildern aus der Natur entwickelt wurden.

A
B
C
1
2
3

1 Nach welchem Vorbild wurde welcher Gegenstand entwickelt?
    a. Ordne die Fotos einander jeweils paarweise zu.
    b. Erkläre, welche Merkmale und Eigenschaften der Vorbilder genutzt werden.

Fotos zuordnen

Die Gegenstände und ihre Vorbilder weisen Ähnlichkeiten auf.

2 Wähle einen der Gegenstände auf den Fotos A oder B und beschreibe ihn mithilfe der Arbeitstechnik.

Gegenstände und ihre Funktion beschreiben
▶ S. 299

> **Arbeitstechnik**
>
> **Einen Gegenstand und seine Funktion beschreiben**
>
> In einer Gegenstandsbeschreibung beschreibst du einen **Gegenstand**, seine Bestandteile und seine **Funktion**.
> – Verwende die Zeitform **Präsens**.
> – Wähle eine **sinnvolle Reihenfolge**, beschreibe z. B. erst das Ganze, dann die Einzelteile, von unten nach oben oder von links nach rechts.
> – Verwende **genaue Bezeichnungen**.
> – Beschreibe die **Merkmale** wie äußere Form, Größe, Material und Farbe.
> – Erkläre die **Funktionsweise** des Gegenstandes und wozu seine Bestandteile jeweils dienen.
> – Um Besonderheiten zu verdeutlichen, kannst du den Gegenstand mit anderen Dingen oder Lebewesen **vergleichen**.

Z 3 Welche weiteren Erfindungen könnten nach dem Vorbild der Natur entstanden sein?
Gestaltet eine Collage dazu und präsentiert sie in der Klasse.

Ähnlichkeiten erkennen

Thema: Bionik: Vorbild Natur

Einen Sachtext mit dem Textknacker lesen

In diesem Sachtext erfährst du viel über Erfindungen,
die ein gemeinsames Vorbild haben: die Natur.
Mit dem Textknacker knackst du den Sachtext.
Die Informationen benötigst du, um Abbildungen zu beschreiben.

einen Sachtext mit dem Textknacker lesen

Textknacker ➤ S. 295

Bilder erzählen dir schon viel, bevor du mit dem Lesen anfängst.

1 Was erzählen dir die Bilder auf den Seiten 42 und 43?
Schreibe zu jedem Bild einen Satz auf.

Textknacker
Schritt 1:
Vor dem Lesen

Die Überschrift verrät dir etwas über das Thema des Textes.

2 Schreibe auf, worum es in dem Text vermutlich geht.

Du überfliegst den Text.

3 Überprüfe deine Vermutungen zu Aufgabe 2.

Textknacker
Schritt 2:
Den Text überfliegen

4 Was möchtest du über das Thema erfahren?
    a. Schreibe Wörter und Wortgruppen auf, die dich neugierig machen.
    b. Was fällt dir auf? Was kennst du schon? Schreibe dazu Stichworte auf.

Der Natur abgeschaut

mehr über Vorbilder
➤ S. 25–35

Wer Erfolg hat, wird gern zum Vorbild genommen. Was sich bewährt hat,
wird oft imitiert[1]. Vorbilder müssen jedoch nicht immer menschlich sein.
Es gibt Tiere und Pflanzen, die so erfolgreich sind, dass Menschen
sich große Mühe geben, diese natürlichen Erfolgsrezepte zu verstehen.
5 Die Wissenschaft, die versucht, von der Natur zu lernen, nennt man Bionik.
Bioniker suchen in der Natur nach Modellen, die sich auf die Technik übertragen
lassen. Sie erforschen auch die Analogien[2] zwischen Prinzipien, die in der Natur
und in der Technik vorkommen, um eine bestehende Technik zu verbessern.
Beispiele hierfür finden sich in vielen Lebensbereichen.

10 Haie sind durch ihre Schnelligkeit seit 380 Millionen Jahren
sehr erfolgreich bei ihrer Nahrungsbeschaffung.
Lange hat man sich gefragt, warum Haie so schnell schwimmen
können. Haiforscher fanden heraus, dass die Haie – außer
im Maul – auch am ganzen Körper kleine Zähne tragen.
15 Haifisch-Haut fühlt sich dadurch rau an und besitzt eine
Rillenstruktur, die nur unter einem Mikroskop sichtbar wird:
In der Vergrößerung kann man erkennen, dass die Rillen
in Richtung des vorbeiströmenden Wassers ausgerichtet sind.

[1] imitiert: nachgeahmt   [2] die Analogie: Ähnlichkeit, Entsprechung

Thema: **Bionik: Vorbild Natur**

In den Rillen bilden sich beim schnellen Schwimmen viele
kleine Wasserwirbel, sodass sich der Hai ohne großen Widerstand
fortbewegen kann. Bei der Herstellung moderner Ganzkörper-
Schwimmanzüge wurde die Oberfläche der Haifischhaut bereits
nachgeahmt. Einige Weltrekorde konnten so erst aufgestellt werden.
Der Haihaut-Effekt funktioniert auch an der Luft.
Techniker entwickelten nach dem Vorbild der Haifischhaut eine
dünne Folie, mit der die Tragflächen von Flugzeugen beklebt
werden können. Da sich Luft ähnlich verhält wie Wasser,
wird der Luftwiderstand beim Fliegen geringer und es lassen sich
bis zu 3 Prozent Treibstoff einsparen. Bei einem längeren Flug
verbraucht man so ca. 2 bis 3 Tonnen weniger Treibstoff.

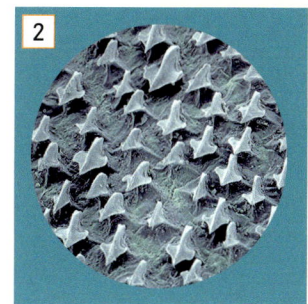

Vergrößerung von Haifischhaut

Mit natürlichen Flugeigenschaften beschäftigte
sich schon Leonardo da Vinci, der häufig
als erster Bioniker genannt wird. Nach Beobachtungen
des Libellenfluges konstruierte er um 1490
eine „Flugspirale", die mithilfe von Menschenkraft
bewegt werden sollte. Die Kraft reichte jedoch nicht aus,
um den Flugapparat vom Boden zu heben.
Das Propeller-Verfahren, das auch Hubschraubern
als Antrieb dient, war jedoch erfunden.
Auch in der Pflanzenwelt gibt es dafür Vorbilder:
Es entspricht dem Verbreitungsprinzip von Ahornsamen,
wenn sie im Herbst vom Baum fallen.

Auch wenn die Funktionsweise natürlicher Vorbilder oft einleuchtend ist,
können Menschen manchmal nur unzureichend technisch kopieren,
was die Natur im Laufe von mehreren Milliarden Jahren entwickelt hat.
Ein besonderes Interesse haben Forscher
z. B. an der Spinnenseide. Die Fäden, die eine Spinne
fertigt, sind zehnmal dünner als ein menschliches Haar,
im Vergleich zu Stahl 20-mal fester und elastischer
als Gummi. Sollte es Wissenschaftlern gelingen,
Spinnenfäden künstlich herzustellen, könnten z. B.
extrem leichte, aber stabile Seile entwickelt werden.
Für schusssichere Westen, wie sie Polizisten
manchmal tragen müssen, würde sich die Spinnenseide
wegen ihrer besonderen Festigkeit ebenfalls anbieten.
Und in der Medizin hofft man, mithilfe der künstlichen
Spinnenseide Nerven wieder zusammenwachsen lassen
zu können. Trotz vieler Versuche ist es bis heute nicht gelungen,
die Spinnenseide perfekt zu imitieren. Künstlich im Labor hergestellte
Spinnenseide hat nur ein Fünftel der Festigkeit des natürlichen Vorbildes.

Thema: Bionik: Vorbild Natur

Obwohl es meistens aufwändig ist, natürliche Prinzipien technisch umzusetzen,
lohnt sich auch in Zukunft ein Blick in die „Labore" der Natur.
Sie hat vollkommene Lösungen für Probleme entwickelt,
die Menschen aktuell beschäftigen. Wie wir die Lösungen nutzen,
65 sollten wir verantwortungsbewusst entscheiden: In allererster Linie sollte
die Natur dabei nicht ausgebeutet, sondern geschützt werden.
Denn wenn die Natur und ihre Bewohner vernichtet sind,
kann niemand mehr von ihnen lernen.

Du liest den Text genau. Absätze gliedern den Text.

5 Was erfährst du in den einzelnen Absätzen?
Schreibe für jeden Absatz eine passende Zwischenüberschrift auf.

Textknacker Schritt 3: **Beim genauen Lesen**

Fragen helfen dir, den Text zu verstehen.

6 Stelle Fragen an den Text und beantworte sie.

Fragen an den Text stellen
Textknacker ➤ S. 295

Starthilfe
Welche Ähnlichkeiten haben
ein Ahornsamen und ein Hubschrauber?

Schlüsselwörter sind zum Verstehen besonders wichtig.

7 Im ersten Absatz sind Schlüsselwörter hervorgehoben.
  a. Einigt euch zu zweit auf Schlüsselwörter in jedem weiteren Absatz.
  b. Schreibt sie zu der entsprechenden Zwischenüberschrift.

Schlüsselwörter finden

Manchmal gibt es Bilder am Rand, die dir helfen, den Text zu verstehen.

8 Schreibe die Nummer des Bildes mit der passenden Textstelle auf.

Bilder nutzen

Manche Wörter werden im Text oder darunter erklärt.

9 Welche Wörter verstehst du nicht?
  a. Schreibe sie mit ihren Erklärungen aus dem Text auf.
  b. Schreibe sie mit ihren Erklärungen aus den Fußnoten auf.

Worterklärungen verstehen

10 Suche weitere Wörter, die du nicht verstanden hast, im Lexikon.
Schreibe die Wörter zusammen mit ihren Erklärungen auf.

unbekannte Wörter nachschlagen
Wörter nachschlagen ➤ S. 296

Nun kannst du eine Erfindung und ihr natürliches Vorbild beschreiben.

11 Beschreibe und vergleiche die Abbildungen 3 und 4 auf Seite 43.

Textknacker Schritt 4: **Nach dem Lesen**

Z 12 Werte deine Arbeit mit dem Textknacker aus.
Welche Teilschritte waren besonders wichtig, um Aufgabe 11 zu lösen?

44 Thema: **Bionik: Vorbild Natur**

Eine Funktionsweise beschreiben

Wenn du beschreiben willst, wie etwas funktioniert,
musst du zunächst das zugrunde liegende Prinzip verstehen.
Die folgenden Abbildungen veranschaulichen das Prinzip,
nach dem sich Ahornsamen verbreiten, um ihre Arterhaltung zu sichern.

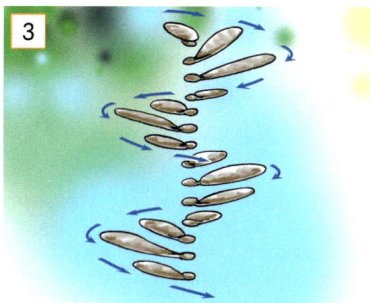

1 Beschreibe, was du auf den Abbildungen siehst.

Abbildungen beschreiben

Die folgenden Textabschnitte erklären das Prinzip.

A Sobald die Flügel von einem Luftzug erfasst werden, beginnt der Samen um die eigene Achse zu kreisen. Die beim Kreisen entstehende Fläche erzeugt einen erhöhten Luftwiderstand und kann vom Wind erfasst werden.

B Die Flugbahn des Ahornsamens liegt in seiner Form begründet. Die Flügel schließen an einen Kern an, in dem sich die Samenmasse befindet. Durch das Gewicht des Kerns fällt der Ahornsamen zunächst im Sturzflug.

C Dabei kommt es zum Auftrieb, der den Sturz abbremst und die Flugbewegung verändert. Auf einer spiralförmigen Flugbahn schwebt der Ahornsamen langsam zu Boden.

2 Ordne die Textabschnitte den Abbildungen passend zu.

Textabschnitte und Abbildungen zuordnen

Das Prinzip wird auch in der Luftfahrt genutzt. Hierbei werden die Propeller-Flügel durch Treibstoff und einen Motor angetrieben.

3 Beschreibe das Prinzip.
   a. Beschreibe zunächst die Abbildung am Rand.
   b. Beschreibe die Ähnlichkeiten zwischen einem Ahornsamen und einem Hubschrauber.
   c. Erkläre, wie das Propeller-Prinzip funktioniert.

Z 4 Finde eine Erklärung dafür, wie sich ein Hubschrauber vorwärts bewegt.
   Tipp: Sieh dir das Foto am Rand noch einmal genau an.

Thema: Bionik: Vorbild Natur

Extra Rechtschreibung: Zusammengesetzte Wörter

Nach dem Vorbild der Natur entstehen viele technische Neuerungen.
Oft sind dann auch neue Wörter erforderlich. Viele davon werden aus
mehreren Wörtern zusammengesetzt.
Wenn du die einzelnen Wörter richtig schreibst, kannst du auch
die Zusammensetzungen richtig schreiben.

> der Schwimmanzug, verantwortungsbewusst, die Haifisch-Haut,
> das Propeller-Verfahren, die Funktionsweise,
> der Haihaut-Effekt, das Verbreitungsprinzip, der Treibstoff

1 Zerlege die zusammengesetzten Wörter.
  – Füge bei Verben die Infinitivendung **(e)n** hinzu.
  – Schreibe zu den Nomen die Artikel auf.
  Tipp: Manchmal ist zwischen den Wörtern ein Buchstabe eingefügt.

Zusammensetzungen gliedern

Starthilfe
> verantwortungsbewusst = die Verantwortung + s + bewusst

Die Wortart und der Artikel der zusammengesetzten Wörter richten sich
immer nach dem letzten Wort.

das Wasser		der Wirbel
der Flug		die Bahn
der Schuss		sicher
tragen		die Fläche

2 Bilde selbst zusammengesetzte Wörter.
  a. Bestimme die Wortart aller Wörter und der Zusammensetzungen.
  b. Schreibe Zusammensetzungen auf und ergänze die Artikel.

Zusammensetzungen bilden

Zusammensetzungen kann man mit und ohne Bindestrich schreiben.

3 Warum wurden einige Zusammensetzungen aus Aufgabe 1
mit Bindestrich geschrieben?
  a. Schreibe diese Zusammensetzungen in einer Schreibung mit und
  einer Schreibung ohne Bindestrich auf.
  b. Vergleiche die Lesbarkeit der Schreibungen.

verschiedene Schreibungen vergleichen

Oft lässt sich die Bedeutung der zusammengesetzten Wörter
aus ihren Bestandteilen erschließen.

4 Was bedeuten die zusammengesetzten Wörter aus Aufgabe 1?
Schreibe zu jedem Wort eine Erklärung auf.

die Bedeutung erschließen

Starthilfe
> der Schwimmanzug = ein Anzug zum Schwimmen

Extra Sprache: Die Bedeutung von Fachwörtern

Fachtexte enthalten oft Fachwörter. So auch dieser Sachtext.

Ein natürliches Belüftungssystem

Für viele Menschen, die jedes Jahr im Sommer unter hohen Temperaturen leiden, sind klimatisierte Gebäude eine wahre Erleichterung. Ohne Strom fressende Klimaanlagen und Zugluft kommen Termiten aus, deren Bau durch ein natürliches Belüftungssystem klimatisiert wird. Es funktioniert mithilfe
5 von Schächten und porösen Wänden.
Die an der Elfenbeinküste beheimatete Termitengattung *Macrotermes bellicosus* baut riesige Hügel, die bis zu fünf Meter hoch sind und zum Teil in den Boden hineinreichen. Über die durchlässigen Wände dringt frische Luft in den Termitenbau und wird dort erwärmt. Warme Luft steigt nach oben.
10 Im Bau wird sie durch einen zentralen, vertikalen[1] Kamin nach oben geleitet und durch die nachsteigende Luft in Lüftungsschächte gepresst, die 20 bis 30 Millimeter unter der Oberfläche des Baus verlaufen.
Die Schachtwände haben Poren, d. h. kleine Öffnungen, die den Austausch mit der Außenluft ermöglichen. Dadurch kann die warme Luft in den
15 Schächten abgekühlt und mit neuem Sauerstoff aus der Umgebung des Baus angereichert werden. Während der Kühlung sinkt die Luft zurück in den Kellerboden, von wo aus sie wieder nach oben steigt. Das Zirkulieren[2] der Luft hält so die Temperatur im Termitenbau konstant[3].

[1] vertikal: senkrecht   [2] zirkulieren: sich im Kreislauf befinden   [3] konstant: gleichbleibend

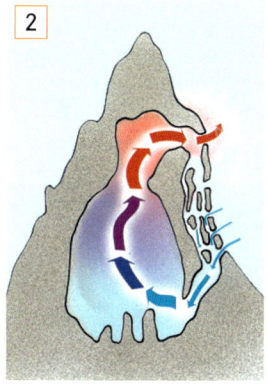

Belüftung im Termitenbau

1 Wovon handelt der Text? Schreibe Stichworte zum Thema auf.

Du musst die Bedeutung der Fachwörter klären, um den Inhalt des Sachtextes besser zu verstehen. Gehe dabei so vor:

> **Arbeitstechnik**
> ### Die Bedeutung von Fachwörtern erschließen
> - **Schreibe die Fachwörter**, die du nicht verstehst, aus einem Text **ab**.
> - Schreibe Erklärungen für die Fachwörter mithilfe der **Bilder** auf.
> - Schreibe die **Fußnoten** unter die entsprechenden Fachwörter.
> - **Leite** Fachwörter **von Wörtern ab**, die im Text erklärt werden. Schreibe auf, von welchen Wörtern du ableiten kannst.
> - **Schlage** Fachwörter, die du noch nicht verstehst, erst zum Schluss **im Wörterbuch oder im Lexikon nach**. Schreibe eine passende Erklärung unter die entsprechenden Fachwörter.

Wörter nachschlagen ▶ S. 296

2 a. Schreibe eine Erklärung für die im Text hervorgehobenen Wörter auf. Nutze dazu die Arbeitstechnik.
b. Gib den Inhalt des Sachtextes mit eigenen Worten wieder.

Fachwörter erklären

den Inhalt wiedergeben

Thema: Bionik: Vorbild Natur

Z Weiterführendes: Einen Sachtext lesen

Über Fragen und Probleme bei der Nutzung bionischer Erfindungen informiert der folgende Sachtext.

1 Lies den Text mit dem Textknacker.

den Textknacker anwenden
Textknacker ➤ S. 295

Einfach nachmachen?

Die einfachste Form des Lernens ist das Modelllernen. Schon als Säuglinge beobachten wir andere Menschen, imitieren sie und erwerben damit neue Fähigkeiten. Wer hat nicht anderen schon einmal etwas nachgemacht oder versucht, Ideen von anderen zu übernehmen? Im Bereich der Bionik
5 nehmen Menschen die Natur zum Vorbild. Sie übertragen ihr Wissen über lebende Organismen auf technische Systeme und entwickeln dabei Technologien nach natürlichen Modellen weiter.
Hält die Natur also allerlei passende Lösungen für unsere Bedürfnisse bereit? Können wir daher Lebewesen als faszinierende High-Tech-Modelle[1]
10 für technischen Fortschritt betrachten? Solche Fragen stellen sich diejenigen, die die unkritische Nutzung bionischer Entwicklungen mit Besorgnis beobachten.
Problematisch wird es vor allem dann, wenn Lebewesen durch bionische Roboter ersetzt werden sollen. In Japan z. B. sind Roboter
15 viel weiter verbreitet als in Europa. Manche werden zum Spielen entwickelt wie der Roboterhund AIBO, was auf Deutsch übersetzt so viel heißt wie „Kumpel". Andere Roboter sitzen am Empfang von Ausstellungen, betreuen Menschen im Altersheim oder spielen Jazzmusik
20 in einer Roboterband. Je ähnlicher die Roboter den Menschen werden, desto größer wird die Sorge darüber, dass sie Menschen schließlich ersetzen könnten. Tatsächlich werden bereits Arbeitskräfte in Fabriken entlassen, weil Industrieroboter immer mehr
25 Tätigkeiten übernehmen können.
Andere Bioniker arbeiten daran, insektenartige Roboter zu konstruieren, weil die Anzahl der Bienenvölker in vielen Regionen der Erde stark abnimmt. Bienen sorgen in der Natur für das Bestäuben von Pflanzen und tragen damit zur Arterhaltung bei. Könnten die Pflanzen nicht mehr in ausreichender Zahl
30 bestäubt werden, hätte das schwerwiegende Folgen für die Fortpflanzung von Nutzpflanzen und damit für die Ernährung von Menschen und Tieren. Um diese Probleme zu lösen, wollen einige Wissenschaftler mikromechanische Fluginsekten entwickeln. Das sind fliegende Kleinstroboter, die in der Lage sind, Pflanzen zu bestäuben. Lebewesen lassen sich jedoch nicht ohne Weiteres
35 technisch kopieren. Denn während natürliche Insekten spontan

AIBO: ein japanischer Roboterhund

Roboterbiene

[1] das High-Tech-Modell: Modell, das dem neusten Stand der Technik entspricht. Gesprochen: Haitek-Modell

Thema: Bionik: Vorbild Natur

auf Umwelteinflüsse reagieren, müssen bionische Roboter vom Menschen
aufwändig programmiert werden. Abgesehen davon geben Kritiker zu bedenken,
dass es sinnvoller wäre, die benötigte Zeit und das Geld darauf zu verwenden,
die natürlichen Lebensräume der Tiere zu schützen.

40 In anderen Bereichen der Bionik wurden bereits viel Zeit und Geld aufgewendet,
ohne die daraus entwickelte Technik in großem Umfang zu nutzen.
Für die Luftfahrt wurde schon Anfang der 1990er-Jahre eine Folie entwickelt
und hergestellt, die die rillenartige Oberflächenstruktur von Haihaut aufweist.
Man kann sie auf die Flugzeuge aufkleben und durch die Verminderung
45 des Reibungswiderstandes bis zu 200 Tonnen Kerosin[2] im Jahr einsparen.
Allerdings werden bis heute kaum Flugzeuge mit dieser Folie beklebt.
Denn um einen vorschriftsmäßigen Sicherheitscheck an der Flugzeugoberfläche
vornehmen zu können, müsste die Folie jedes Mal abgenommen werden.
Es dauert anschließend wieder mehrere Tage, das Flugzeug zu bekleben,
50 da die Folie ganz glatt von Hand angebracht werden muss. Solange könnte
das Flugzeug weder Fracht noch Passagiere transportieren und
die Fluggesellschaften könnten in dieser Zeit kein Geld verdienen.
Beim Lernen von Vorbildern geht es also letztendlich nicht nur darum,
neues Wissen zu erwerben und umzusetzen, sondern auch darum,
55 es angemessen und verantwortungsvoll anzuwenden. Welche Absichten
und Folgen bei der Umsetzung der Erkenntnisse eine Rolle spielen,
sollte im Einzelfall genau bedacht und diskutiert werden.

[2] das Kerosin: ein Treibstoff, bei dessen Verbrennung umweltschädliche Abgase freigesetzt werden.

2 Besprecht die folgenden Fragen zum Inhalt des Sachtextes: — den Inhalt erschließen
– Wie bewerten Kritiker manche Forschungen im Bereich der Bionik?
– Was wird kritisiert?

In den Zeilen 13–53 wird die Kritik anhand von Beispielen veranschaulicht.

3 a. Trage in eine Tabelle ein, welche Ziele die Forscher jeweils haben.   Informationen
b. Trage auch ein, wie die bionischen Erfindungen genutzt werden.   entnehmen

Forschungsziel	Nutzung
Entwicklung von Robotern	Spiel, Unterhaltung, …

Starthilfe

4 Ergänze die Tabelle mit weiteren Beispielen aus diesem Kapitel.

Zur Nutzung bionischer Erfindungen gibt es verschiedene Auffassungen.

5 Wie bewertet ihr die Nutzung bionischer Erfindungen?
a. Kennzeichnet sie in euren Aufzeichnungen zu Aufgabe 3   Informationen bewerten
mit + als positiv oder mit – als negativ.
b. Tauscht euch über eure Bewertungen aus.

Thema: Bionik: Vorbild Natur

z Weiterführendes:
Funktionsweisen beschreiben; Präsentieren

Viele Tiere nehmen die Umwelt ganz anders wahr als Menschen, weil manche ihrer Sinnesorgane leistungsfähiger sind.
Dieser Sachtext informiert über eine besondere Fähigkeit von Fledermäusen. Die Informationen benötigt ihr für eine Präsentation.

1 Lest den Text mit dem Textknacker.

den Textknacker anwenden
Textknacker ➤ S. 295

Mit den Ohren sehen

Wie ein Lebewesen die Umwelt wahrnimmt, hängt von seinen Sinnesorganen ab. Sie dienen dazu, die lebenswichtigen Informationen zu finden, z. B. über die Nahrung, über sich nähernde Feinde und Artgenossen. Fledermäuse, die sich oft in Höhlen aufhalten und nachts jagen, haben
5 die einzigartige Fähigkeit, sich in völliger Dunkelheit orientieren zu können. Sie orten Hindernisse und Beute mit Ultraschall. Das sind Schallwellen in so hohen Frequenzen, dass sie das menschliche Gehör nicht wahrnehmen kann. Fledermäuse besitzen die Fähigkeit, Ultraschallwellen zu erzeugen und diese auch mühelos wahrzunehmen.
10 Die folgende Abbildung veranschaulicht das Echolot-Prinzip, mit dem Fledermäuse die Informationen ermitteln, die sie für die Orientierung in absoluter Dunkelheit benötigen:

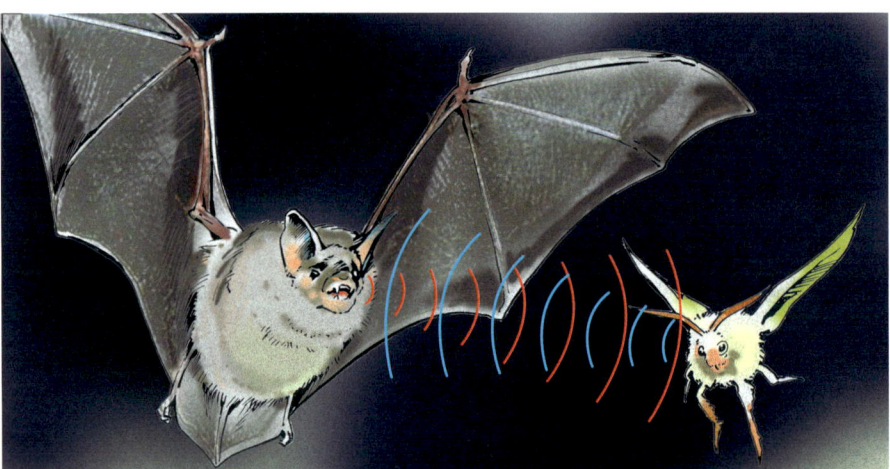

2 Tragt die wichtigsten Informationen aus dem Sachtext und der Abbildung zusammen.
    a. Schreibt in Stichworten auf, worum es im Text geht.
    b. Schreibt Stichworte zu den einzelnen Schritten der Echopeilung auf.

Informationen ermitteln und auswerten

Starthilfe
1. Fledermaus sendet Ultraschallwellen

Das Echolot-Prinzip wird von Menschen vor allem zur Ortung und Orientierung genutzt.

3 Informiert euch über die Anwendung des Echolot-Prinzips.
   a. Sucht im Internet oder in Sachbüchern nach Informationen.
   b. Tragt eure Ergebnisse zusammen.

sich im Internet und in Sachbüchern informieren

Informationen aus dem Internet kritisch auswählen ➤ S. 296

Die technische Umsetzung gelingt durch das Verwenden von Geräten, die ähnlich funktionieren wie die Körperteile von Fledermäusen.

4 Welche technischen Geräte entsprechen in ihrer Funktion den Körperteilen von Fledermäusen? Stellt sie in einer Tabelle gegenüber.

Starthilfe

Vorbild: Fledermaus	Umsetzung: technisches Gerät
Kehlkopf	Sender (von Ultraschallwellen)

Der englische Zoologe Dean Waters beobachtete Fledermäuse genau und entwickelte die Idee zu einem Schallstock für Blinde.
Dies sind Abbildungen des Schallstocks aus einer Bedienungsanleitung.

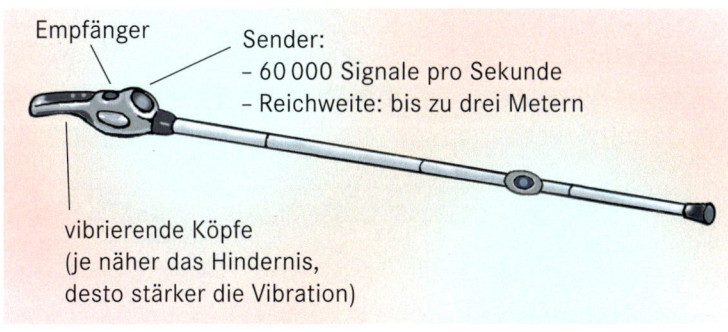 

5 Schreibt eine Bedienungsanleitung für den Schallstock.
   a. Beschreibt, wie der Schallstock funktioniert.
   b. Beschreibt, wie man ihn benutzt.

W Wählt aus den folgenden Aufgaben eine aus.

6 Informiert die Klasse in einem Kurzreferat über das Echolot-Prinzip. Nutzt dazu die Arbeitsergebnisse der Aufgaben 2 bis 5.

Präsentieren

anschaulich präsentieren ➤ S. 301

7 Welches natürliche Vorbild könnte dem Menschen nützlich sein?
   a. Einigt euch auf ein Produkt, das nach einem natürlichen Vorbild entwickelt werden könnte.
   b. Entwerft eine Skizze des natürlichen Vorbildes und eine Skizze zur technischen Umsetzung.
   c. Präsentiert den Aufbau und die Funktionsweise eures Produktes.

Thema: Bionik: Vorbild Natur

Das kann ich!

Sachtexte erschließen
Beschreiben

Du hast gelernt, Sachtexte zu erschließen.
Auch mit dem folgenden Text kannst du dich über eine Erfindung nach einem natürlichen Vorbild informieren.
Die Informationen benötigst du, um das nachgeahmte Prinzip zu erklären.

1 Lies den Text mit dem Textknacker.

den Textknacker anwenden
Textknacker ▶ S. 42–44

Kühl und sparsam

Wer das Eastgate Centre in Harare betritt, kann zu jeder Jahreszeit mit gemäßigten Temperaturen und gut gelüfteten Räumen rechnen. Wie viele moderne Gebäude ist das größte Büro- und Einkaufszentrum Simbabwes klimatisiert. Das angenehme
5 Innenklima kann jedoch ohne eine teure Klimaanlage beibehalten werden. Das Gebäude besteht aus zwei schmalen neungeschossigen Blöcken. Sie sind durch ein breites Atrium[1] verbunden, das mit einem Glasdach gedeckt ist.
Über Luftschächte und Hohlräume werden die einzelnen
10 Stockwerke mit frischer Luft versorgt. Die kühle Luft gelangt durch den Keller in das Gebäude, wird dort erwärmt und als warme Luft über Kamine vom Dach abgeleitet.
Um die Temperatur konstant zu halten, ist das Bauwerk aus Beton – einem stark isolierenden[2] Baustoff – errichtet.
15 Dieses Lüftungssystem ist so leistungsfähig, dass das Gebäude nur halb so viel Energie verbraucht wie ein vergleichbares Gebäude in der Stadt.

[1] das Atrium: zentraler Innenraum, der durch die Decke belichtet wird
[2] isolierenden: abdichtenden, dämmenden

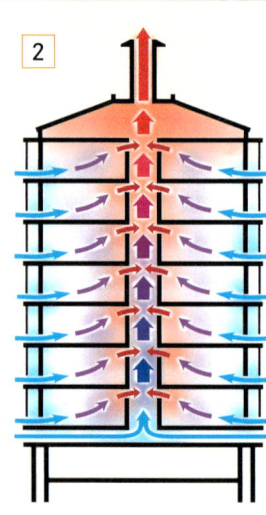

Belüftung und Entlüftung im Eastgate Centre

2 Welches Prinzip wird im Text und mithilfe der Grafik erklärt?
  a. Erkläre es mithilfe passender Textstellen.
  b. Ergänze zusätzliche Informationen aus der Grafik 2 mit eigenen Worten.

3 Welches Vorbild wurde beim Bau des Eastgate Centres nachgeahmt?
  a. Lies den passenden Sachtext aus diesem Kapitel und deine Ergebnisse zu den darunterstehenden Aufgaben.
  b. Informiere schriftlich darüber, wie das natürliche Prinzip beim Bau des Eastgate Centres umgesetzt wurde.

Informationen verknüpfen und zusammenfassen

Außerdem hast du gelernt, Abbildungen und Funktionsweisen zu beschreiben. Diese Abbildungen zeigen einen Wassertropfen auf verschiedenen Oberflächen.

Funktionsweisen beschreiben

1
Oberfläche eines Lotusblatts

2
glatte Oberfläche

4 Beschreibe die Abbildungen 1 und 2.

Welche Wirkung, die Oberfläche von Lotusblättern im Kontakt mit Wasser hat, erkennst du, wenn du die Abbildungen vergleichst.

5 Wie verhält sich das Wasser auf den beiden Oberflächen?
  a. Beschreibe die Form der Tropfen in den Abbildungen 1 und 2.
  b. Von welcher Oberfläche tropft Wasser vermutlich leichter ab, ohne Spuren zu hinterlassen? Begründe deine Antwort.

Abbildungen beschreiben
▶ S. 41, 45

Die folgenden Abbildungen veranschaulichen den Lotuseffekt. Das ist ein Selbstreinigungseffekt der Lotusblätter.

A

B

C

Info

Die Schmutzteilchen berühren auf einem Lotusblatt die Oberfläche nur an wenigen Stellen. Sie haften daher nicht sehr stark am Blatt und können von darauf fallenden Wassertropfen leichter angezogen und aufgenommen werden.

6 Erkläre den Lotuseffekt.
  a. Beschreibe, was du auf den Abbildungen A bis C siehst.
  b. Schreibe in Stichworten auf, wie die Oberfläche des Lotusblattes auf Schmutzteilchen und auf Wassertropfen wirkt.
  c. Fasse deine Ergebnisse zu 6a und 6b in einem Text zusammen.

7 Wo wird der Lotuseffekt angewendet? Ergänze deine Beschreibung (Aufgabe 6).

eine Funktionsweise beschreiben ▶ S. 41, 45

Thema: **Bionik: Vorbild Natur**

Sachtexte erschließen

Den Textknacker anwenden

Einer der größten Träume des Menschen ist es, fliegen zu können. Hierfür gibt es in der Natur viele Vorbilder. Der Sachtext informiert über den Vogelflug. Du benötigst die Informationen, um den Text am Ende zusammenzufassen. Mit dem Textknacker knackst du den Text.

den Textknacker anwenden
Textknacker ➤ S. 295

Bilder erzählen viel, schon bevor du mit dem Lesen anfängst.

vor dem Lesen

1 Was erzählen dir die Bilder auf den Seiten 54 bis 55? Schreibe zu jedem Bild einen Satz auf.

Überschriften verraten dir etwas über das Thema des Textes.

2 a. Lies die Überschrift.
b. Schreibe auf, worum es in dem Text vermutlich geht.

Du überfliegst den Text.

den Text überfliegen

3 Überprüfe deine Vermutungen zu Aufgabe 2.

Die Grenzen der Bionik

Heute halten es viele für selbstverständlich, dass tonnenschwere Jumbojets fliegen können. Dass es gelingt, ein solches Gewicht in die Luft zu befördern, liegt unter anderem an der gewölbten Form der Tragflächen. Sie wurde von Gleitfliegern[1], wie z. B. Störchen, abgeschaut. Durch die Wölbung
5 an der Oberseite des Flügels kann die Luft hier schneller vorbeifließen als an der Unterseite. Unterhalb des Flügels entsteht so ein höherer Luftdruck als oberhalb des Flügels, woraus schließlich der Auftrieb entsteht, der z. B. einen Jumbo abheben lässt, wenn er auf der Startbahn
10 eine hohe Geschwindigkeit erreicht.

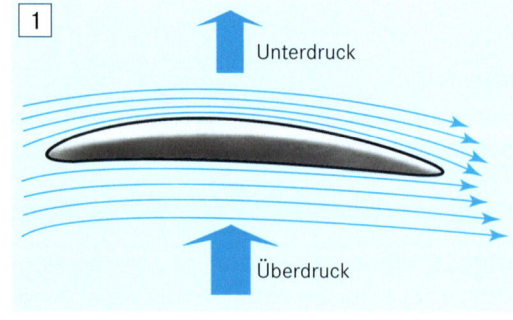
1

Da die Luft oberhalb und unterhalb der Tragfläche jeweils eine andere Strömungsgeschwindigkeit hat, entstehen an den Enden der Tragflächen Wirbelschleppen, die auch Luftverwirbelungen genannt werden.
15 Dadurch treten zwei große Nachteile auf:

[1] die Gleitflieger: Vogelarten, die sich sehr energiesparend mithilfe des Windes fortbewegen

Der durch die Luftverwirbelungen erhöhte Widerstand führt
zu einem erhöhten Treibstoffverbrauch. Die Folgen sind
eine stärkere Umweltbelastung und höhere Kosten.

Zusätzlich sind die Luftverwirbelungen aber auch sehr gefährlich.
20 Gerät ein nachfolgendes Flugzeug in eine solche Luftverwirbelung
hinein, kann es ins Trudeln geraten und schlimmstenfalls abstürzen.
So nimmt man an, dass die Ursache für einen Flugzeugabsturz
am 14.11.2001 in New York, bei dem 260 Menschen starben, auf eine
Luftverwirbelung eines kurz zuvor gestarteten Flugzeugs zurückzuführen ist.
25 Um einen solchen Unglücksfall zu vermeiden, müssen Flugzeuge, die starten
wollen, zunächst abwarten, bis sich die Luftverwirbelungen anderer Flugzeuge
aufgelöst haben. Das führt an Flughäfen immer wieder zu längeren Wartezeiten.

Doch auch für dieses Problem bietet die Natur eine Lösung: Nachdem Techniker
die Ursachen der Luftverwirbelungen erkannt hatten, wollten sie herausfinden,
30 warum Vögel nicht ins Trudeln geraten oder abstürzen, wenn sie anderen Vögeln
dichtauf folgen. Sie stellten fest, dass an den Enden der Vogelflügel
Turbulenzen² entstehen, die sogar das Flugverhalten verbessern.
Dies ist auf eine Besonderheit des natürlichen Flügels
zurückzuführen: Betrachtet man nämlich die Flügelspitzen
35 genauer, kann man erkennen, dass die Federn am Ende der Flügel
aufgefächert sind. Diese Federn nennt man auch Handschwingen.
Sie lassen sich immer optimal zum Luftstrom aufstellen.
Die im Vogelflug entstehenden Turbulenzen sind deutlich geringer
als beim Fliegen mit den starren Tragflächen eines Flugzeugs.

**Der Text ist hier noch nicht zu Ende. Voraussagen helfen dir,
den „roten Faden" im Text zu finden und einzelne Informationen
zu verbinden.**

4 Schreibe auf, worum es im nächsten Absatz gehen könnte.

> **Starthilfe**
> Die Überschrift lässt vermuten, dass ...

So endet der Text.

40 Flugzeugingenieure haben versucht, diesen natürlichen Vorteil
zu kopieren. So werden heutzutage die Enden einer Tragfläche
mit Winglets versehen. Dies sind kleine, nach oben gerichtete
starre Anbauten, die Luftverwirbelungen an den Enden der
Tragflächen deutlich reduzieren. Sie mindern den Treibstoff-
45 verbrauch und gefährden nachfolgende Flugzeuge wesentlich
weniger. Diese Winglets erreichen nicht die Ergebnisse natürlicher
Handschwingen. An diesem Beispiel zeigt sich deutlich,
dass sich die Natur nicht einfach kopieren lässt.

² die Turbulenz: ungeordnete Strömung, Wirbel

Arbeitstechniken trainieren: Sachtexte erschließen

Fragen helfen dir, den Text zu verstehen.

5 a. Schreibe die Antworten zu den folgenden Fragen auf. *beim genauen Lesen*
Nutze die hervorgehobenen Textstellen und dein Vorwissen.
– Welche Flügelform wurde ein Vorbild für den Bau von Tragflächen?
– Welche Nachteile entstehen durch Luftverwirbelungen?
– Wie könnte man das Flugverhalten von Flugzeugen verbessern?
b. Schreibe eigene Fragen an den Text auf.

Absätze gliedern den Text.

6 Was erfährst du in den einzelnen Absätzen?
Schreibe für jeden Abschnitt eine passende Zwischenüberschrift auf.
Tipp: Lasse unter jeder Zwischenüberschrift Platz für weitere Notizen.

> **Starthilfe**
> 1. Absatz: Warum Flugzeuge fliegen können

Schlüsselwörter sind zum Verstehen besonders wichtig.

7 Schreibe Schlüsselwörter aus jedem Absatz unter die entsprechende Zwischenüberschrift.

Manchmal gibt es Bilder am Rand, die dir helfen, den Text zu verstehen.

8 Schreibe die Nummer der einzelnen Bilder mit den passenden Textstellen auf.

Manche Wörter werden erklärt.

9 Im Text und darunter findest du Erklärungen für verschiedene Wörter.
a. Erkläre die Wörter **Handschwingen** und **Winglets** mithilfe passender Textstellen.
b. Welche Wörter werden in den Fußnoten erklärt?
Schreibe die Erklärungen mit den entsprechenden Wörtern auf.
c. Welche Wörter verstehst du nicht?
Suche nach ihren Erklärungen im Text oder im Lexikon und schreibe sie mit den entsprechenden Wörtern auf.

W Werte deine Arbeit mit dem Textknacker aus.

10 a. Welche deiner Vermutungen aus Aufgabe 4 treffen zu? Welche nicht?
b. Welche Fragen aus Aufgabe 5b kannst du nun beantworten?

Eine Zusammenfassung zeigt, was du verstanden hast.

11 Fasse den Text schriftlich zusammen. Benutze dazu Bilder, Zwischenüberschriften, Schlüsselwörter und Worterklärungen.

Unterwegs

- Sich und andere informieren
- Stellung nehmen

Über das Unterwegssein sprechen

Die Menschen waren und sind aus unterschiedlichen Gründen unterwegs.

1 Seht euch die Fotos und Abbildungen auf der Seite 57 an.
    a. Beschreibt die Fotos.
    b. Sprecht darüber, warum Menschen unterwegs sind.

über Gründe sprechen

Leo, Hülya, Ilja, Alex und Marie sprechen in der Pause über ihre Erfahrungen.

von Reisen erzählen

> Meine Familie lebt seit zwanzig Jahren in Deutschland. Meine Eltern kamen aus der ehemaligen Sowjetunion. Nun leben wir hier.

> Wir fliegen in den Sommerferien immer zu unseren Großeltern in die Türkei. Da sind wir vier Stunden unterwegs.

> Ich habe früher in Flensburg gewohnt. Im letzten Jahr sind wir umgezogen. Es war gar nicht so einfach, hier in Bayern anzukommen.

> Mein Vater arbeitet als Vertreter und verkauft Industrieprodukte. Er ist jede Woche unterwegs und kommt oft erst am Freitagabend nach Hause. Er schläft in Hotelzimmern und muss viele Firmen deutschlandweit besuchen und die Produkte dort vorstellen.

> Ich möchte mal mit dem Schiff unterwegs sein. Am liebsten möchte ich von Bremen nach New York reisen, weil meine Urururgroßeltern so ausgewandert sind.

2 Vergleicht die Äußerungen der Jugendlichen.
Aus welchen Gründen waren sie oder ihre Familie unterwegs?

Reisewünsche vergleichen

3 Wann wart ihr unterwegs? Erzählt davon.
Die Fragen helfen euch dabei:
– Wohin seid ihr gereist?
– Aus welchen Gründen habt ihr euren Heimatort verlassen?
– Welche Gefühle haben euch dabei begleitet?
– Was hat euch gut gefallen?
– Was hat euch gestört?

In diesem Kapitel erfahrt ihr viel über das Unterwegssein.
Ihr informiert andere und nehmt Stellung dazu.
Das Zeichen in der Randspalte führt euch schrittweise dorthin.

Thema: Unterwegs

Verkehrsmittel – früher und heute

Mussten die Menschen früher noch lange und beschwerliche Wege auf sich nehmen, um ihr Reiseziel zu erreichen, ist das mit modernen Verkehrsmitteln kein Problem mehr. Das Diagramm zeigt, wie sich die Nutzung der Verkehrsmittel auf Urlaubsreisen seit 1954 verändert hat.

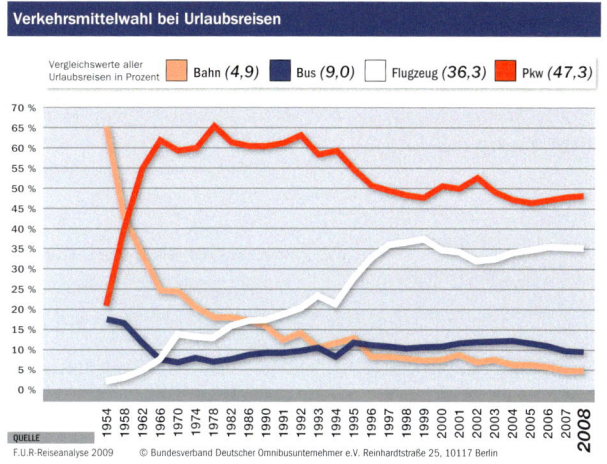

1 Untersuche das Diagramm.
   a. Fasse die Aussage des Diagramms zusammen.
   b. Suche nach Gründen für die dargestellte Entwicklung.
   c. Was ist deine Meinung zu dieser Entwicklung? Schreibe deine Meinung auf und begründe sie.

das Diagramm untersuchen

2 Tauscht euch über folgende Fragen aus:
   – Mit welchen Verkehrsmitteln seid ihr schon gereist?
   – Mit welchem Verkehrsmittel würdet ihr gern einmal verrreisen? Begründet.
   – Welche Vorteile haben die einzelnen Verkehrsmittel eurer Meinung nach? Welche Nachteile? Erstellt eine Tabelle.

über Verkehrsmittel sprechen

	Vorteile	Nachteile
Flugzeug	– schnell, bequem	– verschmutzt die Umwelt
Auto	...	...

Starthilfe

Weite Strecken können mit dem Flugzeug oder der Bahn schnell überwunden werden, trotzdem nutzen viele Menschen zum Reisen auch das Fahrrad oder das Schiff oder sie gehen zu Fuß.

Z 3 Diskutiert, warum Menschen zum Reisen nicht immer das schnellste Verkehrsmittel wählen.

diskutieren
diskutieren ➤ S. 303

Thema: Unterwegs

Über die Geschichte des Reisens informieren

Seit Jahrtausenden sind Menschen unterwegs. Reisen hat etwas mit Aufbruch zu tun, der Bewegung von einem Ort zu einem anderen. Dafür kann es ganz unterschiedliche Gründe geben.
In dem folgenden Text erfahrt ihr mehr darüber und könnt andere in einem Kurzreferat darüber informieren.

einen Sachtext mit dem Textknacker lesen

Textknacker ▶ S. 295

1 Welchen Eindruck vermittelt der Text?
    a. Seht euch den Text als Ganzes an. Achtet auf die Abbildungen und die Überschrift.
    b. Tauscht euch über eure Eindrücke und Vermutungen zum Inhalt des Textes und zur Textsorte aus.

vor dem Lesen

Beim Überfliegen des Textes erhaltet ihr einen ersten Eindruck vom Inhalt.

2 Überfliegt den Text. Überprüft eure Vermutungen aus Aufgabe 1.

den Text überfliegen

3 Was möchtet ihr über das Thema erfahren?
    Schreibt Wörter und Wortgruppen auf, die euch neugierig machen.

Unterwegs sein

Was haben Ötzi, Marco Polo, Johann Wolfgang von Goethe, Jessica Watson und Erika Mustermann gemeinsam? Ötzi machte sich vor ungefähr 5500 Jahren auf den Weg über die Alpen. Er kam dabei ums Leben und wurde 1991 als Gletschermumie in 3200 Metern Höhe gefunden. Ob er auf der Jagd oder
5 auf der Flucht war, ob er sich verirrte oder einen Nachbarstamm besuchen wollte, niemand weiß es.
Seit es Menschen gibt, sind sie unterwegs. Anfänglich auf der Suche nach Nahrung oder auf der Flucht vor Unwettern und Feinden. Später verließen sie ihre Heimatorte auch aus religiösen oder politischen Gründen –
10 gezwungenermaßen oder freiwillig, für eine Zeit oder für immer, allein oder in einer Gemeinschaft. Menschen unternahmen Forschungsreisen, trieben Handel oder mussten einfach überleben.

Der Kaufmannssohn Marco Polo brach mit seinem Vater und seinem Onkel 1271 von Italien nach China auf. Erst nach 17 Jahren traf er wieder in Venedig ein.
15 Er schrieb seine unglaublichen Beobachtungen in den fernen Ländern in Asien auf.
Der deutsche Dichter Johann Wolfgang von Goethe war Minister in Weimar, als er sein Leben unbedingt ändern wollte. In der Nacht zum 3. September 1786 um drei Uhr floh er mit der Postkutsche nach Italien und blieb
20 fast zwei Jahre dort. Es entstanden die berühmten Aufzeichnungen „Italienische Reise".

Marco Polo (1254 – 1324)

Die 16-jährige Jessica Watson startete am 18. Oktober 2009 ganz allein zu einem Segeltörn über 23000 Seemeilen und kam nach 210 Tagen wieder in ihrem Heimathafen in Sydney an. Sie war damit die bis dahin jüngste Weltumseglerin der Geschichte.

Und Erika Mustermann? Sie lebt in Wuppertal, arbeitet bei der Sparkasse und liebt es, jedes Jahr einen Last-Minute-Flug für den Urlaub zu buchen. Sie war schon in der Karibik, in Brasilien, auf den Malediven und will dieses Jahr vielleicht nach Vietnam oder nach Neuseeland. Selbstverständlich im Airbus.

Jessica Watson

Nicht jeder Mensch ist freiwillig unterwegs. Kriege, Naturkatastrophen, wirtschaftliche Nöte zwingen Menschen zum Verlassen der Heimat. Nach Schätzungen des Hohen Flüchtlingskommissars der Vereinten Nationen sind weltweit heute 67 Millionen Flüchtlinge unterwegs.

Unzählbar viele Menschen verließen während der Völkerwanderungen (etwa 375 bis 5. Jahrhundert) ihre Heimat und siedelten sich andernorts neu an. Im europäischen Mittelalter waren die meisten Menschen arm. Wer dazu durch Verwitwung, Arbeitsmangel, Hausbrand, Alter, Invalidität[1], durch Krieg oder Krankheit obdachlos wurde, musste zusehen, wie er durch Dienstleistungen, Vorführungen auf Jahrmärkten oder Betteln überlebte.

So gab es in Irland zwischen 1816 und 1842 vierzehn Kartoffel-Missernten. Die Menschen hungerten und verhungerten, weil Kartoffeln als damalige Nahrungsgrundlage fehlten. Bis 1920 wanderten fünf Millionen Iren aus, um anderswo ein Auskommen zu finden.

irische Auswanderer 1874

Immer schon zogen heilige Stätten die Menschen an. Dort suchten und suchen sie Ermutigung, Heilung, Verbindung zu ihrem Gott und Zuspruch für ihr Leben. In allen Kulturen der Welt lassen sich solche Wallfahrtstätten finden. Auch heutzutage noch sind jährlich etwa 40 Millionen Menschen dorthin unterwegs. Sie pilgern nach Mekka, zu den Gipfeln des Himalaya oder auf dem Jakobsweg nach Santiago de Compostela (Spanien). Sie besuchen die Villa de Guadelupe (Mexiko), den Wallfahrtsort Lourdes (Frankreich). Sie beten in Czestochowa (Polen) die Ikone der „Schwarzen Madonna" an oder vertrauen der Klagemauer in Jerusalem ihre Gebete an.

die Kaaba in Mekka

Ein wichtiger Grund, sich auf den Weg zu machen und zum Teil riesige Strecken zurückzulegen, war und ist der Handel mit Waren, ob früher auf Pferden, Karren und Schiffen oder heute mit Jumbo-Jets, Trucks und Containerschiffen. Mit der Erfindung des Rades vor etwa 7000 Jahren wurde der Mensch schneller, konnte komfortabler reisen und qualifizierte sich zum Straßenbauer. Die ersten Straßen entstanden in der Gegend, wo heute Syrien, Jordanien und der Irak liegen. Die alten Römer überzogen ganz Europa mit Tausenden Kilometern von Straßen, an denen Handelsplätze und Militärstützpunkte entstanden. Daraus wurden später Dörfer und Städte. Seitdem heißt es auch, dass „alle Wege nach Rom führen". Das Netz dieser Straßen nutzen wir bis heute. Überhaupt war das Reisen und Handeln eng mit der Erschließung von Landschaften verbunden.

die Via Appia in Italien

[1] die Invalidität: eine andauernde körperliche Beeinträchtigung

Thema: Unterwegs

Bereits vor etwa 5000 Jahren wurde in China Seide produziert,
für die westliche Welt ein begehrter Stoff. Es entwickelte sich ein Netz
von Handelsrouten zwischen Westen und Osten, zum Beispiel
die „Seidenstraße" mit mehr als 7000 km Länge. Handelskarawanen
brachten Seide, Gold, Silber und Spiegel aus dem fernen Osten
im Austausch gegen Pelze, Pflanzen, Juwelen, Schmuck und
Arzneimittel. Die „Weihrauchstraße" verband den Süden Arabiens
mit dem Mittelmeer. Neben dem Strom von Waren gab es auf
diesen Wegen auch einen kulturellen und religiösen Austausch.
Ganz Europa durchzogen im Mittelalter die „Salzstraßen".
Auf denen wurde eines der wichtigsten Handelsgüter
der damaligen Zeit, das „weiße Gold", das Salz, transportiert.

Karawane nach Osten unterwegs

Auf der Suche nach neuen Ländern und neuen Erkenntnissen wagten sich
Menschen in die weite, noch unbekannte Welt. Vasco da Gama fand
zwischen 1497–1499 den Seeweg nach Indien. Unter Ferdinand Magellan
begann 1519 eine Seereise, die als erste Weltumsegelung in die Geschichte
einging.
Auf seinen Forschungsreisen nach und durch Süd- und Mittelamerika
1799–1804 und 1829 durch Russland machte Alexander von Humboldt
wichtige geologische, botanische und zoologische Entdeckungen,
die er in seinem fünfbändigen Hauptwerk „Kosmos" zusammenfasste.
Im 16. Jahrhundert gewann das Reisen zu Bildungszwecken zunächst
in den britischen Adelskreisen an Bedeutung. Die Kinder wurden
auf eine mehrjährige Bildungsreise durch Europa geschickt,
um Sprache und Kultur eines anderen Landes zu lernen.

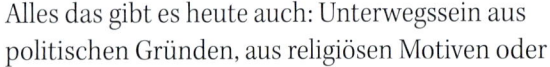

Alles das gibt es heute auch: Unterwegssein aus
politischen Gründen, aus religiösen Motiven oder
um zu handeln. Es gibt Forschungs- und Bildungsreisen und
es gibt Migrationen[2], um zu überleben. Eines aber ist relativ neu:
in der Freizeit zu reisen, um sich zu erholen,
um Spaß zu haben. So hat sich seit dem 20. Jahrhundert
der Tourismus zu einer Industrie entwickelt, die zu
den mächtigsten Wirtschaftszweigen gehört und ständig wächst.
Besonders die Zahl der Auslandsreisen hat stark zugenommen und
wächst stetig weiter. Dabei können es sich überhaupt nur 2 Prozent
der Weltbevölkerung leisten, zum Beispiel mit dem Flugzeug
unterwegs zu sein.

[2] die Migration: eine dauerhafte Auswanderung oder Einwanderung

Durch genaues Lesen kannst du dich informieren.
Absätze strukturieren den Text und helfen dir beim Verstehen.

4 Welche Informationen kannst du den einzelnen Absätzen entnehmen?   genau lesen
Finde für jeden Absatz eine Zwischenüberschrift. Schreibe sie auf.

Schlüsselwörter sind die wichtigsten Wörter im Text und helfen dir beim Verstehen des Textes.

5 Im Tandem!
  a. Einigt euch auf Schlüsselwörter in jedem Absatz.
  b. Schreibt sie zu der jeweiligen Zwischenüberschrift.
  c. Vergleicht eure Schlüsselwörter in der Klasse.

6 Welche Gründe für das Reisen werden im Text aufgeführt? Stellt sie in einer Tabelle zusammen.

	Starthilfe
Personen	Gründe
Ötzi	– Flucht, Nahrungssuche
…	…

W Mit diesem Wissen kannst du andere über das Unterwegssein und die Gründe dafür informieren. Wähle dazu zwischen einem Kurzreferat und einem Plakat aus.

7 a. Bereite mithilfe der Arbeitstechnik ein Kurzreferat zur Geschichte des Unterwegsseins vor.
  b. Halte dein Kurzreferat. Rege die anderen an, Stichworte zu notieren.

ein Kurzreferat vorbereiten und halten

Präsentieren ▸ S. 222–225

Arbeitstechnik

Ein Kurzreferat vorbereiten

Mit einem Kurzreferat kannst du andere über ein **Thema informieren**.
– **Schreibe** wichtige Informationen aus dem Text auf einzelne Karteikarten.
– **Suche** im Internet oder in Sachbüchern nach weiteren Informationen. **Ergänze** diese auf den Karteikarten.
– **Gliedere** dein Kurzreferat, in dem du die Karteikarten ordnest.
– **Formuliere** eine passende **Überschrift**, eine **Einleitung** und den **Schluss**.
– **Übe**, das Kurzreferat vorzutragen.

Informationen aus dem Internet kritisch auswählen ▸ S. 296

8 Gestalte ein Plakat über die Geschichte des Reisens.
Tipp: Orientiere dich dabei an der Zeit, an Personen und an den Gründen.

ein Plakat gestalten

Lesemappe ▸ S. 295

Z Seit dem 20. Jahrhundert tritt eine neue Form des Reisens auf. Es hat sich ein Industriezweig entwickelt, der ständig weiterwächst.

9 Schreibe auf, wie du dir das Reisen in der Zukunft vorstellst:
  – Wohin werden die Menschen in den nächsten zwanzig Jahren reisen?
  – Welche Verkehrsmittel werden sie benutzen?

einen Text schreiben

10 a. Erstellt eine Umfrage in eurer Klasse:
  – Wohin wart ihr schon unterwegs?
  – Wie seid ihr dorthin gekommen?
  b. Stellt euer Ergebnis in einer Übersicht, z. B. in einem Diagramm, dar.

eine Umfrage durchführen und das Ergebnis präsentieren

Thema: Unterwegs

Zu einem Zitat Stellung nehmen

In dem Jugendbuch „Die Stadt der wilden Götter" von Isabel Allende wird der 15-jährige Alex aus Kalifornien zu seiner Großmutter Kate Cold nach New York geschickt. Nach der Ankunft auf dem Flughafen in New York City muss er allein den Weg zu ihr finden. Er ist bestohlen worden, deshalb kann er weder anrufen noch ein Taxi bezahlen.

Die Stadt der wilden Götter   Isabel Allende

Isabel Allende (1942 in Lima geboren) gehört zu den bekanntesten lateinamerikanischen Schriftstellerinnen. Als Journalistin setzte sie sich gegen Hunger und für die Gleichberechtigung in Chile ein. Sie moderierte verschiedene chilenische Fernsehsendungen. Ihre Bücher wurden in 27 Sprachen übersetzt und millionenfach verkauft.

Wer Fragen stellt, kommt durch die Welt, war einer von Kate Colds Wahlsprüchen. Für ihre Arbeit reiste sie in die entlegensten Winkel der Erde, wo sie diesen Spruch sicher häufig genug hatte anwenden können. Alex war eher schüchtern, es kostete ihn Überwindung, fremde Leute anzusprechen,
5 aber jetzt blieb ihm nichts anderes übrig. Kaum hatte er sich so weit beruhigt, dass er wieder einen Ton herausbrachte, trat er auf einen Mann zu, der einen Hamburger hinunterschlang, und fragte, wie er zur Vierzehnten Straße, Ecke Zweite Avenue kommen könne. Der Typ zuckte die Achseln und antwortete nicht. Alex fühlte sich mies behandelt und wurde rot.
10 Er zögerte kurz und wandte sich dann an einen der Angestellten hinter der Theke. Der Mann fuchtelte mit dem Messer in eine ungefähre Richtung und brüllte über den Radau des Restaurants hinweg etwas in einem unergründlichen Kauderwelsch, von dem Alex kein Wort begriff. Eigentlich, dachte er, war es doch bloß eine Frage der Logik:
15 Wenn er herausfand, in welcher Himmelsrichtung die Zweite Avenue lag, brauchte er nur noch die Querstraßen abzuzählen, ganz einfach; ganz so einfach erschien es ihm dann allerdings doch nicht, nachdem er festgestellt hatte, dass er sich in der Zweiundvierzigsten Straße, Ecke Achte Avenue befand und sich ausmalen konnte, wie lange er durch diese Eiseskälte würde laufen müssen.
20 Er war dankbar für das Bergtraining: Immerhin konnte er sechs Stunden hindurch wie eine Eidechse Felswände hinaufkriechen, was sollten ihm da die paar Straßenzüge auf ebener Erde ausmachen? Er zog den Reißverschluss seiner Jacke hoch, duckte den Kopf zwischen die Schultern, vergrub die Hände in den Taschen und stapfte los.
25 Es war nach Mitternacht und hatte zu schneien begonnen, als er in der Straße seiner Großmutter ankam. Die Gegend wirkte verwahrlost, alles war dreckig und hässlich, weit und breit sah man keinen Baum, und seit geraumer Zeit war er keiner Menschenseele mehr begegnet. Man musste ja auch reichlich verzweifelt sein, um sich mitten in der Nacht zu Fuß in den gefährlichen Straßen
30 von Manhattan herumzutreiben. Bloß gut, dass sich kein Gangster bei diesem Wetter vor die Tür traute, sonst wäre er seine Klamotten und seinen Pass jetzt auch noch los. Das Gebäude war ein grauer Wohnblock hinter einem Sicherheitszaun zwischen vielen anderen völlig gleich aussehenden Blocks. Er drückte auf die Klingel, und sofort fragte die heisere und bärbeißige

Stimme von Kate Cold, wer es wage, sie um diese nachtschlafende Zeit
zu stören. Alex erriet, dass sie auf ihn gewartet hatte, obwohl sie das natürlich
nie zugeben würde. Er war bis auf die Knochen durchgefroren und hatte es
noch nie im Leben so nötig gehabt, dass ihn jemand in die Arme nahm,
aber als sich die Fahrstuhltür endlich im elften Stock öffnete und er vor seiner
Großmutter stand, war er fest entschlossen, keine Schwäche zu zeigen,
„Hallo, Oma." Er versuchte, sein Zähneklappern zu übertönen.
„Ich hab dir doch gesagt, du sollst mich nicht Oma nennen!", raunzte sie ihn an.
„Hallo, Kate."
„Du kommst ganz schön spät, Alexander."
„Hatten wir nicht ausgemacht, dass du mich am Flughafen abholst?"
Er schluckte die Tränen hinunter.
„Überhaupt nichts hatten wir ausgemacht. Wenn du es nicht schaffst,
vom Flughafen bis zu mir nach Hause zu kommen, wie willst du mich dann
in den Urwald begleiten? Zieh die Jacke und Stiefel aus", sagte sie ohne Übergang,
„ich mache dir eine heiße Schokolade und lasse dir ein Bad einlaufen,
aber nimm bitte zur Kenntnis, dass ich das nur tue, damit du
keine Lungenentzündung bekommst. Du musst gesund sein für die Reise.
Erwarte bloß nicht, dass ich dich fortan bemuttere, kapiert?"

1 Was erfährst du über Alex und seine Großmutter?
Beschreibe die beiden und belege deine Aussagen mit Textstellen.

die Figuren charakterisieren

2 Untersuche den Textausschnitt mithilfe der Fragen:
– Vor welchem Hindernis steht Alex?
– Wie löst er den Konflikt?

die Handlungsbausteine Hindernis und Reaktion untersuchen

3 Warum hat die Großmutter Alex nicht vom Flughafen abgeholt?
Schreibe Gründe auf und vergleiche sie in der Klasse.

„Wer Fragen stellt, kommt durch die Welt, war einer
von Kate Colds Wahlsprüchen." (Zeile 1 und 2).

4 Nimm Stellung zu diesem Ausspruch.
Begründe deine Meinung mit Argumenten.
Tipp: Überlege, wann dir Fragen geholfen haben,
eine schwierige Situation zu bewältigen.

Stellung nehmen

Alex muss allein den Weg finden. Aus Sicht der Großmutter
ist das kein Problem, für Alex zunächst schon.

Z 5 Jugendliche unter 16 Jahren sollten nicht allein reisen.
Was hältst du von dieser Meinung?
a. Überlege dir Argumente, die jeweils dafür oder dagegen sprechen.
b. Schreibe deine Meinung auf und begründe sie.

Thema: Unterwegs

Extra Sprache und Stil: Argumente verknüpfen

Louisa hat einen Bericht über Rucksackreisen in der Schülerzeitung gelesen und will dazu Stellung nehmen. Sie notiert zunächst Stichworte.

Als Backpacker durch das Land
- *mit Rucksack unterwegs, um andere Menschen und Orte kennen zu lernen*
- *kostet wenig Geld*
- *gefährlich, da man nie weiß, was geschehen kann*
- *ist nicht planbar, ob man rechtzeitig eine Unterkunft findet*
- *das Land abseits von Hotels und Touristen kennen lernen*
- *Chance, Leute zu treffen, weil man ständig im Gespräch mit Fremden ist*
- *jeder Tag muss organisiert werden*

1 a. Ordne die Pro-Argumente und die Kontra-Argumente in einer Tabelle.
b. Ergänze weitere Argumente.

Argumente unterscheiden und sammeln

2 Welche Meinung vertrittst du? Begründe sie mit drei Argumenten.

Argumente können durch ein Wort, eine Wortgruppe oder mithilfe eines Satzes verknüpft werden.

Reisen nur mit dem Rucksack?

_____ es ist eine gute Idee, als Backpacker durch das Land zu reisen. _____ lernt man das Land gerade abseits von Hotels und Touristenzentren kennen. _____ Man kommt mit fremden Leuten schnell ins Gespräch, zum Beispiel wenn man nach dem Weg fragen will. _____ lernt man andere Menschen kennen und _____ braucht man auch wenig Geld. _____ dass Rucksackreisen viel spannender als ein Pauschalurlaub sein können. _____ werde ich das in den nächsten Sommerferien mit meiner Freundin ausprobieren

so
ich denke
zum Ersten
Aber es gibt auch noch andere gute Gründe.
außerdem
deshalb
aus diesen Gründen
finde ich,

3 Vervollständige Louisas Leserbrief.
Du kannst eigene Formulierungen verwenden oder Formulierungen aus der Randspalte auswählen.

Argumente verknüpfen

Z 4 Was ist deine Meinung zu Rucksackreisen?
Schreibe eine Stellungnahme für die Schülerzeitung.
Tipp: Verknüpfe deine Argumente.

Stellung nehmen

Thema: Unterwegs

Extra Stil: Sachlich formulieren

Lousia hat diese Meinung in einem Reiseblog gefunden.

Autor: Guglefix04

Rucksack – oder Pauschalreisen?

Ich kann Leute überhaupt nicht verstehen, die nur mit dem Rucksack durch die Welt ziehen. Wer kommt denn auf so eine blöde Idee? Zwei Wochen oder mehr sein ganzes Zeug auf dem Rücken zu tragen. Das stinkt dann doch einfach nur. Und jeden Tag muss neu gepackt werden! Diese Rucksacktypen leben auf Kosten der anderen. Sie wollen überall mitreisen, tun aber selbst nichts dafür. Und dann quatschen sie noch die Einheimischen an, die genug mit sich selbst zu tun haben. Pauschalreisen sind cool. Ganz easy, alles ist organisiert, von der An- bis zur Abreise, die Übernachtung, manchmal sind sogar Ausflüge dabei. Man muss sich um nichts kümmern. Und wenn etwas nicht klappt, ist die Reiseleitung vor Ort.

1 Untersucht den Beitrag mithilfe der folgenden Fragen:
- Welche Meinung vertritt der Schreiber?
- Mit welchen Argumenten begründet er seine Meinung?
- Welche Formulierungen empfindet ihr als unsachlich?

die Schreibweise eines Beitrags untersuchen

In Blogs im Internet findet ihr oft auch unsachliche Äußerungen.

Reisen ist etwas für Reiche!	Pauschalreisen sind langweilig.
Pauschaltouristen sehen doch nichts vom Land, die sitzen nur in ihren Hotels oder liegen am Strand.	Gerade wenn man mit dem Rucksack unterwegs ist, erfährt man, wie gut es einem doch geht.
Reisen ist wichtig, denn dadurch lernt man andere Kulturen kennen.	Der Urlaub nur mit Rucksack nimmt zu.
Beim Reisen bewege ich mich, beim Wandern kann ich auch körperliche Grenzen austesten.	Leute, die mit dem Rucksack reisen, haben keine Ideen.

2 Unterscheidet bei diesen Formulierungen zwischen sachlichen und unsachlichen Äußerungen. Begründet eure Meinung.

3 Wann empfindest du eine Äußerung als unsachlich? Schreibe Stichworte auf.

unsachliche Äußerungen bestimmen

Z 4 Überarbeite den Beitrag von Guglefix04. Formuliere sachlich.

Z 5 Schreibe eine Antwort auf den Beitrag von Guglefix04.

Thema: Unterwegs

z Weiterführendes: Stellung nehmen

Michael Wigge hat es ausprobiert. Er reiste ohne einen Cent in der Tasche von Berlin in die Antarktis. Innerhalb von 150 Tagen durchquerte er vier Kontinente, legte insgesamt 35000 Kilometer zurück, bereiste elf Länder und begegnete vielen Menschen.

Ohne Geld bis ans Ende der Welt   Michael Wigge

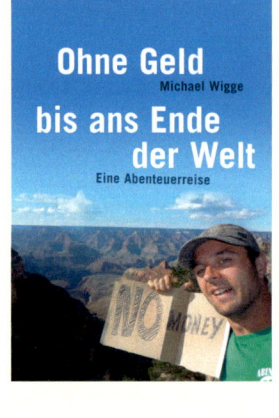

Im Hafen von Montreal habe ich nach zwölf Tagen zum ersten Mal wieder festen Boden unter den Füßen. [...] In der Stadt treffe ich Raphaelle und Jessie, bei denen ich in den folgenden Tagen kostenlos übernachten kann. Möglich macht es www.couchsurfing.com, eine Community[1] ähnlich wie MySpace
5 oder Facebook. Auf der Internetseite geht es aber nicht um Kontaktpflege oder virtuelles Kühemelken, sondern man bietet Reisenden sein Sofa zum kostenlosen Übernachten an. Das Ganze läuft so, dass jeder ein Profil mit Beschreibung seiner Person einstellt. Dazu zeigt man Fotos seiner Wohnung und wird von anderen Leuten bewertet, die schon mal bei einem kostenlos
10 übernachtet haben oder bei denen man selbst mal Gast war.
Ich habe vor meiner Reise auch schon Couchsurfer bei mir aufgenommen. Es waren sehr nette und spannende Menschen aus aller Welt. Mal der Gitarrenhippie aus Schweden, dann das Weltreisepärchen aus Kalifornien oder auch kürzlich der Praktikant aus dem Senegal. [...]
15 Ich habe auch selbst bei einigen Couchsurfern übernachtet, meist auf Reisen für die Deutsche Welle[2]. Warum immer in langweiligen Hotels abhängen, wenn man bei lustigen Leuten übernachten kann und sich obendrein die Übernachtungskosten spart? Interessant an Couchsurfing ist, dass man bei anderen übernachten kann, ohne dass man verpflichtet ist, selbst Gastgeber
20 zu werden. Um von unterwegs mit den jeweiligen Gastgebern Kontakt aufnehmen zu können, habe ich mein kleines Netbook im Gepäck. Über die eingebaute Wi-Fi-Hardware[3] kann ich mich in Stadtzentren problemlos in offene Netze einloggen und so kostenlos im Internet surfen.

[1] die Community: aus dem Englischen: Gemeinschaft   [2] die Deutsche Welle: deutsches Radio- und Fernsehprogramm   [3] die Wi-Fi-Hardware: ein Teil des Rechners für einen drahtlosen Internetzugang

1 Lies den Textausschnitt und beantworte folgende Fragen: *den Textausschnitt lesen und verstehen*
– Was erfährst du über Michael Wigge?
– Was ist Couchsurfing und warum nutzt Michael Wigge es?

2 Schreibe Gründe auf, warum manche Menschen das Angebot kostenloser Übernachtungen nicht annehmen würden oder selbst keine Übernachtungsplätze anbieten würden.

3 Nimm Stellung zu folgender Frage: Würdest du unbekannten Menschen einen Übernachtungsplatz anbieten oder bei Fremden übernachten?   *Stellung nehmen*

68   Thema: Unterwegs

In einem Interview erzählt Michael Wigge mehr über die Organisation und den Hintergrund der Reise. Hier lest ihr einen Ausschnitt davon.

Westfalenpost: Die Idee (ohne Geld zu reisen) ist ganz schön verrückt. Wie sind Sie darauf gekommen?

Wigge: Ich reise sehr viel und war schon bestimmt in 60 Ländern unterwegs. Außerdem interessiere ich mich sehr für Kultur und Menschen. Die Idee, ohne Geld zu reisen, ist ein humorvoller Ansatz, den ich schon oft genutzt habe, zum Beispiel bei meiner Arbeit für MTV. [...]

Westfalenpost: Wie überzeugt man Menschen, jemandem ohne Bezahlung etwas zu geben?

Wigge: Ich bin ja nicht mit der offenen Hand durch die Welt gelaufen, sondern habe Tauschhandel betrieben. Das war mir ganz wichtig, dass ich eine Gegenleistung erbringe. Wenn man so eine Haltung hat, geht das sehr gut. [...]

Westfalenpost: An den Niagara-Fällen konnten Sie spielend leicht an einer Besichtigung teilnehmen. Könnte man sich theoretisch, wenn man dreist[1] genug ist, kostenlos viel mehr erlauben?

Wigge: Es wäre falsch zu denken, mein Buch ist ein Ratgeber fürs Dreistsein. Das ist es auf gar keinen Fall. Vielmehr gab es ein paar freche Momente. Die Aktion soll zeigen, dass unkonventionelles[2] Reisen mehr bringt, als wenn alles durchgeplant ist. Man trifft mehr Menschen. Solche Kontakte können bereichernd sein. Das wollte ich zeigen.

Westfalenpost: Was war Ihr Überlebensplan für einen Tag?

Wigge: Jeden Morgen bin ich von zehn bis zwölf Uhr durch die Geschäfte gegangen, habe meine Geschichte erzählt und einen Tauschhandel angeboten. Nachmittags ging es dann ans Reisen, oder ich war bei den Leuten, bei denen ich übernachten durfte. [...]

Westfalenpost: Was war Ihre lehrreichste Erfahrung?

Wigge: Ich habe Menschen am Wegesrand kennen gelernt, die sehr einfach leben. Beispiele sind die Phillipinos auf dem Containerschiff nach Amerika oder die Amish People[3] in Ohio. Ihr Leben ist simpel und konservativ, aber trotzdem sehr glücklich. Das hat mir gezeigt, dass weniger oft mehr ist.

[1] dreist: frech [2] unkonventionelles: ungewöhnliches
[3] Amish People: eine christliche Glaubensgemeinschaft in den USA

4 Notiere Stichworte, wie Michael Wigge seine Reisen organisiert. *sich informieren*

5 Welche Aussage von Michael Wigge findest du interessant? Begründe.

Michael Wigge reiste fünf Monate auf ungewöhnliche Art und Weise durch Europa, Nord-, Mittel- und Südamerika bis zur Antarktis.

6 a. Notiere die Vor- und Nachteile einer solchen Reise in einer Tabelle. *Stellung nehmen*
b. Schreibe deine Stellungnahme auf.

Das kann ich!

Sich und andere informieren
Stellung nehmen

Du hast in dem Kapitel dich und andere
über das Unterwegssein informiert.
In dem folgenden Artikel macht sich Brigitte Behrens,
die Geschäftsführerin der Umweltschutzgruppe „Greenpeace",
Gedanken zum Reiseverhalten vieler Menschen heutzutage.

1 Lies den Zeitungsartikel mit dem Textknacker.

den Zeitungsartikel mit dem Textknacker lesen

Auf der Reise zu sich selbst   Brigitte Behrens

Eigentlich schade, Reisen gehören zu den Dingen, die vom Aussterben bedroht sind. Es gibt kaum noch Reisen. Es gibt nur noch Urlaub. Liest man zum Beispiel die Lebens-
5 geschichte von Lady Florence Baker, die mit ihrem Mann um 1860 die Quellen des Nils suchte – das waren noch Reisen.
Jeden Tag musste Essen und Wasser beschafft werden, fehlten Träger oder Lasttiere, galt es,
10 ohne Karten und Führer unbekanntes Gebiet mit vielleicht feindlichen Bewohnern zu erkunden. Und heute?

Man setzt sich in den Flieger, bleibt hoch in der Luft über den Elendsregionen des Balkans, dem Bürger-
15 krieg in Gaza, streift die Unruheregion Iran/Irak und landet in Dubai am Strand. Oder die Städtereise. Morgens mit dem Billigflieger nach Nizza, Bummel über den Blumenmarkt, am Abend wieder zurück. War da was? Durch diese Art der scheinbaren
20 Reise, der scheinbaren Erholung geht ganz viel verloren. Reisen – das heißt, sich einem Ziel allmählich zu nähern, Landschaften, Gerüche, Gebräuche in sich aufzunehmen und sich damit zu bereichern. Nicht umsonst ist Hape Kerkelings
25 Pilger-Reise-Buch „Ich bin dann mal weg" so ein Riesenerfolg. Auf den eigenen Füßen eine Reise unternehmen – wunderbar. Reisen als Reinigung, als Reise zu sich selbst. Nur so ist der Trend zum Pilgern zu erklären, und es gehen wieder mehr
30 junge Handwerker auf die Walz[1].
Ich gebe zu, für die Reise- bzw. Urlaubsplanung dieses Sommers ist es ein bisschen spät, so eine Reise ins Auge zu fassen. Wahrscheinlich sind Flüge und Hotels schon längst gebucht.
35 Aber wie wäre es mal mit einer Wanderung mit Übernachtung in einem Landgasthof, mit einer Kanutour auf heimischen Flüssen? Was halten Sie von einer Reise in die eigene Vergangenheit? Kennt man die Heimat der eigenen
40 Eltern oder Großeltern nur aus Erzählungen, ist die Reise an diese Orte eine spannende Erfahrung.

[1] die Walz: Wanderschaft nach der Ausbildungszeit von Handwerkern

Klar, dass ich als Greenpeace-Geschäftsführerin diese Position vertreten muss. Denn jeder nicht
45 geflogene oder nicht gefahrene Kilometer kommt der Umwelt zugute. Aber es geht um noch mehr. Interessieren sich mehr Menschen für den Lebenswert ihrer näheren Umgebung, wird es mehr Widerstand gegen Projekte geben,
50 die diesen Lebens- und Erholungswert senken. [...] Da kann es sich um den Ausbau eines Regionalflughafens zur Billigflieger-Drehscheibe handeln, um die Zerstörung von Schrebergärten für den Straßenbau o. Ä.
55 Gut, ich gebe zu, nach inzwischen *gefühlten* vier Wochen Dauerregen in Hamburg könnte man auch als Berufs-Umweltschützerin schwach werden. Einfach die Koffer packen und in die Sonne fliegen? Nein, das kann ich nur denken.
60 Für alle anderen gilt: Wie wäre es mit jährlichem Wechsel? In einem Jahr macht man Urlaub, im nächsten unternimmt man eine Reise.

2 Beantworte schriftlich die Fragen zum Inhalt: — **den Artikel erschließen**
 – Was ist für Brigitte Behrens der Unterschied zwischen **Reise** und **Urlaub**? Nenne auch Beispiele.
 – Welche Meinung vertritt Brigitte Behrens zum Thema **Reisen**?
 – Welchen Vorschlag macht sie den Leserinnen und Lesern?

3 Brigitte Behrens ist die Geschäftsführerin von Greenpeace.
 a. Informiere dich über die Umweltschutzgruppe Greenpeace. — **sich informieren**
 b. Erläutere, warum Brigitte Behrens in Zeile 43 sagt, dass sie als Greenpeace-Geschäftsführerin diese Position vertreten muss.
 c. Schreibe in Stichworten auf, mit welchen Argumenten Brigitte Behrens ihre Meinung stützt.

4 a. Bereite ein Kurzreferat zum Thema **Reisen** vor. — **ein Kurzreferat vorbereiten und halten**
 b. Halte das Kurzreferat. ▶ S. 63

Du hast dich im Kapitel mit verschiedenen Meinungen zum Reisen auseinandergesetzt und dazu Stellung genommen.

5 Nimm zur Meinung von Brigitte Behrens in einem Leserbrief Stellung. — **Stellung nehmen**
 a. Überlege zunächst, ob du Brigitte Behrens zustimmst. ▶ S. 65–63
 b. Sammle Pro- und Kontra-Argumente.
 c. Schreibe einen Leserbrief, in dem du zu dem Artikel Stellung nimmst.

6 Organisiert eine Diskussion zum Thema **Reisen**, — **diskutieren**
 bei der ihr eure Erfahrungen aus dem Kapitel einbezieht. diskutieren ▶ S. 303

Thema: Unterwegs

Schriftlich Stellung nehmen

Eine Stellungnahme planen, schreiben und überarbeiten

In Leserbriefen, in Blogs oder in offiziellen Briefen kannst du Stellung zu einem Thema nehmen. Die Schülerzeitung hat eine Seite mit Reisevorschlägen für die Ferien veröffentlicht. Darunter ist auch der folgende Beitrag von Alexa zu finden, zu dem du Stellung nimmst.

Wohin in den Sommerferien?

Warum soll man in den Sommerferien verreisen? Ich werde zu Hause bleiben, so wie in diesem Jahr. Ich war glücklich und habe nichts vermisst.
In den vorletzten Sommerferien wollten meine Eltern unbedingt an die Ostsee. Wir fuhren vormittags los und kurz nach der Autobahnauffahrt kam schon
5 der erste Stau. Natürlich wollten alle in den Urlaub und ans Meer. Irgendwann mitten in der Nacht kamen wir im Urlaubsort an. Die Ferienwohnung sah ganz anders aus als auf den Fotos im Internet. Neben unserer Ferienwohnung lebte eine Familie mit einem kleinen Baby. Die Wohnung war so hellhörig und schon morgens um 5 Uhr bin ich vom Schreien des Babys aufgewacht.
10 Ich hatte mich auf das Meer gefreut, aber als wir zum Strand kamen, waren alle Strandkörbe besetzt. Es gab auch kaum Platz für die Decken. Das Meer war zwar warm, aber voller Quallen.
Meine nächsten Sommerferien möchte ich auch zu Hause verbringen. Es ist wichtig, dass man sich erholt. Zu Hause ist es ruhig, dort muss ich nicht
15 auf überfüllten Straßen oder Flugplätzen warten, bis ich endlich an den Urlaubsort komme. Darüber hinaus kann ich vieles entscheiden, schlafe lange und treffe mich mit meinen Freundinnen im Schwimmbad. Und ein weiterer Grund spielt eine Rolle: Da die meisten unterwegs sind, ist es auch im Schwimmbad nicht so voll wie zu den Schulzeiten. (*Alexa, 15 Jahre*)

1 Schreibe auf, welche Meinung Alexa vertritt und welche Argumente sie verwendet.

Für eine Stellungnahme benötigst du Argumente.
Mithilfe eines Clusters sammelst du zuerst deine Argumente.

2 Erstelle einen Cluster zum Thema: Ferien in der Ferne oder zu Hause?

- zu Hause gemütlicher
- neue Erfahrungen
- Leute kennen lernen
- **Ferien in der Ferne oder zu Hause?**

Ideen sammeln
Cluster ▶ S. 297

Strukturiere deine Ideen, um zu einer eigenen Meinung zu kommen.

3 **a.** Markiere mit unterschiedlichen Farben, was dafür und was dagegen spricht.
b. Übertrage die Pro- und Kontra-Argumente in eine Tabelle.

zwischen Pro- und Kontra-Argumenten unterscheiden

4 Entscheide, welche Meinung du vertrittst.
Lies dafür die Pro- und Kontra-Argumente noch einmal.

die eigene Meinung festlegen

Von deiner Meinung kannst du andere in einer Stellungsnahme überzeugen. Wähle dazu die wichtigsten Argumente aus.

5 **a.** Ordne deine Argumente nach der Wichtigkeit.
b. Wähle aus den Argumenten drei aus.
c. Schreibe ein Beispiel zu jedem Argument.

Argumente ordnen

Argumente veranschaulichen

Argumente kannst du mit einem vollständigen Satz, einem Teilsatz oder mit einem Wort verknüpfen.

6 Welche Formulierungen hat Alexa zur Verknüpfung von Argumenten in ihrem Leserbrief verwendet?
a. Schreibe sie auf.
b. Sammle weitere Formulierungen und schreibe sie dazu.

im Hauptteil die Argumente verknüpfen

7 Schreibe den Hauptteil und verknüpfe die Argumente.

Mit der Einleitung führst du zum Thema und weckst das Interesse am Lesen.

A Meine letzten Ferien habe ich zu Hause verbracht.

B Etwa ein Drittel der Deutschen verbringt den Urlaub zu Hause.

C So gerne jeder auch wegfahren würde: Manchmal bleibt man in den Sommerferien zu Hause. Aber das muss kein Nachteil sein. Auch zu Hause kann man seine Ferien genießen, sodass die Erholung einsetzt und das Feriengefühl um sich greift.

mit einem Zahlenbeispiel beginnen, z. B. einer Statistik
von einem eigenen Erlebnis ausgehen
mit allgemeinen Erklärungen anfangen

8 Wie werden die drei Stellungnahmen eingeleitet?
Ordne mithilfe der Information aus der Randspalte zu, mit welchen Möglichkeiten die Stellungnahme eingeleitet wurde.

9 Probiere die Möglichkeiten aus und formuliere zwei Einleitungen für deine Stellungnahme.

eine Einleitung schreiben

Zum Schluss fasst du deine Meinung noch einmal zusammen.

10 Formuliere zwei Schlusssätze. Du kannst eigene Formulierungen wählen oder die Formulierungen aus der Randspalte verwenden.

den Schluss schreiben

> Ich komme zu dem Schluss, dass …
> Meiner Meinung nach …
> Zusammenfassend möchte ich …
> Ich denke, dass …

Mithilfe einer Checkliste kannst du deine Stellungnahme überarbeiten.

Checkliste: Eine Stellungnahme zu einem Artikel schreiben	Ja	Nein
– Habe ich sachlich formuliert?		
– Sind meine Argumente nachvollziehbar?		
– …		

11 a. Schreibe die angefangene Checkliste ab.
b. Trage weitere Checkfragen ein.
c. Überprüfe den Entwurf deiner Stellungnahme mit der Checkliste.

mit einer Checkliste den Entwurf überprüfen und überarbeiten

12 a. Überarbeite deine Stellungnahme.
   Tipp: Dabei hilft dir auch die Arbeitstechnik.
b. Überprüfe die Rechtschreibung.

Arbeitstechnik

Eine Stellungnahme schreiben

In einer Stellungnahme **legst** du deine **Meinung** zu einer strittigen Frage **dar** und **begründest** sie.
In der **Planung** gehst du in **fünf Schritten** vor:
1. Schritt: Argumente sammeln
2. Schritt: die eigene Meinung festlegen
3. Schritt: Argumente auswählen, ordnen und durch Beispiele verdeutlichen
4. Schritt: Argumente verknüpfen
5. Schritt: die Einleitung und den Schluss schreiben

Eine Stellungnahme besteht aus **Einleitung**, **Hauptteil** und **Schluss**.
In der **Einleitung** nennst du das **Thema**, zu dem du Stellung nehmen möchtest.
Im **Hauptteil** formulierst du **deine Meinung** und **begründest** sie mit Argumenten.
Du schreibst sachlich.
Im **Schlussteil wiederholst** du **deine Meinung** und **fasst das Wichtigste zusammen**.

Einsatz für den Frieden

- Präsentieren: Kurzreferat
- Interviews durchführen und reflektieren

„Der Frieden auf der Erde kann nur mit vielen kleinen Anstrengungen von uns allen aufgebaut werden."

Mairead Corrigan, Mitbegründerin einer Friedensbewegung in Nordirland, erhielt den Friedensnobelpreis 1976.

„Ohne es zu bemerken, haben wir einen Krieg mit der Erde angefangen. Es ist Zeit, Frieden mit dem Planeten zu schließen."

Al Gore (USA) wurde als Klima- und Umweltschützer 2007 mit dem Friedensnobelpreis ausgezeichnet.

„Ich habe gegen die weiße Vorherrschaft gekämpft. Ich habe gegen die schwarze Vorherrschaft gekämpft. Ich glaube an das Ideal einer freien, demokratischen Gesellschaft, in der alle in Harmonie zusammenleben und die gleichen Chancen haben."

Nelson Mandela (Südafrika) erhielt den Friedensnobelpreis 1993.

Sich über den Friedensnobelpreis informieren

Frieden ist ein Grundbedürfnis der Menschen. In diesem Kapitel begegnet ihr einigen Menschen, die sich mit großem Engagement für den Frieden einsetzten und dafür ausgezeichnet wurden.

1 a. Betrachtet die Fotos und lest die Texte auf Seite 75.
   b. Tauscht euch über folgende Fragen aus:
   – Was erfährst du über diese Personen?
   – Was weißt du über diese Menschen?
   – Was erfährst du aus ihren Äußerungen über ihre Ansichten?

Vorkenntnisse zusammentragen

W Wählt aus den beiden Aufgaben eine aus und arbeitet in Gruppen. Vergleicht anschließend die Ergebnisse in der Klasse.

2 Was bedeutet Frieden für euch?
Erstellt einen Cluster auf einem großen Bogen Papier.
   a. Schreibt gleichbedeutende Wörter (Synonyme) und Gegensatzwörter (Antonyme) zum Begriff **Frieden** auf.
   b. Ergänzt auch Wörter aus anderen Sprachen und zusammengesetzte Wörter sowie Redewendungen.

einen Cluster erstellen
Cluster ➤ S. 297

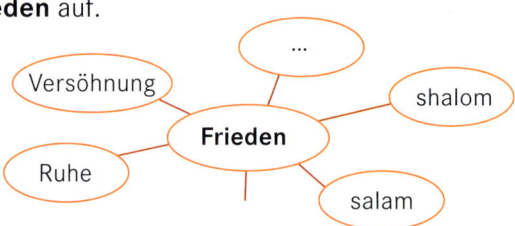

3 Was bedeutet Krieg für euch?
Erstellt einen Cluster auf einem großen Bogen Papier.
   a. Schreibt gleichbedeutende Wörter (Synonyme) und Gegensatzwörter (Antonyme) zum Begriff **Krieg** auf.
   b. Ergänzt auch Wörter aus anderen Sprachen, zusammengesetzte Wörter und Redewendungen.

Frieden wird als das wichtigste Gut der Menschen bezeichnet.

4 Warum ist Frieden so wichtig? Tauscht eure Gedanken darüber aus.

über Frieden nachdenken

Z 5 Kennt ihr weitere Personen, die sich für den Frieden engagieren?
   a. Informiert euch über die Personen.
   b. Erstellt Steckbriefe.
   c. Stellt eure Ergebnisse in der Klasse vor.

In diesem Kapitel informiert ihr euch und andere über den Friedensnobelpreis und einige Preisträger. Ihr stellt Preisträger in einem Kurzreferat vor und lernt ein Interview vorzubereiten und durchzuführen.
Das Zeichen in der Randspalte führt euch schrittweise dorthin.

Thema: Einsatz für den Frieden

Der Friedensnobelpreis ist die bedeutendste Auszeichnung für Verdienste im Einsatz für Frieden. Der Name geht auf Alfred Nobel zurück.

Alfred Nobel

Der schwedische Chemiker Alfred Bernhard Nobel (1833–1896) erfand den Sprengstoff Dynamit. Er wurde dadurch nicht nur berühmt, sondern auch sehr reich. Dynamit wurde für den Tunnelbau, aber auch für die Herstellung von Waffen verwendet. Doch Nobel war dagegen, dass seine Erfindungen auch in Kriegen gegen Menschen eingesetzt wurden. Er ließ mit seinem Vermögen eine Stiftung gründen und legte fest, dass nach seinem Tod von seinem Vermögen Preise an Personen vergeben werden, die „der Menschheit den größten Nutzen erbracht haben". Am fünften Todestag von Alfred Nobel, dem 10. Dezember 1901, wurden zum ersten Mal die Nobelpreise verliehen. Seitdem wartet die ganze Welt in jedem Jahr auf die Bekanntgabe der neuen Nobelpreisträger. Nobelpreise gibt es für die Bereiche Physik und Chemie, Medizin, Literatur und Wirtschaft. Der Preis kann an bis zu drei Personen gleichzeitig oder an eine Organisation gehen. Alle Preisträger erhalten eine Urkunde, eine Goldmedaille und einen hohen Geldbetrag. Der Friedensnobelpreis ging zum vorerst letzten Mal 1971 an einen Deutschen. Damals erhielt ihn der damalige Bundeskanzler Willy Brandt.

6 Stelle Alfred Nobel vor.
  a. Schreibe die wichtigsten Informationen in Stichworten auf.
  b. Informiere die Klasse darüber.

einen Lexikonartikel lesen

Seit 1901 wird der Friedensnobelpreis jedes Jahr in Oslo verliehen, doch in manchen Jahren kam es zu keiner Verleihung.

Wissenswertes über den Friedensnobelpreis

– Insgesamt gab es 120 Preisträger, darunter waren nur 12 Frauen.
– Der Preis wird von einem Komitee verliehen, das jedes Mal aus fünf Mitgliedern besteht.
– Neunzehn Mal wurde der Preis nicht vergeben, unter anderem zwischen 1914–1916, im Jahr 1918 und zwischen 1939–1943.
– Bis heute gibt es vier deutsche Preisträger.
– Jüngste Preisträgerin ist Mairead Corrigan aus Nordirland. 1976 wurde sie im Alter von 32 Jahren für ihr Engagement in der Friedensbewegung ausgezeichnet.
– Der älteste Preisträger, Josef Rotbalt, war bei der Entgegennahme 85 Jahre alt.
– Die meisten Preisträger kommen aus den Vereinigten Staaten von Amerika.

Wangari Maathai (geb. 1940): 2004 Nobelpreis für Frauenrechte und Umweltschutz in Kenia

7 Im Tandem!
  a. Schreibt fünf Fragen auf, deren Antworten im Text enthalten sind.
  b. Überprüft gegenseitig euer Textverständnis mithilfe eurer Fragen.

8 Besprecht, warum in einigen Jahren die Preise nicht vergeben wurden.

Z 9 Informiere in einem Kurzreferat über den Friedensnobelpreis und einen Preisträger. Recherchiere dazu im Internet oder in Sachbüchern.

Willy Brandt (1913–1992): 1971 Nobelpreis für seine Friedenspolitik

Thema: **Einsatz für den Frieden**

Ein Kurzreferat über Nelson Mandela

Nelson Mandela wurde 1993 mit dem Friedensnobelpreis ausgezeichnet. In dem Text erfährst du die Gründe dafür. Diese Informationen benötigst du für ein Kurzreferat über Nelson Mandela.

1 Lies den Text mit dem Textknacker.

einen Text mit dem Textknacker lesen
Textknacker ➤ S. 295

Nelson Rolihlahla Mandela: Freiheitskämpfer, Häftling, Präsident

Der 11. Juni 2010 war ein fröhlicher Tag für die Südafrikaner. In ihrem Land begann erstmalig auf dem afrikanischen Kontinent eine Fußballweltmeisterschaft. Für den ehemaligen Präsidenten Nelson Mandela war es ein Tag des Schmerzes. Am Vorabend verunglückte seine 13-jährige
5 Urenkelin Zenani bei einem Autounfall tödlich.

Info
Südafrika:
40 Millionen Einwohner
(76 % Schwarze,
13 % Weiße,
11 % andere ethnische Gruppen)
Hauptstadt: Pretoria
Größte Stadt: Johannesburg
(4 Millionen Einwohner)

Was hat dieser Mann auf seinem Weg durch das 20. Jahrhundert bis heute alles erlebt! Er war neun Jahre alt, als sein Vater starb. Nelson gehört dem Xhosa-Volk an und damit zur Mehrheit der einheimischen schwarzen Bevölkerung. Diese wurde von einer weißen Minderheit seit Jahrhunderten
10 gedemütigt und ausgebeutet. 1948 wurde das System der Rassentrennung (Apartheid)[1] gesetzlich verankert. Dagegen kämpfte Nelson Mandela schon als Jurastudent in Fort Hare. Seine Universität war die einzige für Schwarze in Südafrika. Hier fanden junge Männer zusammen, die sich gegen den Staat der Weißen organisierten.

15 Mandela schloss sich 1942 der Partei Afrikanischer Nationalkongress (ANC) an. Zu ihrem Programm gehörte der friedliche Kampf gegen die Apartheid. Auf Gewaltverzicht setzte er auch als junger Anwalt in der ersten schwarzen Kanzlei Südafrikas. Das Maß des Duldens war jedoch übervoll, als 1960 in der Township[2] Sharpeville 69 unbewaffnete Demonstranten erschossen wurden.
20 Mandela stellte sich an die Spitze des „Speeres der Nation" (Umkhonto We Sizwe). Dieser bewaffnete Arm des ANC wehrte sich gegen den gewalttätigen Staat. Der ANC wurde verboten und Mandela 1964 zu lebenslanger Haft verurteilt. Fast dreißig Jahre war er eingekerkert, die ersten 18 Jahre auf der berüchtigten Gefängnisinsel Robben Island. Er blieb der anerkannte Führer
25 des ANC. Selbst weiße Wärter, die farbige Insassen gewohnheitsgemäß als „tierähnliche Geschöpfe" ansahen, konnten sich Mandelas Überzeugungskraft und menschlicher Ausstrahlung nicht entziehen. Fast dreißig Jahre lang wurde weltweit für seine Freilassung demonstriert.

Am 11. Februar 1990 wurde Mandela vom Präsidenten Frederic Willem de Klerk
30 überraschenderweise freigelassen. Die Apartheid-Politik und das ANC-Verbot wurden aufgehoben.

[1] die Apartheid: die strikte Trennung zwischen der farbigen und der weißen Bevölkerung eines Landes   [2] die Township: Wohnsiedlung, die während der Apartheid für die schwarze Bevölkerung errichtet wurde

Thema: Einsatz für den Frieden

Am Tage seiner Entlassung hielt er in einem Stadion in Soweto eine
bewegende Rede. Er lud alle Menschen zur Mitarbeit an einem
„nichtrassistischen, geeinten und demokratischen Südafrika mit
35 allgemeinen, freien Wahlen und Stimmrecht für alle" ein.

1994 gewann der ANC die ersten demokratischen Wahlen.
Mandela wurde für fünf Jahre Präsident der „Regenbogennation"
Südafrika. Die Gesetze zur Rassentrennung wurden aufgehoben.
Unter seiner Regierung und auf seine Anregung hin nahm
40 die „Wahrheits- und Versöhnungskommission" ihre Arbeit auf.
Ihr Ziel war und ist es, Folterverbrechen und Gewalttaten
der Vergangenheit öffentlich zu machen und dennoch
Vergebung zu gewähren.
Mandela ist neben Martin Luther King und Malcolm X
45 das Symbol des Widerstands gegen die Unterdrückung
der Schwarzen weltweit.

> „Einem Menschen
> seine Menschenrechte
> zu verweigern, bedeutet,
> ihn in seiner Menschlichkeit
> zu missachten." Nelson Mandela

2 Schreibe für dein Kurzreferat Informationen aus dem Text heraus.
   a. Schreibe für jeden Absatz eine Überschrift auf eine Karteikarte.
   b. Schreibe wichtige Stichworte auf jede Karteikarte.

ein Kurzreferat vorbereiten

3 **a.** Recherchiere im Internet oder in Lexika weitere Informationen zu Nelson Mandela.
   b. Ergänze deine Informationen auf den Karteikarten.

Informationen aus dem Internet kritisch auswählen ▶ S. 296

4 In welcher Reihenfolge möchtest du deine Informationen vortragen? Nummeriere die Karteikarten in dieser Reihenfolge.

5 Formuliere eine Überschrift, eine Einleitung und einen Schluss.
   Tipp: Du kannst auch mit einem Zitat beginnen.

Starthilfe
> „Einem Menschen seine Menschenrechte zu verweigern,
> bedeutet, ihn in seiner Menschlichkeit zu missachten."
> Das sagte Nelson Mandela, ...

6 Mit welchen Folien kannst du das Kurzreferat veranschaulichen?
   a. Lies noch einmal die Karteikarten.
   b. Wähle Stichworte für die Folien aus und markiere sie.
   c. Wähle geeignete Fotos, z. B. aus dem Internet, aus.

Folien für ein Kurzreferat erstellen ▶ S. 89

7 Informiere andere in einem Kurzreferat über Nelson Mandela.

das Kurzreferat halten

In einer Mitschrift hältst du wichtige Informationen fest.

8 Erstelle eine Mitschrift zum Kurzreferat.
   Tipps: Notiere kurze Stichworte.
   Unterscheide zwischen wichtigen und unwichtigen Informationen.

eine Mitschrift erstellen

Thema: Einsatz für den Frieden

Ein Interview vorbereiten und durchführen

Eine Schule soll einen neuen Namen erhalten.
Dazu führten die Schülerinnen und Schüler ein Projekt durch.
Annie von der Schülerzeitung will das Projekt vorstellen
und führt ein Interview durch.

Ein neuer Name für unsere Schule?

SZ: Hallo, Tim. Ich bin Annie aus der 8 c und arbeite als Autorin bei der Schülerzeitung mit. Wir möchten in der nächsten Ausgabe Vorschläge zu neuen Namen für unsere Schule vorstellen. Eure Klasse hat Al Gore vorgeschlagen. Wie seid ihr auf diese Idee gekommen?

Tim: Al Gore ist der wohl bekannteste Klimaschützer der Welt. Er erhielt 2007 für seinen Einsatz für den Umweltschutz den Friedensnobelpreis.

SZ: Woher kennt ihr den Namen Al Gore?

Tim: Wir haben im Unterricht den Dokumentarfilm „Eine unbequeme Wahrheit" gesehen. Dieser Film zeigt den Kampf von Al Gore gegen die globale Erwärmung. Er stellt darin den derzeitigen Stand der Klimaforschung dar und erklärt den Zusammenhang zwischen CO_2 in der Atmosphäre und den steigenden Temperaturen. Er zeigt die Schreckensbilder der Zukunft. Die Erwärmung der Meere führt zu einer höheren Luftfeuchtigkeit und zu stärkeren Stürmen und Hurrikanen. Andere Länder leiden unter der Versteppung, gerade in Südeuropa. Es kommt zum Abschmelzen des Polareises. Mit diesen Aufnahmen will er die Menschen wachrütteln. Das Ganze wird mit Zahlen und Fakten unterlegt. Der Film wurde mit zwei Oscars ausgezeichnet.

SZ: Welche Lösungen schlägt er vor?

Tim: Er ist für eine generelle Reduzierung des Kohlendioxidausstoßes und schlägt zwei Lösungen vor: Der Kohlendioxidausstoß muss bezahlt werden, z. B. durch eine Steuer oder den Handel mit CO_2-Zertifikaten.

SZ: Was wisst ihr noch über Al Gore?

Tim: Albert Arnold Gore wurde 1948 in Washington, D. C. geboren. Er war Vizepräsident unter Bill Clinton von 1993 bis 2000, verlor aber 2000 gegen George W. Bush die Wahl. Danach arbeitete er als Berater bei der Internetfirma Google, saß im Verwaltungsrat bei Apple und gründete 2003 eine eigene Geldanlagefirma, die erneuerbare Energien testet. Und seit 2000 ist Al Gore für den Umweltschutz aktiv und hat dazu auch zwei erfolgreiche Bücher veröffentlicht.

SZ: Warum erhält jemand, der sich für den Umweltschutz engagiert, den Friedensnobelpreis?

Tim: Auch der Schutz der Umwelt ist für den Menschen von wichtiger Bedeutung. Durch die globale Erwärmung häufen sich die Naturkatastrophen. Die Umwelt wird zerstört, der Lebensraum von Menschen und Tieren wird verändert und viele Menschen müssen sich eine neue Heimat suchen,

weil die alte zerstört ist. Al Gore ist ein Mensch, der nicht zusieht
und alles geschehen lässt, sondern der seine Macht und sein Wissen nutzt,
um andere auf die Bedrohung aufmerksam zu machen.
40 Deshalb möchten wir, dass unsere Schule seinen Namen trägt.
Wir stellen unseren Vorschlag in der nächsten Schulkonferenz vor.
Außerdem bereiten wir ein Plakat vor, das im Foyer ausgestellt werden soll.
SZ: Dann wünsche ich euch viel Erfolg. Vielen Dank für das Gespräch.

1 Lest das Interview mit verteilten Rollen vor.

2 Was erfahrt ihr über den Friedensnobelpreisträger Al Gore?
Schreibt Stichworte auf.

ein Interview verstehen

Annie lenkt als Interviewerin das Gespräch durch die Fragen.

3 Untersuche das Interview mithilfe der Fragen genau:
– Wer wird interviewt? Warum?
– Was ist das Ziel des Interviews?
– Wie ist das Interview aufgebaut?
– Ist das Interview gelungen? Warum?

ein Interview untersuchen

4 Wie wird das Interview eröffnet? Lies dazu die Einführung noch einmal
und schreibe auf, was bei einer Eröffnung wichtig ist.

5 Wie wird das Interview beendet?
Lies den Schluss und schreibe auf, was wichtig ist.

Ein Interview gelingt, wenn es gut vorbereitet wird.

6 Interviewe für die Schülerzeitung eine Person aus deinem Umfeld,
die sich für den Umweltschutz engagiert.
a. Wähle eine Person aus und sammle Informationen.
b. Lege das Ziel für das Interview fest:
– Was möchtest du wissen?
– Was ist für andere interessant?
c. Schreibe Fragen auf.

ein Interview planen und durchführen

> **Starthilfe**
> Warum engagieren Sie sich für …?
> Wie lange …?
> Wie oft …?
> Warum …?
> Was …?

d. Überlege dir auch, wie du das Interview einleiten
und beenden kannst.
e. Befrage die Person.

Thema: **Einsatz für den Frieden**

Extra Sprache: Fragetechniken anwenden

Marie und Felix aus der Klasse 8 c wollen den Schulleiter Herrn Meyer für die Schülerzeitung zur Namensgebung der Schule interviewen. Sie überlegen, welche Fragen sie im Interview stellen könnten.

Marie: Wir sollten ihn fragen, ob er schon einige Vorschläge kennt.
Felix: Wir sollten auch fragen, was er von unserem Vorschlag hält, die Schule nach einem Nobelpreisträger oder einer Nobelpreisträgerin zu benennen.
Marie: Und wir fragen ihn, ob er diesen Vorschlag gut findet.
Felix: Lieber, warum er ihn gut findet. Und es ist doch interessant zu wissen, ob er einen Favoriten hat.

1 Formuliert die Fragen.

Fragen formulieren

> **Starthilfe**
> Welche Vorschläge für mögliche Namen kennen Sie bereits? ...

Ein Interview kannst du mit offenen und geschlossenen Fragen führen. Zu den geschlossenen Fragen zählen Fragen, die nur mit „ja" oder „nein" beantwortet werden können.

- Haben Sie jetzt durch die Namensvergabe viel zu tun?
- Warum braucht die Schule einen neuen Namen?
- Sind Sie für Al Gore als Schulname?
- Was halten die Lehrerinnen und Lehrer von diesem Vorschlag?
- Sollen wir einen Preisträger oder eine Preisträgerin vorschlagen?

2 a. Unterscheide bei den Fragen zwischen offenen und geschlossenen Fragen.
b. Was ist eine offene Frage? Schreibe eine Definition auf.
c. Welche Fragen eignen sich am besten für ein Interview? Begründe.

zwischen offenen und geschlossenen Fragen unterscheiden

Offene Fragen kannst du mit Fragewörtern einleiten, z. B. wer, wo, wann.

3 Schreibe weitere Fragewörter auf.

Marie und Felix führen eine Kurzbefragung auf dem Schulhof durch.

offene Fragen formulieren

- Findest du den Namen Barack Obama als Schulnamen passend?
- Soll es ein deutscher Name für unsere Schule sein?
- Gehst du morgen um 17.00 Uhr zur Schulkonferenz?
- Sollen wir gemeinsam abstimmen, soll die Schulkonferenz oder nur die Schulleitung über den Namen unserer Schule entscheiden?

4 Formuliere die geschlossenen Fragen in offene Fragen um.

Thema: Einsatz für den Frieden

Marie und Felix haben den Schulleiter befragt.

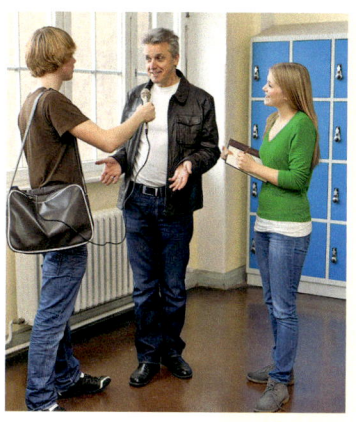

Marie und Felix:
Herr Meyer: Gern.
Marie und Felix:
Herr Meyer: Es gibt viele Ideen für einen neuen Namen für unsere Schule. Besonders häufig kam der Wunsch, die Schule nach einer Person zu benennen, die ihr Leben für den Frieden eingesetzt hat. Deshalb kamen einige Vorschläge zu Friedensnobelpreisträgern.
Marie und Felix:
Herr Meyer: Barack Obama ist einer der Favoriten. Aber auch Bertha von Suttner, Nelson Mandela, Albert Schweitzer oder Carl von Ossietzky.
Marie und Felix:
Herr Meyer: Die Schulkonferenz mit den Vertreterinnen und Vertretern aus dem Lehrerkollegium, der Schülerschaft und den Eltern wird über den Namen entscheiden.
Marie und Felix:
Herr Meyer: Das wird auf der nächsten Schulkonferenz am 3. Dezember entschieden.
Marie und Felix:
Herr Meyer: Ab dem nächsten Schuljahr soll unsere Schule diesen Namen tragen.
Marie und Felix:
Herr Meyer: Wir müssen die Namensänderung beim Schulamt beantragen, die Daten aktualisieren, neues Briefpapier und Stempel organisieren und letztendlich soll der Name auch deutlich erkennbar am Schulgebäude zu lesen sein.

5 a. Lies Herrn Meyers Antworten.
    b. Schreibe auf, welche Informationen zur Namensgebung daraus zu entnehmen sind.

Die richtigen Fragen führen zum erfolgreichen Interview.

6 Schreibe eine Gesprächseinleitung für das Interview mit Herrn Meyer.   *die Einleitung schreiben*

7 Schreibe die Fragen auf, die Marie und Felix gestellt haben könnten.   *das Interview vervollständigen*

8 Wie kannst du das Interview beenden? Schreibe deinen Vorschlag auf.

Z 9 Welche weiteren Fragen würdest du Herrn Meyer stellen? Schreibe sie auf. Verwende offene Fragen.

Thema: **Einsatz für den Frieden**

Z Weiterführendes: Ein Interview lesen und planen

Immer wieder wird die Vergabe des Friedensnobelpreises von Kritik begleitet. Kritisiert wurde auch, dass der Friedensnobelpreis an Frauen sehr selten verliehen wird, wie du in diesem Text lesen kannst.

1 Überfliege den Text. Um welche Textsorte handelt es sich? Begründe deine Einschätzung.

einen Text überfliegen

„Frieden ist eine Männerbastion[1]"

Weltweit engagieren sich Millionen Frauen gegen Gewalt, Krieg und Ungerechtigkeit. Doch anders als Männer stehen sie selten im Rampenlicht. Dies zu ändern ist
5 das Ziel des Projektes „1000 Frauen für den Friedensnobelpreis". Im Interview erzählt Projektmanagerin Maren Haartje, wie sie die 1000 Frauen gefunden haben.
Brigitte.de: In über 100 Jahren Friedensnobel-
10 preisgeschichte haben nur zwölf Frauen die Auszeichnung erhalten. Woran liegt das?
Maren Haartje: Krieg, aber auch Frieden sind eine Männerbastion. Frauen leisten sehr wirkungsvolle Friedensarbeit, aber das gilt fast als selbstverständ-
15 liche Rolle und wird nicht so politisch betrachtet wie bei Männern. Eine Kollegin hat das kürzlich sehr toll auf den Punkt gebracht: Frauen arbeiten für den Frieden, Männer werden dafür honoriert[2]. Das ist natürlich auch eine Widerspiegelung
20 anderer gesellschaftlicher Tatsachen. Die Leistung von Frauen wird ja nicht nur in der Friedensarbeit zu wenig gewürdigt.

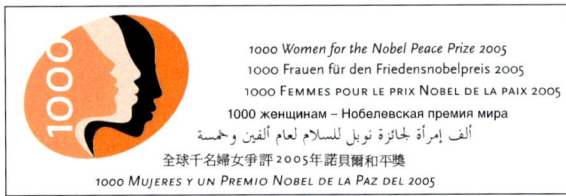

Brigitte.de: Macht Sie das wütend?
Maren Haartje: Es macht mich oft wütend, aber
25 es braucht auch eine gehörige Portion Wut, damit man handelt. […]
Brigitte.de: Wie kam es denn zu diesem Projekt?
Maren Haartje: Das ist ein Traum gewesen, den unsere Präsidentin Ruth-Gaby Vermot-Mangold
30 hatte. In ihrer Arbeit als Politikerin hat sie viele Flüchtlingslager und Krisengebiete besucht und immer wieder festgestellt, dass es überwiegend Frauen sind, die das Überleben sichern. Aber eine Wertschätzung kommt ihnen nicht zuteil. Als sie
35 mir von ihrer Idee erzählte, hat es mich richtig angesprungen. Das ist wie ein Virus gewesen.
Brigitte.de: Wie haben Sie all die 1000 Frauen gefunden?
Maren Haartje: Aufgrund der langjährigen
40 politischen Friedensarbeit, die wir alle schon

[1] die Bastion: Festung, hier: eine Männersache, an der Frauen nicht teilnehmen   [2] honoriert: belohnt, bezahlt

geleistet hatten, gab es natürlich ein großes Netzwerk von Frauen, mit denen wir uns zunächst ausgetauscht haben. So sind wir relativ schnell auf 20 Koordinatorinnen für die unterschiedlichen
45 Regionen in der ganzen Welt gekommen. An diese Frauen konnten dann diejenigen, die von diesem Projekt gehört hatten, herantreten und eine Frau vorschlagen. Natürlich wurde niemand ohne sein Wissen nominiert.
50 **Brigitte.de:** Welche Kriterien haben Sie für diese Frauen aufgestellt?
Maren Haartje: Unser Friedensbegriff ist menschliche Sicherheit. Das bedeutet neben der Abwesenheit von Krieg vor allem ein Dach
55 über dem Kopf, gesunde Nahrung, Zugang zum Gesundheitssystem und politische Partizipation. Ein Kriterium war, dass die Frauen Vermittlerinnen sein mussten zwischen den verfeindeten Parteien. Außerdem waren uns Langfristigkeit und
60 Nachhaltigkeit sehr wichtig. Die größte Gruppe der Nominierten stellen die so genannten Grassroots-Frauen [3], die an der Basis arbeiten. Es sind aber auch Wissenschaftlerinnen oder Schriftstellerinnen darunter, und Frauen mit
65 politischem Einfluss. [...]

[3] grass roots (aus dem Englischen) – Graswurzeln: Menschen, die sich locker vernetzen, heutzutage meist auch über das Internet

2 Warum haben nach Meinung von Maren Haartje Frauen seltener den Nobelpreis bekommen? Schreibe Gründe auf.

ein Interview verstehen

3 Diskutiert, ob ihr die Kritik von Maren Haartje berechtigt findet.

Eine der 1000 vorgeschlagenen Frauen ist Sabriye Tenberken.

Sabriye Tenberken (geb. 19.9.1970 in Köln) sieht ihre Lebensaufgabe darin, blinden Kindern zu helfen, und das in Tibet, einem Land, in dem Blindheit als Strafe für die
5 Sünden in einem früheren Leben gilt. Sabriye Tenberken weiß, wie schwer das Leben als Blinde ist, mit 12 Jahren erblindete sie, doch das hielt sie nicht von ihren Träumen ab. Sie studierte Tibetologie,
10 Soziologie und Philosophie. Sie entwickelte eine spezielle Blindenschrift für die tibetische Sprache, die als offizielle tibetische Blindenschrift anerkannt wurde. 1997 reiste sie allein nach Tibet. Ein Jahr
15 später gründete sie die Schule für blinde Kinder in der tibetischen Hauptstadt Lhasa. Das Projekt wurde ein großer Erfolg. 2004 erkletterte die Deutsche zusammen mit sechs blinden Teenagern ihrer Schule einen
20 Nebengipfel des Mount Everest. Dokumentarfilmer begleiteten sie. Dieser Dokumentarfilm „Blindsight" schaffte es 2008 in die Kinos und wurde mehrmals ausgezeichnet. Auch damit hat sich das Motto
25 von Sabriye Tenberken „Alles ist möglich" bestätigt.

4 Bereite ein Interview mit Sabriye Tenberken vor.
   a. Informiere dich im Internet über Sabriye Tenberken.
   b. Überlege, was dich und andere interessieren könnte.
   c. Schreibe Fragen auf. Überlege, wie du das Interview eröffnest.

ein Interview planen

Z 5 Halte eine Anerkennungsrede für einen Menschen, der dich beeindruckt.
   a. Wähle eine Person aus und notiere Stichworte.
   b. Schreibe die Rede.
   c. Markiere Schlüsselwörter.
   d. Halte die Rede vor der Klasse.

eine Rede halten

Thema: Einsatz für den Frieden

Das kann ich!

**Präsentieren: Kurzreferat
Interviews durchführen und reflektieren**

In diesem Kapitel hast du dich und andere über den Friedensnobelpreis und Preisträger informiert. 1999 ist die Organisation „Ärzte ohne Grenzen" mit dem Friedensnobelpreis ausgezeichnet worden.

1 Lies den Artikel mit dem Textknacker.

einen Artikel mit dem Textknacker lesen
Textknacker ➤ S. 295

Der Friedensnobelpreis für die Organisation „Ärzte ohne Grenzen"

Die Geschichte dieser Organisation begann 1971. Junge französische Mediziner hatten die Idee, sich zusammenzuschließen, um Menschen in Kriegsgebieten und bei Naturkatastrophen schnell und professionell ärztlich zu helfen. So entstand „Médecins Sans Frontières",
5 die Organisation „Ärzte ohne Grenzen". Abteilungen in 19 Ländern sind heute an diesem internationalen Netzwerk beteiligt, die deutsche Sektion „Ärzte ohne Grenzen e. V." gibt es seit 1993. Es handelt sich um eine private medizinische Nothilfeorganisation, deren Grundprinzipien in ihrer Charta[1] festgelegt sind.

10 Zu den Aufgaben der Ärztinnen und Ärzte gehört es, medizinische Hilfe zu leisten. Dabei spielen die ethnische Herkunft, die politischen und religiösen Überzeugungen der Bedürftigen keine Rolle. In erster Linie geht es um die schnelle Hilfe vor Ort. Dazu gehören der Wiederaufbau
15 von Krankenhäusern und Gesundheitszentren, der Aufbau von mobilen Kliniken zur Versorgung in den ländlichen Gebieten, die Durchführung von Impfprogrammen, die medizinische Versorgung in Flüchtlingslagern, der Aufbau von Ernährungszentren und die Gesundheits-
20 versorgung von gefährdeten Gruppen, z. B. Slumbewohnern oder Straßenkindern, aber auch Wasser- und Sanitätsprojekte. Die Mitarbeiter arbeiten mit den Menschen vor Ort zusammen und engagieren sich für deren Fortbildung. Sie wollen das Leid der Menschen inmitten von Gewalt, Krieg und Chaos lindern, ihnen ihre Würde zurückgeben und ihnen helfen,
25 das Leben wieder selbst in die Hand zu nehmen.

„Ärzte ohne Grenzen" ist neutral und unparteiisch. Die Organisation wird zur Hälfte durch private Spenden finanziert. 1999 wurde das weltweite Engagement anerkannt – die Organisation „Ärzte ohne Grenzen" erhielt den Friedensnobelpreis.

[1] die Charta: Verfassung

2 Bereite ein Kurzreferat über die Organisation „Ärzte ohne Grenzen" vor.
   a. Notiere dir Stichworte aus dem Text.
   b. Sammle weitere Informationen mithilfe des Internets.
      Tipp: Informiere dich über die aktuellen Einsatzgebiete.
   c. Gliedere das Kurzreferat und ordne deine Notizen.
   d. Formuliere die Überschrift, die Einleitung und den Schluss.

3 Halte das Kurzreferat.

ein Kurzreferat vorbereiten und halten
➤ S. 79

Informationen aus dem Internet kritisch auswählen ➤ S. 296

Viele Menschen engagieren sich in Vereinen und Organisationen für ein gemeinsames Ziel. Mithilfe eines Interviews kannst du andere über die Ziele und Aktivitäten einer Organisation informieren.

ein Interview vorbereiten
➤ S. 80–83

4 Bereite ein Interview mit einem Mitglied einer dieser Organisationen vor.
   a. Informiere dich über Aktivitäten in deiner Umgebung.
   b. Wähle einen Verein oder eine Organisation aus.
   c. Informiere dich über die Ziele und Aktivitäten dieser Gruppe.

5 Stelle den Verein oder die Organisation in einem Interview in der Schülerzeitung vor.
   a. Wähle eine Person aus dieser Organisation aus.
   b. Schreibe geeignete Fragen auf.
   c. Ordne die Fragen nach einer Reihenfolge.
   d. Überlege, wie du das Interview beginnen kannst. Schreibe dazu Stichworte auf.
   e. Formuliere den Schluss des Interviews.

Z 6 Führe dein Interview durch.
   Tipp: Du kannst deine Fragen an den Interviewpartner auch per Mail schicken.

ein Interview durchführen
➤ S. 80–83

Z 7 Schreibe dein Interview für die Schülerzeitung ab.
   Ein wichtiger Hinweis: Vergiss nicht, das Interview vor dem Druck noch einmal deiner Interviewpartnerin bzw. deinem Interviewpartner zu zeigen. So können alle Informationen und Aussagen geprüft werden.

Thema: Einsatz für den Frieden

Präsentieren: Kurzreferat

In sechs Schritten zum Kurzreferat

Helfen kann jeder, doch es ist nicht immer einfach, in unangenehmen und manchmal gefährlichen Situationen Zivilcourage zu zeigen.
Informiere andere über Zivilcourage.
Ein Kurzreferat dazu kannst du in sechs Schritten vorbereiten.

1. Schritt: Das Thema aussuchen

1 Sprecht darüber, was Zivilcourage ist.
Schreibt die wichtigsten Ideen auf.

ein Kurzreferat vorbereiten

2. Schritt: Informationen beschaffen

2 Suche nach weiteren Informationen.
Recherchiere dazu im Internet und in Bibliotheken.
Folgende Fragen helfen dir dabei:
– Warum ist Zivilcourage wichtig?
– Welche Beispiele von Zivilcourage gibt es in der Geschichte und in der Gegenwart?
– Wie kann man Zivilcourage erlernen?
– Was kann man tun, um nicht zum Opfer zu werden?

Münchner Fahrgäste lernen Zivilcourage in der U-Bahn.

3. Schritt: Informationen aus Texten entnehmen

3 a. Notiere die wichtigsten Informationen in Stichworten auf einzelne Karteikarten.
b. Schreibe auf jede Karteikarte eine passende Überschrift.

4. Schritt: Das Kurzreferat gliedern und die Notizen ordnen

4 In welcher Reihenfolge möchtest du deine Notizen vortragen?
a. Ordne deine Karteikarten.
b. Nummeriere sie in der richtigen Reihenfolge.

5. Schritt: Überschrift, Einleitung und Schluss formulieren

5 a. Formuliere die Überschrift.
b. Formuliere eine Einleitung.
c. Notiere Stichworte für den Schluss.

Eine Computerpräsentation hilft dir beim freien Vortragen.
Auf den Folien kannst du die wichtigsten Stichworte und Abbildungen
zur Veranschaulichung festhalten.

6. Schritt: Das Kurzreferat halten

Z 6 Gruppenarbeit!
Was ist beim Erstellen von Folien zu beachten?
Schreibt Tipps für die Erstellung von Folien auf.

> **Starthilfe**
> – angemessene Schriftart und -größe
>   wählen (der Text muss auch
>   aus der Entfernung deutlich lesbar sein)
> – ...

Arbeitstechnik

Folien für ein Kurzreferat erstellen

Mit Folien kannst du dein Kurzreferat interessant präsentieren.
Gehe dabei so vor:
- **Wähle** dazu auf deinen Karteikarten passende **Schlüsselwörter aus**.
  Markiere diese Wörter und Wortgruppen.
- **Übertrage** die ausgewählten Wörter **in das Folienprogramm**
  auf deinem Rechner.
- **Suche** nach geeigneten **Abbildungen** oder **Fotos**.
  Wähle einen geeigneten **Hintergrund** für deine Folien.
- **Gestalte** die Folien **übersichtlich**.

Mit einer Animation kannst du die Folien lebendiger gestalten.
Dafür ist es wichtig, Animationen sparsam und gut überlegt einzusetzen,
um die Folien nicht zu überfrachten.

7 Wähle Möglichkeiten zur Animation von Schriften und Abbildungen aus.   Animation verwenden
    a. Überlege, welche Textteile animiert werden sollen.
    b. Überlege auch, in welcher Reihenfolge die Textteile   Präsentieren ➤ S. 222–225
       animiert werden sollen.
   Tipp: Nur das Wichtigste sollte sparsam animiert werden.

8 Bereite deinen Vortrag mit den Folien vor.
   Tipp: Die Folien helfen dir beim freien Sprechen.
   Keinesfalls solltest du sie vorlesen.

9 Halte dein Kurzreferat in der Klasse.   das Kurzreferat halten

10 Wertet die Kurzreferate mithilfe eurer Mitschriften aus.   Kurzreferate auswerten

Ein Interview planen, durchführen und auswerten

In fünf Schritten zum Interview

Jedes Jahr werden Menschen für ihre Zivilcourage ausgezeichnet.
Stelle einen von ihnen in einem Interview vor.
Die folgenden fünf Schritte helfen dir dabei.

1. Schritt: Das Thema festlegen

A
Die Klasse einer Ganztagsschule in Hamburg setzte sich intensiv dafür ein, dass ihre Mitschülerin nicht abgeschoben wird.

B
Alexander S. wurde Zeuge einer tätlichen Auseinandersetzung in einer Straßenbahn, bei der zwei Personen einen Mann angriffen. Der 16-Jährige stellte sich schützend vor den Angegriffenen und bewirkte so, dass die beiden Angreifer von ihrem Opfer abließen. Die inzwischen verständigte Polizei nahm die Täter fest.

C
Alexander Hemker (16) wurde jahrelang von seinen Mitschülern gemobbt. Er wechselte die Schule und hatte keine Probleme mehr. Das Thema Mobbing ließ ihn nicht los. Er gründete eine Internetseite, auf der Schüler, Eltern und Lehrer Rat und Hilfe finden. Er wurde für seine Initiative für den Bertini-Preis vorgeschlagen.

D
In der Freiburger Innenstadt riss ein Taschendieb einem zwölfjährigen Jungen kurz nach 15 Uhr am Bertoldsbrunnen den Geldbeutel aus der Hand. Der Junge rief um Hilfe und rannte dem Täter hinterher. Fünf Passanten halfen ihm, den Dieb zu stellen.

E
Zwei zwölfjährige Jungen kümmerten sich um einen Mann, der wie leblos am Boden lag. Einer der Jungen organisierte Hilfe, der andere blieb bei dem Mann. Ohne ihre Hilfe wäre der Mann in dem Waldgebiet gestorben.

1
a. Schreibt auf, wofür sich die Menschen eingesetzt haben.
b. Besprecht, warum es sich in den Beispielen um Zivilcourage handelt.
c. Tragt andere Beispiele für Zivilcourage zusammen.

Beispiele sammeln

Sicherlich kennst du Menschen, die sich für andere eingesetzt haben.

2. Schritt: Einen Interviewpartner aussuchen

2 Informiere dich über Menschen in deiner Umgebung, die Zivilcourage gezeigt haben. Wähle einen Interviewpartner aus.
Tipp: Auch in der Schule kommt es zu Situationen, in denen Zivilcourage notwendig ist.

den Interviewpartner auswählen

Alexander Hemker (16) zeigte in einer besonderen Form seine Zivilcourage.

3. Schritt: Informationen beschaffen

3 Suche nach notwendigen Informationen, die du für ein Interview mit Alexander Hemker oder mit deinem Interviewpartner benötigst.

Informationen beschaffen

Informationen aus dem Internet kritisch auswählen ➤ S. 296

4. Schritt: Das Interview vorbereiten

4 Was willst du von dem Interviewpartner wissen?
   a. Schreibe Fragen auf, die dich interessieren. Bedenke, was andere interessant finden könnten.

das Interview vorbereiten

> **Starthilfe**
> Was ist dir an deiner alten Schule widerfahren?
> Warum hast du ...?

   b. Markiere die wichtigsten Fragen.
   c. Wähle eine geeignete Fragetechnik aus.
   Tipp: Möchtest du, dass dein Interviewpartner möglichst frei redet, so entscheide dich für offene Fragen.
   d. Ordne deine Fragen in einer Reihenfolge.

> **Info**
> Die klassischen W-Fragen was, wer, wo, wann, wie, warum gehören eher zu den offenen Fragen.

Mit dem richtigen Einstieg stimmst du deinen Interviewpartner auf das Gespräch ein.

5 **a.** Schreibe auf, was in dem Einstieg gesagt werden sollte.
   b. Formuliere einen Einstieg zu deinem Interview.

den Einstieg formulieren

6 Plane das Interview.
   a. Überlege, welche Orte sich am besten für ein Interview eignen. Begründe.
   b. Entscheide dich, ob das Interview gehört oder ob es gelesen werden soll.

das Interview planen

7 Kontaktiere deinen Interviewpartner und bitte um ein Gespräch.
    a. Überlege, welche Form sich am besten für eine erste Kontaktaufnahme eignet. Schreibe die Vor- und Nachteile auf.

den Interviewpartner kontaktieren

Starthilfe

	Vorteile	Nachteile
Anruf	schnell, sofortige Antwort	...
Mail	...	...
Brief	...	...

    b. Entscheide dich für eine Möglichkeit.
    c. Formuliere Fragen für ein erstes Gespräch zur Kontaktaufnahme.

5. Schritt: Das Interview durchführen

8 Führe das Interview durch.
    Tipps: – Mache von deinem Interviewparter ein Foto.
             – Wenn du kein Aufnahmegerät verwendest, notiere Stichworte zu den Antworten.
             – Sorge für eine angenehme Gesprächssituation.

das Interview durchführen

Arbeitstechnik

Ein Interview durchführen

1. Schritt: Lege das **Thema** fest.
2. Schritt: Suche einen **Interviewpartner** aus.
3. Schritt: Beschaffe **Informationen**.
4. Schritt: **Bereite** das **Interview vor**.
          Achte dabei auf die Fragetechnik.
          Kontaktiere deinen Interviewpartner und vereinbart gemeinsam den Ort, die Zeit und die Länge des Interviews.
          Entscheide, ob das Interview gelesen oder gehört werden soll.
5. Schritt: **Führe** das **Interview durch**.

Das Interview kann gehört oder gelesen werden.

9 Gruppenarbeit!
    a. Erstellt eine Checkliste zur Auswertung des Interviews.
    b. Stellt eure Checkliste in der Klasse vor. Erarbeitet daraus eine Checkliste mit allen wichtigen Fragen.

das Interview auswerten

10 **a.** Hört oder lest das Interview.
     b. Wertet das Interview mit der Checkliste aus.

Z **11** Schreibt Hinweise zum Führen eines Interviews auf.

Berufe erkunden –
Sich bewerben

- Sich informieren
- Sich bewerben

Was will ich denn, was passt zu mir?

Auch Berufe, von denen du noch nie gehört hast,
können interessant für dich sein.
Die Fotos auf Seite 93 zeigen Menschen in verschiedenen Berufen.

1 Sprecht über die Tätigkeiten, die ihr auf den Fotos seht.
– Wo arbeiten die Menschen? Beschreibt die Arbeitsumgebung.
– Welche Tätigkeiten üben die Menschen gerade aus?

über berufliche Tätigkeiten sprechen

Die folgenden Stichworte beschreiben die beruflichen Tätigkeiten
der Menschen auf den Fotos etwas genauer.

A es wird sich um das Wohlbefinden verschiedener Tiere gekümmert;
neben dem Füttern gehört dazu das Putzen der Unterkünfte – Gehege,
Boxen, Käfige, Aquarien – und der Tiere selbst; die Tiere werden
genau beobachtet, um bei Zeichen von Krankheit sofort
reagieren zu können

B es wird in landwirtschaftlichen Betrieben und in Betrieben
der Nutztierhaltung und -zucht gearbeitet und auf artgerechte Haltung
geachtet, die Tiere sind genau zu beobachten, um Krankheiten rechtzeitig
zu erkennen und so andere Tiere vor Ansteckung zu schützen und damit
auch die Verbraucher

C das Arbeitsumfeld ist das Labor, es werden Untersuchungen durchgeführt,
zum Beispiel bei Proben von Wasser, Boden oder Luft,
geprüft werden Arzneimittel, Lebensmittel, Textilien, Baustoffe

D es werden Systeme zerlegt, Toleranzen gemessen, Teile repariert oder
ausgetauscht, Funktionsprüfungen durchgeführt; diese betreffen mechanische,
pneumatische, hydraulische und elektrische Systeme; die Qualität der Arbeit
kann über Leben und Tod entscheiden

2 a. Ordnet die Stichworte den Fotos zu.
Begründet eure Entscheidung.
b. Notiert, welche Berufsbezeichnungen zu den Stichworten
passen könnte.

In diesem Kapitel setzt ihr euch mit Berufen, deren Anforderungen
und euren Fähigkeiten und Interessen auseinander. Ihr lernt,
euch für ein Praktikum zu bewerben. Am Ende des Kapitels habt ihr
euch umfassend informiert und wichtige Bewerbungsunterlagen erstellt.
Das Zeichen in der Randspalte führt euch schrittweise dorthin.

Thema: Berufe erkunden – Sich bewerben

Fast alle Berufe verlangen spezielle Fähigkeiten.
Diese werden in Berufsbeschreibungen als Anforderungen formuliert.

3 Was bedeuten die folgenden Anforderungen?

> Beobachtungsgabe, technisches Verständnis, Kontaktfreude, Verantwortungsbewusstsein, Umweltbewusstsein, gute Konstitution, Einsatzbereitschaft, Teamfähigkeit, Konzentrationsfähigkeit, Sorgfalt, Interesse für IT (Informationnstechnik, Oberbegriff für Informations- und Datenverarbeitung), Handgeschicklichkeit, Interesse für Mechanik, exaktes Arbeiten, Genauigkeit, Ordnungssinn, Zuverlässigkeit, Geruchsunempfindlichkeit, Freude an der Natur, keine Scheu vor Schmutz, Hygienebewusstsein, Selbstständigkeit, Freude an körperlicher Tätigkeit, Interesse für Chemie und Physik

a. Erklärt die Anforderungen.
b. Ordnet die Anforderungen den folgenden Berufsbezeichnungen zu.

Wörter und Wortgruppen erklären

> Tierwirt/Tierwirtin, Tierpfleger/Tierpflegerin,
> Fluggerätemechaniker/Fluggerätemechanikerin
> chemisch-technischer Assistent/chemisch-technische Assistentin

Tipp: Einige Anforderungen werden in mehreren Berufen gestellt.

Starthilfe

Anforderung	Erklärung	Beruf
Beobachtungsgabe	sehr genau hinschauen, schnell auch kleinste Veränderungen bemerken	Tierwirt/Tierwirtin Fluggerätemechaniker/ Fluggerätemechanikerin Tierpfleger/Tierpflegerin

Um den Beruf zu finden, der am besten zu dir passt,
musst du deine eigenen Interessen und Fähigkeiten genau kennen.

4 Beantworte die folgenden Fragen. Notiere Stichworte.
– Was macht mir Spaß, welche Tätigkeiten übe ich gern aus?
– Wo sehe ich selbst meine Stärken?
– In welchem Umfeld möchte ich gern arbeiten, z. B.: im Freien, im Büro, auf einer Baustelle, in einer Kita, in einem Museum?
– Möchte ich lieber mit Lebewesen oder mit Materialien arbeiten?
– Mit wem möchte ich gern arbeiten: mit Kindern, mit Erwachsenen, mit alten Menschen, mit behinderten Menschen?
– Möchte ich lieber im Team arbeiten oder allein und selbstständig?

Fragen zu eigenen Interessen und Fähigkeiten beantworten

5 Werte mit einem Partner oder einer Partnerin deine Antworten zu Aufgabe 4 aus. Überlegt gemeinsam, welcher Beruf zu den Antworten passen könnte.

Thema: Berufe erkunden – Sich bewerben

Ein Beratungsgespräch in einer Erzählung

Was willst du einmal werden? In der Erzählung „Blaufrau"
von Ann Ladiges muss sich die Hauptfigur Petra in einem Gespräch
mit einer Berufsberaterin dieser Frage stellen.

Blaufrau   Ann Ladiges

[...] Petra rutschte auf ihrem Stuhl etwas nach vorn, setzte sich gerade
hin. Sechs Wochen hatte sie auf einen Termin bei der Berufsberatung
warten müssen. Jetzt war ihr unbehaglich. Die Berufsberaterin
betrachtete aufmerksam Petras Zeugnis. Warum sagt sie bloß nichts.
5 Petra fand, dass es stickig war in dem kleinen Raum. [...]
Sie haben recht gute Noten, lobte die Berufsberaterin. Deutsch Zwei,
Geometrie ebenfalls. Geometrie ist wichtig für das räumliche Denken.
Wir hatten für Petra eventuell an eine Handelsschule gedacht,
mischte sich die Mutter ein. [...]
10 Die Berufsberaterin wartete, ob Petra etwas sagen wollte. Petra sah
vor sich auf den Tisch.
In welche Richtung gehen denn Ihre Berufsvorstellungen?
An der Tischkante war das Resopal abgesprungen. Ich hab wieder
diesen Frosch im Hals. Petra zog die Schultern hoch. Ja, ich weiß nicht,
15 sagte sie heiser. Sie dachte an die Wochen im Berufspraktikum zurück.
Ein Reinfall war das gewesen. Vor den Osterferien hatte
die Sozialkundelehrerin in der 8b herumgefragt, in welchen Betrieben sich
die Schüler und Schülerinnen denn gern mal umsehen wollten. Petra wusste
damals nicht genau, wozu sie Lust hatte. Nur eines war klar: Ihre Freundin
20 Conny wollte das Berufspraktikum mit Petra zusammen machen. Petra war
das sehr recht. Conny ist meine beste Freundin, dachte sie. Conny fand,
Versicherung, das wäre es, und Petra entschied sich ebenfalls für Versicherung.
Aber dann war hier nur ein einziger Ausbildungsplatz zu bekommen, und
schließlich hatte Conny die Idee gehabt. Eine Stelle im Lebensmitteleinzelhandel
25 blieb übrig. Frau Marein meinte, so etwas wäre doch für Petra gar nicht schlecht.
Naja, also Lebensmittelgeschäft! Leere Flaschen annehmen. [...]
Die Berufsberaterin klopfte mit dem Kugelschreiber auf den Tisch: Sie müssen
sich schon irgendwie äußern, Petra. Haben Sie bestimmte Berufswünsche?
Es gibt so viele Berufe, dachte Petra. Was soll ich mir wünschen?
30 In der Schule hatten sie das Heft *Mach's richtig* bekommen. Und Petra wollte es
richtig machen. Natürlich. Sie hatte sich Übungsbeispiele angesehen,
Kreuzchen in die Antwortkästchen gemacht.
*Kann man das, was man als Friseur/Friseurin lernt, auch in anderen Berufen
verwenden?*
35 Nur diese Frage fiel Petra im Augenblick ein. Nichts anderes. Wie verhext. [...]
Petra fühlte, wie die Berufsberaterin sie beobachtete.
In Ihrer Freizeit, Petra, was machen Sie da?

Am liebsten fahre ich Mofa, dachte Petra. Ja, Mofafahren. Ich hab das irgendwie gern, wenn mir der Wind ins Gesicht schlägt. [...] Ja, also, in meiner Freizeit, sagte Petra gedehnt. Ich bastele gern.

Haben Sie schon mal an einen praktischen Beruf gedacht? Mädchen können heute ja auch Bautischler werden oder Elektriker oder Konditor.

Petra musste lachen. Sie sah sich mit einer hohen, weißen Mütze vor einer bunten Zuckertorte. Peinlich, dass ihr das Lachen so herausgeplatzt war.

Die Berufsberaterin stand auf, öffnete das Fenster. Der Straßenlärm wurde lauter. Tischler, dachte Petra. Warum nicht. Bautischler. Mädchen auf dem Bau? Hab ich noch nie gesehen. Conny geht ins Büro. Conny hat schon eine Lehrstelle. Bei der *Hemag*. Ihr Vater ist Meister bei der *Hemag*.

Die Berufsberaterin setzte sich wieder, sie sah auf ihre Armbanduhr.

Wäre das nichts für Sie?, fragte sie noch einmal. Ein Beruf im gewerblich-technischen Bereich?

Ich möchte lieber ins Büro, sagte Petra unsicher.

Mein Mann und ich würden es sehr begrüßen, wenn Petra eine Büroausbildung machen könnte, sagte die Mutter mit Nachdruck. Sie selber arbeitete vormittags in der Filiale einer Großreinigung. Einen Beruf hatte sie nicht gelernt.

Sie war Verkäuferin bei *Hertie* gewesen, bis Papp sie dann geheiratet hat.

Die Berufsberaterin sah plötzlich müde aus. Einen Augenblick sagte sie gar nichts. Dann breitete sie sich über Möglichkeiten und Aussichten der Bürokauffrau aus, gab Petra eine Ablichtung vom *Berufsbild Bürokauffrau*.

Petra solle sich alles in Ruhe durch den Kopf gehen lassen, hieß es noch, und in sechs Wochen zu einem zweiten Gespräch kommen. Die Mutter bedankte sich, und die Berufsberaterin versuchte, Petra aufmunternd zuzulächeln. Vor der Tür wartete die nächste Schülerin. Die war allein gekommen.

1 Untersucht das Gespräch mithilfe der folgenden Fragen. Notiert passende Textstellen.
- Wie verläuft das Gespräch? Notiert nur die Sätze, die während des Gesprächs laut gesprochen werden. Bewertet das Ergebnis.
- Was verraten Petras Gedanken und ihr Verhalten über sie selbst und über ihre Vorstellungen von ihrem zukünftigen Berufsleben?
- Warum ist es schwierig für die Berufsberaterin, Petra zu helfen? Bedenkt dabei auch Petras Verhältnis zu anderen Personen.

eine Erzählung lesen, Fragen zum Text beantworten

2 Wie könnte das Gespräch erfolgreicher verlaufen? Notiert dazu aus der Erzählung Hinweise darauf,
- wo Petra sich gern aufhält,
- was sie tatsächlich gern macht, was ihr nicht gefällt,
- ob sie gern allein oder eher im Team arbeiten möchte.

die Handlung des Textes weiterführen

3 Schreibe Tipps für den nächsten Besuch bei der Berufsberatung auf. Beziehe dazu auch die Lösungen zu den Aufgaben von Seite 95 mit ein.

Thema: Berufe erkunden – Sich bewerben

Sich über Berufsbilder informieren

Wenn du dir ein genaueres Bild davon machen willst, welcher Beruf zu dir passt, dann informiere dich über den Arbeitsalltag in verschiedenen Ausbildungsberufen.

1 Welche Informationen zu Ausbildungsberufen interessieren dich besonders?
Schreibe Fragen auf.

> **Starthilfe**
> – Gibt es geregelte Arbeitszeiten?
> – Ist die Arbeit körperlich anstrengend?

Der folgende Online-Artikel ist in einem Zeitungsportal erschienen. Informiere dich über den vorgestellten Beruf und beantworte die Frage, ob dieser Beruf für dich von Interesse sein könnte.

2 Betrachte zunächst den Anfang des Artikels.
   a. Lies nach, in welcher Rubrik der Artikel erschienen ist.
   b. Schreibe auf, an welche Leser sich der Artikel vermutlich richtet.
   c. Sieh dir das Bild an und lies die Überschrift. Notiere deine Vermutungen zum Inhalt des Artikels.

> **Starthilfe**
> Alter: ca. ...
> Interessen: ...

den Textknacker anwenden
Textknacker ➤ S. 295

3 Überfliege den Text.
Schreibe auf, was dir auffällt, was dich neugierig macht.

Aktuell ▶ Gesellschaft ▶ Jung[1]

Im Aquazoo

Mollusken[2] fasten wöchentlich

Von Julia Siebert, Schülerin, Willich

03. September 2009
Ein fischiger, salziger Geruch steigt dem Besucher in die Nase. Überall hört man Wasser gurgeln
5 und plätschern. Sina Korn, Tierpflegerin im Aquazoo Düsseldorf, kommt in ihrer Dienstkleidung: ein dunkelblaues T-Shirt mit dem Logo des Zoos,
10 ein Kreis mit geschwungener hellblauer Aufschrift „Aquazoo",

[1] Jung: die Rubrik, in der der Artikel erschienen ist
[2] die Molluske: ein Weichtier, z. B. Krake, Kalmar, Tintenfisch

eine ausgewaschene dunkelgrüne Hose und graue, bis über die Waden reichende Gummistiefel. Die 25-Jährige ist nach drei Jahren Ausbildung seit 2007 eine von 15 festangestellten Tierpflegern in der Meerwasserstation des 0,7 Hektar
großen Zoos. Um halb sieben beginnt sie, die Technik und die unzähligen Becken zu kontrollieren, denn über Nacht können Fische geboren werden und sterben. „Wenn ich morgens meinen Kontrollgang mache und einen toten Fisch an der Wasseroberfläche schwimmen sehe, bin ich jedes Mal ein bisschen traurig", bekennt sie, „denn auch zu Fischen baut man eine Bindung auf, zu den einen mehr, zu den anderen weniger." Außer dem morgendlichen Rundgang verläuft jeder Tag unterschiedlich. „Es fallen immer wieder kleine Arbeiten an, mit denen ich zuvor noch nicht zu tun hatte. Aber das ist es, was meine Arbeit so besonders macht."

Mit eisernen Riegeln

Sechsmal die Woche bekommen die „Gemeinen Kraken[3]" Futter. Sina lacht und sagt: „Auch Fische haben einen Fastentag in der Woche, denn auch in der Natur finden die Tiere nicht täglich Nahrung und sollen bei uns nicht verfetten." Das Futter bereitet sie täglich frisch zu. Heute stehen Miesmuscheln auf dem Speiseplan. Sie gibt die Miesmuscheln in ein Glas und verschließt es fest. „Kraken brauchen Beschäftigung, damit sie sich nicht langweilen, obwohl sie ein zwei Meter langes Aquarium ausgeschmückt mit Steinen und Felsen haben." Die zierliche Frau, deren dunkelbraunes Haar zu einem Zopf zusammengebunden ist, stellt das Glas in das eiskalte Wasser und verschließt den Deckel des Aquariums mit eisernen Riegeln. „Das ist nötig, denn Kraken besitzen eine enorme Kraft. Außerdem können sie ihre Tentakel[4] durch winzige Ritzen schieben und sich dann so dünn machen, dass sie durch nahezu alles hindurchpassen, obwohl ihre Armspannweite zwei Meter betragen kann." Acht glibberige Tentakel schlingen sich um das Glas. Im nächsten Augenblick hat der Krake den Deckel des Glases aufgedreht und verschlingt genüsslich sein Mahl.

Sie erkennen ihren Pfleger

Das Becken des „Gemeinen Kraken" ist eines von Hunderten Aquarien, die durch unzählige Schläuche miteinander verbunden sind. „Der Name sagt übrigens nichts über das Wesen des Kraken aus, man könnte auch gewöhnlicher Krake sagen", erklärt Sina Korn. Vermutlich hat er seinen Namen von der bräunlichen Färbung. Sie steckt ihren Arm für längere Zeit in das sauerstoffreiche und kalte Wasser. Dabei muss sie aufpassen, dass der Krake ihn nicht mit seiner enormen Kraft ins Wasser zieht. „Meine Hand fällt gleich ab, und du machst immer noch keine Anstalten, aus deiner Höhle hervorzukommen", ermuntert sie ihren Schützling. Links in der Ecke bilden sich kleine Bläschen, der braune Krake regt sich, obwohl er eigentlich nachtaktiv ist. „Die Tiere erkennen ihre Pfleger sofort. Mit den Noppen an ihren Tentakeln können sie schmecken. Unsere Praktikanten können sie nur selten aus ihren Höhlen locken, weil der Krake weiß, dass dies

[3] der Gemeine Krake: Name einer Krakenart [4] der oder das Tentakel: Fangarm

nicht sein Pfleger ist. Tatsächlich bauen auch Mollusken, so wird die Gattung genannt, zu der auch die Kraken gehören, so etwas wie eine Bindung zu ihren Pflegern auf." [...] Heute fällt noch anstrengende Arbeit an. Salzwasser muss in den 20 000 Liter großen Anmischbecken angereichert werden. 30 Säcke Salz, die jeder 25 Kilogramm wiegen, müssen in das Becken gehievt[5] werden. „Wir versuchen, den Tieren eine so artgerechte Umgebung wie möglich zu bieten. Sofern das bei täglich 500 bis zu 3000 Besuchern an Saisontagen möglich ist, an denen unzählige Kinder ihre Nasen an die Scheiben drücken und mit der Hand an das Glas hämmern, um die Tiere aufzuschrecken." Schulklassen dürfen oft einen Blick „backstage[6]" werfen, um sich aus erster Hand über das Leben unter Wasser zu informieren. „Wenn ich die Führung mache, erzähle ich viel über die Technik der Wasseraufbereitung. Manchmal mache ich das auch mit den Kindern zusammen. So erfahren sie mehr über den Lebensraum und die besonderen Verhaltensweisen der Tiere. [...]

Das Mittagessen für die Krebse
Unterstützt wird Sina Korn von zwei jungen Mitarbeiterinnen. Die eine säubert gerade das Becken der Seepferdchen im Kaltwasserbereich. Die andere ist im Warmwasserbereich damit beschäftigt, die Fische von einem Aquarium ins andere umzusetzen. Das Gewöhnen der Fische an ein neues Becken dauert meist Stunden und braucht Geduld, die vielleicht wichtigste Eigenschaft, die man für die Arbeit im Aquazoo mitbringen muss. Dennoch kann Sina Korn sich nicht vorstellen, jemals in einem anderen Beruf zu arbeiten. Schon als Kind fühlte sie sich zu Tieren hingezogen, und ihr war immer klar, einmal in diesem Umfeld zu arbeiten. Dass es Fische sein würden, ahnte sie damals natürlich nicht. „Zweifellos baut man zu Säugetieren eine stärkere Bindung auf als zu Fischen, dennoch sind sie ein wichtiger Teil meines Lebens", sagt sie lachend. Dann dreht sie sich um und macht sich wieder an die Arbeit. Das Mittagessen für die Krebse muss angerichtet werden.

[5] gehievt: gehoben [6] backstage: aus dem Englischen: hinter die Kulissen

4 Schreibe wichtige Informationen aus dem Artikel in Stichworten auf:
– Über welchen Ausbildungsberuf informiert der Online-Artikel?
– Was weißt du schon über diesen Beruf (s. auch Seite 93–95)?
– Welche Informationen erhältst du über den Arbeitsablauf und die Tätigkeiten der Tierpflegerin Sina Korn?
  Wie lange hat die Ausbildung zur Tierpflegerin gedauert?
– Arbeitet Sina Korn allein oder in einem Team?

Fragen zum Inhalt beantworten

5 Was erfährst du über Sina Korns Einstellung zu ihrem Beruf?
– Seit wann wusste sie, dass sie mit Tieren arbeiten möchte?
– Wie beschreibt Sina Korn die ihr anvertrauten Lebewesen?
– Welche Bedeutung haben die Fische in Sina Korns Leben?

6 Welche Informationen über die notwendigen Fähigkeiten von Tierpflegern in einem Aquazoo kannst du dem Artikel entnehmen? Formuliere Anforderungen an diesen Beruf und vergleiche mit den Ergebnissen der Aufgabe 3 auf Seite 95.

7 Überlege, ob der Beruf zu dir passen könnte und welche Anforderungen du schon gut erfüllst, welche weniger. Schreibe dir Stichworte auf.

Z Du interessierst dich für den Beruf einer Tierpflegerin oder eines Tierpflegers? Hier kannst du dich informieren.

Berufsbild Tierpfleger/-in

Da Tierpfleger sowohl in der Forschung als auch in Tierheimen und im Zoo arbeiten, sind dies auch die Orte, in denen die Ausbildung zum Tierpfleger durchgeführt wird. Vor allem die Fachrichtung des Tierpflegers/Zoo ist interessant, da man hier mit exotischen Tieren im Freien arbeiten kann.

Obwohl man während der Ausbildung zum Tierpfleger die Verhaltensweisen und die Pflegeanweisungen für alle Tiergattungen kennen lernt, ist es üblich, dass man sich in der täglichen Arbeit im Zoo auf eine Rasse oder eine Gattung spezialisiert und nur für diesen Bereich zuständig ist. Dabei kann man sehr gut seine Neigungen ins Spiel bringen und Tiere betreuen, für die man ein generelles Faible mitbringt. Doch auch die anderen Teilbereiche des Berufs sind interessant. Im Bereich Tierheim/Tierpension versorgt man Tiere unter Umständen, im Falle einer Tierpension, nur für eine begrenzte Zeit; hier ist es wichtig, auf die genauen Anweisungen der Halter zu achten.

Wer gern im medizinischen Bereich mit Tieren arbeiten möchte, kann sich einen Ausbildungsplatz als tiermedizinischer Fachangestellter oder veterinärmedizinisch-technischer Assistent suchen. Darüber hinaus ist ein Praktikum im Tierheim oder Zoo immer hilfreich, um einen Vorsprung gegenüber anderen Bewerbern zu haben.

sich informieren

8 Schreibe wichtige Informationen in Stichworten auf:
– Wo findet die Ausbildung zum Tierpfleger/zur Tierpflegerin statt?
– Wann musst du dich auf die Pflege einer Tiergattung festlegen?
– Gibt es nach der Ausbildung noch andere Arbeitsorte?

9 Recherchiere im Internet, wo es in deiner Region eine Möglichkeit für ein Praktikum in einem Tierheim oder einem Zoo gibt.

Thema: Berufe erkunden – Sich bewerben

Der folgende Zeitungsartikel informiert über einen weiteren interessanten Ausbildungsberuf.

10 Lies den Zeitungsartikel mit dem Textknacker.

einen Zeitungsartikel lesen

Im Bauch des Riesen   Felix Rettberg

Es geht um die Sicherheit unzähliger Menschen, wenn die Flugzeugmechaniker in den frühen Morgenstunden die heimgekommenen Airbusse und Boeings durchchecken.

Achtung, Patient rollt ein! Mehr als achtzig Tonnen schwer, 45 Meter lang,
5   12 Meter hoch. Eine ruhige Nacht wird es nun nicht mehr werden, dafür ist die Liste mit den Macken
10 und Mängeln einfach zu lang. Doch Christian Lorenz, blaue Hose, blaue Jacke und Lesebrille, stört das nicht. Im Gegenteil. „Das ist ja das Schöne
15 an diesem Beruf: Jeder Tag ist anders." Eigentlich müsste man sagen: Jede Nacht ist anders. Er nippt an seiner Tasse Kaffee, greift zum Klemmbrett mit den Papieren und läuft los, zu seinem Patienten für die frühen Morgenstunden:
20 einem Airbus A321. In dreißig Jahren hat der heute 47-Jährige schon alles repariert, nichts kann ihn mehr überraschen. Wie jeder seiner Kollegen von der Lufthansa Technik in Hamburg sorgt der Mechaniker dafür, dass es keine bösen
25 Überraschungen gibt, wenn das Flugzeug abhebt, hoch und höher steigt, schwebt, wieder landet. Akribisch[1] kontrolliert er die Maschinen, ihre Trieb- und Fahrwerke, ihre Außenhaut, Cockpit und Computer – mit Minikamera, Taschenlampe und
30 geschultem Blick. Hat der Blitzschlag die Oberfläche der Flügel beschädigt? Wie groß sind die Dellen, die das forsche Bodenpersonal wieder mal in die Außenhaut gerammt hat, als die Treppe herangeschoben wurde? Sind die Triebwerke auch
35 von sämtlichen Resten zerfetzter Vögel befreit?

Bei jeder Maschine sieht Lorenz ganz genau hin. Ehrensache. Die Katastrophe wäre: technisches Versagen nach dem Take-off[2]. Denn in der Luft, Tausende Meter über Straßen und Autobahnen,
40 gibt es keinen Randstreifen, keinen Allgemeinen Deutschen Flugzeug Club, der seine gelben Engel schickt. In diesem Geschäft können die Engel nur am Boden schrauben.
Wenige Hunderte Meter von den Rollfeldern des
45 Hamburger Flughafens entfernt befinden sich die Wartungshallen der Lufthansa Technik. Hinter den Toren können bis zu vier Maschinen gleichzeitig nebeneinanderstehen – die Techniker jeder Nachtschicht kümmern sich um bis zu 16 Flugzeuge.
50 An 365 Tagen im Jahr. Und nicht nur die Lufthansa, auch andere Airlines lassen hier ihre Airbusse oder die Boeings checken: „Nightstop".
Kaum steht die Maschine still, zieht Lorenz eine der rollbaren Metalltreppen heran und steigt hinauf
55 ins Cockpit. Durch verschiedene technische Daten, die der Pilot bereits während des Flugs gesendet hat, weiß Lorenz zwar schon, was in dieser Nacht auf ihn zukommt. Doch er will auch die Bücher sehen, eins blau, eins rosa: Im Bordbuch der Piloten
60 geht es um einen leichten Leistungsnachlass des rechten Triebwerks, ein dauerhaft beschlagenes Fenster in der vorderen Tür, nicht mehr ausreichendes Hydrauliköl; im Kabinenbuch der Stewardessen um eine defekte Kaffeemaschine,
65 den „Besetzt"-Schalter einer Toilette und eine ständig pfeifende Vordertür. Drei Stunden hat Lorenz, dann soll das Flugzeug wieder startklar sein. Da muss er Prioritäten setzen[3]: „Wir kümmern uns jetzt erst einmal um das
70 Triebwerk. Die Kaffeemaschine kommt später."

[1] akribisch: genau   [2] der Take-off: der Start   [3] Prioritäten setzen: entscheiden, was Vorrang hat

11 Welche Informationen erhältst du über den Beruf von Christian Lorenz? Schreibe Stichworte aus dem Zeitungsartikel auf.

sich informieren

12 Was erfährst du über die Einstellung von Christian Lorenz zu seinem Beruf? Fasse zusammen, was und wie er sich dazu äußert.

Heute werden viele der im Zeitungsartikel beschriebenen Tätigkeiten von Fluggerätemechanikern ausgeführt. Zu diesem Beruf haben Schülerinnen und Schüler diese Broschüre entworfen:

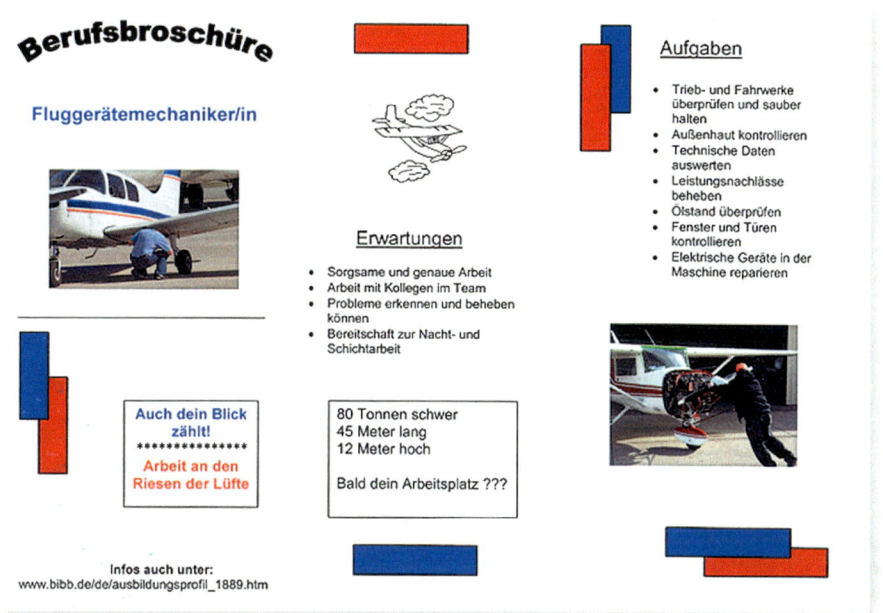

13 Welche Informationen enthält die Broschüre? Schreibe Stichworte auf.

W Wählt aus den Aufgaben 14 und 15 eine Aufgabe aus.

14 Überarbeite den Entwurf der abgebildeten Broschüre.
   a. Recherchiere weitere wichtige Informationen zum Berufsbild des/der Fluggerätemechaniker/-in im Internet, in Arbeitsagenturen oder in Berufsberatungszentren.
   b. Entscheide, um welche Informationen du die Broschüre erweitern und welche Informationen du ersetzen willst.
   c. Gestalte deinen Entwurf am Computer.

mehr zu Ausbildung und Beruf ➤ www.bibb.de

15 Im Tandem!
Schätzt gegenseitig ein, ob ihr für den Beruf des Fluggerätemechanikers oder der -mechanikerin geeignet seid.
Berücksichtigt dabei die Erwartungen und Aufgaben.

Interessen und Fähigkeiten einschätzen

Z **16** Gestalte eine Broschüre zu einem Ausbildungsberuf deiner Wahl und präsentiere sie in der Klasse.

Thema: Berufe erkunden – Sich bewerben

Für die Bewerbungsmappe: Das Bewerbungsschreiben

Für ein Praktikum musst du dich in der Regel schriftlich bewerben. Esther hat folgendes Bewerbungsschreiben geschrieben.

Esther Freytag 1 Hamburg, 13. Juni 2011 2
Rimbertweg 7
22529 Hamburg
Tel.: 040/25 09 20 03
E-Mail: freytag@gmx.de

Gitarrenwerkstatt Eilers 3
Bahnhofstraße 27
27412 Wilstedt

Bewerbung um eine Praktikumsstelle 4

Sehr geehrter Herr Eilers, 5

hiermit bewerbe ich mich bei Ihnen um eine Stelle für ein dreiwöchiges Schülerpraktikum, 6 das an unserer Schule vom 12. 9.–30. 9. 2011 durchgeführt wird. 7
Ich besuche die 8. Klasse der Gesamtschule Stellingen. 8
Ich spiele seit sieben Jahren Gitarre und bin handwerklich geschickt. Besonders gern arbeite ich mit Holz. 9

Ich interessiere mich sehr für die Herstellung und Reparatur meines Lieblingsinstruments. Daher würde ich gern mehr über den Gitarrenbau erfahren und die Arbeit in Ihrer Werkstatt kennen lernen. 10

Über Ihre Zusage würde ich mich freuen.

Mit freundlichen Grüßen 11

Esther Freytag 12

- die Grußformel
- die Unterschrift
- Ort und Datum
- das Anliegen
- die Anrede
- die Anschrift der Firma
- der Zeitraum, in dem das Praktikum stattfindet
- der Zweck des Anschreibens in Kurzform
- Angaben zur Schule und Klasse
- eigener Vor- und Nachname, eigene Anschrift und Telefonnummer
- die Gründe für das Interesse an der Praktikumsstelle
- die Gründe für das Interesse am Beruf

---

1 Ordne die Textstellen aus der Bewerbung den Erklärungen am Rand zu. Schreibe die Nummer mit der passenden Erklärung auf.

ein Briefmuster untersuchen

2 Welche Funktion haben die Textteile 1–12 für den Empfänger? Tauscht euch darüber aus.

3 Wo würdest du gern ein Praktikum machen? Schreibe Stichworte zu den Textteilen 1–12 für ein eigenes Bewerbungsschreiben auf.

ein Bewerbungsschreiben planen

Thema: Berufe erkunden – Sich bewerben

Der Empfänger des Bewerbungsschreibens erhält beim Lesen einen ersten Eindruck von dir.

4 Welche der Formulierungen am Rand sind für ein Bewerbungsschreiben angemessen?
   a. Schreibe sie auf.
   b. Wo verwendet man die übrigen Anreden und Grußformeln?

> Hallo Herr Eilers –
> Guten Tag –
> Lieber Herr Eilers –
> Sehr geehrte Damen und Herren – Ciao –
> Auf Wiedersehen –
> Liebe Grüße – Bis bald

5 Gruppenarbeit!
   a. Sammelt Formulierungen für die folgenden Textteile eines Bewerbungsschreibens:
     – das Anliegen,
     – die Gründe für das eigene Interesse am Beruf,
     – die Gründe für das Interesse an der Praktikumsstelle.
   b. Wertet die Vorschläge der einzelnen Gruppen gemeinsam aus.

6 Lege eine Kartei mit Formulierungen für Textteile deines Bewerbungsschreibens an.

Formulierungen auswählen

Auch die Form der Bewerbung kann für dich sprechen.

7 Welche Vorgaben solltest du einhalten?
   a. Vergleiche das Bewerbungsschreiben am Rand mit dem Bewerbungsschreiben auf Seite 104.
   b. Beschreibe, wie die Bewerbungsschreiben auf den Leser wirken könnten und wodurch der Eindruck entsteht.
   c. Schreibe eine Checkliste für dein Bewerbungsschreiben.

Ein Bewerbungsschreiben kann handschriftlich oder mit dem Computer verfasst werden.

8 Was spricht für ein handschriftliches Bewerbungsschreiben, was für das Schreiben am Computer? Tauscht euch darüber aus.

9 Verfasse mithilfe deiner Stichworte zu Aufgabe 3 auf Seite 104 ein Bewerbungsschreiben für eine Praktikumsstelle deiner Wahl.
   a. Schreibe angemessene Formulierungen für alle Textteile auf.
   b. Überprüfe die Form mithilfe deiner Checkliste zu Aufgabe 4.
   c. Überprüfe die Rechtschreibung. Korrigiere alle Tipp- und Rechtschreibfehler.

ein Bewerbungsschreiben verfassen

Thema: Berufe erkunden – Sich bewerben

Für die Bewerbungsmappe: Der Lebenslauf

Zu einer Bewerbung gehört auch ein Lebenslauf. Er enthält wichtige persönliche Angaben der Bewerberin oder des Bewerbers.

1 Welche Angaben gehören in einen Lebenslauf? Welche nicht?
Tauscht euch darüber aus.

Damit sich der Leser schnell einen Überblick
über die einzelnen Informationen verschaffen kann,
sollte der Lebenslauf gut gegliedert sein.

2 Wie würdest du deinen Lebenslauf gliedern?
   a. Schreibe die Vorgaben am Rand in einer sinnvollen Reihenfolge auf.
   b. Stelle die Reihenfolge in der Klasse vor und begründe sie.

> Lieblingsfächer:
> Name:
> Anschrift:
> Telefonnummer:
> Geburtsdatum und -ort:
> Hobbys:
> Vorname:
> Sprachkenntnisse:
> Schulbesuch:
>
> Ort, Datum
> Unterschrift

Nun kannst du deinen eigenen Lebenslauf planen.

3 Plane deinen eigenen Lebenslauf.
   a. Übertrage die Vorgaben vom Rand auf ein Blatt.
   b. Trage deine eigenen Angaben ein.

Zu einem Lebenslauf gehört auch ein aktuelles Foto.

4 Welches Foto eignet sich für den Lebenslauf?
   a. Wähle ein passendes Foto aus und begründe deine Wahl.
   b. Notiere auch, weshalb du die anderen Fotos nicht für geeignet hältst.

Z 5 a. Bringt mehrere Fotos für eure eigenen Lebensläufe
      mit und besprecht, welches am besten passt.
   b. Formuliert gemeinsam Kriterien für die Auswahl eines Fotos
      zu einem Lebenslauf.

Es gibt verschiedene Möglichkeiten, den Lebenslauf zu gestalten. Die Gestaltungsform am Rand kannst du als Gliederungsvorschlag verwenden.

6 Beschreibe die Gestaltung und die Gliederung.
 – Welche Textteile gibt es?
 – Welches Format hat das Foto?
 – Wie sind die Textteile und das Foto angeordnet?

Auch die Form deines Lebenslaufs vermittelt einen Eindruck von dir.

7 Welche formalen Vorgaben solltest du beachten?
 a. Lies deine Checkliste zu Aufgabe 7 c auf Seite 105.
 b. Entscheide, welche Checkfragen auch für den Lebenslauf gelten.
 c. Schreibe eine Checkliste für den Lebenslauf.
  Ergänze fehlende Fragen.

Lebenslauf	
Name: ...	
Vorname: ...	
Anschrift: ...	
Telefonnummer: ...	
Geburtsdatum: ...	
Geburtsort: ...	
Schulbesuch: ...	
Sprachkenntnisse: ...	
Hobbys: ...	

Ort, Datum (übereinstimmend mit Bewerbung)
Unterschrift (handschriftlich)

Deinen Lebenslauf benötigst du auch für weitere Bewerbungen. Deshalb ist es sinnvoll, eine Vorlage am Computer zu schreiben, sie zu überarbeiten und zu speichern.

Arbeitstechnik

Einen Lebenslauf am Computer schreiben

– Öffne ein **neues leeres Dokument** in einem Schreibprogramm.
– Schreibe die **Überschrift** und lasse genügend **Platz für dein Foto**.
– Schreibe die **Vorgaben** (Name, Vorname, …) an den Anfang jeder Zeile.
– Trage rechts daneben deine **persönlichen Angaben** ein.
– Um einen **gleichmäßigen Abstand** zwischen der linken und der rechten Spalte zu erhalten, kannst du die **Tabulatortaste** verwenden.
– Schreibe das **Datum** auf, das mit dem Bewerbungsschreiben übereinstimmen muss.
– **Unterschreibe** den Lebenslauf **handschriftlich**.

den Lebenslauf schreiben

die Tabulatortaste

den Lebenslauf überarbeiten

8 Schreibe deinen Lebenslauf mithilfe der Arbeitstechnik.

9 Überprüfe und überarbeite deinen Lebenslauf.
 a. Ergänze fehlende Angaben und lösche überflüssige.
 b. Überprüfe und überarbeite die Form mithilfe der Checkliste.
 c. Überprüfe die Rechtschreibung.
  Korrigiere Tipp- und Rechtschreibfehler.

10 Speichere deinen Lebenslauf so, dass du ihn wiederfinden kannst.
 – Klicke auf: **Datei ▷ Speichern unter ▷ Neuen Ordner erstellen.**
 – Gib einen Namen (z. B. „**Bewerbungsunterlagen**") in das sich öffnende Feld ein. Klicke anschließend auf die Schaltfläche OK.
 – Klicke im sich öffnenden Fenster auf die Schaltfläche **Speichern**.

Thema: Berufe erkunden – Sich bewerben

Ein Praktikumstag im Fotostudio

Einen Tagesbericht planen

Auf einen Pratikumstag kannst du dich gut vorbereiten, wenn du die Merkmale eines Berichts berücksichtigst.
Ein Bericht antwortet auf wesentliche W-Fragen.

1 Schreibe W-Fragen auf, die du in deinem Bericht beantworten möchtest.

> **Starthilfe**
> Wo habe ich ein Praktikum oder eine Berufserkundung gemacht?

2 Welche Fragen musst du vermutlich jemandem aus dem Betrieb stellen? Schreibe sie auf.

> **W-Fragen stellen**
> Wo?
> Wann?
> Wer?
> Was?
> Wie?
> Warum?
> Womit?

Ein Tagesbericht wird von verschiedenen Personen gelesen.

3 Wer könnten die Leserinnen und Leser sein?
   a. Trage mögliche Leserinnen und Leser in eine Tabelle ein.
   b. Trage auch ein, was für die unterschiedlichen Leserinnen und Leser interessant sein könnte und im Bericht beachtet werden sollte.

die Leserinnen und Leser berücksichtigen

Starthilfe

Leserinnen und Leser	im Bericht besonders beachten
Lehrerin oder Lehrer	– berichten, was ich alles …
Betrieb	– …

Die Angaben in einem Tagesbericht sollten sachlich sein.

> Angaben zu Beginn und Ende der Arbeitszeit, eigene Meinung zum Aussehen der Betreuerin oder des Betreuers, Beschreibung der eigenen Stimmung beim Arbeiten, Erklärungen verschiedener Arbeitsschritte, Charakterisierung der Mitarbeiter, Erklärung zur Verwendung des Arbeitsmaterials

4 Welche Angaben gehören in einen Tagesbericht?
   a. Lege eine Tabelle an und trage die Angaben in die richtige Spalte ein.
   b. Ergänze Angaben in jeder Spalte.

sachliche und unsachliche Angaben unterscheiden

Starthilfe

sachliche Angaben	persönliche Meinung, Gefühle, Stimmung
Angaben zum Beginn und Ende der Arbeitszeit	…

Einen Tagesbericht schreiben

Am 24.9.2011 hat Madina einen Tag im Fotostudio Weinert verbracht und anschließend folgende Stichworte für ihren Tagesbericht aufgeschrieben.

17:00 bei Fotografieren von Bewerbungsfotos zugeschaut

10:00 CD-Cover zurechtgeschnitten

16:30 das Fotostudio gefegt

11:30 verschiedene Objekte zu einem Stillleben aufgebaut und fotografiert

14:30 Fotos am Computer bearbeitet

9:00 auf dem Weg ins Fotostudio

Mithilfe der W-Fragen kannst du überprüfen, welche Informationen du hast und welche du noch benötigst.

1 Hast du alle wichtigen Informationen für den Tagesbericht? Überprüfe, ob du die W-Fragen beantworten kannst.

W-Fragen stellen und beantworten

> **Starthilfe**
> Wo? Fotostudio Weinert
> Wann? ...

2 Entscheide, für welche Leserinnen und Leser du schreiben möchtest. Lies dazu noch einmal deine Tabelle zu Aufgabe 3 und 4 auf Seite 108.

die Leserinnen und Leser berücksichtigen

3 Schreibe den Tagesbericht für Madina. Beachte die Arbeitstechnik.

den Bericht schreiben

4 Schreibe eine Überschrift auf.

> **Starthilfe**
> Tagesbericht vom ...

Arbeitstechnik

Einen Tagesbericht schreiben

– **Gliedere** den Tagesbericht sinnvoll: Beginne mit einem **einleitenden Satz**, der die **wichtigsten Informationen** enthält:
  Wer? Wann? Wo? Was?
– Gib dann den **Tagesablauf im Einzelnen** wieder.
  Schreibe der **zeitlichen Reihenfolge** nach auf, was du getan hast.
  Verwende passende **Adverbien der Zeit**.
– Schreibe **sachlich**.
– Verwende das **Präteritum**.

Einen Tagesbericht überprüfen und überarbeiten

Mithilfe einer Checkliste kannst du den Tagesbericht überprüfen und anschließend überarbeiten.

Checkliste: Einen Tagesbericht schreiben	Ja	Nein
– Habe ich wesentliche W-Fragen beantwortet?		
– Habe ich die wichtigsten Informationen an den Anfang des Berichts gestellt?		
– Stimmt die zeitliche Reihenfolge?		
– Ist der Bericht sachlich?		
– Habe ich die Interessen …?		

1 Übertrage die angefangene Checkliste in dein Heft und ergänze weitere Checkfragen.

eine Checkliste anlegen

W Wählt eine der Aufgaben 2, 3 oder 4.

2 Überprüfe den Tagesbericht mithilfe der Checkliste.

den Tagesbericht überprüfen

3 Im Tandem!
   a. Überprüft den Tagesbericht eurer Partnerin oder eures Partners.
   b. Schreibt mit einem Bleistift oder auf ein weiteres Blatt Verbesserungsvorschläge auf.
   c. Tauscht euch mit eurer Partnerin oder eurem Partner aus. Sagt ihr oder ihm auch, was gut gelungen ist.

4 Gruppenarbeit!
Überprüft die Tagesberichte in einer Schreibkonferenz.

Schreibkonferenz
➤ S. 128–129

Nun kannst du den Tagesbericht überarbeiten.

5 Überarbeite den Tagesbericht, wenn du Checkfragen mit „Nein" beantwortet hast.
   a. Ergänze fehlende Angaben und streiche überflüssige Angaben weg.
   b. Korrigiere die zeitliche Reihenfolge der Angaben.
   c. Korrigiere die Zeitformen der Verben.
   d. Achte auf die Rechtschreibung. Korrigiere alle Fehler.

den Tagesbericht überarbeiten

Z 6 Anstatt einen Tagesbericht zu schreiben, könnt ihr auch mit einem Plakat über euren eigenen Berufserkundungstag informieren.
   a. Legt fest, welche Leserinnen und Leser ihr informieren wollt.
   b. Plant und gestaltet ein Plakat über euren Berufserkundungstag.

ein Plakat gestalten
ein Plakat gestalten
➤ S. 302

Auf den zweiten Blick

- Literarische Texte erschließen und produktiv dazu schreiben
- Einen Sachtext als Verstehenshilfe nutzen

Die Abbildung zeigt ein Kippbild nach einer Zeichnung von William Ely Hill. Kippbilder sind Bilder, die es ermöglichen, in ihnen verschiedene Motive oder Gestalten gleichzeitig zu erkennen.

Gewohnte und ungewohnte Sichtweisen

Je nachdem, wie wir etwas betrachten, können wir Verschiedenes erkennen.

1 Was seht ihr, wenn ihr das Bild auf Seite 111 betrachtet? *ein Bild beschreiben*
  a. Beschreibt das Bild.
  b. Sprecht darüber, welche Figuren ihr in dem Kippbild erkennen könnt.

2 Woran liegt es, dass das Bild unterschiedlich wirkt,
  ohne dass ein Strich verändert wird? *über die Wirkung sprechen*
  a. Versucht abwechselnd die verschiedenen Figuren im Bild zu erkennen und nennt Einzelheiten, die euch dabei auffallen.
  b. Welche Figur erkennt ihr leichter? Erklärt, was ihr besonders stark wahrnehmt.
  c. Könnt ihr auch die verschiedenen Figuren gleichzeitig erkennen? Versucht den optischen Kipppunkt zu finden, indem ihr schnell zwischen den Sichtweisen hin und her wechselt.

„Gewohnte Sichtweisen lassen einen das sehen, was man erwartet."

3 a. Sprecht über das Zitat. *über ein Zitat sprechen*
  b. Übertragt es auf das Bild auf Seite 111.

4 Wie könnte das Zitat sinnvoll fortgesetzt werden? *ein Zitat fortsetzen*
  a. Ergänzt den folgenden Satzanfang: „Ungewohnte Sichtweisen …"
  b. Tauscht euch darüber aus, welcher Vorteil im Wechseln der Sichtweise liegen könnte.

Auch in der Grafik geht es um gewohnte und ungewohnte Sichtweisen.

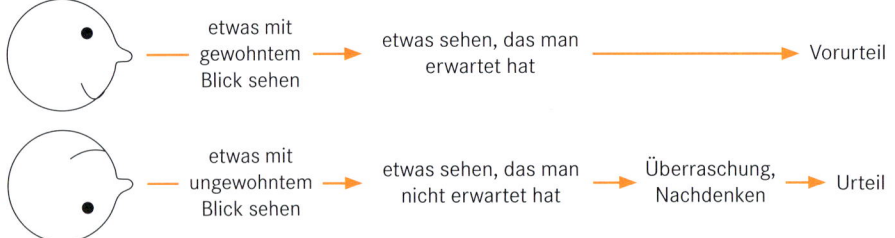

5 a. Beschreibt die Grafik mit eigenen Worten. *eine Grafik beschreiben*
  b. Erklärt, was ein Vorurteil und was ein Urteil ist.

In diesem Kapitel begegnen euch neue Sichtweisen. Ihr lest Texte, die von verschiedenen Sichtweisen handeln und feste Vorstellungen verändern können. Ihr erschließt diese Texte und setzt euch mit ihnen auseinander, indem ihr sie umgestaltet.

Thema: Auf den zweiten Blick

Gewohnheiten und Erwartungen spielen in unserem Alltag eine große Rolle. In einer Anekdote wird über den Physiker Albert Einstein Folgendes erzählt:

Einstein war meist salopp, wenn nicht schäbig gekleidet. „Willst du dir nicht mal einen neuen Mantel kaufen?", fragte ihn ein Freund, der ihn auf einem Spaziergang traf. „Wozu?", lächelte Einstein. „Hier kennt mich jeder und weiß, wer ich bin." Der Freund traf Einstein in demselben Mantel einige Zeit später in New York und meinte: „Du trägst ihn ja immer noch!" „Warum nicht?", fragte Einstein. „Hier weiß ja niemand, wer ich bin."

6 Worum geht es in der Anekdote?
   a. Gebt wieder, was aus der Sicht des Freundes von einer berühmten Persönlichkeit wie Einstein erwartet wird.
   b. Sprecht über mögliche Gründe, aus denen Einstein sich nicht den Erwartungen entsprechend verhält.

7 Wie beurteilt ihr Einsteins Verhalten und das seines Freundes?
   a. Formuliert euer Urteil in einem Satz.
   b. Tauscht euch über eure Einschätzung aus.

Auch wenn wir Menschen kennen lernen, begegnen wir ihnen oft mit bestimmten Erwartungen. Davon handelt ein Auszug aus dem Jugendbuch „Freak", den ihr in diesem Kapitel lesen könnt.

8 Welche Bedeutungen für die Bezeichnung **Freak** gibt es?
   a. Lest die Informationen am Rand.
   b. Tauscht euch darüber aus, wie ihr die Bezeichnung bisher verwendet habt und welche Bedeutung für euch neu ist.

Nun könnt ihr über eure Erwartungen, Urteile und Vorurteile nachdenken.

9 Was denkt ihr, wenn sich eine Schülerin oder ein Schüler **Freak** nennt?
   Tauscht euch über die folgenden Fragen aus:
   – Welche Fragen stellt ihr euch? Worüber denkt ihr nach?
   – Wie lautet euer Urteil?
   – Warum urteilt ihr so und nicht anders?
   – Wie würdet ihr Freak zukünftig begegnen?

10 Welche Erfahrungen habt ihr mit ungewöhnlichen Bekanntschaften gemacht?
   a. Erzählt davon, wodurch ihr schon einmal von einer Person und ihrem Verhalten oder ihrem Auftreten überrascht worden seid.
   b. Tauscht euch über eure Erfahrungen aus.

Info

Die Bezeichnung **Freak** spiegelt unter anderem die Einstellung und die Erwartungen der Sprecherin oder des Sprechers an den so Bezeichneten wider.
Folgendes können Sprecher/innen mit der Bezeichnung meinen:
1. jemanden, die oder der ungewohnt anders ist
2. jemanden, die oder der sich sehr für etwas begeistert
3. jemanden, die oder der sich nicht den Verhaltensnormen oder den Erwartungen entsprechend verhält

Thema: **Auf den zweiten Blick**

Urteile und Vorurteile in einem Jugendbuchauszug

Max kommt in die Klasse seines Freundes Freak.
Ihre Mitschüler meinen, die beiden schon zu kennen.
Aber gleich in der ersten Stunde entdecken sie an Max und Freak
etwas Unerwartetes.

Freak   Rodman Philbrick

Die Sache ist die: Freak und ich sind jetzt in derselben Klasse. Weil man mich
eigentlich nicht in die Klasse mit den besseren Schülern stecken wollte,
hat er die schöne Gwen[1] gebeten, mit den Leuten in der Schule zu reden,
und am Ende haben sie sich überzeugen lassen, dass es für Freak bestimmt
gut wäre, wenn er jemanden hätte, der ihm das Gehen und so weiter
etwas erleichtern könnte.
Gram[2] scheint das irgendwie zu beunruhigen, sie will die Papiere
nicht unterschreiben; vielleicht meint sie, in der Förderklasse hätte ich
mehr gelernt und in der Begabtenklasse würde ich nur noch mehr verblöden.
Aber dann schleiche ich eines Tages ganz leise die Kellertreppe hoch und
höre Grim[3] sagen: „Wir sollten es versuchen. Alles andere hat nichts genützt,
vielleicht braucht er einfach einen Freund, jedenfalls hat ihm das
bei all diesen Sonderlehrern bisher gefehlt." Und am nächsten Morgen
unterschreibt sie die Papiere, und als wir am ersten Tag in die Schule kommen,
hilft Freak mir, meinen Namen auf der Liste zu finden, und tatsächlich,
es stimmt, wir sind in derselben Klasse.
Die anderen Kinder sind erst einmal alle so damit beschäftigt, cool auszusehen
und cool aufzutreten und mit ihren neuen Klamotten anzugeben, dass sie
kaum mitbekommen, wie ich Freak in der Pause auf den Schultern herumtrage
oder dass er im Unterricht neben mir sitzt. Aber das legt sich schnell,
und als wir aus der Mathestunde kommen, in der bloß Lehrbücher ausgeteilt
und ein paar Zahlen an die Tafel geschrieben wurden, kann man es
überall flüstern hören.
He, wer ist denn dieser Zwerg? Und das da ist doch Mad Max. Ich glaub,
ich muss kotzen. Sind die aus dem Zirkus ausgebrochen, oder was?
Mannomann, das ist ja absolut widerlich.
„Maxwell Kane?"
Das ist die Englischlehrerin, Mrs Donelli. Sie ist neu an der Schule,
und als ich nicke und den Bleistift hebe, sagt sie: „Maxwell, steh bitte auf und
erzähl uns, was du im Sommer erlebt hast."
Wäre sie nicht neu an der Schule, hätte sie das nicht gesagt; denn im Unterricht
aufzustehen und irgendwas zu erzählen, das bring ich nicht.
„Maxwell", sagt sie, „stimmt etwas nicht?"
Inzwischen ist es ziemlich laut, und die anderen rufen Sachen wie:

> einen
> Jugendbuchauszug
> lesen

[1] die schöne Gwen: Freaks Mutter   [2] Gram: Max' Großmutter   [3] Grim: Max' Großvater

Thema: Auf den zweiten Blick

35 „Den können Sie vergessen, Mrs Donelli, [...]."
„Der kann nicht bis drei zählen!"
„Fragen Sie ihn mal nach seinem Vater!"
„Killer Kane, hallo, hallo, dein Sohn ist dumm wie Bohnenstroh!"
Mrs Donelli macht ein Gesicht, als ob sie in was reingetreten ist und es
40 nicht vom Schuh wegbekommt. Die anderen schreien und singen immer weiter,
und dann fangen die ersten an, uns mit irgendwelchen Sachen zu bewerfen,
mit Bleistiften und Radiergummis und Papierknäueln, und Mrs Donelli
weiß anscheinend auch nicht, was sie dagegen unternehmen soll,
die ganze Klasse ist außer Kontrolle.
45 Dann klettert Freak auf sein Pult, was ihn ungefähr so groß macht
wie einen normalen Menschen, und schreit aus vollem Hals los.
„Ruhe!", schreit er. „Ruhe im Gerichtssaal! Ich fordere Gerechtigkeit!"
Vielleicht kommt es daher, dass er so wild aussieht, wie er das Kinn
nach vorne reckt und die kleinen Fäuste ballt und so fest mit den krummen
50 kleinen Füßen aufstampft, jedenfalls verstummen plötzlich alle und
es wird unheimlich still.
Schließlich sagt Mrs Donelli: „Du musst Kevin sein, richtig?"
Freak blickt immer noch wild um sich und sagt: „Ja, manchmal."
„Manchmal? Was soll das bedeuten?"
55 „Es bedeutet, dass ich manchmal mehr als Kevin bin."
„Aha", sagt Mrs Donelli, und man merkt, dass sie keine Ahnung hat,
wovon er redet, aber es wichtig findet, ihn reden zu lassen. „Nun, Kevin",
sagt sie, „kannst du uns das an einem Beispiel erläutern?"
Als Nächstes legt Freak mir seine Hände auf den Kopf, schwingt
60 sich auf meine Schultern und zupft mich; ich weiß sofort,
was das bedeutet: „Steh auf", und das tue ich dann auch,
ich stehe vor versammelter Mannschaft auf und sehe,
wie Mrs Donellis Augen langsam immer größer werden.

Als ich da so mit Freak auf den Schultern stehe, habe ich
65 ein richtig gutes Gefühl, ich komme mir stark und intelligent vor.
„Genügt das als Beispiel?", sagt Freak. „Manchmal sind wir drei Meter
groß und stark genug, durch Wände zu gehen. Manchmal kämpfen
wir gegen Banden. Manchmal finden wir Schätze.
Manchmal töten wir Drachen und trinken aus dem Heiligen Gral!"

> **Info**
> Einer Legende nach ist der **Gral** ein geheimnisvolles Gefäß, das Glückseligkeit und Lebenskraft spendet und in einer unzugänglichen Burg bewacht wird.

Thema: Auf den zweiten Blick

70 Mrs Donelli weicht an ihr Pult zurück und sagt: „So, so, das ist ja
sicher interessant, aber könntet ihr beide euch jetzt wieder hinsetzen?"
Aber Freak reitet mich jetzt wie ein Jockey sein Pferd, er steuert mich
in der Klasse herum und zieht eine richtige Show ab. Er hebt die Faust und
schlägt in die Luft und ruft: „Freak der Starke! Freak der Starke!" Und bald
75 schreien alle anderen mit: „Freak der Starke! Freak der Starke! Freak der Starke!"
Dabei wissen sie gar nicht, wovon er redet oder was das eigentlich soll.
Ich richte mich so hoch auf, wie ich kann, und befolge jeden seiner Befehle,
marschiere nach links und nach rechts, vorwärts und rückwärts, es ist
wie Musik oder so was, ich brauche kein bisschen nachzudenken, ich tue es
80 einfach, und dazu rufen die andern unseren Namen, und Mrs Donelli versteht
überhaupt nichts mehr, sie ist total ausgerastet und hat sich praktisch
hinter ihrem Pult versteckt. Die ganze Klasse schwingt die Fäuste und ruft:
„Freak der Starke! Freak der Starke! Freak der Starke!"
Ich weiß auch nicht warum, aber das war wirklich ganz schön cool.

85 Jedenfalls werden Freak und ich daraufhin zum ersten Mal zusammen zum Büro
der Direktorin geschickt.
Als Mrs Addison, die Direktorin, uns draußen vor ihrem Büro warten sieht,
fragt sie: „Was haben wir denn hier?"
„Ich fürchte, es hat ein kleines Missverständnis gegeben", sagt Freak. „Wenn Sie
90 so freundlich sein wollen, mich das erklären zu lassen."
Mrs Addison ist eine Schwarze und macht einen schwer seriösen Eindruck;
die grauen Haare hat sie straff zu einem Knoten gebunden, und sie trägt
ein Kostüm, als ob sie bei einer Bank oder so was arbeiten würde. Erst lächelt sie
ganz komisch, so, als ob sie an einer Zitrone lutscht, aber dann sieht sie uns
95 freundlich an und sagt: „Selbstverständlich, hören wir uns an, was du zu sagen
hast. Überzeuge mich."
Ich weiß nicht mehr genau, was Freak gesagt hat, nur dass er so viele schwere
Wörter benutzt hat, dass sie dauernd in seinem Wörterbuch nachschlagen
musste; anscheinend hat ihr das sogar richtig Spaß gemacht, und das Allerbeste
100 war: Was auch immer Freak ihr gesagt hat, sie hat's gefressen.

Die Englischstunde nimmt einen ungewöhnlichen Verlauf.

1 Fasse mit eigenen Worten zusammen, was im Unterricht geschieht.

Textinhalte zusammenfassen

Die Mitschüler begegnen Max und Freak voreingenommen.

2 Welche Vorurteile haben sie?
   a. Lest die Textstellen, in denen sie sich über Max und Freak äußern.
   b. Tauscht euch darüber aus, weshalb sie Max und Freak erst so sehen.

Textstellen untersuchen

3 Wie werden die Mitschüler beschrieben?
Zitiert passende Textstellen.

richtig zitieren ➤ S. 298

Max und Freak haben in der Unterrichtsstunde einen besonderen Auftritt.

4 Beschreibe ihren Auftritt mithilfe passender Textstellen.

Textstellen untersuchen

5 Freak und Max sehen sich ganz anders als ihre Mitschüler.
 a. Lies die Zeilen 55–69 noch einmal.
 b. Erkläre die Textstelle mit eigenen Worten.

6 Wie reagieren die Mitschüler auf den Auftritt?
 a. Schreibt ihre Reaktion in Stichworten auf.
 b. Tauscht Vermutungen darüber aus, warum die Mitschüler Freak und Max am Ende anfeuern.
 c. Begründet eure Vermutungen.

Handlungsmotive von Figuren untersuchen

Der Auftritt von Max und Freak hinterlässt unterschiedliche Eindrücke.

7 Schreibe aus der Sicht einer Mitschülerin oder eines Mitschülers, was sich in dieser Unterrichtsstunde ereignet hat.

sich in Figuren hineinversetzen

8 Wie gelingt es Freak, auch Mrs Addison für sich zu gewinnen?
 a. Lies den entsprechenden Absatz noch einmal.
 b. Schreibe aus Mrs Addisons Sicht, was sie beim Anblick von Max und Freak denken könnte.
 c. Welche Gedanken könnten Mrs Addison durch den Kopf gehen, während Freak ihr das „kleine Missverständnis" (Zeile 89) erklärt? Schreibe ihre Gedanken auf.

Auch du hast dir beim Lesen eine Vorstellung von Max und Freak gemacht.

9 Wie wirken Max und Freak auf dich?
 a. Beschreibe, wie die Figuren auf dich wirken.
 b. Begründe, warum du sie so siehst.

über die eigene Sicht nachdenken

W **Auch im Alltag beeinflusst unsere Sichtweise unsere Meinung und unser Verhalten.**

10 Im Tandem!
 Welche Erfahrungen habt ihr mit Vorurteilen gemacht?
 a. Erzählt von Vorurteilen, die euch begegnen.
 b. Erzählt, wie ihr damit umgeht.

über den Umgang mit Vorurteilen nachdenken

11 Wie gelingt es euch, feste Vorstellungen zu ändern? Erzählt von euren Erfahrungen.

Thema: Auf den zweiten Blick

Einen Sachtext als Verstehenshilfe nutzen

Im Laufe des Lebens entwickeln sich bei jedem Menschen Vorstellungen, z. B. von der Welt, von anderen Menschen, von sich selbst.

1 Welche Vorstellungen hast du z. B. von Fußballfans, Fotomodells, Straßenmusikern, Hundebesitzern oder Schulsprechern?
   a. Schreibe auf, was dir spontan zu diesen Gruppen einfällt.
   b. Vergleiche deine Vorstellungen mit denen deiner Mitschüler.
   c. Welche Vorstellungen sind für dich ungewohnt? Begründe deine Antwort.

eigene Vorstellungen vergleichen

Gewohnte Sichtweisen – ungewohnte Sichtweisen und
Vorurteile – Urteile: Wie hängen sie zusammen?
Antworten auf diese Fragen erhaltet ihr in diesem Zeitschriftenartikel.

Denken in Schubladen   Christoph Wurzel

„Du hast ja Vorurteile!" Einen solchen Vorwurf hört niemand gern. Dabei hat jeder welche. Es sind vorgefasste Meinungen und Urteile. Sie entstehen sogar zwangsläufig, weil wir oftmals eine Situation
5 schnell erfassen oder eine Person rasch einschätzen müssen – auch wenn wir in diesem speziellen Fall noch keine Erfahrungen gemacht haben. Dass wir dann auf gewohnte Sichtweisen zurückgreifen, ist nur verständlich und erleichtert uns
10 die Orientierung.
Doch woher kommen gewohnte Sichtweisen? Wie das Wort „gewohnt" sagt: Wir gewöhnen uns in unserem Leben an bestimmte Vorstellungen: durch Erziehung, durch Eltern, Freunde, Lehrer,
15 Vorbilder, Erfahrungen, Gebote und Verbote, Regeln und durch Erfahrungen.
Die Gefahr dabei ist nur, dass wir die Wirklichkeit dadurch nicht vollständig wahrnehmen, sondern nur in Ausschnitten. Psychologen haben dafür
20 den Begriff Halo-Effekt[1] aus der Physik übernommen. In der Psychologie wird mit dem Begriff Halo-Effekt ein Beurteilungs- bzw. Wahrnehmungsfehler bezeichnet. Einzelne Eigenschaften einer Person erzeugen
25 einen Gesamteindruck, der die Wahrnehmung weiterer Eigenschaften „überstrahlt".
Wir ordnen also Personen aufgrund vielleicht nur eines einzigen Kennzeichens in gedankliche Schubladen. Besonders hervorstechende Merkmale
30 oder Eigenschaften von Personen oder Gruppen verführen häufig zu solch einseitigen Wahrnehmungen und Verallgemeinerungen – z. B. wenn wir von einem bestimmten Merkmal, etwa der Herkunft oder dem körperlichen Aussehen
35 einer Person, auf ihr persönliches Wesen schließen. So wurden in einem Experiment in den USA verschiedenen Personalchefs jeweils die gleichen

Halo-Effekt

---

[1] der Halo-Effekt: Lichteffekt, der durch Reflexion und Brechung von Licht entsteht. An verschiedenen Stellen des Himmels treten teils weißliche, teils farbige Kreise, Bögen, Säulen oder Lichtflecken auf.

(erfundenen) Bewerbungsunterlagen zugeschickt, die nur mit unterschiedlichen Namen versehen waren und kein Foto enthielten. Die einen trugen Namen, die auf Amerikaner mit weißer Hautfarbe hindeuteten, andere solche Namen, die unter der afroamerikanischen Bevölkerung gebräuchlich sind. Es zeigte sich, dass die doppelte Anzahl der Manager diejenigen Bewerber bevorzugte, von denen sie aufgrund des Namens vermuteten, dass sie Weiße seien, obwohl sie doch von der gleichen Eignung ausgehen mussten. Vielleicht haben diese Personalchefs aber gar nicht mit Absicht benachteiligen wollen. In der Psychologie hat man herausgefunden, dass wir uns unserer Vorurteile oftmals gar nicht bewusst sind. Mit Vorurteilen unterscheiden wir zwischen der Gruppe, zu der wir selbst gehören, und den „Anderen". „Wir" bedeutet das Gewohnte, während die „Anderen" zunächst ungewohnt und in unserer Vorstellung einen Unsicherheitsfaktor für uns darstellen können. So dienen uns Vorurteile also auch dazu, ein Gefühl der persönlichen Sicherheit und Vertrautheit zu erlangen.

Ungewohnte Sichtweisen führen aus den gewohnten Denkmustern heraus. Deshalb können sie verunsichern und daraus kann Ablehnung des Unbekannten werden. Man kann aber auch überrascht sein durch die ungewohnte Sichtweise und daraus kann Neugier auf das Neue erwachsen. Vorurteile gelten nur so lange, bis sie oft genug widerlegt sind. Es lohnt sich daher, sich mit seinem Urteil über andere Personen in bestimmten Situationen zurückzuhalten und auf weitere Erfahrungen zu warten, bis wir uns ein vollständigeres Bild gemacht haben. Vielleicht stellt sich der Andere ja als ganz anders heraus, als wir ihn mit unserem Vor-Urteil eingeschätzt haben. Die beste Möglichkeit, seine geistigen Schubladen zu öffnen, ist aber, mit allen Menschen auf die gleiche Weise und offen in Kontakt zu treten. Dazu gehört natürlich etwas Mut, den man vor allem auch dann braucht, wenn andere ihre Vorbehalte offen zur Schau stellen. Mehr Offenheit zu wagen, kann dann dazu führen, dass wir mehr erfahren als das, was wir erwarten und ohnehin schon zu wissen glauben.

Gewohnte – ungewohnte Sichtweisen, Urteile – Vorurteile

2 Erkläre den Inhalt des Textes mit eigenen Worten.
  a. Schreibe zu jedem der Begriffe **gewohnte Sichtweisen – ungewohnte Sichtweisen** und **Vorurteile – Urteile** Stichworte aus dem Text auf.
  b. Ergänze für jeden Begriff Beispiele aus deiner Erfahrung.
  c. Erkläre die Überschrift des Zeitschriftenartikels.

Mithilfe der Informationen aus dem Zeitschriftenartikels könnt ihr den Jugendbuchauszug auf den Seiten 114–116 besser verstehen.

3 Tauscht euch über die folgenden Fragen aus:
  – Welche Gründe könnte es dafür geben, dass die Mitschüler Max und Freak zunächst voreingenommen begegnen?
  – Wie könnten sie Max und Freak nach der Stunde begegnen?

Z 4 Nimm zur Meinung des Autors Stellung.
  a. Schreibe Stichworte zu den Positionen des Autors auf.
  b. Formuliere deine Meinung und begründe sie.

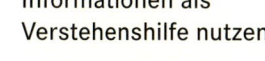

Informationen als Verstehenshilfe nutzen

Extra Sprache: Wortbedeutungen verstehen

Freak verwendet gerne Wörter, die er mithilfe eines Wörterbuchs lernt.
Seine Lieblingswörter schreibt er eines Tages für Max in ein Heft
und erklärt darin auch, wie er ihre Bedeutung versteht.
Das hat Freak unter dem Buchstaben B notiert:

BEZWINGEN	im Kampf obsiegen, vorzugsweise mit Drachen
BIBLIOTHEK	wo das Wahrheitsserum und die fliegenden Teppiche aufbewahrt werden
BIONIK	Methode zur Verbesserung der menschlichen Lebensbedingungen
BLÖDMANN	jemand, der einen Hotdog durch die Nase husten kann
BRAMARBASIEREN	heiße Luft in Form von Wörtern ausstoßen
BUCH	Wahrheitsdroge mit vier Buchstaben

1 Welche Bedeutung haben die Wörter in eurem Verständnis? Vergleicht sie mit Freaks Erklärung.

Diese Erklärungen stammen aus einem Fremdwörterbuch.

Bibliothek
Aufbewahrungsort für eine systematisch geordnete Sammlung von Büchern, [wissenschaftliche] Bücherei

Bionik
Wissenschaft, die technische, besonders elektronische Probleme nach natürlichen Vorbildern zu lösen versucht (Wärmespürgeräte, nervengesteuerte Prothesen u. a.)

Bramarbas
[literarische Figur des 18. Jh.] Prahlhans, Aufschneider.
bramarbasieren: aufschneiden, prahlen

2 Worin unterscheiden sich Freaks Einträge zu **Bibliothek** und **Bionik** von den Einträgen aus dem Fremdwörterbuch? Vergleicht die Bedeutungen miteinander. — *Wortbedeutungen vergleichen*

3 Erkläre, welcher Zusammenhang zwischen den Erklärungen für **Bramarbas** und **bramarbasieren** besteht. — *Wortbedeutungen erschließen*

4 a. Schreibe nun selbst eine sachliche und eine persönliche Erklärung zum Wort **Buch** auf. — *Wortbedeutungen erklären*
  Z b. Schreibe sachliche und persönliche Erklärungen zu weiteren Wörtern auf.

Freak verwendet die Sprache anders als alle anderen Figuren.

Z **5** Aus welchem Grund könnte sich Freak eigene Wortbedeutungen ausdenken? Tauscht euch über eure Vermutungen aus.

W Aus den Aufgaben 6, 7 und 8 könnt ihr auswählen.

Oft drücken Sprecher durch die Wörter und Bezeichnungen, die sie wählen, ihre persönliche Haltung zum Bezeichneten aus.

6 Im Textauszug auf den Seiten 114–116 wird die Hauptfigur Freak auf verschiedene Weise bezeichnet.
  a. Schreibe alle Bezeichnungen auf.
  b. Schreibe auch auf, welche Figuren ihn so bezeichnen.
  c. Erkläre, was du aus der Bezeichnung über die einzelnen Figuren und ihre Beziehung zu Freak ableiten kannst.
  Begründe deine Schlussfolgerung.

die Wortwahl und ihre Bedeutung untersuchen

Starthilfe

Bezeichnung für die Hauptfigur	Wer spricht?	Erklärung(en)
„Freak" (Zeile 1, …)	…	…
„Freak" (Zeile 1, …)	Mrs …	…
…	…	feuern ihren Mitschüler an.

Freak erläutert seiner Lehrerin, warum er in seinem Verständnis „manchmal mehr als Kevin" (Zeile 55) ist.

7 Welche Beispiele führt er zur Erklärung an?
  a. Lest die entsprechende Textstelle auf Seite 115 noch einmal.
  b. Schreibt auf, was ihr mit seinen Beispielen verbindet.

Worterklärungen untersuchen

Starthilfe

„drei Meter groß und stark genug …" – Riese in Märchen oder Sage

  c. Sprecht darüber, warum Freak solche Beispiele anführen könnte.

Kevin wird von allen bei seinem Spitznamen „Freak" gerufen. Er nennt sich auch selbst so.

8 Welche Bedeutungen könnten die einzelnen Figuren mit dem Namen „Freak" verbinden?
  a. Lest den Infokasten auf Seite 113 noch einmal.
  b. Erklärt, warum die einzelnen Figuren diesen Namen verwenden.

Nun könnt ihr ausdrücken, wie ihr Freak einschätzt.

9 a. Schreibt Bezeichnungen auf, die eurer Meinung nach auf die Figur Freak zutreffen könnten.
  b. Welche findet ihr zutreffend und welche unpassend? Begründet eure Einschätzung mit passenden Textstellen.

Fantast
kluger Kopf
Unruhestifter
…

Thema: **Auf den zweiten Blick**

Z Weiterführendes:
Einen Auszug aus einer Autobiografie deuten

In seiner Autobiografie „Facing the Lion" erzählt der Massai Joseph Lemasolai Lekuton von seinem Leben als Nomadenkind im Norden Kenias. Eine Episode ist ihm dabei besonders im Gedächtnis geblieben.

Facing the Lion Joseph Lemasolai Lekuton

Ich hatte zahlreiche Freunde im Dorf, und sie verbrachten wie ich ihre Tage mit dem Weiden der Rinder. Normalerweise sagte mir meine Familie: „Bring die Tiere morgen an den und den Platz", und ich sagte: „Geht klar, Vater, geht klar, Mutter, das tue ich." Doch manchmal redete ich am Abend davor
5 noch mit meinen Freunden, und wir vereinbarten, uns irgendwo zu treffen und zu spielen. Wir brachten unsere Tiere auf die Weide, trafen uns dann aber an dem verabredeten Ort. Alle verletzten wir die Regeln, doch niemand wusste davon. Wir taten das viele Male, aber es gibt eine Redensart in meiner Kultur: „Der vierzigste Tag gehört dem Dieb; am einundvierzigsten
10 wirst du gefasst." Und natürlich kam der einundvierzigste Tag.
An jenem Tag spielten wir viel zu lange – wir kletterten auf Bäume und wetteiferten, wer seinen Stock oder Speer am weitesten werfen konnte. Während wir spielten, zogen meine Rinder weiter. Ich bemerkte es nicht, bis wir aufhörten. Dann sah ich nach ihnen, aber ich konnte sie nicht finden.
15 Die Rinder der anderen Jungs waren alle da. Ich war der Einzige, dem die Tiere abhandengekommen waren. Ich nahm ihre Spur auf und fand die Herde auch recht bald. Aber es fehlten fünf Tiere. Jetzt wusste ich, dass ich mächtigen Ärger zu erwarten hatte. Zuallererst hatte ich die Rinder verloren. Und zweitens musste ich, wenn mich meine Familie fragte: „Wo hast du
20 die Rinder verloren?", ihnen den wahren Ort nennen, und dann würden sie wissen, dass ich sie nicht dorthin gebracht hatte, wo ich sie hätte hinbringen sollen. Und es wurde bereits spät.
Also übergab ich alle verbliebenen Tiere meinen Freunden und bat sie, sie für mich nach Hause zu bringen. Ich entschied mich dafür, in dieser
25 Nacht nicht heimzukehren. Ich wusste, ich würde bestraft werden, und es war beschämend. Ich hielt nach den verlorenen Rindern Ausschau, konnte sie aber nicht aufspüren. Als es dunkel wurde, fand ich einen großen Baum, kletterte hinauf und schlief darauf.
Die ganze Nacht hindurch hörte ich Leute vorübergehen, die nach den
30 Rindern suchten – und nach mir. Meine Mutter war völlig verängstigt, und zu guter Letzt lief das ganze Dorf durch die Gegend, und einer fragte den anderen: „Hast du ihn gesehen? Hast du ihn gesehen?" Niemand wusste, was vor sich ging. So gegen drei Uhr morgens kamen die Rinder von sich aus nach Hause, aber ich wusste nichts davon und glaubte
35 die Tiere für immer verloren. Deshalb hatte ich, als es hell wurde, immer noch Angst. Zwei Nächte lang hielt ich mich versteckt. Früh am dritten Tag

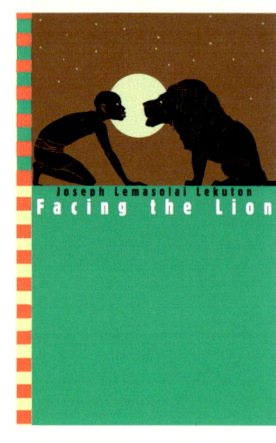

ging ich zu einem Rinderpferch, der nicht weit von unserem Dorf entfernt war. Einer der älteren Männer dort hatte gehört, dass ich vermisst wurde, und benachrichtigte das Dorf. Jetzt musste ich meinem ältesten Bruder
40 gegenübertreten. Mein Vater war gestorben, als ich etwa acht Jahre alt war, und Paraikon, mein viel älterer Bruder [...], war nun das Familienoberhaupt. Wir nannten ihn alle Vater, weil das jetzt sein Platz in der Familie war. Ich wusste, dass er mich liebte, und er war freundlich, aber er war ebenso streng, wie mein eigener Vater gewesen war.
45 Ich entschied, dass es besser war, nicht darauf zu warten, bis er mich fand; ich wollte ihn finden. Ich hatte mich, schätze ich, lange genug versteckt. Und ich entschied auch, dass ich für mich selbst sprechen konnte. Ich wartete an einer Stelle auf ihn, wohin er, wie ich wusste, das Vieh bringen würde. Schließlich sah ich ihn kommen. Er hatte eine Peitsche dabei,
50 die aus einem dünnen Zweig gemacht war, kaute auf seinen Knöcheln und spuckte. Ich konnte seine langen Ohren sehen, konnte sehen, wie er die vielen Rinder betrachtete.
Ich ging zu ihm hin und sagte: „Vater, ich muss dir etwas zeigen."
Ich trug ein Blatt Papier in der Hand. Er achtete nicht darauf. Er sah
55 in die andere Richtung. Aber ich hatte das Papier bei mir und sagte: „Ich bitte um Vergebung, und das habe ich in der Schule gelernt."
Er nahm das Stück Papier und sah es sich an.
„Und was bedeutet das?"
„Es besagt: ‚Es tut mir leid, dass ich das Vieh verloren habe'."
60 Er schaute mich an und sagte: „Du weißt, mein Sohn, dass ich stolz auf dich war für das, was du in der Schule geleistet hast [...]. Und dieser Fehler – du hast dafür bezahlt, weil du dich zwei Tage lang in den Wäldern versteckt hast. Du kannst von Glück sagen, dass du nicht von einem Löwen gefressen wurdest. Also bring die Rinder
65 heute auf die Weide, und zwar an den Ort, den ich dir genannt habe."
Ich konnte meine Freunde sehen, die sich hinter einem kleinen Felsen versteckt hatten und zusehen wollten, wie es mir ergehen würde. Sie wussten, dass die Erwachsenen gewöhnlich morgens mit dir ins Gericht gehen. Wenn sie dich am Morgen bestrafen, sind sie sicher, dass du den Tag
70 über sehr gut auf ihre Rinder aufpasst. Und ich sagte: „Ja, Vater, ich weiß, wo es ist. Ich bringe das Vieh dorthin und achte darauf, dass es reichlich grast und dass ihm nichts geschieht."
„Wenn du am Abend nach Hause kommst, werden wir reden."
In jenem Augenblick wollte ich meine Freunde überhaupt nicht sehen,
75 wollte nichts mit ihnen zu tun haben. Ich wollte nur allein sein. Ich führte die Rinder auf die Weide und ließ sie grasen. Und als ich sie nach Hause brachte, waren ihre Bäuche voll.
Vater meinte: „Komm." Er führte mich zur Herde, musterte sie und sagte: „Das ist Sile. Sie hat drei Kälber – das da, das da und das da. Sie gehören dir."
80 Und ich sage euch, ich konnte es nicht glauben. Jemandem Rinder zu schenken zeugt von großer Hochachtung.

Thema: Auf den zweiten Blick

Es zeigte, dass mein ältester Bruder mich liebte. Und es war klug. Denn wenn ich fortan die Rinder auf die Weide führte, achtete ich darauf, dass dort, wo ich sie hinbrachte, viel Gras wuchs, weil einige von ihnen mir gehörten.

1 Beschreibe das Verhalten des Ich-Erzählers am Anfang seiner Erzählung und erkläre, wie es zu seiner Unachtsamkeit kommen konnte.

über die Wirkung sprechen

2 a. Schreibe auf, wie er im Einzelnen auf den Verlust der Rinder reagiert.
b. Beschreibe, wie sich seine Gedanken und Gefühle ändern.

Die Reaktion seines Bruders ist für den Ich-Erzähler ganz unerwartet.

3 a. Beschreibt, mit welchen Erwartungen er seinem Bruder begegnet.
b. Warum hat der Ich-Erzähler diese Erwartungen?
   Tauscht euch darüber aus.
c. Beschreibt und vergleicht die Reaktion des Bruders am Ende mit dem Verhalten, das der Erzähler von ihm erwartet.
d. Tauscht euch darüber aus, warum der Bruder so handelt.

über Handlungsmotive von Figuren nachdenken

W Mithilfe der folgenden Wahlaufgaben könnt ihr euer Textverständnis vertiefen.

4 Schreibe in Form eines inneren Monologs auf, wie der ältere Bruder zu seiner Entscheidung kommt.
a. Schreibe in Stichworten auf, was der ältere Bruder im Laufe der Handlung denken und fühlen könnte.

Handlungsmotive mithilfe eines inneren Monologs deuten
innerer Monolog ➤ S. 293

> **Starthilfe**
> Rinder verschwunden: Was ist passiert?, Ärger, ...
> Bruder vermisst: ...

b. Schreibe in Stichworten auf, wie der ältere Bruder überlegt, wie er mit dem Ich-Erzähler umgehen soll.
c. Schreibe nun den inneren Monolog mithilfe deiner Stichworte. Lege das Ergebnis in deine Lesemappe.

Lesemappe ➤ S. 295

5 Durch seine unerwartete Reaktion bringt der ältere Bruder den Ich-Erzähler dazu, sein Verhalten zu ändern.
Stellt eine ähnliche Situation in einem Rollenspiel dar.
– Einigt euch auf eine Situation, in der jemand falsch gehandelt hat.
– Tauscht euch darüber aus, welche Strafen auf dieses Verhalten ihr erwarten würdet und welche Wirkung sie hätten.
– Diskutiert, welche Reaktionen sinnvoll wären, damit das fehlerhafte Verhalten erkannt und nicht wiederholt wird.

sich mit dem Text durch seine Umgestaltung auseinandersetzen

Thema: Auf den zweiten Blick

Das kann ich!

Literarische Texte erschließen und produktiv dazu schreiben
Einen Sachtext als Verstehenshilfe nutzen

In diesem Auszug aus „Freak", erzählt Max, wie sich sein Leben durch die Freundschaft zu Freak verändert.

die Figuren und ihre Handlungsmotive in einem Jugendbuchauszug verstehen

Mit Freak wird das alles anders. Jeden einzelnen Morgen kommt das Kerlchen rübergehumpelt und hämmert an meine Falltür, rabumm-rabumm-rabumm. Klein mag er ja sein, aber auch ziemlich laut. „Aus dem Bett, du Schnarchsack! Wir müssen holde Jungfern befreien! Drachen töten!" Das sagt er jeden Morgen,
5 immer genau dasselbe, praktisch wie ein Wecker, und sobald ich ihn an die Falltür hämmern höre, weiß ich schon, was als Nächstes kommt: holde Jungfern und Drachen, und dann sitzt Freak mit seinem Muntermachergrinsen vor mir und sagt: „Beeil dich mit den Haferflocken, wie kannst du nur so viel essen, du Trampeltier, mach schon, wir wollen was unternehmen." Er steckt
10 so voller Tatendrang, dass man geradezu seinen Kopf brummen hören kann, und natürlich kann er niemals still sitzen.
„Ameisen in der Hose", sage ich eines Morgens, als er mir vor Gier, etwas zu *unternehmen*, fast den Teller vom Tisch reißt. Er sagt: „Was?", und ich: „Du hast Ameisen in der Hose", worauf er mich komisch ansieht und sagt:
15 „Das behauptet die schöne Gwen auch immer, hast du das von ihr?" Ich schüttle den Kopf und esse meine Haferflocken besonders langsam, und dann sagt er: „Zu deiner Information: Es gibt zweitausendzweihundertsiebenundvierzig Unterarten von *Hymenoptera*, lateinischer Name *Formicidae*, und ich habe keine einzige davon in der Hose."
20 Das bringt mich zum Lachen, auch wenn ich kein Wort verstanden habe. „Ich schlage eine Suche vor", sagt er. „Lass uns gen Osten ziehen und die Gegend auskundschaften."
Inzwischen weiß ich, was eine Suche ist, denn Freak hat mir die Sache genau erklärt: Wie das mit König Artus anfing, als er seine Ritter, um sie
25 auf Trab zu halten, irgendwelche Dinge tun ließ, mit denen sie beweisen konnten, wie stark und mutig und schlau sie waren, oder manchmal auch, wie bescheuert, denn wie soll man das sonst wohl nennen, wenn da ausgewachsene Männer in klappernden Blechanzügen rumlaufen […]? Aber das sage ich Freak nicht, weil er sehr empfindlich reagiert, wenn es
30 um Ritter und Suchen und geheime Bedeutungen geht. Zum Beispiel, dass ein Drache nicht einfach ein großes schleimiges feuerspeiendes Monster ist, sondern ein Symbol für die Natur oder so was.
„Ein Drache steht für die Angst vor der Natur", sagt Freak. „Er ist der Archetyp des Unbekannten."
35 Ich frage: „ Und was ist ein Arsche-Typ?", und Freak schüttelt seufzend den Kopf und holt sein Wörterbuch aus dem Rucksack.

Thema: **Auf den zweiten Blick**

Ehrlich wahr, er hat *wirklich* ein Wörterbuch in seinem Rucksack. Es ist sein Lieblingsbuch, und er zieht es raus, wie Arnold Schwarzenegger ein Maschinengewehr oder so rauszieht – immer wenn er ein Buch
40 in die Hand nimmt, kriegt er diesen bösen Blick.
„Hier", sagt er und schiebt mir das Buch in die Hand. „Schlag nach." Und jetzt wünsche ich mir, ich hätte nie was von diesem Archetyp-Typen gesagt, denn ich hasse es in seinem blöden Wörterbuch etwas nachzuschlagen.
„Mit A fängt es an", sagt er.
45 „Weiß ich selbst."
„A– R", sagt er. „Such einfach die A's ab, bis du zu A–R gelangst."
Ja, von wegen. Ein Genie wie er kann natürlich mit einem Wörterbuch umgehen […]"

Du hast in diesem Kapitel die Gestaltung literarischer Figuren untersucht.

die Figuren und ihre Handlungsmotive untersuchen

Figurengestaltung ▶ S. 117

1 Wie beschreibt Max seinen Freund Freak?
  a. Schreibe auf, was du über Freaks Eigenschaften, sein Verhalten und seine Interessen erfährst.
  b. Notiere auch, was du über die Freundschaft zu Freak erfährst.

2 Was erfährst du über Max? Schreibe passende Textstellen auf.

Auch durch ihre Art zu sprechen erfährst du etwas über Max und Freak.

die Wortwahl untersuchen

Wortwahl und ihre Bedeutung ▶ S. 121

3 Untersuche, wie sich Max und Freak gegenseitig bezeichnen.

4 Untersuche die wörtliche Rede der Figuren Max und Freak.
  a. Schreibe Stichworte zu den Besonderheiten auf, die dir auffallen.
  b. Schreibe jeweils Beispiele aus dem Text dazu.

> **Starthilfe**
> – Freak gebraucht viele Aufforderungen (Zeile 8 „Beeil dich" …).

Du hast Texte umgestaltet, mit denen du dich auseinandergesetzt hast.

aus einer anderen Perspektive schreiben

sich in Figuren hineinversetzen ▶ S. 116

5 Max erklärt seiner Großmutter, warum er sich Freak als Freund ausgesucht hat. Schreibe auf, was er ihr über die Freundschaft erzählt.

Mithilfe eines Zeitschriftenartikels hast du dein Textverständnis vertieft.

einen Sachtext als Interpretationshilfe nutzen ▶ S. 118–119

6 Max und Freak begegnen einander ohne Vorurteile.
  a. Lest den Artikel auf den Seiten 118 und 119 noch einmal.
  b. Tauscht euch darüber aus, welche Vorteile Max und Freak dadurch haben, dass sie die Vorstellungen der anderen nicht übernehmen.

Texte schreiben und überarbeiten

Aus der Sicht einer Figur schreiben

Das folgende Bild stellt eine ungewöhnliche Situation dar.

„Zoo der Zukunft" von Michael Sowa

1 Beschreibt das Bild zunächst aus eurer Sicht als Betrachter.

Die Situation auf dem Bild kann man aus der Sicht einer der Figuren beschreiben.

2 Worauf kommt es dabei an? Fertige eine Checkliste an.

3 Schreibe mithilfe der Checkliste eine Schilderung aus der Sicht einer der Figuren im Bild „Zoo der Zukunft".

> Die Eindrücke der Figur sind wichtig: Man sollte nachvollziehen, was die Figur wahrnimmt und was sie weiß oder kennt.

> Die Gefühle und Gedanken der Figur ...

aus der Sicht einer Figur schreiben

Planen, schreiben, überarbeiten: Texte schreiben und überarbeiten

Schreibkonferenz: Texte überarbeiten

Diesen Text hat Marek geschrieben. Ron und Dana haben ihn überprüft und ihre Anmerkungen an den Rand geschrieben.

Gute Überschrift: Sie macht neugierig.
Spannende Einleitung: Man will wissen, was passiert ist.

> **Unfall im Menschengehege**
>
> „Noni – du darfst die Menschen nicht füttern!" Verärgert zupfte das dreiäugige Alien das einäugige am Tentakel. „Denke daran, was mit dem letzten passiert ist, dem du die Vulkanwürmer gegeben hast!"

Es schaute sich x um, ob ein Wärter in der Nähe zu sehen war, und drehte sich dann wieder zum Gehege um, wo ein x Blechhaufen am Rand eines kleinen Abhangs lag. Ein Schwarm x Venusfliegen war über einem Haufen Schleim, der aus einer Öffnung kam. Das einäugige Alien hüpfte auf und ab. In seiner Hand (hatte) es einen x Wurm und versuchte, eines der Wesen im Gehege auf sich aufmerksam zu machen. Aber keines reagierte. Eines war damit beschäftigt, einen Haufen schleimverschmiertes Material in eine Waschmaschine zu stopfen, das es eben aus dem Blechhaufen gezogen hatte. Nur einmal schaute es kurz zu den Aliens und dachte: „Warum gehen die nicht endlich weg?" Ein anderes saß vor einem Fernseher und schaute sich einen Film an. Es hatte sich die letzte halbe Stunde nicht bewegt. „Lass uns (gehen)!", sagte das dreiäugige Alien. „Diese Menschen sind teuer, weil sie so selten sind und sich im Zoo kaum vermehren! Und wir mussten schon die tote Venusratte bezahlen!" Es zerrte das einäugige Alien hinter sich her. Gerade noch rechtzeitig. Kaum waren sie hinter dem Gehege verschwunden, tauchte ein Wärter auf. Er blieb stehen und schaute x auf das Durcheinander im Menschengehege.

X = Setze hier passende Adjektive oder Adverbien ein.

Setze treffendere Verben ein.

Aliens kennen diese Wörter bestimmt nicht. Beschreibe diese Dinge so, als ob du nicht wüsstest, was es ist.

Du schreibst doch aus der Sicht der Aliens. Die können doch nicht wissen, was die Menschen denken!

1 Verbessere den Text mithilfe der Anmerkungen von Ron und Dana.
    a. Schreibe ihn neu auf.
    b. Ergänze, wenn nötig, weitere Korrekturen.

einen Text überarbeiten

2 Wie wirkt der Text durch die Überarbeitung der Verben und Adjektive?
    a. Tauscht euch darüber aus.
    b. Ergänzt eure Checkliste von Seite 127.

3 Überpüft Mareks Text mithilfe der Checkliste.
    Tauscht euch darüber aus, was ihr verbessern würdet.

Planen, schreiben, überarbeiten: Texte schreiben und überarbeiten

Dana hat ihren Text aus der Sicht einer anderen Figur geschrieben.

<u>Der Tag, an dem ich auf den Planeten Blorb entführt wurde</u>
Ein komischer Nebel kam auf uns runter, und ich hatte irgendwie
ein komisches Gefühl – als ob ich plötzlich ganz leicht wäre.
Es dauerte nur kurz. Und als der Nebel wieder weg war, stand ich immer
noch hinter dem Lieferwagen an der Ampel. Inzwischen war sie auf Grün
5 umgesprungen. Aber der Wagen fuhr nicht an. Pennte der Fahrer?
Ich fuhr mit Schwung rechts an ihm vorbei. Ich guckte beim Vorbeifahren
ins Fenster, weil ich sehen wollte, wer da am Steuer eingeschlafen war.
Und deshalb merkte ich zu spät, dass ich auf einen Abhang zufuhr.
Was war denn mit der Straße los? Die war plötzlich weg!
10 Da ging es nur noch bergab! Unten konnte ich ein Auto liegen sehen,
das völlig Schrott war. Was war bloß passiert?
Hatte es einen Erdrutsch gegeben?
All diese Gedanken rasten durch meinen Kopf, während ich
auf den Abhang zufuhr. Und dann hatte ich eine Erscheinung.
15 Etwas Großes, Grünes mit total vielen Armen, etwas, das es
gar nicht geben konnte. Und dann erinnere ich mich erst mal an nichts mehr.

4 Aus welcher Sicht schreibt Dana? Begründe deine Antwort.

5 Gruppenarbeit!
  a. Schreibt Danas Text ab.
    Lasst dabei genügend Platz für Anmerkungen am Rand.
  b. Überprüft den Text mithilfe eurer Checkliste von Seite 127.
  c. Überarbeitet ihn anschließend inhaltlich und sprachlich.

Nun könnt ihr eure eigenen Texte überprüfen und überarbeiten.

6 Führt nun eine Schreibkonferenz mit euren eigenen Texten zu Aufgabe 3 auf Seite 127 durch.

eine Schreibkonferenz durchführen

> **Arbeitstechnik**
>
> **Texte in der Schreibkonferenz überarbeiten**
>
> – **Schreibt auf** oder **lest nach, worauf ihr** bei der jeweiligen Schreibaufgabe **achten müsst**.
> – Schreibt eure **Texte gut leserlich** auf ein Blatt.
> – Lasst dabei am Rand ausreichend **Platz für Anmerkungen**.
> – **Gebt** die **Texte reihum** in der Gruppe **weiter**.
> – **Überprüft** jeden Text und **schreibt Anmerkungen** an den Rand.
>   Merkt auch an, was gut gelungen ist.
> – **Überarbeitet** euren eigenen Text mithilfe der Anmerkungen.
> – **Überprüft** gegenseitig eure **Rechtschreibung** und korrigiert sie anschließend.

Planen, schreiben, überarbeiten: Texte schreiben und überarbeiten

Im Bann der Großstadt

Die Stadt als Thema im Gedicht

Städte gibt es seit langer Zeit. In den Gedichten in diesem Kapitel kannst du erkennen, wie Dichter die Stadt und das Leben darin sehen und es jeweils auf ganz besondere Weise ausdrücken.

1 a. Wählt ein Foto aus und beschreibt es: — Fotos beschreiben
 – Welche Wörter und Wendungen fallen euch dazu ein?
 – Welche Gerüche und welche Geräusche verbindet ihr mit dem Foto?
 – Welche Gefühle entstehen beim Betrachten?
 b. Wählt einen Titel für das Foto.

2 Informiert euch, ab wann eine Stadt eine Großstadt ist.

Diese Verse stammen aus den Gedichten der folgenden Seiten.
Sie verdeutlichen, wie unterschiedlich die Großstadt erlebt werden kann.

> The lights are much brighter there

> Da zeigt die Stadt dir asphaltglatt
> im Menschentrichter Millionen Gesichter

> Jetzt ruhn auch schon die letzten Großstadthäuser

> Man sehnt sich fort aus dem Geschrei der Stadt

> Dicht wie die Löcher eines Siebes stehn
> Fenster beieinander

3 Welcher Vers passt am besten zu welchem Foto? — Verse zuordnen
Begründe deine Meinung.

Z 4 Wähle einen Vers aus und schreibe ihn weiter.

In dem Gedicht „Die Stadt" beschreibt Theodor Storm
die Stimmung in seiner Heimatstadt Husum.

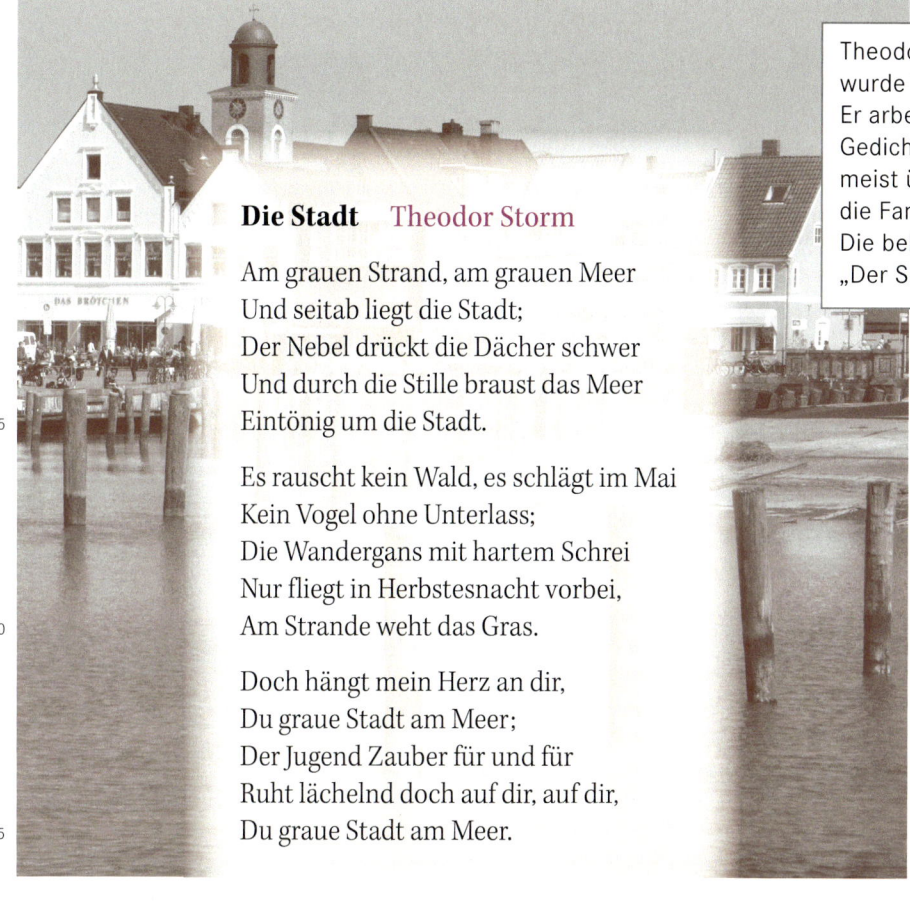

Die Stadt   Theodor Storm

Am grauen Strand, am grauen Meer
Und seitab liegt die Stadt;
Der Nebel drückt die Dächer schwer
Und durch die Stille braust das Meer
Eintönig um die Stadt.

Es rauscht kein Wald, es schlägt im Mai
Kein Vogel ohne Unterlass;
Die Wandergans mit hartem Schrei
Nur fliegt in Herbstesnacht vorbei,
Am Strande weht das Gras.

Doch hängt mein Herz an dir,
Du graue Stadt am Meer;
Der Jugend Zauber für und für
Ruht lächelnd doch auf dir, auf dir,
Du graue Stadt am Meer.

Theodor Storm (1817–1888)
wurde in Husum geboren.
Er arbeitete als Jurist und schrieb
Gedichte, Romane und Novellen,
meist über die Heimat,
die Familie und die Liebe.
Die bekannteste Novelle ist
„Der Schimmelreiter" (1888).

5 a. Lest das Gedicht für euch.
   b. Sprecht darüber, welche Stimmung in dem Gedicht beschrieben wird.

die Stimmung in einem Gedicht untersuchen

6 Untersucht das Gedicht.
   a. Schreibt die Wörter und Wortgruppen heraus, die die Stimmung in den ersten beiden Strophen des Gedichtes ausdrücken.
   b. Untersucht in der dritten Strophe, welche Bedeutung die Stadt für das lyrische Ich hat. Begründet eure Aussage.
   c. Fasst die zwei Sichtweisen auf die Stadt mit eigenen Worten zusammen.

das Gedicht untersuchen

lyrisches Ich
➤ S. 292

7 a. Bereitet einen Gedichtvortrag vor.
      Tipp: Vorträge dieses Gedichtes findet ihr auch im Internet.
   b. Tragt das Gedicht vor.

einen Gedichtvortrag vorbereiten und halten

Z 8 Stelle den Autor in einem Kurzreferat vor.
   a. Recherchiere zu Theodor Storm und zur Zeit, in der er lebte.
   b. Präsentiere deine Informationen in einem Kurzreferat.

ein Kurzreferat vorbereiten und halten
➤ S. 301

Inhalt und Form untersuchen

Mascha Kaléko schrieb Gedichte über das Leben in der Großstadt.

Spät nachts   Mascha Kaléko

Jetzt ruhn auch schon die letzten Großstadthäuser. Im Tanzpalast
ist die Musik verstummt Bis auf den Boy, der einen Schlager summt.
Und hinter Schenkentüren wird es leiser. Es schläft der Lärm
der Autos und Maschinen, Und blasse Kinder träumen still vom Glück.
5 Ein Ehepaar kehrt stumm vom Fest zurück, Die dürren Schatten zittern
auf Gardinen. Ein Omnibus durchrattert tote Straßen. Auf kalter
Parkbank schnarcht ein Vagabund. Durch dunkle Tore irrt
ein fremder Hund Und weint um Menschen, die ihn blind vergaßen.
In schwarzen Fetzen hängt die Nacht zerrissen, Und wer ein Bett hat,
10 ging schon längst zur Ruh. Jetzt fallen selbst dem Mond die Augen
zu ... Nur Kranke stöhnen wach in ihren Kissen. Es ist so still,
als könnte nichts geschehen. Jetzt schweigt des Tages Lied vom Kampf
ums Brot. – Nur irgendwo geht einer in den Tod. Und morgen wird
es in der Zeitung stehen ...

> Mascha Kaléko wurde in Polen geboren.
> In den dreißiger Jahren lebte sie in Berlin und wurde durch ihre Gedichte berühmt.
> 1938 musste sie in die USA emigrieren. Sie starb 1975 in Zürich.

1 Was geschieht nachts in der Großstadt?   *den Inhalt untersuchen*
Beantwortet die Fragen:
– Wer oder was bewegt sich (nicht)?
– Was ist zu hören? Was ist nicht zu hören?
– Was ist zu sehen?

Gedichte können durch ihre Strophenform gegliedert sein.

2 Wie ist das Gedicht „Spät nachts" aufgebaut?   *den Aufbau untersuchen*
   a. Schreibt den Text als Gedicht.
   Tipp: Jede Strophe hat einen inhaltlichen Schwerpunkt.
   b. Vergleicht eure Gedichte in der Klasse.

3 Wie wirkt das Gedicht auf euch?   *über die Wirkung sprechen*
Sprecht darüber.

4 Trage das Gedicht vor.   *das Gedicht vortragen*

W Die Wirkung eines Gedichtes kannst du durch Bilder oder Musik hervorheben. Wähle eine Aufgabe aus.

5 Gestalte das abgeschriebene Gedicht mithilfe eines passenden Fotos   *das Gedicht gestalten*
oder einer Abbildung.

6 Überlege, welche Musik sich zur Verdeutlichung der Stimmung eignet.
Suche ein Musikstück aus und spiele es vor.

Auch Erich Kästner schrieb Gedichte
über das Leben in der Großstadt.
Der Reim und die Betonung der Silben
in diesem Gedicht unterstützen die Wirkung.

> Erich Kästner (1899–1974) ist besonders
> als deutscher Kinderbuchautor
> (z. B. „Emil und die Detektive") bekannt.
> Er schrieb auch Drehbücher, Texte für
> das Kabarett und Gedichte.

Die Wälder schweigen   Erich Kästner

Die Jahreszeiten wandern durch die Wälder.
Man sieht es nicht. Man liest es nur im Blatt.
Die Jahreszeiten strolchen durch die Felder.
Man zählt die Tage. Und man zählt die Gelder.
5   Man sehnt sich fort aus dem Geschrei der Stadt.

Das Dächermeer schlägt ziegelrote Wellen.
Die Luft ist dick und wie aus grauem Tuch.
Man träumt von Äckern und von Pferdeställen.
Man träumt von grünen Teichen und Forellen.
10 Und möchte in die Stille zu Besuch.

Die Seele wird vom Pflastertreten krumm.
Mit Bäumen kann man wie mit Brüdern reden
und tauscht bei ihnen seine Seele um.
Die Wälder schweigen. Doch sie sind nicht stumm.
15 Und wer auch kommen mag, sie trösten jeden.

Man flieht aus den Büros und den Fabriken.
Wohin, ist gleich! Die Erde ist ja rund!
Dort, wo die Gräser wie Bekannte nicken
und wo die Spinnen seidne Strümpfe stricken,
20 wird man gesund.

7 Was bedeutet die Großstadt im Gedicht für den Autor?
Schreibe zwei Verse auf, in denen das deutlich wird.

8 Im Tandem!
Stellt euch Fragen zum Gedicht und beantwortet sie.

den Inhalt untersuchen

> **Starthilfe**
> Warum wird die Seele der Menschen vom
> „Pflastertreten" krumm?

Beim Gedichtvortrag ist es wichtig, zwischen betonten und unbetonten
Silben zu unterscheiden. Wenn betonte und unbetonte Silben
einem bestimmten Schema folgen, hat das Gedicht ein Metrum.

9 Im Tandem!
Untersucht das Metrum des Gedichtes.
  a. Markiert dazu auf einer Folie, welche Silben in dem Gedicht
     betont werden.
  b. Welches Schema habt ihr herausgefunden?
     Vergleicht eure Ergebnisse.

das Metrum untersuchen
Metrum ▸ S. 292

> **Starthilfe**
> x x́ x x́ x   x́ x   x́ x   x́ x
> Die Jahreszeiten wandern durch die Wälder.

10 a. Überlegt, wie das Metrum die Wirkung des Gedichtes unterstützt.
   b. Tragt das Gedicht vor.

das Gedicht vortragen

Gattungen: Im Bann der Großstadt

Sprachliche Bilder und Aufbau

Kurt Tucholsky veranschaulicht die Großstadt in seinem Gedicht mit sprachlichen Bildern und einer besonderen Form.

Augen in der Groß-Stadt   Kurt Tucholsky

> Kurt Tucholsky wurde 1890 in Berlin geboren. Er arbeitete als Journalist, schrieb Lieder und Texte für das Kabarett, in denen er die bestehende Gesellschaft kritisierte und vor dem Nationalsozialismus warnte. 1933 wurde er von den Nationalsozialisten ausgebürgert, seine Bücher wurden verbrannt. 1935 nahm er sich aus Verzweiflung über das politische Geschehen das Leben.

Wenn du zur Arbeit gehst
am frühen Morgen,
wenn du am Bahnhof stehst
mit deinen Sorgen:
5   da zeigt die Stadt
          dir asphaltglatt
          im Menschentrichter
          Millionen Gesichter:
Zwei fremde Augen, ein kurzer Blick,
10 die Braue, Pupillen, die Lider –
Was war das? Vielleicht dein Lebensglück …
Vorbei, verweht, nie wieder.

Du gehst dein Leben lang
auf tausend Straßen
15 du siehst auf deinem Gang,
die dich vergaßen.
          Ein Auge winkt,
          die Seele klingt;
          du hasts gefunden,
20   nur für Sekunden …
Zwei fremde Augen, ein kurzer Blick,
die Braue, Pupillen, die Lider;
Was war das? Kein Mensch dreht
     die Zeit zurück …
25 Vorbei, verweht, nie wieder.

Gemälde von George Grosz 1917

Du mußt auf deinem Gang
durch Städte wandern;
siehst einen Pulsschlag lang
den fremden Andern.
30   Es kann ein Feind sein,
          es kann ein Freund sein,
          es kann im Kampfe dein Genosse sein.
          Es sieht hinüber
          und zieht vorüber …
35 Zwei fremde Augen, ein kurzer Blick,
die Braue, Pupillen, die Lider.
Was war das?
Von der großen Menschheit ein Stück!
Vorbei, verweht, nie wieder. R

1
a. Lest das Gedicht laut vor.
b. Tauscht euch darüber aus, was euch am Inhalt und an der Form des Gedichtes auffällt.

2 Gib den Inhalt des Gedichtes mit eigenen Worten schriftlich wieder.

> **Starthilfe**
> Das Gedicht handelt von ...
> In dem Gedicht geht es um ...
> Im Gedicht wird ... thematisiert

den Inhalt eines Gedichtes wiedergeben
Inhaltsangabe ➤ S. 297

In dem Gedicht werden sprachliche Bilder verwendet, um die Besonderheiten der Großstadt zu veranschaulichen.

Augen in der Groß-Stadt	ein Auge winkt
asphaltglatt	kein Mensch dreht die Zeit zurück
im Menschentrichter	

3 Was bedeuten diese sprachlichen Bilder?
a. Schreibe eine Erklärung auf.
b. Überlege, welche Besonderheiten der Großstadt damit verdeutlicht werden.
c. Entscheide, ob es sich um eine Metapher oder eine Personifikation handelt, und trage die sprachlichen Bilder in eine Tabelle ein.

sprachliche Bilder in einem Gedicht untersuchen
sprachliche Bilder ➤ S. 293

> **Starthilfe**
>
> | Personifikation | Metapher |
> |---|---|
> | ein Auge winkt | asphaltglatt |
> | ... | ... |

4 Suche weitere sprachliche Bilder heraus und ergänze die Tabelle.

Der Aufbau dieses Gedichtes verrät dir einiges über den Inhalt.

5
a. Untersuche den Aufbau des Gedichtes mithilfe der Fragen:
– Welches Reimschema wird verwendet?
– Wie beeinflussen die Zeilenlängen das Lesetempo?
– Welche Zeilen werden in dem Gedicht wiederholt?
b. Beschreibe die Wirkung des Aufbaus.

den Aufbau untersuchen

Das lyrische Ich stellt seine Sichtweise auf die Großstadt dar.

Z 6 Schreibe ein Parallelgedicht. Verändere die Sicht des lyrischen Sprechers und die Aussagen des Gedichtes.

> **Starthilfe**
> Wenn du zur Schule gehst
> an einem schönen Morgen ...

ein Parallelgedicht schreiben

Gattungen: Im Bann der Großstadt

Gefühlsäußerungen in Gedichten

Das Leben in der Großstadt beeinflusst das Leben der Menschen, die dort zu Hause sind. Das wird in diesen beiden Gedichten beschrieben.

Städter   Alfred Wolfenstein

Dicht wie die Löcher eines Siebes stehn
Fenster beieinander, drängend fassen
Häuser sich so dicht an, dass die Straßen
Grau geschwollen wie Gewürgte stehn.

5 Ineinander dicht hineingehakt
Sitzen in den Trams[1] die zwei Fassaden
Leute, ihre nahen Blicke baden
Ineinander, ohne Scheu befragt.

Unsre Wände sind so dünn wie Haut,
10 Dass ein jeder teilnimmt, wenn ich weine.
Unser Flüstern, Denken ... wird Gegröle ...

– Und wie still in dick verschlossner Höhle
Ganz unangerührt und ungeschaut
Steht ein jeder fern und fühlt: alleine.

[1] die Tram: Straßenbahn

> Alfred Wolfenstein (1888–1945), schrieb Gedichte und Theaterstücke und übersetzte Texte. Das Gedicht „Städter" erschien 1914 und zählt bis heute zu den bekanntesten Großstadtgedichten. Nach der Machtergreifung der Nationalsozialisten musste Alfred Wolfenstein ins Ausland fliehen.

1 Im Tandem!
   a. Lest euch das Gedicht gegenseitig vor.
   b. Sprecht darüber, was euch daran auffällt.

2 Welche Stimmung und welche Gefühle werden im Gedicht dargestellt? Begründet eure Aussage mithilfe von Textstellen.

die Stimmung und Gefühle untersuchen

Zur Veranschaulichung der Gefühle werden sprachliche Bilder verwendet.

3 Übertragt alle sprachlichen Bilder in die Tabelle und schreibt die Deutung auf.

sprachliche Bilder untersuchen

Sprachliches Bild	Methapher/Personifikation/Vergleich	Deutung
wie die Löcher eines Siebes (Z. 1) ...	Vergleich	ganz eng gedrängt

Starthilfe

Z 4 Schreibt das Gedicht ab und ersetzt die sprachlichen Bilder durch eigene Bilder.

ein Parallelgedicht schreiben

Trauriger Tag Sarah Kirsch

Ich bin ein Tiger im Regen
Wasser scheitelt mir das Fell
Tropfen tropfen in die Augen

Ich schlurfe langsam, schleudre die Pfoten
5 die Friedrichsstraße entlang
und bin im Regen abgebrannt

Ich hau mich durch Autos bei Rot
geh ins Café um Magenbitter
freß die Kapelle und schaukle fort

10 Ich brülle am Alex den Regen scharf
das Hochhaus wird naß, verliert seinen Gürtel
(ich knurre: man tut was man kann)

Aber es regnet den siebten Tag
Da bin ich bös bis in die Wimpern

15 Ich fauche mir die Straße leer
und setz mich unter ehrliche Möwen

Die sehen alle nach links in die Spree

Und wenn ich gewaltiger Tiger heule
verstehn sie: ich meine es müßte hier
20 noch andere Tiger geben R

> Sarah Kirsch, eine deutsche Lyrikerin, wurde 1935 unter dem Namen Ingrid Bernstein geboren. Sie verwendet ab 1960 den Namen Sarah aus Protest gegen die Judenverfolgung unter den Nationalsozialisten.

5 In welcher Stadt spielt das Gedicht?
Finde Verse, in denen das deutlich wird.

6 Welche Assoziationen verbindest du mit dieser Stadt?
Schreibe sie in Stichworten auf.

7 „Ich bin ein Tiger im Regen", sagt das lyrische Ich.
Warum wird hier von einem Tiger gesprochen?
Schreibe Stichworte zu den Fragen auf:
– Wie fühlt sich das lyrische Ich, während es durch den Regen läuft?
– Mit welchen Worten wird der Tiger beschrieben? Schreibe sie auf.
– Welche Eigenschaften können einem Tiger zugeschrieben werden?
– Warum möchte das lyrische Ich ein Tiger sein?

das lyrische Ich untersuchen

lyrischer Sprecher
lyrisches Ich ▶ S. 292

Z 8 Schreibe ein Parallelgedicht, in dem die Stimmung fröhlich ist.
Tipp: Welches Tier könntest du wählen, damit der Regenspaziergang fröhlich wirkt?

ein Parallelgedicht schreiben

Gattungen: Im Bann der Großstadt

Z **Weiterführendes: Großstadtgedichte vortragen**

In den beiden Gedichten von Eugen Gomringer (1925 geboren) und Langston Hughes (1902–1967) wird die Großstadt mit wenigen Worten dargestellt.

cars and cars   Eugen Gomringer

cars and cars
cars and elevators
cars and men
elevators and men
5 men and cars and elevators
men and men

trains and trains
trains and men and elevators
trains and elevators
10 men and trains
men and men

cars and trains
cars and men and trains
men and men

15 men and men

Subway Rush Hour   Langston Hughes

Mingled
Breath and smell
So close
Mingled
Black and white
So near
No room for fear.

1 Im Tandem!   *ein Gedicht übersetzen*
   a. Lest die Gedichte.
   b. Wählt ein Gedicht aus und übersetzt es mithilfe eines Wörterbuches.
   c. Schreibt das Gedicht auf.

2 Schreibe ein Parallelgedicht.   *ein Parallelgedicht schreiben*

Die beiden Dichter haben bewusst die knappe Form gewählt.

3 Überlegt, warum die beiden Dichter diese Form gewählt haben.   *die Gedichtform begründen*

4 Bereitet einen Gedichtvortrag vor.   *einen Gedichtvortrag vorbereiten und ausführen*
   a. Schreibt ein Gedicht ab und markiert, welche Silben ihr betonen wollt.
   b. Tragt das Gedicht vor.
   Tipp: Ihr könnt auch passende Musik, Gesten oder Fotos zur Verdeutlichung verwenden.

Das folgende Gedicht von Orhan Veli (1914–1950) erzählt von einer besonderen Großstadt.

5 Worum könnte es in diesem Gedicht gehen?
  a. Lies den Titel und schreibe in Stichworten auf, wovon dieses Gedicht handeln könnte.
  b. Vergleiche deine Ergebnisse in der Klasse.

über den Titel eines Gedichtes nachdenken

Ich höre Istanbul   Orhan Veli

Ich höre Istanbul, meine Augen geschlossen.
    Zuerst weht ein leichter Wind,
Leicht bewegen sich die Blätter in den Bäumen.
    In der Ferne, weit in der Ferne.
5 Pausenlos die Glocke des Wasserverkäufers.
Ich höre Istanbul, meine Augen geschlossen.

Ich höre Istanbul, meine Augen geschlossen.
    In der Höhe die Schreie der Vögel,
    die in Scharen fliegen.
10 Die großen Fischernetze werden eingezogen,
die Füße einer Frau berühren das Wasser.
Ich höre Istanbul, meine Augen geschlossen.

Ich höre Istanbul, meine Augen geschlossen.
    Der kühle Basar,
15 Mahmutpascha[1] mit dem Geschrei der Verkäufer,
    die Höfe voll Tauben.
    Das Gehämmer von den Docks her;
Im Frühlingswind der Geruch von Schweiß.
Ich höre Istanbul, meine Augen geschlossen.

20 Ich höre Istanbul, meine Augen geschlossen.
    Im Kopf den Rausch vergangener Feste.
Eine Strandvilla mit halbdunklen Bootshäusern,
    das Sausen der Südwinde legt sich.
Ich höre Istanbul, meine Augen geschlossen.

[1] Mahmutpascha: Geschäfts- und Basarviertel in Istanbul

Der Vers „Ich höre Istanbul", auf Türkisch „Istanbul'u dinliyorum", wird mehrmals wiederholt.

6 Sprecht über die Wirkung dieser Wiederholungen.

7 Bereite einen Gedichtvortrag vor und trage das Gedicht vor.

ein Gedicht vortragen
➤ S. 302

Z Weiterführendes: Das Motiv der Großstadt in Songs

Viele Songs und Lieder setzen sich mit dem Motiv der Großstadt auseinander.

Stadt Cassandra Steen/Adel Tawil

Es ist so viel, so viel zu viel
Überall Reklame
Zu viel Brot und zu viel Spiel
Das Glück hat keinen Namen
5 Alle Straßen sind befahr'n
In den Herzen kalte Bilder
Keiner kann Gedanken lesen
Das Klima wird milder

    Ich bau 'ne Stadt für dich
10   Aus Glas und Gold wird Stein
    Und jede Straße die hinausführt
    Führt auch wieder rein
    Ich bau eine Stadt für dich
    Und für mich

15 Keiner weiß mehr wie er aussieht
Oder wie er heißt
Alle sind hier auf der Flucht
Die Tränen sind aus Eis

Es muss doch auch anders geh'n
20 So geht das nicht weiter
Wo find ich Halt, wo find ich Schutz?
Der Himmel ist aus Blei hier

Ich geb keine Antwort mehr
Auf die falschen Fragen
25 Die Zeit ist rasend schnell verspielt
Und das Glück muss man jagen

    Ich bau 'ne Stadt für dich […]

1 Lies den Songtext und schreibe in Stichworten auf, welche Mängel darin besungen werden.

den Inhalt eines Songs untersuchen

In dem Songtext sind sprachliche Bilder versteckt.

2 Untersuche einzelne Verse des Songs und beantworte folgende Fragen dazu:
- Worauf bezieht sich die erste Zeile „es ist so viel, so viel zu viel"?
- Wie könnten die „kalten Bilder" (Zeile 6) aussehen, die die Menschen in den Herzen tragen?
- Warum wissen die Leute nicht mehr, wie sie aussehen (Zeile 15)?
- Wofür steht der Himmel „aus Blei" (Zeile 22)?
- Welche Fragen sind „falsch" (Zeile 24)? Schreibe Beispiele auf.

einzelne Verse deuten

Mit dem Song „Downtown" errang Petula Clark 1964 ihren ersten weltweiten Erfolg. Er wurde mit dem Grammy für die beste Rock-'n'-Roll-Single ausgezeichnet und bis heute gehört dieser Song zu den bekanntesten Liedern über die Stimmung in einer Großstadt.

3 Untersucht den Titel des Songs. Was bedeutet „Downtown"? *den Titel untersuchen*

Downtown   Tony Hatch/Petula Clark

When you're alone
And life is making you lonely,
You can always go downtown
When you've got worries,
5 All the noise and the hurry
Seems to help, I know, downtown

Just listen to the music of the traffic in the city
Linger on the sidewalk where the neon signs are pretty
How can you lose?
10 The lights are much brighter there
You can forget all your troubles, forget all your cares and go
Downtown, things'll be great when you're
Downtown, no finer place for sure
Downtown, everything's waiting for you [...]

4 Gruppenarbeit!
Übersetzt den Anfang des Songs mithilfe eines Wörterbuches. *den Text übersetzen*

5 Welche Stimmung wird in dieser Strophe beschrieben? *die Stimmung beschreiben*
Unterstreicht in eurer Übersetzung die Wörter und Wortgruppen, die die Stimmung einer Stadt beschreiben.

Z 6 Sucht nach anderen Liedern oder Songs, die das Motiv Großstadt verarbeiten.

W Wähle aus den beiden Aufgaben eine aus.

7 Wie sieht deine Traumstadt aus? *eine Traumstadt entwerfen*
  a. Sammle deine Ideen in einem Cluster.
  b. Schreibe einen Werbetext für deine Traumstadt.
     Verwende darin sprachliche Bilder.

8 Gestalte eine Collage aus Fotos, Zeichnungen und passenden Zeilen aus Zeitungen oder Zeitschriften von deiner Traumstadt.

Kurzgeschichten

Die Merkmale einer Kurzgeschichte erschließen

Kurzgeschichten sind kurze Geschichten, die meist von alltäglichen Ereignissen handeln.
Nach dem Lesen kannst du eigene Gedanken und Texte zur Kurzgeschichte formulieren.

1 Lies die Kurzgeschichte mithilfe des Textknackers.

Textknacker ➤ S. 206–215

Generalvertreter Ellebracht begeht Fahrerflucht   Josef Reding

Ich habe nicht auf die neue Breite geachtet, dachte Ellebracht.
Nur deswegen ist es so gekommen.
Der hemdsärmelige Mann hob die rechte Hand vom Lenkrad ab und
wischte sich hastig über die Brust. Als er die Hand zurücklegte, spürte er,
5 dass sie noch immer schweißig war, so schweißig wie sein Gesicht und
sein Körper. Schweißig vor Angst.
Nur wegen der Breite ist alles gekommen, dachte der Mann wieder.
Er dachte es hastig. Er dachte es so, wie man stammelt. Die Breite des Wagens,
diese neue, unbekannte Breite. Ich hätte das bedenken sollen.
10 Jäh drückte der Fuß Ellebrachts auf die Bremse. Der Wagen kreischte
und stand. Eine Handbreit vor dem **Rotlicht**, das vor dem Eisenbahnübergang
warnte.
Fehlte grade noch!, dachte Ellebracht. Fehlte grade noch, dass ich nun wegen
einer so geringen Sache wie Überfahren eines Stopplichtes von der Polizei
15 bemerkt werde. Das wäre entsetzlich. Nach der Sache von vorhin …
Mit hohlem Heulen raste ein D-Zug vorbei. Ein paar zerrissene Lichtreflexe,
ein Stuckern, ein verwehter Pfiff. Die Ampel klickte auf **Grün** um. Ellebracht
ließ seinen Wagen nach vorn schießen. Als er aufgeregt den Schalthebel in den
dritten Gang hineinstieß, hatte er die Kupplung zu nachlässig betätigt.
20 Im Getriebe knirschte es hässlich.

Bei dem Geräusch bekam Ellebracht einen üblen Geschmack auf der Zunge. Hört sich an wie vorhin, dachte er. Hört sich an wie vorhin, als ich die Breite des Wagens nicht richtig eingeschätzt hatte. Dadurch ist es passiert. Aber das wäre jedem so gegangen. Bis gestern hatte ich den Volkswagen gefahren.
Immer nur den Volkswagen, sechs Jahre lang. Und heute Morgen zum ersten Mal diesen breiten Straßenkreuzer. Mit dem VW wäre ich an dem Radfahrer glatt vorbeigekommen. Aber so ... Fahr langsamer, kommandierte Ellebracht sich selbst. Schließlich passiert ein neues Unglück in den nächsten Minuten. Jetzt, wo du bald bei Karin bist und den Kindern.
Karin und die Kinder. Ellebrachts Schläfen pochten. Er versuchte sich zu beruhigen: Du musstest weg von der Unfallstelle, gerade wegen Karin und der Kinder. Denn was wird, wenn du vor Gericht und ins Gefängnis musst? Die vier Glas Bier, die du während der Konferenz getrunken hast, hätten bei der Blutprobe für deine Schuld gezeugt und dann? Der Aufstieg deines Geschäfts wäre abgeknickt worden. Nicht etwa darum, weil man etwas Ehrenrühriges in deinem Unfall gesehen hätte. Wie hatte doch der Geschäftsführer von Walterscheidt & Co. gesagt, als er die alte Frau auf dem Zebrastreifen verletzt hatte? Kavaliersdelikt![1] Nein, nicht vor der Schädigung meines Rufes fürchte ich mich.
Aber die vier oder sechs Wochen, die ich vielleicht im Gefängnis sitzen muss, die verderben mir das Konzept! Während der Zeit schickt die Konkurrenz ganze Vertreterkolonnen in meinen Bezirk und würgt mich ab. Und was dann? Wie wird es dann mit diesem Wagen? Und mit dem neuen Haus? Und was sagt Ursula, die wir aufs Pensionat[2] in die Schweiz schicken wollten?
„Du hast richtig gehandelt!", sagte Ellebracht jetzt laut, und er verstärkte den Druck auf das Gaspedal. „Du hast so gehandelt, wie man es als Familienvater von dir erwartet."
Verdammte **Rotlichter**!, dachte Ellebracht weiter und brachte den Wagen zum Stehen. Ich will nach Hause. Ich kann erst ruhig durchatmen, wenn der Wagen in der Garage steht und ich bei der Familie bin. Und wann ist der Mann mit dem Fahrrad bei seiner Familie? Der Mann, der mit ausgebreiteten Armen wie ein Kreuz am Straßenrand gelegen hat? Der Mann, der nur ein wenig den Kopf herumdrehte – du hast es im Rückspiegel deutlich gesehen –, als du den bereits abgestoppten Wagen wieder anfahren ließest, weil dir die wahnsinnige Angst vor den Folgen dieses Unfalls im Nacken saß? Du, wann ist dieser Mann bei seiner Familie?
Jetzt werd bloß nicht sentimental!, dachte Ellebracht. Jetzt werd bloß nicht dramatisch! Bist doch ein nüchterner Geschäftsmann! Ellebracht sah stur nach vorn und erschrak. Da war ein Kreuz. Ein Kreuz an seinem Wagen. So ein Kreuz, wie es der Mann vorhin gewesen war.
Ellebracht versuchte zu grinsen. Kriege dich bloß wieder ein, dachte er. Du siehst doch, was es ist. Das war mal das Firmenzeichen auf der Kühlerhaube. Es ist von dem Zusammenprall mit dem Fahrrad angeknickt worden und hat sich zu einem Kreuz verbogen.

[1] das Kavaliersdelikt: eine strafbare Tat, die als nicht so schlimm betrachtet wird
[2] das Pensionat: Internat

Gattungen: **Kurzgeschichten**

65 Ellebracht konnte nicht anders. Er musste immerfort auf dieses Kreuz starren.
Ich steige aus, dachte er. Ich steige aus und biege das Ding wieder zurecht.
Schon tastete seine Hand zum Türgriff, als er zusammenzuckte.
Am Kreuz schillerte es, verstärkt durch das Licht der Signalampel.
„Ich muss nach Hause!", stöhnte Ellebracht und schwitzte noch mehr.
70 „Wann kommt denn endlich Grün?"
Die feuchten Finger zuckten zum Hemdkragen, versuchten, den Knopf
hinter der Krawatte zu lösen. Aber der Perlmutterknopf entglitt einige Male
dem Zugriff.
Grün!
75 Der Schwitzende riss einfach den Hemdkragen auf und fuhr an.
Das Kreuz macht mich verrückt, dachte er. Ich kann das nicht mehr sehen!
Und wie der Mann dalag. Ob man ihn jetzt schon gefunden hat? Ob er schon
so kalt und starr ist wie das Kreuz vor mir?
Ellebracht stoppte. Diesmal war kein Rotlicht da. Nichts. Nur das Kreuz.
80 Nur das Kreuz, das einen riesigen Schatten warf in den Wagen hinein.
Nur das Kreuz, das vor dem Hintergrund des Scheinwerferlichtes stand.
„Ich kann so nicht nach Hause!", flüsterte der Schwitzende. „Ich kann so nicht
zu Karin und den Kindern zurück. Ich kann so zu niemandem zurück!"
Ein anderer Wagen überholte Ellebracht. Eine grelle Hupe schmerzte.
85 Ich kann das Kreuz nicht zurechtbiegen und dabei in das Blut greifen.
Ich bringe das nicht fertig. Ich kann nicht eher zu irgendeinem zurück,
bis ich bei dem Mann gewesen bin.
Ellebracht spürte, wie seine Hände trocken wurden und sich fest um
das Lenkrad legten. Ohne Mühe wendete der Mann den schweren Wagen
90 und jagte die Straße zurück.
Wieder die Signale, die Bahnübergänge, jetzt die Abbiegung, die Waldstraße.
Ein paar Steine schepperten gegen die Kotflügel. Ellebracht verlangsamte
die Fahrt und seine Augen durchdrangen mit den Scheinwerfern das Dunkel.
Da war der Haufen von verbogenem Blech und Stahl.
95 Und da lag das menschliche Kreuz.
Als Ellebracht schon den Fuß auf der Erde hatte, sprang ihn
wieder die Angst an. Aber dann schlug er die Tür hinter sich zu
und lief. Jetzt kniete Ellebracht neben dem Verletzten
und drehte ihn behutsam in das Scheinwerferlicht des Wagens.
100 Der blutende Mann schlug die Augen auf und griff zuerst
wie abwehrend in das Gesicht Ellebrachts. Dann sagte der Verletzte:
„Sie haben – angehalten. Dank – ke!"
„Ich habe nicht – ich – bin nur zurückgekommen", sagte Ellebracht.

2 Worum geht es in der Kurzgeschichte?
Tauscht euch über den Inhalt aus.

3 Fasse zusammen, was du in den Zeilen 1–29 über Ellebracht und
die Situation erfährst, in der er sich befindet.

Merkmal:
unvermittelter Anfang

Merkmal:
alltägliches Geschehen

Welche Bedeutung das Geschehen für Ellebracht hat, erfährst du durch seine Wahrnehmung.

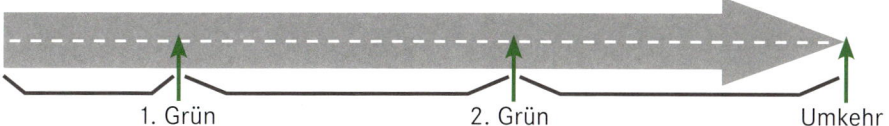

1. Grün   2. Grün   Umkehr

4 Was geht in Ellebracht vor?
  a. Zeichne einen Zeitstrahl für den Zeitabschnitt, bevor sich Ellebracht zur Umkehr entschließt.
  b. Schreibe für jede Zeitspanne wörtlich auf, was Ellebracht denkt, fühlt und wahrnimmt.
  c. Wie viel Zeit könnte vergangen sein, bevor Ellebracht sich zur Umkehr entschließt?
     Schreibe deine Vermutungen auf.

> **Info**
> **Innerer Monolog**: Gedanken, Gefühle und Wahrnehmungen der handelnden Figur in der Ich-Form

> **Merkmal:** kurzer Ausschnitt aus einem alltäglichen Geschehen

Lichter spielen eine entscheidende Rolle in der Kurzgeschichte.

5 a. Vergleiche Ellebrachts Gedanken und Gefühle nach dem ersten und zweiten grünen Licht. Verwende deine Notizen zu Aufgabe 4b.
  b. Fasse zusammen, was Ellebracht zur Umkehr bewegt.

> **Merkmal:** entscheidender Moment, Wendepunkt

Obwohl sich Ellebracht entscheidet, bleiben viele Fragen offen.

6 Was erfährst du nicht? Schreibe Fragen dazu auf.

> **Merkmal:** offenes Ende

Du hast nun wichtige Merkmale einer Kurzgeschichte kennen gelernt.

> **Merkwissen**
> Eine **Kurzgeschichte** ist eine knappe, moderne Erzählung. Kurzgeschichten handeln meist von einem **kurzen Ausschnitt** aus einem **alltäglichen Geschehen**, das zu einem **entscheidenden Moment** im Leben einer oder mehrerer Figuren wird. Weitere Kennzeichen sind ein **unvermittelter Anfang** und ein **offenes Ende**, das viele Deutungsmöglichkeiten zulässt.

Z 7 Erkläre, warum „Generalvertreter Ellebracht begeht Fahrerflucht" eine Kurzgeschichte ist. Verwende deine Ergebnisse zu den Aufgaben 3 bis 6.

W Wähle eine der folgenden Aufgaben.

8 Tauscht euch darüber aus, was ihr an Ellebrachts Stelle getan hättet.

9 Was könnte in dem Radfahrer nach dem Unfall vorgehen?
Schreibe einen inneren Monolog aus seiner Sicht.

innerer Monolog ▶ S. 293

Gattungen: Kurzgeschichten

Eine Figur charakterisieren

Mithilfe des Textknackers erschließt du die folgende Kurzgeschichte Schritt für Schritt. Du kannst zum Schluss eine Charakteristik der Hauptfigur schreiben.

Textknacker ➤ S. 206–215

Lesen beginnt vor dem Lesen.

1 Lies zunächst die Überschrift.
Worum könnte es in der folgenden Kurzgeschichte gehen?
Schreibe deine Vermutungen auf und begründe sie.

> Textknacker
> Schritt 1:
> **Vor dem Lesen**

Du liest den Text einmal durch.

2 Lies die Kurzgeschichte. Schreibe in Stichworten auf, was dir auffällt.

> Textknacker
> Schritt 2:
> **Das erste Lesen**

San Salvador   Peter Bichsel

Er hatte sich eine Füllfeder gekauft.
Nachdem er mehrmals seine Unterschrift, dann seine Initialen, seine Adresse, einige Wellenlinien, dann die Adresse seiner Eltern auf ein Blatt gezeichnet hatte, nahm er einen neuen Bogen, faltete ihn sorgfältig und schrieb:
5 „Mir ist es hier zu kalt", dann, „ich gehe nach Südamerika", dann hielt er inne, schraubte die Kappe auf die Feder, betrachtete den Bogen und sah,
wie die Tinte eintrocknete und dunkel wurde (in der Papeterie garantierte man, dass sie schwarz werde), dann nahm er seine Feder erneut zur Hand und setzte noch großzügig seinen Namen Paul darunter.
10 Dann saß er da.
Später räumte er die Zeitungen vom Tisch, überflog dabei die Kinoinserate, dachte an irgendetwas, schob den Aschenbecher beiseite, zerriss den Zettel mit den Wellenlinien, entleerte seine Feder und füllte sie wieder.
Für die Kinovorstellung war es jetzt zu spät.
15 Die Probe des Kirchenchores dauerte bis neun Uhr, um halb zehn
würde Hildegard zurück sein. Er wartete auf Hildegard. Zu all dem Musik
aus dem Radio. Jetzt drehte er das Radio ab.
Auf dem Tisch, mitten auf dem Tisch, lag nun der gefaltete Bogen, darauf stand in blauschwarzer Schrift sein Name Paul.
20 „Mir ist es hier zu kalt", stand auch darauf.
Nun würde also Hildegard heimkommen, um halb zehn. Es war jetzt neun Uhr.
Sie läse seine Mitteilung, erschräke dabei, glaubte wohl das mit Südamerika nicht, würde dennoch die Hemden im Kasten zählen, etwas müsste ja geschehen sein.
25 Sie würde in den „Löwen" telefonieren.
Der „Löwe" ist mittwochs geschlossen.

Was hat er vor?

Von Südamerika weiß ich, dass …

Jetzt stellt er sich vor, was passieren würde, wenn …

Gattungen: Kurzgeschichten

Sie würde lächeln und verzweifeln und sich damit abfinden, vielleicht.
Sie würde sich mehrmals die Haare aus dem Gesicht streichen,
mit dem Ringfinger der linken Hand beidseitig der Schläfe entlangfahren,
30 dann langsam den Mantel aufknöpfen.
Dann saß er da, überlegte, wem er einen Brief
schreiben könnte, las die Gebrauchsanweisung
für den Füller noch einmal – leicht nach rechts drehen –
las auch den französischen Text,
35 verglich den englischen mit dem deutschen,
sah wieder seinen Zettel, dachte an Palmen,
dachte an Hildegard.
Saß da.
Und um halb zehn kam Hildegard und fragte:
40 „Schlafen die Kinder?"
Sie strich sich die Haare aus dem Gesicht.

3 Worum geht es in dieser Kurzgeschichte im Allgemeinen?
    a. Schreibt die Sätze auf.
    b. Welcher Satz drückt das am treffendsten aus?
        Einigt euch.

Worum geht es in der Kurzgeschichte im Einzelnen?

4 Wer ist die Hauptfigur und in welcher Situation befindet sie sich?
    Schreibe Stichworte dazu auf.

5 Welchen Wunsch hat die Hauptfigur?
    Schreibe auf, was sich die Hauptfigur wünscht und welchen Grund
    sie für den Wunsch nennt.

6 Was hindert die Hauptfigur daran, sich ihren Wunsch zu erfüllen?
    a. Schreibt zunächst Vermutungen dazu auf.

> **Starthilfe**
> Paul kann nicht einfach nach Südamerika, weil …

    b. Tauscht euch in der Klasse über eure Vermutungen aus.

Was Paul hindert, sich seinen Wunsch zu erfüllen, erfährst du, wenn du weitere Informationen einbeziehst.

7 Was geschähe in Pauls Vorstellung, wenn Hildegard
    seine Mitteilung fände?
    a. Lies den entsprechenden Absatz noch einmal.
    b. Die meisten Verbformen stehen im Konjunktiv II. Schreibe auf,
        was das für Pauls Wunschvorstellung bedeuten könnte.

> **Textknacker**
> Schritt 3:
> **Beim genauen Lesen**

> **Handlungsbausteine:**
> Hauptfigur/Situation
> Wunsch
> Hindernis
> Reaktion
> Ende

> **Info**
> Um auszudrücken,
> dass eine Handlung
> nicht real oder
> unmöglich ist, wird
> der **Konjunktiv II**
> gebraucht.

Gattungen: **Kurzgeschichten**

Wie Paul in der beschriebenen Situation handelt,
wird sehr ausführlich beschrieben.

8 Lies die Zeilen 2–9 und 31–37 noch einmal.
Schreibe der Reihe nach auf, was Paul tut, während er ans Weggehen und an Hildegard denkt.

Textstellen untersuchen

Starthilfe
– schreibt seine Unterschrift mehrmals
– ...

Z 9 Untersuche die Textstellen der Zeilen 2–9 und 31–37 genauer.
a. Beschreibe den Satzbau.
b. Erkläre, wie die Handlungen in diesen Textstellen wirken.
c. Stelle Vermutungen dazu an, warum Paul all diese Dinge tut.

Das Ende der Geschichte ist sehr knapp gefasst.

10 a. Lest die Textstelle, in der das Ende der Kurzgeschichte erzählt wird.
b. Tauscht euch darüber aus, warum das Ende so kurz ist.

das Ende der Kurzgeschichte deuten

Die Kurzgeschichte trägt den Titel „San Salvador".
Beide Fotos zeigen Orte, die San Salvador benannt sind.

11 Was weißt du über San Salvador?
a. Sieh dir die Fotos an und lies die Informationen in der Randspalte.
b. Sieh auch im Atlas nach.

Info

San Salvador
1. Hauptstadt des mittelamerikanischen Staates El Salvador mit mehr als zwei Millionen Einwohnern
2. Kleine Insel der Bahamas (Mittelamerika) mit mehr als 1000 Einwohnern und langen Sandstränden

12 Welches San Salvador stimmt mit Pauls Wunsch überein?
Begründe deine Antwort mithilfe der passenden Textstelle.

San Salvador heißt ins Deutsche übersetzt „heiliger Retter".

Z 13 Wovor könnte sich Paul retten wollen?
Erkläre, wie die Überschrift zur Kurzgeschichte passt.

Gattungen: Kurzgeschichten

Beim Lesen hast du schon einiges über die Figur Paul, seine Handlungsweisen und seine Beweggründe erfahren.

> **Textknacker Schritt 4:**
> **Nach dem Lesen**

14 Welche allgemeinen Angaben über Paul kannst du der Kurzgeschichte entnehmen? Schreibe Stichworte dazu auf.

> **Starthilfe**
> Name: …
> Lebensumstände: …

15 Schreibe auf, was du über Pauls Gedanken und Gefühle erfährst.

16 Welche Verhaltensweisen kennzeichnen Paul?
  a. Schreibe Verhaltensweisen auf, die auf Paul zutreffen. Begründe deine Wahl mithilfe passender Textstellen aus der Kurzgeschichte.
  b. Ergänze weitere Verhaltensweisen, die für Paul typisch sind.

> – handelt unentschlossen
> – lässt sich nicht ablenken
> – handelt spontan
> – ist nachdenklich
> – ist gesellig
> – …

17 Beschreibe Pauls Verhältnis zu seinen Mitmenschen.
  a. Schreibe mit Zeilenangabe auf, welche weiteren Personen in Pauls Leben eine Rolle spielen.
  b. Schreibe auf, was du über Pauls Beziehung zu den einzelnen Personen erfährst.

> **Starthilfe**
> – Pauls Kinder: …
> – …

18 Warum will Paul fort? Warum bleibt er trotz seines Wunsches da? Erkläre Pauls Verhalten und seine Beweggründe mithilfe deiner Ergebnisse zu den Aufgaben 14 bis 17.

Nun kannst du die Figur Paul charakterisieren.

19 Schreibe mithilfe der Arbeitstechnik eine Charakteristik der Figur Paul. Verwende dazu deine Ergebnisse der Aufgaben auf den Seiten 147–149.

eine Figur charakterisieren
eine Charakteristik schreiben
▶ S. 36–38

> **Starthilfe**
> Paul ist die Hauptfigur der Kurzgeschichte „San Salvador" von Peter Bichsel. Paul lebt mit …

Arbeitstechnik

Eine literarische Figur charakterisieren

In einer Figurencharakteristik beschreibst du **Merkmale** und **Eigenheiten** einer literarischen Figur. Diese können im Text **direkt** oder **indirekt** dargestellt werden (z. B. durch die Art, wie die Figur spricht, denkt, fühlt oder handelt).
- Nenne den **Titel** des Textes und **allgemeine Angaben** zur Figur.
- Beschreibe die **äußeren Merkmale**, z. B. Lebensumstände, Erscheinungsbild, Familienverhältnisse …)
- Beschreibe, was du über die **Gefühle**, **Gedanken**, **Verhaltensweisen**, **Wünsche** der Figur und über ihr **Verhältnis zu anderen Figuren** erfährst.
- **Beurteile** abschließend die Figur und ihr Verhalten aus deiner Sicht.
- Charakterisiere die Figur in der Zeitform **Präsens**.

Gattungen: Kurzgeschichten

Z Weiterführendes: Zu einer Kurzgeschichte schreiben

Kurzgeschichten regen durch ihr offenes Ende zum Nachdenken an. Was am Ende dieser Kurzgeschichte geschieht, hängt davon ab, wie du sie verstehst.
Am Ende kannst du sie nach deinem Verständnis weiterschreiben.

Textknacker ➤ S. 206–215

1 Lies die Kurzgeschichte mithilfe des Textknackers.

2 Worum könnte es in der Kurzgeschichte gehen?
   a. Sieh dir die Bilder und die Überschrift an.
   b. Schreibe einen Cluster mit deinen Ideen dazu.

Glorias Witz   Gabriele Wohmann

Die Witzrubrik in der Sonntagszeitung hob er sich immer bis zum Schluss auf. Die Mittagspause ging ihrem Ende zu, was bedauerlich war; aber nicht mehr lang, und Gloria riefe ihn zum Tee ins entschieden kühlere Wohnzimmer, wo der große Ventilator seine leise summenden Runden drehte und die Jalousien
5 die Sonne aussperrten. Er lag auf seinem Sommerliegebett, und obwohl die Robinie[1] Schatten über dem Balkon spendete und trotz der roten Markise[2] waren die Polster heiß, er schwitzte ein bisschen. So, jetzt gleich: die Spalte mit den Witzen. Einen davon hatte Gloria sogar mit einem kleinen Kreuz markiert. Meistens las sie ihm die Witze vor – sie las gern vor, er hörte gern zu –, aber
10 heute hatte sie sich gleich nach dem schnell runtergekippten Espresso verzogen. Er vermutete sie im angrenzenden Schlafzimmer, in Rufweite – offene Türen überall –, wo sie ihre Andacht vorm aufgeklappten Altar abhielte, ihrem Kleiderschrank. Sie waren am Abend bei den Silbermanns zu einer Gartenparty eingeladen. Die Silbermanns waren nicht so wichtig,
15 aber das Ehepaar Morawetz käme auch, und Gloria würde überlegen: Worin hat Anja mich noch nicht gesehen, und Anja würde auf dem Heimweg mit Fred Morawetz über Glorias Aufmachung reden.
Oh wirklich, doch, dieser Witz hat was, er lachte in sich hinein. Er ist nicht nur ein Witz, er hat so was wie Tiefgang. Andererseits kam er ihm auch

[1] die Robinie: ein Laubbaum   [2] die Markise: Sonnenschutzdach aus Stoff

bekannt vor, und vielleicht hatte Gloria ihn deshalb für ihn angekreuzt.
Im Sommer ärgerten sie sich oft über Witzwiederholungen. Wahrscheinlich
setzten sie einen Volontär[3] auf die Rubrik an.
Wir kennen den schon, aber der Witz hat was, rief er ins Schlafzimmer,
in ruhiger ehelicher Gewissheit, dass Gloria wüsste, was er meinte.
Alles ausgelesen. Er döste noch ein bisschen vor sich hin. Der Witz handelte
von einem Mann, der seiner Frau zuruft: Hast du schon die heutige Klatschspalte
gesehen? Steht drin, du hättest mich verlassen. Und der berühmte Schauspieler
lacht ganz gemütlich vor sich hin, dann ruft er noch mal nach seiner Frau und
ob sie es gelesen hätte, und sie antwortet nicht, der berühmte Schauspieler
ruft und ruft ihren Namen – nichts. Der Witz endet mit drei Pünktchen.
Im Nichts.
Der Witz ist mehr als ein Witz, er ist ein kleines Kunstwerk, dachte er,
und dann machte sein Bewusstsein die drei Pünktchen vom Witzende,
er trudelte aus dem Dösen in den Halbschlaf. Doch ehe der sich zum Tiefschlaf
vervollständigen konnte, zerrte Arthurs garstige zeternde Stimme ihn
aus dieser Sauce der Benommenheit:
Tschautschatz, tschautschatz! Und immer wieder: Tschautschatz!
Das war der Beo, den Gloria mit Engelsgeduld das Sprechen
gelehrt hatte, und es sollte Ciao, Schatz heißen. Er hatte sich
nie besonders für ihre Unterrichtsmethode interessiert.
Versuchs mit was Leichterem, hatte er ihr geraten.
Lehr ihn Lora, das können sie alle, Papageien zum Beispiel
rufen immer Lora. Lora war außerdem Arthurs Frauchen,
und die antwortete jetzt wie jedes Mal nach Arthurs

Tschautschatz-Gezerr mit dem, was sie konnte:
Siiesein, siiesein, siiesein! Was so viel hieß wie sieh es ein.
Das Beo-Ehepaar kam über diesen sonderbaren Dialog nicht hinaus,
denn Gloria hatte behauptet: Arthur könne nur au und a, das sei so
bei den Männchen. Und die Weibchen solle man auf i und ei drillen.
Ihm wäre es lieber gewesen, die Beos hätten weiter als angenehme
sprachlose Hausgenossen mit ihnen gelebt.
Ihr verdammten Viecher, ihr habt mich geweckt, sagte er
mehr zur Robinie und zu der Markise als zu den Vögeln, die ihn doch nicht
hören würden. Sie lebten in der Veranda unter dem Balkon, eine Etage tiefer.
Tschautschatz! Siiesein!
Ruhe, rief er jetzt. Ja verdammt, ciao und ich sehs ein! Mit normaler Stimme,
nur leicht erhoben, für sie da drin vor ihrem schweren Prüfungsgegenstand –
was hatte ich bei den Billions an und was bei uns selber vor einem Monat,
und womit hab ich bei Anne und Dirk Beck brilliert, und worin war ich weniger
vorteilhaft neulich bei den Dingsdabumsdas –, damit sie ihn in ihrer existentiell
relevanten[4] Versenkung hören, ja wiedererkennen, überhaupt sich seiner
erinnern könnte, rief er: Gloria! Erstens: Ich hab rausgefunden, dass in dem Witz

[3] der Volontär: gering bezahlter Berufsanfänger   [4] existentiell relevant: lebenswichtig

vom berühmten Schauspieler, du weißt schon, der die Klatschspalte liest,
du weißt schon, und er lacht über diese Idioten von Klatschspaltenschreibern,
65 und dass dieser Witz, na ja, es steckt mehr drin, es ist eine Geschichte,
ein kleines Kunstwerk, verstehst du?
Tschautschatz, höhnte unten Arthur, und seine Frau Lora klang keine Spur
netter: Siiesein!
Ja verdammt, und zweitens: Gib den Vögeln was zu futtern. Zieh einfach
70 das Hellgelbe an, es steht dir immer, es macht immer was her …
Ein Hellgelbes würde sie sicher auch haben. Sie hatte jede Farbschattierung.
Siiiesein, siiiiieeessein!, krisch Lora. Arthur war anscheinend für seinen Part
zu faul geworden.
Und dann, rief er ins Schlafzimmer, fragt der berühmte Schauspieler seine Frau,
75 ob die es auch gelesen hat, dass sie ihm davongelaufen ist … na, du weißts ja
selber, und was ich so gut dran finde, ist der offene Schluss. Einfach
drei Pünktchen, man hört richtig, wie seine Worte verhallen,
in einem Schock verhallten sie … Er hob die Stimme. Gloria! He, Gloria!
Verflucht, er musste aufstehen. Wahrscheinlich war sie längst nicht mehr
80 im Schlafzimmer. Machte unten den Tee. Das war auch die Erklärung für
das Krakeelen der Beos. Und der verstummte Ciao-Schatz-Arthur pickte bereits
seinen Mais, weswegen Lora extra penetrant – von wem denn? – forderte,
es einzusehen. Was denn, einsehen? Arme Kreaturen, redeten sinnloses Zeug
daher.
85 Gloria!, rief er beim Aufstehen. Gloria! beim Durchqueren des Schlafzimmers
und das Treppenhaus runter. Gloria! Gloria! Glo – ri – a! Die Vögel mischten sich
jetzt beide ein. Plötzlich auf dem Treppenabsatz blieb er stehen, er griff sich
an die heiße Stirn und sagte ziemlich leise: Aha, so ist das. Genial. Es steckt
wirklich mehr dahinter, er hat was, der Witz. [R]

Gleich zu Beginn der Kurzgeschichte erfährst du etwas über die Hauptfigur und die Situation, in der sie sich befindet.

3 Was erfährst du in den Zeilen 1–10 über die Hauptfigur und über die Situation, in der sie sich befindet?
Schreibe dazu Stichworte mit Zeilenangaben auf.

Starthilfe
– Hauptfigur: „er" (Zeile 1)

die Figuren und die Situation untersuchen

4 Was erfährst du über Ort und Zeit der Handlung?
Schreibe Stichworte mit Zeilenangaben aus dem Text auf.

Eine weitere Figur, Gloria, wird aus der Sicht der Hauptfigur beschrieben.

5 Wie beschreibt die Hauptfigur Gloria?
  a. Schreibe auf, was du daraus über die Beziehung zwischen der Hauptfigur und Gloria ableiten kannst.

Gattungen: **Kurzgeschichten**

Die sprechenden Beos spielen in der Kurzgeschichte eine wichtige Rolle.

6 Schreibe auf, was sie rufen und wie die Hauptfigur darauf reagiert.

den Inhalt erschließen

> **Starthilfe**
> Arthur: Tschautschatz, tschautschatz! (Zeile 37)
> Lora: …
> Reaktion der Hauptfigur: …

Äußerungen über den Witz in der Zeitung findest du an verschiedenen Stellen der Kurzgeschichte.

7 Um welchen Witz handelt es sich?
  a. Lies die entsprechenden Textstellen.
  b. Schreibe den Witz so auf, wie er in der Zeitung stehen könnte.

Textstellen untersuchen

8 Schreibe Stichworte zu den folgenden Fragen auf:
  – Wie äußert sich die Hauptfigur über den Witz?
  – Was gefällt der Hauptfigur daran besonders?

> **Info**
> der **Witz**
> 1. In einem Witz wird in kurzer, humorvoll zugespitzter Form eine Begebenheit erzählt, die mit einem überraschenden Schlusseffekt (Pointe) endet.
> 2. Klugheit, auch Verstand in der Redewendung: mit Witz und Verstand

Das Wort „Witz" hat verschiedene Bedeutungen.

9 Wie deutest du den Titel der Kurzgeschichte?
  a. Lies die Worterklärungen am Rand.
  b. Schreibe einen neuen passenden Titel für die Kurzgeschichte auf.

Die Kurzgeschichte endet plötzlich mit dem Verstehen der Hauptfigur.

10 Erkläre, was die Hauptfigur verstehen könnte.
Vergleiche dazu das Ende des Witzes mit dem Ende der Kurzgeschichte.

W Das offene Ende der Kurzgeschichte lässt viele Deutungsmöglichkeiten zu. Mithilfe der folgenden Wahlaufgaben kannst du dein Verständnis der Kurzgeschichte darstellen. Lege die Ergebnisse in deine Lesemappe.

11 Gloria spricht mit ihrer besten Freundin über ihre Ehe. Schreibe einen Dialog.

zu der Kurzgeschichte produktionsorientiert schreiben

Lesemappe ▶ S. 295

12 Was passiert auf der Gartenparty bei den Silbermanns, auf der Gloria nicht erscheint? Schreibe die Kurzgeschichte weiter.

13 Gloria hat ihren Beos mit viel Mühe und Geduld zwei Sätze beigebracht.
  a. Schreibe auf, wie Gloria die Wahl der Sätze begründet.
  b. Was könnten diese Sätze für die Hauptfigur am Ende bedeuten? Schreibe deine Deutung dazu auf.

> Tschautschatz!
>
> Siiesein!

Gattungen: Kurzgeschichten

Ein unerhörtes Ereignis – Die Novelle

Die Novelle lesen

Die folgende Erzählung spielt im Hochgebirge in den Schweizer Alpen und erzählt ein unerhörtes Ereignis.

1 Was bedeutet das Wort „unerhört"? Sammelt Adjektive mit ähnlicher Bedeutung und erstellt ein Wortfeld zu „unerhört"

ein Wortfeld erstellen

Starthilfe
unerhört – beispiellos, erstaunlich, …

2 Seht euch das Foto an und überlegt, was für ein unerhörtes Ereignis sich in dieser Gegend abspielen könnte.

zu einem Foto erzählen

Die längere Erzählung „Drei Männer im Schneesturm" von Meinrad Inglin könnt ihr auf den Seiten 155–165 lesen. Es handelt sich dabei um eine Novelle. Der Begriff kommt aus dem Italienischen, das italienische Wort „Novella" bedeutet „Neuigkeit, Nachricht". In einer Novelle wird ein unerhörtes Ereignis erzählt. Die Arbeitsanregungen auf den Seiten 166–168 helfen euch, die Novelle Schritt für Schritt zu erschließen.

Drei Männer im Schneesturm   Meinrad Inglin

Eines Tages im September stiegen drei Männer aus demselben Dorfe zu einer Wanderung ins Hochgebirge hinauf. Sie galten als tüchtige Bergsteiger, und niemand zweifelte, dass sie wohlbehalten zurückkehren würden, aber nur zwei von ihnen kehrten lebend zurück. Ein Unglück in den Bergen war kein seltenes Ereignis, fast jeden Sommer einmal brach die Rettungskolonne auf, um Verletzte oder tödlich Abgestürzte zu bergen; was die beiden von ihrem Erlebnis erzählten, klang denn auch durchaus glaubwürdig und hätte anderen ebenso gut zustoßen können. Sie waren noch zu dritt in einen Schneesturm geraten, wie er auf Höhen über zweitausend Metern mitten im Sommer hereinbrechen kann, und bei schlechter Sicht einen Steilhang hinabgerutscht; dabei hatten zwei von ihnen Beinbrüche erlitten, und einer dieser Verletzten war später vor Erschöpfung gestorben. In diesem Bericht aber gab es eine Stelle, die nicht ganz klar schien und von jedem der beiden Zurückgekehrten unabsichtlich ein wenig anders erzählt, ja bei einer gelegentlichen Wiederholung sogar abgeändert wurde. Der Erzähler, den man auf diese Unstimmigkeit hinwies, verriet eine gewisse Verlegenheit, besonders der eine, der das Abenteuer heil überstanden hatte, ein Zugewanderter übrigens, der erst seit einem halben Jahr als Fotograf im Dorfe wohnte; von ihm munkelte man am Ende geradezu, dass er den Hinterlassenen seines verunglückten Kameraden ausweiche, als ob er ein schlechtes Gewissen hätte. Er war ein mächtig gebauter, geistig sehr regsamer Mensch mit gutherzigen Augen, der als Kurdirektor, Skilehrer oder Klavierspieler bald da, bald dort gewohnt und sich überall rasch beliebt, aber nirgends sesshaft gemacht hatte. Dieser unstete Mann, den viele nur nach seinem Vornamen Christoph nannten, wurde nun in der Tat vom Anblick der Hinterlassenen und von Fragen nach dem ungelösten Rest jenes Berichts dermaßen geplagt, dass er das Dorf schon bald wieder verließ. Jahre später erzählte er in einem Kreis vertrauter Freunde sein Erlebnis, das ihm unvergesslich und bis zu jeder Einzelheit noch gegenwärtig war. Er erwähnte seine Begleiter, Karl und Otto, zufällige Bekannte, und begann:

Wir hatten eine zweitägige Wanderung bei strahlendem Licht über Gletscher und Grate[1] hinter uns. Am Morgen des dritten Tages standen wir um vier Uhr in der Dunkelheit vor der Klubhütte, streckten die Nasen in die Luft und suchten den Himmel nach Sternen ab. Der Himmel war wider Erwarten bedeckt. Karl und Otto wollten trotzdem aufbrechen, da wir keine gewagte Gipfeltour vorhatten, sondern abermals nur eine Wanderung, wenn auch eine langwierige durch ein abgelegenes, großartig wildes Gebiet. Mir war es recht. Ich gab immerhin noch zu bedenken, dass wir in den nächsten zwölf Stunden keine Hütte antreffen würden, aber dann brachen wir auf. Nach einem dreistündigen Anstieg über Alphänge und alte Schneefelder erreichten wir den Grat, auf den wir es vor allem abgesehen hatten, einen mannigfaltigen, bald breiten, bald schmalen Rücken, der auf einer mittleren Höhe von zweitausendfünfhundert Metern sich weit gegen Osten hin streckt.

[1] der Grat: oberste Kanten der Bergrücken

Auf diesem Grate wanderten wir nach kurzer Rast dahin, einen kühlen Nordwestwind im Rücken, der uns nicht recht gefiel, aber vor uns eine Wunderwelt von Flühen², Schründen³ und urweltlichen Trümmerfeldern, von fernen Gipfeln, Kämmen⁴ und Gletschern, eine wahre Augenweide, die uns gar nicht daran denken ließ umzukehren. Wir zogen tüchtig aus, stiegen da über einen Höcker hinweg, dort in einen Sattel hinab, umgingen irgendeinen Stock⁵, dessen Name kein Mensch kennt, und kamen immer wieder auf bequeme gleichmäßige Strecken des Gratrückens. Der Wind nahm zu, aber da wir mit ihm gingen, fiel uns das nicht besonders auf, bis er plötzlich weiße Körnchen vor uns hertrieb, weit zerstreute feine Schneekörner. Bis jetzt hatte man auf dieser kahlen Höhe den Wind nicht gesehen, jetzt sah man ihn. Als wir anhielten, mussten wir uns die Hüte fester aufdrücken. Wir begannen zu beraten, gleichmütig, wie es erprobten Bergsteigern ansteht, obwohl uns alles andere als Gleichmut erfüllte. „Wir müssten auf dem nächsten Wege bergab", sagte Karl ruhig, und das war ein ebenso einsichtiger wie überflüssiger Rat, da es, was auch er wusste, weithin nur Felsabbrüche und steile Kletterhänge, aber keine nächsten Wege bergab gab; wir konnten nur zurück oder vorwärts gehen. Ich schlug den Rückweg vor, und wir gingen zurück. Ungefähr zehn Minuten lang wanderten wir gegen den Wind, aber mit jeder Minute schien die Windstärke zu wachsen, und was wir im Nordwesten vor uns hatten, glich schon eher einem Schneetreiben als einer Aussicht. Otto blieb stehen und sagte: „So können wir es vielleicht eine Stunde lang aushalten, aber dann sind wir noch nicht weiter als sonst in zwei Stunden; lieber vorwärts." Da Karl ihm zustimmte, kehrten wir um und gingen mit dem Winde wieder vorwärts. Es war falsch, wir hätten den Rückweg erzwingen müssen, den ich vorgeschlagen hatte, und ich ging nicht aus Überzeugung davon ab, sondern nur deshalb, weil auch mir das Gehen mit dem Winde leichter fiel. Diese schwächliche Nachgiebigkeit kann ich mir heute noch nicht verzeihen, so begreiflich sie erscheinen mag; ich habe diese ganze Geschichte gründlich durchdacht und mir alles vorgeworfen, was nach einer Schuld aussah. Ich will meinen Anteil redlich tragen. Wir gingen also vorwärts, während der Wind uns immer kälter in den Nacken biss und den körnigen Schnee immer eiliger und dichter vor uns hinsäte. In unglaublich kurzer Zeit war alles weiß, soweit wir sehen konnten, und als wir nach einer Stunde den Abhang eines Stockes, der uns im Weg stand, auf der Windseite überqueren mussten, merkten wir ziemlich erstaunt, dass der Schnee, der auf dem Grate immer wieder weggefegt wurde, uns hier schon bis zu den Knöcheln reichte. Der Wind wuchs zum Sturm an, und der waagrecht geschleuderte Schnee blieb an uns haften wie Klebstoff. Wir begannen an den Ohren und Händen zu frieren und büßten es nun, dass wir keine Handschuhe mitgenommen hatten. Am unangenehmsten jedoch war die immer stärker beschränkte Sicht; wir sahen im Schneetreiben wie im dichtesten Nebel keine zwanzig, ja manchmal keine zehn Schritte weit und gingen immer langsamer, vorsichtiger, um nicht auf eines der auswegslosen Bänder zu geraten.

² die Flühen: Felsgipfel, Felswände ³ die Schründe: Spalten im Eis ⁴ die Kämme: eine Reihe von Felsgipfeln eines Gebirges, die durch einen Grat miteinander verbunden sind
⁵ der Stock: Bergmassiv

Der Grat läuft am Ende in eine unregelmäßige Hochebene aus, die im Nordosten durch einen leicht ansteigenden langen Kamm begrenzt wird. In diesem Kamm gibt es eine „Lücke", eine der bekannten, einander ähnlichen Lücken, die oft den einzig möglichen Durchstieg durch langgestreckte felsige Schranken oder Riegel bezeichnen und die in unseren Gebirgskarten ja auch sorgfältig eingetragen sind. Diese Lücke mussten wir finden, und wir bildeten uns ein, dass es drüben dann besser gehen werde, obwohl wir hätten wissen können, dass uns dort ein zwar abfallendes, aber trostlos weites, vor dem Winde ungeschütztes Gebiet erwartete.

Wir stapften also vom Grat auf die sogenannte Hochebene hinaus, die mit einer richtigen Ebene natürlich wenig zu tun hat, und hier reichte uns der Schnee schon bis an die Waden. Den Rücken gebuckelt, den Hut über den Ohren, die Hände in den Hosensäcken, gingen wir, leicht nach Nordosten haltend, auf den Kamm zu, den wir nach unserer Meinung gar nicht verfehlen konnten. Da ich vorhin sagte, der Wind sei zum Sturm angewachsen, so müsste ich jetzt sagen, er sei zum Orkan geworden, wenn diese Bezeichnung in unseren Breiten erlaubt wäre, zu einem atemraubenden eisigen Schneesturm, dem wir uns schräg nach links entgegenstemmen mussten, um nicht hingelegt zu werden. Wer so etwas nie erlebt hat, dürfte es kaum für möglich halten, aber ich erlebte es zum zweitenmal und kann es bezeugen. Den ersten derartigen Sturm in einer unwegsamen Hochgebirgsgegend überstand ich vor etwa fünfzehn Jahren, und zwar mitten im Sommer, an einem achtundzwanzigsten Juli, einen Schneesturm, der die Straße vor der noch tief unter uns liegenden Passhöhe meterhoch verwehte, das Postauto zur Umkehr zwang, Telefonmasten knickte und das Hospiz von der Außenwelt abschnitt. Einige Zeitungen haben darüber berichtet, man kann es nachlesen, wenn man will. Unten in den Tälern merkt man wenig davon, man ärgert sich höchstens über die kühlen Regenschauer, und da oben schwingt der weiße Tod wie rasend sein riesiges Leintuch über ein paar armen Bergsteigern. […]

> die Handlungsbausteine Situation, Wunsch und Hindernis untersuchen
> ▶ S. 166, Aufgaben 4–6

Der Ich-Erzähler beschreibt im Folgenden den Kampf der drei Männer gegen den ständig zunehmenden Schneesturm.

Die Lücke gewährte einen notdürftigen Schutz vor dem Sturm, und hier setzten wir uns in den Schnee, um zu essen. Wir hatten seit vier Stunden nicht mehr gerastet, waren hungrig und vom Waten ermüdet. Wir fanden es aber nach wenigen Minuten schon so ungemütlich und begannen derart zu frieren, dass Karl und Otto zum Aufbruch drängten. Außerdem hatten wir viel Zeit verloren, es war schon drei Uhr nachmittags, und wir mussten uns beeilen, wenn wir vor der Dunkelheit ins Tal hinabkommen wollten. So seilten wir uns denn an und stiegen ab. Ich ging als Letzter am Seil und konnte in der Lücke noch gut sichern, aber weiter unten wurde es schwieriger, der Schnee bot keinen genügenden Halt, und wo man ihn wegwischte oder mit dem Eispickel durchschlug, geriet man immer häufiger auf Felsplatten.

Gattungen: Ein unerhörtes Ereignis – Die Novelle

Plötzlich rutschten wir ab. Ich weiß es noch genau, wie es geschah. Wir waren schon im untersten Teil des Hanges, ich hatte gesichert, so gut ich konnte, Otto ging voraus, soweit das Seil es erlaubte, dann suchte er ziemlich lange, ohne einen richtigen Halt zu finden, und rief endlich: „So, jetzt glaub' ich … probiert's!" Kaum hatte ich meine Sicherung aufgegeben, da schrie Karl, der zwischen uns ging, laut: „Halten!" Im selben Augenblick wurde ich durch einen Ruck am Seil aus dem Stand gerissen, rutschte Karl nach und stemmte meinen Pickel mit aller Kraft umsonst in den Hang. Ottos Sicherung versagte, wir rissen ihn mit, rutschten auf dem Schneehang, der gegen meine Befürchtung nicht ins Gleiten kam, etwa zehn Meter weit ab und stürzten zuletzt noch drei, vier Meter auf nur fußhoch verschneite harte Karren[6] hinunter. Beim Aufprallen überschlug ich mich, rutschte um eine Manneslänge weiter und griff mit beiden Händen in den Schnee, um mich festzuhalten, aber wir waren endgültig unten angelangt. Ich lag mit schmerzender Hüfte an einem schrägen Bord[7] und hörte dicht über mir auf dem Absatz, wo meine Kameraden lagen, ein raues Stöhnen und jammerndes Fluchen. Ich prüfte meine Glieder, erhob mich und stellte aufatmend fest, dass ich mit einer tüchtigen Quetschung davongekommen war. Karl und Otto dagegen klagten über starke Schmerzen im linken Bein und fielen beim Versuch, aufzustehen, stöhnend gleich wieder hin. Es ergab sich, dass sie wahrscheinlich den linken Unterschenkel, mindestens aber das Wadenbein gebrochen hatten, sie konnten weder gehen noch auf beiden Beinen stehen. Otto blickte mich mit ungläubig erschrockenen Augen an, als ob er dies nicht fassen könnte, dann sank er auf eine ganz besondere, verzweifelte Art, so wie man sich verloren gibt, langsam zurück und legte die Stirn auf den gekrümmten Arm. Ähnlich benahm sich Karl. Mir war sofort klar, dass sie nicht wegen eines gebrochenen Beines verzweifelten, sondern in der Einsicht, dass für sie die ohnehin schlimme Lage unter solchen Umständen hoffnungslos wurde.

Wir befanden uns hier auf den obersten felsigen Stufen einer ausgedehnten Schafweide, die mit einer Neigung nach Nordwesten gestaffelt gegen eine Alp[8] abfällt, eine weite, zu dieser Zeit schon verlassene Rinderalp, von der ein zweistündiger schlechter Weg durch den Wald zu den verstreuten ersten Bergheimwesen hinunter führt. Man sah auch hier noch immer keine zehn Schritte weit, der Schneesturm fegte mit unverminderter Wucht über uns hin und drang uns jetzt, da wir nicht mehr gingen, schneidend kalt durch die Kleider; unsere Hände waren vor Kälte geschwollen und unempfindlich geworden.

Man muss sich dies alles zugleich vor Augen halten, um die Verzweiflung meiner Kameraden zu verstehen. Auf einer Höhe von zweitausendvierhundert Metern, hoch über allen menschlichen Wohnungen, ohne Pfad, ohne Sicht, wie erblindet und halb erschöpft mit einem Beinbruch im eisigen Schneesturm, drei Stunden vor dem Zunachten[9] – wer da noch Hoffnung hätte, dürfte kein erfahrener Bergsteiger sein. […]

[6] die Karren: durch Wasser entstandene Rinnen im Gestein [7] das Bord: Abhang
[8] die Alp: Sommerweide für Vieh in den Bergen [9] das Zunachten: zu Bett gehen

den Handlungsbaustein Reaktion untersuchen
▶ S. 167, Aufgaben 7–8

Der Unfall stellt die Männer vor fast unüberwindliche Hindernisse und der Ich-Erzähler muss eine Entscheidung treffen.

Kann man entscheiden, welcher von zwei ungefähr gleichartigen Menschen, die man nicht schon in allen möglichen Lagen genau kennen gelernt hat, der bessere, wertvollere ist? Im Alltag macht man sich das leicht und tut es je nach dem Standpunkt, den man einnimmt, aber wenn Leben und Tod davon abhängen, kann es nur vom höchsten Standpunkt aus geschehen. Wie rasch sagen wir doch im täglichen Leben, der und jener sei nichts wert! Irgendeiner gefällt uns, weil er eine gewinnende Fratze hat oder uns Honig ums Maul streicht, und für diesen gäben wir drei andere hin. Und wer nimmt sich die Mühe, nach Verdiensten und verborgenen guten Eigenschaften auch nur zu fragen, wenn er einen vor sich hat, der ihm missfällt? Nichts ist schwieriger und nichts wird leichtfertiger gehandhabt als das Urteil über einen Menschen, auch wenn er unser Nächster ist. Wir sind darin grauenhaft ungerecht, bald aus Dummheit oder Hochmut, bald aus lauter Bequemlichkeit. Wohl uns, dass wir unsere leichtfertigen Urteile nur vor unserem eigenen abgestumpften Gewissen und nicht vor einer unerbittlichen höchsten Instanz verantworten müssen!

Ich ging nun mit einer Zuversicht ans Werk, die wohl nicht ganz ehrlich erscheinen mochte. „Vorerst müssen wir hier weg", entschied ich. „Wenn der Schnee da oben noch weiter wächst, kann er auf der trockenen Unterlage am Ende doch abrutschen. Ich wundere mich überhaupt, dass wir nicht mit dem ganzen Schneehang da unten angekommen sind. Vielleicht finde ich auch eine etwas geschütztere Stelle, ich will nachsehen, habt einen Augenblick Geduld!" Ich stieg eilig nach links hinunter und schlug einen weiten Halbkreis, fand aber nichts Geeigneteres als einen kleinen ebenen Absatz, wo man zwar nicht geschützt, aber doch wenigstens bequem liegen konnte. Als ich weitersuchend nach rechts wieder zum Felshang hinaufgestiegen war und ihm entlang der Unfallstelle zuging, fiel es mir in dem rasenden Gestöber schon auf diese kurze Entfernung so schwer, die Kameraden zu finden, dass ich rufen musste.

Beide antworteten und sahen dann, als ich an sie herantrat, qualvoll gespannt zu mir auf. Sie hoben sich nur noch mit dem Kopf und einem Schulterstück vom Schnee ab, so stark waren sie schon zugeschneit.

> **Info**
> Der **Konflikt** beschreibt den Höhepunkt einer Erzählung. Indem der Konflikt gelöst wird, gibt es eine Wendung im Geschehen.

den Konflikt untersuchen
▶ S. 167, Aufgaben 9–10

Gattungen: Ein unerhörtes Ereignis – Die Novelle

Ich hob ohne lange Erklärungen den nächsten, Otto, mit beiden Armen auf, und er legte mir, stöhnend vor Schmerz, einen Arm um den Nacken.
Mit meiner gequetschten Hüfte und bei meiner Müdigkeit aber kam ich nur so schwerfällig vorwärts, dass ich nicht nur meine unbestimmte heimliche Absicht aufgeben musste, beiden zugleich von hier aus weiterzuhelfen, sondern schon verzweifelte, ob ich auch nur einen von ihnen retten könne.
Was nun geschah, während ich beide nacheinander etwa hundert Meter weit hinabtrug, das mag ich nicht nur flüchtig berichten, ich muss die beiden mit ihren eigenen Worten reden lassen – zu meiner Rechtfertigung. Wie sie sich benahmen und was sie sagten, das weiß ich noch so genau, als ob es gestern geschehen wäre, ich habe jedes ihrer Worte auf die Waagschale gelegt.
Otto begann eindringlich zu klagen: „Herrgott, dass das nun so enden muss! Bis dahin ist alles so gut geraten, und jetzt muss uns das passieren …
Ich weiß nicht, was meine Frau tun würde, wenn ich nicht mehr zurückkäme. Es ist eine liebe Frau, das kann ich dir schon sagen … schade, dass du sie nicht kennst… hast du sie noch nie gesehen?"
„Vielleicht schon", sagte ich, „aber ich hätte sie ja nicht als deine Frau erkannt."
„Solltest sie kennenlernen, du!", fuhr er fort. „Hättest überhaupt schon lang einmal zu uns kommen sollen. Ich habe allerlei, was dich interessieren würde, zum Beispiel eine Sammlung von schönen alten Stichen … ich sammle sie aus Liebhaberei, weißt du … Aber was nützt das jetzt, es ist ja alles aus, fertig!"
„Ach was! So rasch gibt man sich nicht auf!", erwiderte ich.
Er schwieg einen Augenblick, dann sagte er lebhaft: „Wenn du das fertigbrächtest, wenigstens einen von uns hinabzuschleppen, das wäre doch allerhand … das hättest du nachher nicht zu bereuen!" „Zuerst den einen, dann den andern", entgegnete ich. „Ja ja, schon recht … du weißt genau, wie es steht." Nach einer kurzen, bedrückenden Pause blickte er mich verzweifelt an und sagte: „Weißt du, es will mir ja nicht in den Kopf, aber einer muss dran glauben." Ich widersprach abermals, doch er ging nicht darauf ein und begann, zwischen seinen abgebrochenen Sätzen immer wieder keuchend oder stöhnend vor Schmerz, weiterzuklagen: „Das hab ich mir nicht träumen lassen, dass ich jemals in eine solche verfluchte Lage geraten könnte. Da hat man gearbeitet und immer ein wenig Glück gehabt, man hat ein schönes Geschäft, eine Familie, eine Frau, wie es keine zweite gibt, Kinder, den Peter und mein Anneli, ein Schatz, ist vor drei Wochen zehnjährig geworden … der Peter ist vierzehn und besucht die Handelsschule … Dann lebt noch mein alter Vater bei uns … Und nächstes Jahr wollten wir ein Wohnhaus bauen, wir haben uns alle darauf gefreut …" Er bewegte mit krampfhaft verkniffenen feuchten Augen langsam den Kopf hin und her, dann schien er, düster vor sich hinstarrend, einem Gedanken nachzuhängen.

Plötzlich sah er mir wieder ins Gesicht. „Christoph, ich mache dir einen Vorschlag", begann er in einem neuen, entschlossenen, wenn auch immer noch gequälten Ton. „Du bist kein Geschäftsmann, ich weiß es, hast
250 ein schmales Einkommen und wirst nichts Rechtes erspart haben. Aber ohne Geld kommst du auf die Dauer nicht aus. Ich helfe dir, du ... und du hilfst mir, bringst mich hinab ... ich lege dir auf der Bank ein Guthaben an, fünftausend ..."
„Mach keine Sprüche!", unterbrach ich ihn. „Ich versuche, euch beiden zu helfen."
Wir stießen auf meine Spur, wo ich vorhin durchgegangen war, aber ich wusste
255 schon wieder nicht, ob die Stelle, die ich mir gemerkt hatte, rechts oder links lag; ich legte Otto in den Schnee und suchte sie links, fand sie aber nicht, kehrte um und trug Otto nach rechts hinüber.
„Da hast du es!", sagte er niedergeschlagen. „Bist doch eben noch dagewesen und findest dich schon wieder nicht mehr zurecht ... es ist hoffnungslos, man sieht
260 in dem verdammten Sturm ja nichts. Und du willst eine Alphütte finden und weißt noch nicht einmal, wo sie ist. Überhaupt ... bis du mit einem von uns da hinunterkommst, ist es dunkel."
Ich betrat den Absatz und bat Otto um Geduld.
„Christoph", sagte er, während ich ihn hinlegte, „sei vernünftig und überlege dir,
265 was ich vorgeschlagen habe! Wirst später froh sein darum."
Ich antwortete ausweichend und wollte ihn nun liegen lassen, um Karl zu holen, aber er hielt mit beiden Händen meinen Arm fest, blickte mich angstvoll forschend an und sagte: „Du, zehntausend ..."
„Otto", erwiderte ich, „ihr seid mir beide gleich lieb. Wie sollte ich mich da
270 entscheiden können, wenn es wirklich darum ginge, einen von euch preiszugeben! Ich werde alles versuchen, was mir möglich ist, um euch beiden zu helfen, glaub es mir!"
„Du kannst nur einem helfen", murmelte er.
Ich verließ ihn und stieg zu Karl hinauf, der mit dem Rücken gegen den Wind
275 gekrümmt dasaß und sich schlotternd in die Hände hauchte.
„Ich würde es nicht lange aushalten, glaub ich", begann er, als ich ihn wegtrug. „Hätten wir doch nur deinen Rat befolgt und wären auf dem Grat zurückgegangen."
„Hätte ich nur darauf bestanden!", entgegnete ich.
280 „Ja ... aber jetzt ist es so und lässt sich nicht mehr ändern. Eine so schöne Tour und ein so trauriges Ende ... kann es einfach nicht verstehen." Auch er schüttelte nun den Kopf oder bewegte ihn vielmehr langsam hin und her, wie Otto, und fuhr fort zu klagen, schmerzlich, doch ebenso still und unpathetisch[10], wie ein Mann dieses Schlages seine Fassungslosigkeit vor dem Unglück oder
285 dem Tod eben kundgibt. Dann aber fragte er: „Meinst du wirklich, dass du einen von uns retten kannst?"
„Hoffentlich beide!", antwortete ich.
Er schüttelte ungläubig den Kopf. Einer wird dableiben müssen", erwiderte er. „Ich würde gern sagen, dass ich bleiben will, ich habe ja auch wahrscheinlich
290 den leichteren Bruch, aber ..."

[10] unpathetisch: nicht pathetisch, nicht übertrieben

Gattungen: Ein unerhörtes Ereignis – Die Novelle

Er schwieg nun so lange, dass ich selber fragen musste, um mehr von ihm
zu erfahren. „Du hast ja auch eine Familie, nicht?"
Er nickte und wischte sich mit dem verschneiten Ärmel rasch über die Augen.
„Das ist es ja", sagte er. „Frau und Kind, ein Mädchen ... und meine alte Mutter ...
295 Wenn ich denke, dass ich sie alle nicht mehr sehen sollte
... sie hangen so an mir ... ich darf gar nicht
daran denken ... Aber für Otto wäre es auch schwer,
seine Familie würde viel an ihm verlieren ..."
Ich erklärte ihm, dass ich versuchen werde,
300 eine Schneehöhle zu bauen, und erwähnte Beispiele
von Touristen, die in einer solchen Höhle sogar
im Winter Schneestürme überstanden hatten. „Ich habe
auch daran gedacht, mit euch hier oben zu bleiben,
aber ich glaube nicht, dass ich ohne Schaufel mit diesem
305 lockeren Schnee eine Höhle für drei zustande brächte."
„Das hätte auch keinen Sinn", entgegnete er.
„Du musst sowieso hinab, um Hilfe zu holen.
Aber eine Schneehöhle, das wäre vielleicht eine
Möglichkeit." Otto blickte uns stumm und düster gespannt an,
310 als wir vor ihm auftauchten. [...]

die Reaktionen der
Figuren untersuchen

▶ S. 167, Aufgabe 11

**Der Ich-Erzähler versucht eine Schneehöhle zu bauen und muss dann
eine Entscheidung treffen.**

Ich war wirklich nahe daran, mein Unternehmen aufzugeben, besonders weil
so viel wertvolle Zeit dabei verloren ging, aber schließlich brachte ich doch mit
der Hilfe von dünnen Rasenziegeln und Steinen, die ich aus dem harten Boden
pickelte und mit dem Schnee vermischte, einen ungefähr hufeisenförmigen
315 niederen Schutzwall zustande. „So, und jetzt muss sich in Gottesnamen
einer von euch hier ins Loch hineinlegen und warten", sagte ich beiläufig und
leichthin. Beide schwiegen, und ich blickte sie nicht an.
„Wer hierbleibt", fuhr ich fort, „ist kaum viel schlimmer dran als der,
den ich mitzuschleppen versuche, wenn mir das überhaupt gelingt, was noch
320 sehr fraglich ist. Wir lassen am besten das Los entscheiden. Ich nehme hier
einen kleinen und einen größeren Stein, wer den kleinen zieht, der bleibt.
Im Fall, dass beide den gleichen ziehen, müssen wir es wiederholen." Ich legte
die Hände mit den Steinen auf den Rücken, trat vor meine Kameraden hin und
stand da wie mit dem Finger am Abzug eines angeschlagenen Gewehres,
325 erschüttert von der Gewissheit, dass ich nicht beide retten konnte. Die
Entscheidung durch das Los aber täuschte ich nur vor; ich hatte sie schon früher
bedacht, jedoch verworfen, weil ich auf meine eigene moralische Urteilskraft
denn doch mehr Gewicht legte als auf den blinden Zufall. Es gibt Leute,
die in einer so furchtbaren Lage auch den Zufall gläubig als höhere Fügung
330 hinnähmen; ich weiß nicht, ob sie recht haben, und da ich es schon damals
nicht wusste, vertraute ich meinem Urteil und nicht dem Zufall.

Die blinde Zufallswahl hätte ich schon aus Achtung vor dem Schicksal
der Kameraden als unwürdige Lösung und meinerseits als feige Kapitulation,
als Absage an mein verantwortungsbewusstes, freies, urteilsfähiges
Menschentum empfunden. Ich war entschlossen, Karl gewinnen zu lassen.
Wer mir genau zugehört hat, wird beistimmen, und ich brauche dem armen Otto
keine überflüssigen Anklagen nachzuschicken; er war immer noch besser als
mancher, den ich kannte. Beide zögerten, und ich musste sie auffordern,
sich für diese oder jene Hand zu entscheiden. „So, Otto, vorwärts!", rief ich.
„Rechts oder links?" Er schwieg düster.

Aufmunternd blickte ich Karl an. Ich kannte seine religiöse Einstellung nicht,
aber mir schien, dass er in diesem Augenblick ein Stoßgebet zum Himmel
sandte; entschlossen sagte er: „Links!"
Otto sah forschend zu mir auf und sagte unsicher: „Dann also rechts."
Ich brauchte die Steine hinter meinem Rücken nicht zu wechseln und zeigte sie
so vor, wie ich sie gehalten hatte, den kleinen in der rechten, den größeren
in der linken Hand. Karl hatte gewonnen. Dass sich meine Entscheidung
mit diesem Zufall deckte, darauf tat ich mir nichts zugute. [...]

die Gründe für die Entscheidung untersuchen
▶ S. 167, Aufgaben 12–13
▶ S. 168, Aufgaben 14–16

Otto bleibt zurück und der Ich-Erzähler schleppt Karl mühevoll den Berg hinunter.

Ich verbrauchte den letzten Rest meiner Kräfte, um Karl durch den Wald hinab
und in das erstbeste Bauernbett zu helfen, weiter unten in der Wirtschaft
die Leute zu wecken, ein paar bergtüchtige Männer rufen zu lassen, die auch erst
geweckt werden mussten, und ihnen den Weg zum Verunglückten einzuprägen.
Halb ohnmächtig taumelte ich nach Mitternacht ins Bett, überzeugt, dass ich
augenblicklich in den tiefsten Schlaf fallen werde. Ich täuschte mich, ich konnte
nicht einschlafen und verbrachte zwei Stunden in einem Zustand,
der zum Qualvollsten gehört, was man an Schlaflosigkeit erleiden kann,
eine Erfahrung, die mancher übermüdete Berggänger schon vor mir gemacht
hat. Am Ende schlief ich dann allerdings so, dass mich zehn Stunden lang
das ärgste Gewitter nicht wachgedonnert hätte. Es war zwei Uhr nachmittags,
als ich erwachte. Jemand klopfte an meine unverschlossene Tür, ich rief „herein",
und der Wirt streckte den Kopf ins Zimmer. „Sie bringen ihn", sagte er gedämpft.
„Der Doktor ist auch gekommen."

Gattungen: Ein unerhörtes Ereignis – Die Novelle

Ich dachte an das, was geschehen war, trat nach ein paar Minuten halb angekleidet an ein Fenster und wunderte mich, dass ich keinen Schnee mehr sah, obwohl ich hier schon gestern keinen gesehen hatte. Da draußen lag ein mir fremdes, enges, von schwarzgrauem Regengewölk düster verhängtes Tal mit einer Schlucht und mageren, zu vernebelten Waldsäumen hinaufsteigenden Weiden. Vor dem Hause war eine Art Gartenwirtschaft mit rohen Holztischen, und auf einen dieser Tische hatten eben zwei Bergbauern eine Bahre abgestellt; der eine nahm langsam seine Iltispelzmütze vom Kopf, der andere schlug die Kapuze seines weißen Hirthemdes über den blonden Haarschopf zurück, die übrigen, die dabeistanden, zogen ihre verknüllten nassen Hüte und behielten sie in der Hand. Ein älterer Herr in einem dunklen Überzieher, der Arzt, wie ich annahm, beugte sich über die Bahre und schlug die Sacktuchhülle zurück; nach einer Weile richtete er sich auf und nahm den Hut auch ab.

die Rahmenhandlung

die Reaktion und die Gefühle des Ich-Erzählers untersuchen
▶ S. 168, Aufgabe 17

Der Mann, der diese Geschichte erzählt hatte, schwieg, und niemand unterbrach sein Schweigen.
„Damit wäre ich eigentlich zu Ende", sagte er darauf, „aber ich muss doch das sonderbare Nachspiel noch erwähnen, das mir ein paar Monate später den Aufenthalt in jenem Dorfe zu verleiden begann. Karl und ich hatten am Begräbnis teilgenommen, den Hinterlassenen unser Beileid ausgesprochen und der betroffenen Frau gelegentlich schonend berichtet, jeder auf seine Art, wie sich alles zugetragen habe. In diesem Bericht, den wir natürlich dann da und dort im Dorfe wiederholen mussten, stimmten wir offenbar nicht immer bis aufs Tüpfelchen überein. Ein Gemunkel entstand, von dem wir so lange nichts ahnten, bis ein misstrauisch veranlagter Onkel Ottos mich fast wie ein Verhörrichter auszufragen begann, warum ich nicht sofort Hilfe geholt, warum ich nicht Otto, sondern den weniger verletzten Karl gerettet und warum ich die Alphütte nicht länger gesucht habe, ferner warum ich von der Alp nicht zurückgekehrt sei, um Otto wenigstens aus dem ärgsten Sturm herauszuschaffen. Ich antwortete dem sauertöpfischen Herrn kurz und bündig, dass dort oben das Los entschieden habe und dass er sich über die andern Punkte bei Karl erkundigen möge. Den wahren Sachverhalt hatte ich immer verschwiegen, auch vor Karl, der meine Bemühungen um Otto in der Folge so hervorhob, wie ich es nur wünschen konnte. Das Gemunkel, das sich übrigens nie zu etwas Greifbarem verdichtete, ließ jedoch gewissen Leuten offenbar keine Ruhe, ich hörte immer wieder davon. Wie die Angehörigen selber sich dazu stellten, weiß ich nicht, aber wenn ich sie auf der Straße traf, schien mir, dass sich in der Art, wie sie meinen ersten Gruß erwiderten und an mir vorbeigingen, etwas geändert habe. Besonders das kleine Anneli, ein hübsches Töchterchen, das wohl irgendein Kindergeschwätz aufgeschnappt haben mochte, blickte mich jedes Mal mit großen, vorwurfsvollen Augen an, und da ich ja in der Tat seinen Vater preisgegeben hatte, begann mich das zu wurmen, ich wich den guten Leuten aus und machte die Sache dadurch noch schlimmer. Am Ende räumte ich leichten Herzens meinen Platz einem jungen Berufsphotographen und verzog mich in eine andere Gegend.

Karl blieb dauernd mit mir in Verbindung, und heute, nach Jahren, weiß ich
zum Beispiel durch ihn, dass Ottos Sohn das väterliche Geschäft tüchtig
weiterführt, Anneli eine umworbene, lebenslustige Tochter geworden ist und
410 die Mutter wieder lachen kann, dass also alles seinen natürlichen Gang
genommen hat und niemand mehr lang im Schatten stehen bleibt, den
das Unglück aus vergangenen Tagen noch manchmal herüberwerfen mag.
Von Karl weiß ich auch, dass ein paar üble Schwätzer mein Verschwinden
einem schlechten Gewissen zuschreiben; da ich ein gutes hatte, konnte mich
415 das ungreifbare trübe Gespinst, mit dem Karl fertig zu werden versprach,
nicht weiter bekümmern. Die Wahrheit behielt ich auch ferner für mich allein,
weil sie mich in den Augen vieler kleinmütig gottesfürchtiger Leute, vor allem
aber der betroffenen Angehörigen, in kein besseres Licht versetzt hätte.
Ich könnte ihnen sagen, Gott habe mich nicht mit Vernunft, Gewissen und
420 Urteilsvermögen begabt, damit ich im gegebenen Fall darauf verzichte und
durch das Los eine Art Gottesgericht heraufbeschwöre. Wenn Gott richten und
gar nach der Bibel am Jüngsten Tage die Guten von den Schlechten scheiden
müsste, so würde allerdings bei jedem der unzählbaren Mittelmäßigen,
die weder entschieden gut noch schlecht sind, ein ebenso geringes Mehr
425 oder Weniger, wie es meiner Entscheidung zugrunde lag, genügen, um ihn
auf diese oder jene Seite zu winken. Es wird aber keine Haarspaltereien geben,
und wir unter uns haben Grund zur Duldsamkeit. Auch ich habe nicht gerichtet,
ich habe nur aus Not demjenigen geholfen, den ich ohne Vorurteil
als den Besseren erkannte, und ich wiederhole, dass ich in meinem Innersten
430 mich dazu ermächtigt fand. Mag es allen, die in dieser Hinsicht
bescheidener sind, vermessen erscheinen, ich nahm es auf mich und trage es
mit gutem Gewissen noch heute."

> den Handlungsbaustein Ende untersuchen
> ▶ S. 168, Aufgaben 18–21

3 Wie war euer erster Leseeindruck?
  a. Schreibt zunächst jeder für sich auf, wie die Novelle auf euch gewirkt hat.
  b. Beschreibt, welche Bilder in eurem Kopf entstanden sind.
  c. Sprecht über eure ersten Endrücke und Bilder.

> den ersten Leseeindruck formulieren

4 Welche Fragen habt ihr an die Novelle? Schreibt die Fragen auf.

> Fragen stellen

5 Fasst das erzählte Geschehen kurz zusammen.

> das Geschehen zusammenfassen

Gattungen: Ein unerhörtes Ereignis – Die Novelle

Die Novelle erschließen

Mit den Arbeitsanregungen auf den Seiten 166–169 könnt ihr die Novelle Schritt für Schritt erlesen, verstehen und erschließen.

Die Rahmenhandlung:
Das Ereignis (S. 155, Z. 1–29)

Der Erzähler in der Einleitung stellt das Ereignis und die Personen vor. Er eröffnet damit die Rahmenhandlung. So haben die Leserinnen und Leser durch den Erzähler schon erfahren, was passiert.

> **Info**
> Der **auktoriale Erzähler** gehört nicht zu der Geschichte, die er erzählt, sondern steht außerhalb. Er kann so die Figuren und die Ereignisse in der Geschichte beurteilen und kommentieren.

1 a. Wird am Anfang der Erzählung schon das unerhörte Ereignis erzählt oder hält der Erzähler noch etwas zurück?
Sucht Textbelege dafür.

b. Der Erzähler lenkt die Erwartungen der Leser, indem er die Personen beurteilt und ihr Verhalten kommentiert. Findet dafür Textbelege.

2 Was erfahrt ihr über Christoph? Schreibt Stichworte auf.

3 Wie schätzt ihr Christoph ein?
Sammelt Adjektive und begründet eure Meinung.

> **Starthilfe**
> sympathisch, glaubwürdig, …

den Handlungsbaustein Hauptfigur untersuchen

Handlungsbausteine ► S. 296

Die Binnenerzählung:
Situation und Atmosphäre (S. 155–157, Z. 30–114)

Nach der Einleitung wechselt der Erzähler und das Ereignis wird von Christoph als Ich-Erzähler dargestellt. Hier beginnt die Binnenerzählung.

4 Untersucht den Textauszug mit folgenden Fragen:
– Wie werden die Umgebung und die Atmosphäre beschrieben?
– Wie nehmen die Männer die Bergwelt wahr?
Belegt eure Aussagen mit Textstellen.

> **Starthilfe**
> Z. 45 „eine Wunderwelt": erstaunlich, faszinierend …

die Handlungsbausteine Situation, Wunsch und Hindernis untersuchen

5 Schreibt auf, wie sich langsam die äußere Situation und mit ihr die Gefühle der Männer verändern.

6 Beantwortet folgende Fragen mithilfe des Textes:
– Welchen Wunsch haben die Männer?
– Was hindert sie daran, ihren Wunsch umzusetzen?

Gattungen: Ein unerhörtes Ereignis – Die Novelle

Die Binnenerzählung:
Der Unfall (S. 157–158, Z. 115–169)

7 Untersucht den nächsten Teil der Binnenerzählung:
- Welche Ursachen führen zum Unfall?
- Welche Schwierigkeiten ergeben sich für die einzelnen Männer?

den Handlungsbaustein Reaktion untersuchen

8 Schreibt auf, wie die einzelnen Männer reagieren.

Der Konflikt als Höhepunkt der Binnenerzählung
(S. 159–162, Z. 170–310)

- Der Ich-Erzähler denkt, es ist leicht zu entscheiden, welches von zwei Menschenleben wertvoller ist.
- Der Ich-Erzähler will den Mann retten, der ihm sympathischer ist.
- Der Ich-Erzähler meint, ein Mensch könne und dürfe nicht über Leben und Tod entscheiden.
- Der Ich-Erzähler denkt, dass man bei anderen nicht nur auf das Äußere achten darf.
- Der Ich-Erzähler glaubt, dass Menschen meist ungerecht urteilen.

9 Untersucht, welche Gedanken sich der Ich-Erzähler macht (Zeilen 170–185). Welche der Aussagen treffen zu? Begründet eure Entscheidung.

den Konflikt untersuchen

10 Formuliert den Konflikt des Ich-Erzählers mit eigenen Worten.

11 Wie versuchen Otto und Karl, den Erzähler zu beeinflussen? Schreibt ihre Reaktionen in eine Tabelle und belegt eure Aussagen mit Textstellen.

die Reaktionen untersuchen

Starthilfe

Otto	Karl
ermutigt zunächst Christoph (Z. 224–226)	hilflos (Z. 276)
klagt eindringlich (Z. 236…)	…

Die Entscheidung (S. 162–163, Z. 311–375)

12 Warum will der Ich-Erzähler nicht das Los entscheiden lassen?
a. Sucht die Gründe des Ich-Erzählers aus dem Text heraus und belegt, warum er selbst bestimmt, wen er rettet.
b. Gebt die Gründe mit eigenen Worten wieder.

die Gründe für die Entscheidung untersuchen

13 Warum entscheidet sich der Ich-Erzähler für Karl?
a. Überlegt, warum Karls Aussagen für den Ich-Erzähler überzeugender sind.
b. Erklärt, warum er trotzdem scheinbar die Steine entscheiden lässt.

Gattungen: Ein unerhörtes Ereignis – Die Novelle

14 Besprecht, warum der Autor den Dialog zwischen den Männern so detailliert wiedergibt, dass man als Leser den Eindruck gewinnt, selbst dabei zu sein.

> **Info**
> **Zeitdeckendes Erzählen**
> Wenn die Ereignisse so wiedergegeben werden, dass man glaubt, jeden Augenblick direkt mitzuerleben, wird zeitdeckendes Erzählen verwendet.

W Wählt aus den folgenden drei Aufgaben eine aus.

15 Versetze dich in die Lage von Otto und verfasse einen inneren Monolog. Schreibe auf, was du in dem Moment denkst, als du den kleineren Stein in der Hand siehst.

16 Versetze dich in Karls Situation und verfasse einen inneren Monolog. Schreibe auf, was dir durch den Kopf geht, als du den großen Stein in Christophs Hand siehst.

einen inneren Monolog schreiben

innerer Monolog
➤ S. 293

17 Untersuche die Reaktion des Ich-Erzählers:
– Warum kann er nicht einschlafen, obwohl er so erschöpft ist?
– Welche Gefühle könnten ihn bewegen?

die Reaktion und die Gefühle des Ich-Erzählers untersuchen

Die Rahmenhandlung:
Das Ende der Novelle (S. 164–165, Z. 376–432)

18 Untersucht, wie die Leute im Dorf auf das Ereignis reagieren.
– Beschreibt mithilfe von Textstellen, wie sie sich gegenüber dem Erzähler verhalten.
– Überlegt mögliche Gründe, warum sie ihn nicht als Helden feiern.

den Handlungsbaustein Ende untersuchen

19 Untersucht, was der Ich-Erzähler über das Verhalten der Leute denkt.
– Gebt mithilfe von Textstellen das Verhalten und die Gefühle des Erzählers wieder.
– Besprecht, ob ihr dieses Verhalten für nachvollziehbar haltet.
– Überlegt, ob er sich hätte anders verhalten können.

„Auch ich habe nicht gerichtet, ich habe nur aus Not demjenigen geholfen, den ich ohne Vorurteil als den Besseren erkannte", sagt der Ich-Erzähler am Ende (Z. 427–429).

20 Besprecht, ob ihr seine Ansicht teilt, und begründet eure Meinung.

Stellung nehmen

Anneli, Ottos Tochter, wächst zu einem lebenslustigen Mädchen heran. Trotzdem kann sie den Tod ihres Vaters nicht vergessen und die Gerüchte im Dorf verunsichern sie. Nach vielen Jahren schreibt sie deshalb dem Erzähler einen Brief, in dem sie ihn darum bittet, sein Verhalten zu erklären.

Z **21** Schreibe diesen Brief.

einen Brief aus anderer Perspektive schreiben

Z Weiterführendes: Die Merkmale einer Novelle

Die Erzählung „Drei Männer im Schneesturm" ist eine Novelle und erzählt von einem unerhörten Ereignis.

1 Schreibe auf, worin das unerhörte Ereignis in der Novelle „Drei Männer im Schneesturm" besteht.

die Merkmale der Novelle nachweisen

Die Hauptfigur einer Novelle muss einen Konflikt lösen.
Dieses Ereignis kann das Leben der Hauptfigur sehr beeinflussen.
Dabei können auch bestimmte Gegenstände (Dingsymbole)
eine besondere Bedeutung erhalten und bei der Entscheidung helfen.

2 Beantworte diese Fragen schriftlich:
– Worin besteht der Konflikt des Ich-Erzählers?
– Wie hat dieses Ereignis sein Leben beeinflusst?
– Gibt es einen Gegenstand, der in der Novelle eine besondere Bedeutung erhält? Begründe deine Antworten mit Textstellen.

Im Gegensatz zu einer Kurzgeschichte ist eine Novelle streng aufgebaut.
Es gibt einen äußeren Rahmen, der die Binnenerzählung umschließt.
Das wird auch an den unterschiedlichen Erzählern deutlich.

3 Untersuche den Aufbau der Novelle.
Beachte dabei, wie die Spannung erhöht wird.

4 Stelle die Merkmale einer Novelle der Klasse vor.
Berücksichtige deine Ergebnisse der Aufgaben 1, 2 und 3.

W Novellen enthalten dramatische Elemente.
Gestaltet die Dramatik in der Novelle „Drei Männer im Schneesturm".
Wählt dazu eine der beiden Aufgaben aus.

5 Versetze dich in die Rolle des Ich-Erzählers und erzähle das Ereignis nach.

das Ereignis nacherzählen

6 Gruppenarbeit!
Spielt den Konflikt (Seiten 159–165) nach.
a. Verteilt die Rollen: Christoph, Karl und Otto.
b. Lest die Textstelle mit verteilten Rollen.
c. Schreibt die Dialoge auf und notiert auch die Regieanweisungen.
d. Übt die Szene und spielt sie der Klasse vor.

eine Szene nachspielen
szenisches Spiel
► S. 303

Auf Marsreise mit Andreas Eschbach

Einen Bestseller-Autor kennen lernen

Der Shootingstar der Science-Fiction-Szene, so wird der Autor Andreas Eschbach von den Medien gelobt. Auf den folgenden Seiten könnt ihr einen Eindruck von seinen Büchern gewinnen. Außerdem erhaltet ihr Tipps, wie ihr fremde Welten spannend beschreiben und gestalten könnt.

Wer ist Andreas Eschbach?

Als Elfjähriger begann Andreas Eschbach die Science-Fiction-Serie Perry Rhodan[1] zu lesen. Seitdem faszinieren ihn die Zukunft unseres Planeten und die Dimensionen des Weltalls. Schon mit 15 Jahren veröffentlichte er selbst eine Geschichte auf der Leserkontaktseite von Perry Rhodan.
5 Nach dem Abitur studierte er zunächst Luft- und Raumfahrttechnik, wechselte dann in die EDV[2]-Branche. In seinen Büchern verwertet er sein Wissen über Astronomie und Computertechnik. Es entstanden spannende Science-Fiction-Romane, die wissenschaftlich so überzeugend geschrieben sind, dass sie glaubhaft wirken. Für seinen ersten Roman, „Die Haarteppichknüpfer",
10 bekam er 1996 den Literaturpreis des Science-Fiction-Clubs Deutschland. Weitere Bestseller folgten, darunter 2001 „Das Marsprojekt", der erste Roman, den er für Jugendliche schrieb. „Bei Andreas Eschbach wird man das Gefühl nicht los, es könnte sich genauso abspielen. Bald", so war es in der Zeitschrift „Bücher-Magazin" zu lesen, als der Bestseller „Ausgebrannt" 2007 erschien.
15 Wenige Autoren sind so erfolgreich wie Andreas Eschbach. Was ist sein Rezept? Vor dem Schreiben eines neuen Thrillers recherchiert er. Dafür liest er viel und trifft sich mit Wissenschaftlern, um sich über die neuesten Erkenntnisse auszutauschen. Aber genauso wichtig ist das Schreiben selbst: Gute Texte zu verfassen ist eine erlernbare Technik, sagt der Autor. Wichtig ist, dass man
20 bereit ist, einen Text immer wieder kritisch zu lesen und zu überarbeiten.

[1] Perry Rhodan: Held einer deutschen Science-Fiction-Serie [2] EDV: Abkürzung für elektronische Datenverarbeitung

1 Erstellt einen Steckbrief von Andreas Eschbach.

2 Gebt mit eigenen Worten wieder, wie Andreas Eschbach zum erfolgreichen Science-Fiction-Autor wurde.

Z 3 Informiert euch über Science-Fiction-Romane. Notiert die Merkmale.

den Autor kennen lernen

Merkmale von Science-Fiction-Romanen

Einen Auszug
aus einem Science-Fiction-Roman lesen

Der fünfteilige Roman „Das Marsprojekt" von Andreas Eschbach spielt im Jahr 2086. Der erste Teil trägt den Untertitel „Das ferne Leuchten" und beginnt folgendermaßen.

Das Marsprojekt: Das ferne Leuchten Andreas Eschbach

Elinn konnte mit einem Raumanzug umgehen. Normalerweise. Niemand wurde auf dem Mars geboren und dreizehn Jahre alt, ohne mit einem Raumanzug umgehen zu können. Aber in diesem Moment hatte sie alles vergessen. Alle Vorsicht, und vor allem die Zeit, die verging und ihren Sauerstoffvorrat
5 verringerte.
Sie hatte *das Leuchten* gesehen.
Vergessen war die Marssiedlung, die weit hinter ihr in der rostig braunen Ebene lag. Ihr eigenes Keuchen klang ihr in den Ohren, als sie über Felsen und Geröll stieg. Ihr Atem schlug silbern gegen die Innenseite ihres Helms.
10 Sie hatte *das Leuchten* gesehen, und es war aus der Jeffersonschlucht gekommen. Vergessen waren die Ermahnungen ihrer Mutter, sich nicht aus der Sichtweite der oberen Station zu entfernen, vor allem nicht allein. Elinn stieg über den felsigen Rand, sprang hinab auf eine Felsplatte, die einige Meter weiter unten aus dem Hang ragte. Sie liebte solche Sprünge. Im Unterricht hatte sie
15 gelernt, dass die Schwerkraft auf der Erde drei Mal so stark war wie die des Mars. Ihres Mars. Ihrer Heimat. Hier konnte sie Dinge tun, die den Menschen auf der Erde unmöglich waren.
Der Fels fühlte sich auch durch die Handschuhe hindurch kalt an, als sie sich am Rand festhielt. Der weite Himmel über ihr war gelb
20 von den Staubstürmen, die um diese Jahreszeit hoch oben in der dünnen Atmosphäre dahinfegten. Doch die Sterne schimmerten dahinter hervor, kalt und klar und verheißungsvoll.
Sie dachte nicht an die anderen. Die lachten sie immer nur aus, wenn sie vom *Leuchten* erzählte.
25 Sie dachte auch nicht daran, die Anzeige des Sauerstoffvorrats zu prüfen. Normalerweise war das etwas, das einem, wenn man auf dem Mars lebte, so in Fleisch und Blut überging wie Zähneputzen. Aber Elinn vergaß auch das Zähneputzen manchmal.
Die gewöhnlichen Raumanzüge hatten keine Recyclingsysteme, denn
30 das waren große, schwere Geräte, und die Atemluft, die sie produzierten, stank nach Chemie. Raumanzüge mit Komplettrecycling trug man nur bei Expeditionen. Die Marssiedler hatten leichte, bequeme Raumanzüge an, wenn sie hinausgingen, und da man selten mehr als ein paar Stunden draußen war, kam man mit den Vorräten an Energie und Atemluft
35 problemlos aus.

Elinn sprang über den Rand der Felsplatte, landete auf sandigem Geröll, das unter ihren Füßen staubte, und rannte den Abhang dann in weiten, eleganten Sätzen hinab, dem Grund der Schlucht entgegen. Als sie unten angekommen war, hatte sie bereits nicht mehr genug Sauerstoff,
40 um den Rückweg zu schaffen. Aber auch das bemerkte sie nicht, sondern ging weiter, immer weiter von der Marssiedlung weg.

1 Schreibe auf, welche Informationen der Textausschnitt über die Hauptfigur Elinn und den Planeten Mars enthält.

einen Textausschnitt untersuchen

2 Formuliere eine passende Überschrift für den Ausschnitt.

3 Was könnte hinter dem Leuchten stecken? Schreibe deine Vermutungen auf.

4 Überlege, was Elinn passieren könnte.

5 Untersucht die Erzählweise, die der Autor gewählt hat, um die Leserinnen und Leser neugierig zu machen.
– Welchen Erzähler wählt er?
– Welche Situation schildert er?

die Erzählweise untersuchen
Erzähler ➤ S. 293

Im Roman finden sich immer wieder Stellen, an denen der Autor die Landschaft und die Lebensbedingungen auf dem Mars beschreibt, sodass die Leserinnen und Leser sich ein Bild machen können.

Dass die Aussicht rings um die Asiatische Marsstation großartig war, daran erinnerten sie sich alle von ihren wenigen Besuchen dort. Doch an diesem Morgen war sie schlicht überwältigend.
5 Sie hielten auf einem der Felsvorsprünge, von denen aus man in eines der gewaltigen Täler der Valles Marineris hinabschauen konnte, und standen dann am Fenster des Rovers, schauten und schauten, ließen sich regelrecht durchtränken von dem Anblick, der sich ihnen bot.
10 Die Sonne war inzwischen aufgegangen über den Valles, ein weicher Lichtfleck an einem hellorangefarbenen Himmel, und versprach einen strahlenden Tag. Sie leuchtete herab auf ferne Tafelberge und dunkel geäderte Berghänge, tauchte Felsschrunden und Vorsprünge in rotgoldenen Schimmer, ließ den Morgennebel, der in dem weit verästelten Canyon ruhte, so hell und weiß glänzen, dass
15 man nicht bis auf den Boden sah. Der Nebel entstand, wenn die Sonne morgens Trockeneis von den ostwärts gerichteten Hängen verdampfen ließ, wo es sich in der Kälte der Nacht abgesetzt hatte, und um diese Zeit sah man noch viele weiße Punkte in dem zerklüfteten rostroten Gestein: Stellen, die im Schatten lagen und dem gefrorenen Kohlendioxid noch eine Weile Schutz bieten würden.

172   Gattungen: Auf Marsreise mit Andreas Eschbach

20 „Unglaublich, oder?", meinte Ariana irgendwann mit rauer Stimme.
„Merkt ihr das auch?", fragte Elinn flüsternd. „Merkt ihr auch, dass wir hier zu Hause sind?"
Carl nickte, fast widerwillig. Ja, sie waren hier zu Hause. Die Erde würde ihnen immer zu heiß sein, zu hell, zu gewalttätig in jeder Hinsicht.
25 Schließlich fuhren sie weiter. Hier schien die Landschaft zu lodern, so hellrot war der Boden. Der Frühnebel bewegte sich langsam in dem gewaltigen Canyon, wogte wie ein weißer Ozean. Sie überquerten eine lang gezogene Anhöhe, von deren höchstem Punkt aus, das wussten sie noch vom letzten Mal, man die Station bereits sehen würde.
30 „Wahnsinn", entfuhr es Ariana, als sich der Blick auf die Ebene vor dem Noctis Labyrinthus weitete.
„Galaktisch!", rief Ronny aus.

6 Schaut auf der Karte nach, wo sich die Jugendlichen befinden könnten.

einen Textauszug untersuchen

7 Lest den Infokasten und beantwortet die Fragen:
– Welchen geografischen Raum beschreibt der Autor?
– Mit welchen Adjektiven wird der Raum beschrieben?
– Wie wirkt der Raum auf euch?
– In welchem sozialen Raum leben die Jugendlichen vermutlich?

> **Info**
>
> **Der Raum in der Literatur**
> kann ein geografischer Raum, z. B. eine Landschaft, eine Stadt, oder ein sozialer Raum sein, in dem sich Figuren befinden, z. B. die Familie oder eine Gruppe, die ein gemeinsames Schicksal verbindet.

8 Stellt Vermutungen an, worüber der Autor recherchiert hat.

Das Foto zeigt die Marsoberfläche.

9 a. Beschreibe das Foto.
b. Vergleiche deine Beschreibung mit der Schilderung des Autors. Was fällt dir auf?

Elinn, ihr Bruder Carl, Ariana und Ronny sind die einzigen Jugendlichen, die auf dem Mars leben. Eines Tages erfahren sie, dass die Marskolonie geschlossen werden soll. Das ist ein Schock für sie und sie schmieden Fluchtpläne. Wenn du wissen willst, wie es weitergeht, lies den Roman.

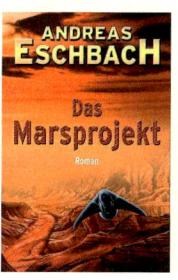

Gattungen: Auf Marsreise mit Andreas Eschbach

Die Erzähltipps von Andreas Eschbach

In dem Roman „Das Marsprojekt" beschreibt Andreas Eschbach sehr anschaulich unterschiedliche Räume. Fragen zu seiner Vorgehensweise hat er in einem Interview beantwortet.

Wie geht man am besten bei der Recherche vor?
Ich gehe in so einem Fall am liebsten erst mal in eine Bücherei und gucke, was ich zu dem Gebiet finde. Ideal sind Bildbände und Reisebeschreibungen.

Würde ich eine ganz fremde Welt erfinden wollen, dann würde ich sie mit einer irdischen Landschaft beginnen und daraus Einzelheiten übertreiben, ins Phantastische gehen lassen. Das geht mit allem: Man stelle sich zum Beispiel einen ganz normalen Wald vor, wie ihn jeder kennt – aber nun gibt es gigantische Ameisen darin, zwei Meter hoch und entsprechend gefährlich ... Und schon haben wir eine phantastische Welt, mit einem einzigen veränderten Detail!

Und damit kann man dann weitermachen. Wieso sind nur die Ameisen groß und alles andere nicht? Vielleicht hat das eine Ursache, die für die Geschichte interessant ist. Oder es gibt noch andere Riesenwesen. Oder es ist eine Welt, in der einfach alle Wesen immer größer und größer werden.

Wie wirkt eine Beschreibung echt? Sollte man die fremde Welt im Überblick oder besser im kleinen Ausschnitt beschreiben?
Ich würde damit anfangen, dass jeder erst einmal eine „Welt" beschreibt, die er kennt, die anderen aber nicht. Zum Beispiel, wie die Oma lebt, die einen Hühnerhof im Schwarzwald betreibt. Oder, wer aus einem anderen Land kommt, kann schildern, wie es dort ist. Dann kann man anhand von Rückfragen der anderen sehen, was einem gelungen ist, so zu beschreiben, dass jemand anders den richtigen Eindruck bekommt.

Es wird wohl immer darauf hinauslaufen, dass man beides braucht, sowohl den Überblick als auch den kleinen Ausschnitt, den einer, der tatsächlich dort wäre, vor der Nase hätte. Und dabei kommt es auf die Details an. Im „Marsprojekt" etwa ist eine Frage, die mehrmals auftaucht: Was macht man denn, wenn man im Raumanzug steckt und pinkeln muss? Und was, wenn man sich einfach nur mal kratzen muss? Auf solche Dinge zu kommen, erfordert Fantasie, und solche Details machen die Geschichte realistisch [...].

Sollte man dafür mit möglichst vielen Adjektiven arbeiten oder wie kann man die Leser spüren lassen, wie diese fremde Welt wirkt?
Um Himmels willen – Adjektive sind Notlösungen, kein Hauptwerkzeug. Das sagt doch schon der Name: „ad" heißt „zu", im Sinne von „zugeordnet". Nein, wichtig sind Verben und Substantive, die präzise, aber fremd sind. Das schafft auf ganz subtile Weise den Eindruck von Fremdheit. Zum Beispiel der Mars: Das Zeug, auf dem man da herumläuft, wie heißt das? Das Material, aus dem der Boden besteht? „Erde" kann man ja schlecht sagen. Ich verwende den Fachbegriff „Regolith", und schon ist ein Hauch von Fremdheit da.

1 Lest das Interview und untersucht die Vorgehensweise des Autors:
- Wie kommt der Autor an die Fakten?
- Wie bearbeitet er die Fakten?
- Welche Übungen helfen?
- Welche sprachlichen Tipps gibt er?

ein Interview untersuchen

2 Übertragt die Tipps auf eine Karteikarte.

Das Bild ist der Anregung von Andreas Eschbach nachempfunden.

3 Seht euch das Bild an und schreibt in Stichworten auf, was ihr empfindet.

ein Bild beschreiben

4 Versetzt euch in diese Landschaft und beschreibt sie mithilfe der folgenden Fragen:
- In welcher Jahres- und Tageszeit befindet ihr euch in eurer Vorstellung?
- Was seht ihr?
- Was riecht ihr?
- Welche Farben nehmt ihr wahr?
- Was befindet sich vor euch, was ist hinter euch?
- Welche Wirkung hat die Landschaft auf euch?

eine Landschaft beschreiben

5 Beschreibt die Begegnung mit der Riesenameise:
- Wie nehmt ihr auf einmal die Riesenameise wahr?
- Welche Geräusche macht sie?
- Wie riecht sie?
- Wie bewegt sie sich vorwärts?

eine Begegnung beschreiben

W Wählt aus den beiden Aufgaben eine aus und legt das Ergebnis in eure Lesemappe.

6 Schreibt mithilfe des Erzählplans eine kurze Science-Fiction-Geschichte und baut eure Beschreibungen aus Aufgabe 4 und 5 darin ein.

eine Geschichte erzählen
Erzählplan ➤ S. 299

7 Beschreibt einen geografischen Raum, der in einer Science-Fiction-Geschichte eine Rolle spielen könnte.

einen Raum beschreiben
Lesemappe ➤ S. 295

Gattungen: Auf Marsreise mit Andreas Eschbach

Z **Weiterführendes:**
Der Sachbuchautor Andreas Eschbach

Andreas Eschbach hat neben Bestseller-Romanen auch Sachbücher geschrieben, darunter „Das Buch von der Zukunft". In einem Kapitel hat der Autor sich Gedanken über die Veränderungen im Alltag gemacht, unter anderem über neue Berufe.

Das Buch von der Zukunft   Andreas Eschbach

Wie verändert sich das Verhältnis der Berufe zueinander? Kurz gesagt, sind alle „Knochenjobs" rückläufig. Bergbau, Stahlkocher, Lagerarbeiter, Landwirte – das wird alles natürlich nicht verschwinden, aber die Zahl derer, die in diesen Berufen arbeiten, wird wohl weiter abnehmen. Zulegen werden
5 dagegen Berufe, in denen maschinelle Unterstützung nur eine Nebenrolle spielt: Dienstleistungen im weitesten Sinne vor allem, Informationsverarbeitung und „Wissensarbeit".
Auch ganz neue Berufe werden entstehen. Die Wiederherstellung ökologischer Systeme zum Beispiel könnte künftig eine eigene Branche sein.
10 Vergiftete Böden entsorgen, ehemalige Müllkippen zu Wäldern aufforsten, Feuchtgebiete wiederherstellen oder Flusssysteme neu beleben – Aufgaben, die ein hohes Fachwissen erfordern, die sich allerdings nur eine wohlhabende Gesellschaft leisten kann.
In Fabriken werden vermutlich noch mehr Roboter als bisher anzutreffen sein,
15 Fließbandarbeit von Menschen dagegen auf lange Sicht praktisch ganz verschwinden. Wo Menschen für manuelle Arbeiten in der Produktion unabdingbar bleiben, werden sich Formen von Gruppenarbeit durchsetzen. Vermutlich lange bevor die erste Anhebung des Renteneintrittsalters in Kraft tritt, werden Menschen anfangen, länger zu arbeiten, als sie müssten. Die einen,
20 weil ihnen die Pensionsbezüge zu niedrig sind, die anderen, weil sie in ihrer Arbeit Erfüllung finden und keine Lust aufs „Nichtstun" haben. Oder weil sie länger leben wollen: Auffallend viele Menschen, die ein sehr hohes Alter erreichten, waren weitaus länger als bis 65 arbeitstätig. Das Gefühl, gebraucht zu werden und noch nützlich zu sein, scheint das Sterberisiko deutlich zu senken.
25 Zudem entdecken heute schon die ersten Firmen, dass ältere Mitarbeiter, eingeübt und erfahren, zu wertvoll sind, um sie einfach ziehen zu lassen. Dabei geht es nicht darum, ob ältere Mitarbeiter besser oder schlechter seien als Jüngere: Bei Älteren sind *andere* Fähigkeiten stärker ausgeprägt, die sich mit denen der Jüngeren gut ergänzen. [...]
30 Diejenigen, die jetzt in die Schule kommen, werden, wenn sie ihre Ausbildung abgeschlossen haben, vielleicht nur noch staunen, wenn man ihnen von Bewerbungen auf Papier erzählt, von wattierten Umschlägen, Schnellheftern und Passfotos. Unternehmen werden immer mehr dazu übergehen, ihre Stellen im Internet auszuschreiben, und man wird sich online bewerben.
35 Die Bewerbungen werden von einer speziellen Software vorsortiert, zu der

es bald darauf entsprechende Programme für Arbeitssuchende geben wird, die massenweise Websites und Online-Stellenbörsen scannt und automatisch Bewerbungen verschickt, die so formuliert sind, dass sie die entsprechenden Filter passieren.

40 Besonders hoch qualifizierte Kräfte werden es auch andersherum machen: Sie werden sich über einen Internetauftritt vorstellen und ihre Arbeitskraft unter den sich bewerbenden Unternehmen „versteigern".

1 Lest den Text genau und beantwortet folgende Fragen schriftlich:
– Welche Berufe wird es auch in Zukunft geben?
– In welchen Bereichen werden nach Meinung des Autors neue Berufe entstehen?
– Welche Qualifikationen sind dazu notwendig?

einen Sachtext lesen und verstehen

2 Was ist eure Meinung zu den Zukunftsvorstellungen des Autors? Schreibt eine E-Mail an den Autor, in der ihr eure Meinung darlegt und begründet.

in einer E-Mail Stellung nehmen
Stellung nehmen ➤ S. 298

Wie werden wir wohnen?
Wie werden wir uns ernähren?
Wie werden wir uns kleiden?
Wie werden wir zusammenleben?

3 Gruppenarbeit!
Wählt ein Thema aus und schreibt eure Ideen auf, wie sich der Alltag in diesem Bereich verändern wird.

eigene Zukunftsvorstellungen entwickeln

Z 4 Besorgt euch das Buch in der Bücherei und lest, was Andreas Eschbach zu diesen Themen geschrieben hat.

5 Was möchtet ihr über die Zukunft wissen?
Schreibt Fragen auf.

In diesem Kapitel habt ihr den Autor Andreas Eschbach und zwei seiner Bücher kennen gelernt.

Z 6 Stelle den Autor und ein Buch in einem Kurzreferat vor.
  a. Informiere dich über das Leben und das Werk von Andreas Eschbach.
     Tipp: Du kannst dafür seine Homepage (www.andreaseschbach.de) nutzen.
  b. Wähle ein Buch von Andreas Eschbach aus und stelle es vor.
     – Begründe, warum du dieses Buch ausgewählt hast.
     – Fasse den Inhalt zusammen.
     – Lies ausdrucksvoll einen Auszug daraus vor.

den Autor und ein Buch vorstellen
Informationen aus dem Internet kritisch auswählen ➤ S. 296

Gattungen: Auf Marsreise mit Andreas Eschbach

Aktuelles vom Tage

Tageszeitungen vergleichen

Tageszeitungen erscheinen in vielen Ländern und in vielen Sprachen. Sie sehen unterschiedlich aus, haben unterschiedliche Namen und doch haben sie eine Gemeinsamkeit: Sie erscheinen täglich und informieren über das aktuelle Geschehen.

1 Welche Zeitung erscheint in welchem Land?
  a. Erstellt eine Tabelle mit drei Spalten.
  b. Tragt die Namen der Länder, die Namen der Zeitungen und die jeweilige Übersetzung in eine Tabelle ein.
    Tipp: Die Umrisse der Länder und ein Atlas können euch helfen.
  c. Bringt weitere Tageszeitungen mit und ergänzt die Tabelle.

Übersetzung der Zeitungsnamen:
Das Land
Die Welt
Die Zeiten
Die Zeitung
Nachrichten

Starthilfe

Land	Tageszeitung	Übersetzung
Russland	Известия (Iswestija)	Nachrichten

Z 2 Im Tandem!
  a. Vergleicht die Namen der Zeitungen.
  b. Was wird mit den Zeitungsnamen jeweils ausgedrückt? Tauscht euch darüber aus.

Allein in Deutschland erscheinen täglich ca. 350 verschiedene Zeitungen.
Die folgenden Zeitungen sind am gleichen Tag erschienen.

das Layout vergleichen

3 Vergleiche die abgebildeten Titelseiten.
   a. Schreibe auf, welches Thema die Zeitungen jeweils als Leitartikel für ihre Titelseite gewählt haben.
   b. Vergleiche die Textmenge, die Schriftgröße und die Größe der Bilder.
   c. Welche Titelseite regt dich am meisten zum Weiterlesen an? Begründe deine Wahl.

Info
Im Leitartikel wird meist ein wichtiges politisches, gesellschaftliches oder wirtschaftliches Ereignis des Tages kommentiert.

4 Tauscht euch über die folgenden Fragen aus:
   – Welche Medien nutzt ihr, um euch über das Tagesgeschehen zu informieren?
   – Welche Vor- und Nachteile hat die Nutzung der einzelnen Medien?
   – Worüber informiert ihr euch, wenn ihr eine Tageszeitung lest?
   – Wie sollte eine Tageszeitung sein, damit sie euch interessiert?

über die eigene Mediennutzung reflektieren

W Über Tageszeitungen und ihre unterschiedlichen Erscheinungsformen könnt ihr euch informieren. Dazu erhaltet ihr zwei Aufgaben zur Wahl.

5 Bringt Tageszeitungen mit und untersucht sie mit den folgenden Fragen:
   – Wo und wie oft erscheinen die Zeitungen?
   – Wie hoch ist die Auflage?
      Tipp: Lest im Impressum nach.
   – Aus welchen Teilen bestehen die Zeitungen?
   – Welche Besonderheiten gibt es in der äußeren Gestaltung?

Tageszeitungen vergleichen

6 Vergleicht eine gedruckte Tageszeitung mit ihrer Online-Version vom selben Tag.
Schreibt Gemeinsamkeiten, Unterschiede, Vor- und Nachteile auf.

Druckfassung und Online-Version vergleichen

Gattungen: Aktuelles vom Tage

Sich orientieren: Titelseite und Ressorts

Das Erste, was man von einer Zeitung sieht, ist die Titelseite.

1 Worauf fällt euer Blick zuerst? Was fällt euch auf?
Schaut euch die Titelseite an und tauscht euch darüber aus.

den Aufbau einer Titelseite untersuchen

Auf einer Titelseite sind unterschiedliche Elemente zu erkennen.

2 Wie ist die Titelseite aufgebaut?
  a. Ordne die Begriffe aus der Randspalte den nummerierten Elementen der Titelseite zu und schreibe sie der Reihenfolge nach auf.
  b. Beschreibe den Aufbau der Titelseite mithilfe der Begriffe aus der Randspalte.

Bildunterschrift
Anreißermeldungen
Zeitungskopf
Schlagzeile
Leitartikel
Foto

Gattungen: Aktuelles vom Tage

Eine Zeitung enthält Informationen zu vielen Sachgebieten.
Damit die Leser bestimmte Informationen leichter finden können,
gliedern sich die meisten Tageszeitungen in Arbeits- und Aufgabengebiete.
Sie heißen Ressorts.

Traumstart ins Weihnachtsgeschäft

Frankfurt (rtr). Die zurückkehrende Kauflaune hat am ersten Adventswochenende im deutschen Einzelhandel für volle Geschäfte gesorgt.
„Das war ein Traumstart ins Weihnachtsgeschäft", sagte Stefan Genth, Hauptgeschäftsführer des Handelsverbandes HDE am Sonntag. [...]

Schwarz-Grün gescheitert

Nach dem „Realitätscheck" in Hamburg:
Rot-Grün regt sich

Atmosphärisch und programmatisch haben sich die Grünen wieder auf die SPD zubewegt. Für die Sozialdemokraten wiederum kann Hamburg eine rettende Insel in zuletzt stürmischer See bedeuten. [...]

„Podknast" mit Baacke-Preis ausgezeichnet

Bielefeld (nw). Das Projekt „Podknast" ist am Samstag in Bielefeld mit dem Dieter Baacke Preis 2010 in der Kategorie „Projekte von und mit Jugendlichen" ausgezeichnet worden.
Bei „Podknast" handelt es sich um kurze Video- und Audiosequenzen, die über das Leben im Gefängnis berichten. [...]

Schützen essen Grünkohl

Versmold (HK). Die erste Kompanie des Versmolder Schützenvereins trifft sich zum monatlichen Stammtisch. [...]

3 Worüber informieren die Zeitungsartikel?
Ordne die Artikel passenden Ressorts aus der Randspalte zu.

Z 4 Finde passende Texte aus den übrigen Ressorts in Tageszeitungen.

Politik
Service
Alltag
Sport
Kultur
Wirtschaft
Wetter
Region
Blick in die Welt
Vermischtes

Oft lässt sich hinter einer Schlagzeile das Ressort vermuten.

| Theater stellt neuen Spielplan vor | Neues auf der Leinwand |

| Bundeskanzlerin spricht Machtwort | Nationalmannschaft mit einem Bein im Endspiel |

| Auszeichnungen für unseren Geflügelzüchterverein | Hoch über Skandinavien beschert uns gutes Wetter |

5 Ordne die Schlagzeilen passenden Ressorts zu. Begründe deine Zuordnung oder erkläre, welche Zweifel du bei der Zuordnung hast.

Artikel und Schlagzeilen
Ressorts zuordnen

Z 6 Im Tandem!
  a. Schneidet aus einer Zeitung Artikel und Schlagzeilen aus.
  b. Schreibt die Ressorts auf, aus denen sie stammen.
  c. Tauscht die Artikel und Schlagzeilen und ordnet sie passenden Ressorts zu.
  d. Überprüft die Zuordnungen.

Gattungen: Aktuelles vom Tage

Der Aufbau eines Zeitungsartikels

Wenn du dir eine Zeitungsseite ansiehst, wirst du feststellen, dass viele Artikel äußerlich ähnlich aufgebaut sind.

Deutschland im Ausnahmezustand [1]

Hupkonzerte in Berlin nach dem Sieg der Nationalmannschaft [2]

Millionen Fans feiern auf den Fanmeilen [3]

Berlin – Wie in vielen anderen Großstädten auch feierten in Berlin zahlreiche Fans den knappen Sieg der Nationalmannschaft bis in die frühen Morgenstunden hinein. Die Polizei lobte das größtenteils vorbildliche Verhalten der Menschen. [4]

Trotz anhaltendem Dauerregen kamen schon Stunden vor dem Spiel zahlreiche Menschen zu den eingerichteten „Fanmeilen". Kurz nach dem Anpfiff des Spiels stockte vielen Fans der Atem, als ein gegnerischer Stürmer aus abseitsverdächtiger Position frei vor dem deutschen Tor zum Abschuss kam. Zum Glück ... [5]

Die Textteile eines Zeitungsartikels kannst du schon am Schriftbild erkennen.

1 Sieh dir die verschiedenen Textteile des Zeitungsartikels an.
    a. Ordne den verschiedenen Textteilen 1–5 im Zeitungsartikel die passende Bezeichnung aus der Randspalte zu.
    b. Begründe deine Zuordnung.

> Dachzeile
> Schlagzeile
> Unterzeile
> Vorspann
> Nachrichtenkörper

Starthilfe
(1) Dachzeile – steht wie ein Dach über …

Die einzelnen Textteile erfüllen verschiedene Funktionen.

2 Im Tandem!
    a. Vergleicht die Schrift des Vorspanns mit der Schrift des Nachrichtenkörpers.
    b. Vergleicht die Informationen im Vorspann mit den Informationen, die im Nachrichtenkörper enthalten sind.
    c. Tauscht euch darüber aus, wozu der Vorspann und der Nachrichtenkörper dem Leser dienen.

die Funktion einzelner Textteile untersuchen

Z 3 Vergleicht den Zeitungsartikel oben mit Artikeln aus anderen Zeitungen.
    a. Bringt Zeitungsartikel aus verschiedenen Ressorts mit.
    b. Beschreibt den Aufbau der Artikel und erklärt die Funktion einzelner Textteile.

Zeitungsartikel vergleichen

Gattungen: Aktuelles vom Tage

Artikel, die sachlich über Ereignisse informieren, sind Zeitungsberichte. Wie die meisten Berichte beantworten auch Zeitungsberichte wichtige W-Fragen.

4 Untersuche den Zeitungsbericht auf Seite 182 mithilfe von W-Fragen. Schreibe W-Fragen auf, die im Zeitungsbericht beantwortet werden.

Die Reihenfolge, in der die W-Fragen beantwortet werden, richtet sich nach der Wichtigkeit der Informationen.

5 Im Tandem!
  a. Schreibt auf, in welcher Reihenfolge W-Fragen im Zeitungsbericht auf Seite 182 beantwortet werden.
  b. Welche Informationen sind besonders wichtig? Tauscht euch darüber aus.

Zeitungsberichte sind häufig nach inhaltlichen Gesichtspunkten in Form einer Pyramide aufgebaut.

6 Erkläre den Aufbau der Nachrichtenpyramide in eigenen Worten.

7 Überprüfe, ob der Bericht auf Seite 182 dem Aufbau der Nachrichtenpyramide folgt. Schreibe zu jeder Ebene der Pyramide die passenden Zitate auf.

Nachrichtenpyramide (von oben nach unten):
- Informationskern
- Zusammenhänge und Hintergründe
- unterstützende Informationen
- ergänzende, weniger wichtige Einzelheiten

Z 8 Vergleiche den Aufbau des Zeitungsberichts mit dem Aufbau eines Tagesberichts.

einen Tagesbericht schreiben
➤ S. 108–110

9 Fasse die Merkmale eines Zeitungsberichts zusammen. Verwende dazu Ergebnisse zu den Aufgaben auf den Seiten 182 und 183.

Starthilfe
Ein Zeitungsbericht informiert sachlich über …

W Hier erhaltet ihr Wahlaufgaben.

10 Schreibe einen eigenen Zeitungsbericht.
  Tipp: Du kannst dafür die Stichworte am Rand verwenden oder eigene Stichworte aufschreiben.
  a. Gliedere deinen Bericht nach dem Aufbau der Nachrichtenpyramide.
  b. Schreibe eine treffende Schlagzeile auf.

11 Bringt aktuelle Zeitungsberichte mit und überprüft, ob sie wie eine Nachrichtenpyramide aufgebaut sind.

Sonntagnachmittag
Demonstranten
verschenkten Blumen
an wartende Autofahrer
Aktion gegen Ausbau
der Stadtautobahn
Berliner Bürgerinitiativen
blockieren Kreuzung
100 Teilnehmer

Zeitungstexte untersuchen: Schlagzeilen

Schlagzeilen dienen als Blickfang für Leserinnen und Leser.
Sie sollen Neugierde wecken und zum Lesen anregen.

Vulkanasche über Europa – Krisensitzung

Messflüge über Island

Blindflug im Cockpit

Vulkanasche lässt auch Feinstaubwerte klettern

1 Welche Inhalte vermutet ihr in den Artikeln zu diesen Schlagzeilen? Tauscht euch darüber aus.

Schlagzeilen untersuchen

Frankfurt – Die Vulkan-Asche aus Island stürzt den Flugverkehr ins Chaos. In Deutschland wurden am Donnerstagabend als Erstes die Flughäfen in Hamburg und Berlin geschlossen. Auch kleinere Airports wie Bremen waren betroffen.

Hamburg – Aus Furcht vor einem erneuten Ausbruch des Eyjafjalla-Vulkans reisen nur wenige Touristen nach Island. Mit einer Imagekampagne will der kleine Inselstaat das Geschäft wieder ankurbeln.

Hamburg – Bei einer Eruption können Vulkane wie in Island gewaltige Mengen an vulkanischer Asche freisetzen. Dabei handelt es sich nicht um Asche im herkömmlichen Sinn, also nicht um organische Rückstände wie etwa bei der Verbrennung von Holz und Kohle.

A Vulkan schreckt Urlauber ab

B Vulkanasche lähmt Flugverkehr in Deutschland und Europa

2 Welche Schlagzeile gehört zu welchem Zeitungsartikel?
  a. Ordne zwei Zeitungsartikeln passende Schlagzeilen vom Rand zu.
  b. Schreibe für den dritten Artikel eine eigene Schlagzeile auf.

Schlagzeilen Zeitungsartikeln zuordnen

Schlagzeilen sollten kurz und griffig sein, damit die Leserinnen und Leser sie auf einen Blick erfassen können. Dieser Satz ist zu lang geraten.

In Schottland haben die Behörden die Bevölkerung
vor einer Gefährdung der Gesundheit durch Vulkanasche
in der Luft gewarnt, nachdem eine Aschewolke
aus Island über ganz Europa hinwegzieht.

3 Formuliere die Schlagzeile so um, dass sie kurz und griffig wird.
  a. Streiche so viele überflüssige Wörter wie möglich.
  b. Schreibe dann eine Schlagzeile auf.
  c. Vergleiche dein Ergebnis mit deiner Nachbarin oder deinem Nachbarn.

Schlagzeilen formulieren

Gattungen: Aktuelles vom Tage

Zeitungstexte untersuchen: Eine Reportage

Journalisten erhalten Nachrichten meist von Nachrichtenagenturen. Manchmal reisen sie aber auch selbst an den Ort eines Geschehens, um dort zu recherchieren und Reportagen zu schreiben.

REPORTAGE: Gelassenheit in Island nach Vulkanausbruch

Der Ausbruch des isländischen Vulkans Eyjafjallajökull hat den Flugverkehr in weiten Teilen Europas zum Erliegen gebracht und viele Menschen damit zur Verzweiflung gebracht. Die Isländer sehen die Gefahren des Vulkanausbruchs mit Gelassenheit.

Nicht in ganz Nordeuropa brachte der isländische Vulkan Eyjafjallajökull den Flugverkehr am Wochenende zum Erliegen. In Island selbst wurden lediglich die Starts und Landungen von und nach Europa gestrichen, dorthin also, wohin sich die Rauchschwaden aus dem brodelnden Berg weiter ausbreiteten. Die wirklichen Gefahren des Vulkanausbruchs wie giftiger Ascheregen oder Sturzfluten von schmelzenden Gletschern sehen die Menschen in Island mit beeindruckender Gelassenheit. „Das kann ohnehin niemand kontrollieren", sagt der Bauer Peter Peterson aus dem Dorf Hvolsvöllur am Fuße des Gletschers Eyjafjalla, 85 Kilometer östlich der Hauptstadt Reykjavik. „Wo immer du in Island lebst, an einigen Stellen drohen Erdbeben, an anderen gibt es Vulkane, und alles ist irgendwie gefährlich", sagt der 42-Jährige lakonisch[1] über die allgegenwärtigen Gefahren auf der Vulkaninsel. Und sein 22-jähriger Nachbar Haraldur Evar Gudmunson pflichtet ihm bei: „Jeder hier in Island erlebt im Laufe seines Lebens mindestens zwei Vulkanausbrüche, einige Erdbeben, Schneestürme und Seestürme."
Die bisher größte Tragödie[2] auf der Insel war der Ausbruch des Vulkans Laki im Jahr 1783, in dessen Folge fast ein Viertel der Bevölkerung an giftigen Rauchwolken und einer anschließenden Hungersnot starben. Aber auch die Eruptionen am Eyjafjallajökull bergen Gefahren. In dem kleinen Ort Vik, der jüngst durch eine Sturzflut von der Außenwelt abgeschnitten war, zeigen Lehrer laut einem Rundfunkbericht ihren Schülern, wie man Atemmasken anlegt. Menschen mit Atemwegsbeschwerden müssen sich vorsehen.
[...]

[1] lakonisch: kurz, ohne zusätzliche Erläuterung [2] die Tragödie: hier: ein Unglück

1 a. Untersuche die Reportage mithilfe der folgenden Fragen:
– Wodurch wirkt die Reportage besonders anschaulich und lebendig?
– Wodurch werden auch die Gefühle der Leser angesprochen?
b. Belege deine Antworten mit passenden Textstellen.

die Wirkung untersuchen

2 Wodurch unterscheidet sich die Reportage von einem Bericht?
a. Lies deine Ergebnisse zu Aufgabe 9 auf Seite 183.
b. Vergleiche sie mit deinen Antworten zu Aufgabe 1 auf dieser Seite.
c. Schreibe die Reportage in einen Zeitungsbericht um.

eine Reportage mit einem Bericht vergleichen
Lesemappe ▶ S. 295

Gattungen: Aktuelles vom Tage

Z Weiterführendes: Interview und Kommentar

Journalisten berichten nicht nur über Ereignisse, sondern befragen Experten auch über Hintergründe und Folgen, wie in diesem Interview.

Wolz: Herr Professor Bergmann, die Aschewolke aus Island bewegt sich auf Deutschland zu. Geht davon eine gesundheitliche Gefahr für die allgemeine Bevölkerung aus?
5 **Bergmann:** Nein, im gegenwärtigen Moment geht davon keine Gefahr aus. Es besteht also kein Grund zur Panik. Die Staubwolke ist momentan noch sehr hoch, acht bis zehn Kilometer. Wenn Teilchen herunterkommen, dann nur als ein feiner Staubfilm,
10 sehr stark verdünnt und in kleinen Mengen. Ich gehe davon aus, dass das zu keinen Reaktionen in der Lunge führt, auch nicht bei Asthmatikern, die ja bereits vorbelastet sind.
Wolz: Was würde denn passieren, wenn die Wolke
15 tiefer sinkt? Auf was müssen Asthmatiker dann achten?
Bergmann: Asthmatiker sollten dann überprüfen, ob sie mehr Reizhusten haben oder eine Verengung der Atemwege. Ist das der Fall, sollten die Betroffe-
20 nen besser nicht zu viel Zeit an der Luft verbringen und sich wenig körperlich belasten.
Wolz: Auch Pollenallergikern könnte der Staub Probleme bereiten, befürchten Experten. Die Ascheteilchen könnten sich an die Pollen heften und diese
25 aggressiver machen. Ist das möglich?

Bergmann: Prinzipiell ja. Die Teilchen müssten dafür allerdings sehr klein sein. Wir beobachten intensiv, ob sich das Verhalten der Pollen ändert und ob sich Staubteilchen daran ablagern. Ergebnisse
30 sind allerdings erst in den kommenden Tagen zu erwarten.
Wolz: Welche Krankheitssymptome könnten durch den Aschestaub hervorgerufen werden?
Bergmann: Als Erstes leiden Augen, Nase und
35 Atemwege. Die Augen sind gerötet und tränen vermehrt. Die Nase juckt, die Partikel lösen einen Niesreiz aus. Ein weiteres Symptom, an dem gut zu erkennen ist, dass etwas in der Luft liegt, ist ein trockener Reizhusten.

Der Lungenfacharzt Professor Karl-Christian Bergmann ist Leiter der allergologisch-pneumologischen[1] Ambulanz am Allergie-Centrum der Berliner Charité.
Er ist Mitglied der Europäischen Stiftung für Allergieforschung und gehört zum Vorstand der Stiftung Deutscher Polleninformationsdienst.

[1] pneumologisch: die Lungenheilkunde betreffend

1 Fasst zusammen, worum es in dem Interview geht.

ein Interview verstehen

2 Vergleicht das Interview mit einem Zeitungsbericht oder einer Reportage.
    a. Schreibt auf, welche Merkmale euch in der äußeren Form auffallen.
    b. Tauscht euch darüber aus, wer die Interviewpartner sind und welche Aufgaben sie jeweils übernehmen.

die äußere Form und die Merkmale untersuchen

Oft werden Sach- oder Experteninterviews durch Informationen zur befragten Person ergänzt.

3 Tauscht euch darüber aus, warum das Interview durch die Informationen zu Karl-Christian Bergmann ergänzt wurde.

In einigen Artikeln werden Ereignisse und ihre Folgen kommentiert.

Asche über Europa   *Von Klaus-Dieter Frankenberger*

15. April 2010   Die nationalen Luftfahrtbehörden – voran die britische – haben schnell und folgerichtig gehandelt: Nach dem Ausbruch des isländischen Eyjafjalla-Vulkans haben sie den Luftraum über
5 mehr als einem halben Dutzend west- und nordeuropäischer Länder geschlossen. Tausende Flüge sind gestrichen worden, Tausende Flüge werden vermutlich auch an diesem Freitag noch gestrichen werden, hunderttausende Passagiere konnten ihre Ziele am
10 Donnerstag nicht erreichen, jedenfalls nicht auf dem Luftwege.

Das ist eine beispiellose multinationale Einschränkung¹ in einem Verkehrssektor, der in den vergangenen Jahren, vor der Wirtschaftskrise, vor allem
15 durch sein großes Wachstum von sich reden gemacht hat. [...] Es ist richtig, dass keinerlei Risiko eingegangen wird. Sollte der isländische Gletschervulkan abermals ausbrechen, werden weitere Luftraumschließungen unweigerlich folgen müssen. [...]
20 In den gemäßigten Zonen hatten wir uns an Jahreszeiten gewöhnt, die Fahrpläne erlaubten, die auf Minuten, gar auf Sekunden abgestimmt waren – und dann kam ein Winter, den wir so seit Jahrzehnten nicht erlebt hatten. Folge: Fahrpläne
25 wurden über den Haufen geworfen; die Zahl der Flug- und Bahnausfälle in Europa, gerade in seinem westlichen Teil, waren gar nicht mehr zu zählen. Die Kosten stiegen entsprechend hoch.
Und jetzt ein Vulkanausbruch auf Island. Die trans-
30 kontinentale Verkehrsvernetzung² führt dazu, dass die unmittelbaren Auswirkungen schon am Donnerstag bis zum Persischen Golf und darüber hinaus reichten. Das ist der Preis der Verflechtung: Ein örtliches Ereignis hat ungeahnte Konsequenzen³,
35 diesmal in der Fliegerei.

¹ die multinationale Einschränkung: Einschränkung für viele Staaten
² die transkontinentale Verkehrsvernetzung: Verkehrsnetz, das sich über einen Erdteil erstreckt
³ die Konsequenzen: Folgen

In diesem Kommentar bewertet der Journalist Klaus-Dieter Frankenberger einen Sachverhalt aus seiner persönlichen Sicht.

4 Fasse in eigenen Worten zusammen, welcher Sachverhalt bewertet wird.   *den Kommentar erschließen*

5 Untersuche den Kommentar mithilfe der folgenden Fragen genauer.   *den Aufbau untersuchen*
– In welchen Textstellen kommt die persönliche Meinung zum Ausdruck?
– In welchen Textstellen wird sie begründet?

6 Tauscht euch darüber aus, warum in Tageszeitungen persönliche Meinungen veröffentlicht werden.   *über die Funktion nachdenken*

Z 7 Stelle in einer Tabelle die Merkmale für Zeitungsberichte, Reportagen, Interviews und Kommentare gegenüber.   *Merkmale vergleichen*

Werbung

Werbung und ihren Einfluss einschätzen

Im Alltag sind wir häufig von Werbung umgeben. Einige Beispiele seht ihr auf dieser Collage.

1 Tauscht euch über die Collage aus.
- Wo wird geworben?
- Womit wird geworben?
- Welche Ziele werden jeweils verfolgt?

2 Welche Werbung begegnet euch im Alltag häufig? Welche wenig oder gar nicht? Tauscht euch darüber aus.

sich über Werbung austauschen

Häufig wird Werbung gar nicht bewusst wahrgenommen und doch beeinflusst sie das Verhalten vieler Menschen.

3 Wie sehr beeinflusst die Werbung dein Verhalten?
Wähle eine Antwort aus und schreibe sie auf.
- Sehr. Ich entscheide mich für das, was ich aus der Werbung kenne.
- Nicht so sehr. Ich vergleiche immer, bevor ich mich entscheide.
- Gar nicht. Ich ignoriere Werbung bewusst.

den Einfluss von Werbung einschätzen

Mithilfe dieses Fragebogens kannst du untersuchen, wie hoch der Einfluss der Werbung auf dich tatsächlich ist.

4 Lies die Fragen und schreibe jeweils die Frage mit der Antwort auf, die auf dich zutrifft.

den Einfluss von Werbung untersuchen

Fragebogen: Wie sehr wirst du durch Werbung beeinflusst?

1. **Schätze, wie viele Werbebotschaften dich durchschnittlich pro Tag erreichen.**
   a. 200
   b. 500
   c. mehr als 1000

2. **Wie viele Markennamen kennst du? Schreibe in einer Minute alle Markennamen auf, die dir einfallen.**
   a. 0 – 10
   b. 10 – 15
   c. mehr als 15

3. **Wie viele Produkte, die du aus der Werbung kennst, kaufst du? Schreibe alle auf, die dir in 30 Sekunden einfallen.**
   a. 0 – 3
   b. 3 – 6
   c. mehr als 6

4. **Wie beurteilst du Werbung?**
   a. Werbung vermittelt wichtige Informationen.
   b. In der Werbung wird viel übertrieben.
   c. Werbung ist völlig unglaubwürdig.

5 Wertet eure Antworten aus.
a. Vergleicht eure Antworten.
b. Welche Schlussfolgerungen könnt ihr aus euren Antworten im Einzelnen ableiten? Schreibt Stichworte dazu auf.
c. Überprüft, ob ihr eure Antwort zu Aufgabe 3 nach der Auswertung des Fragebogens bestätigen könnt.

einen Fragebogen auswerten

Gattungen: Werbung

Bedürfnisse und Zielgruppen

Psychologen haben festgestellt, dass Menschen verschiedene Bedürfnisse haben. Abraham Maslow hat sie in Form einer Pyramide dargestellt:

Bedürfnis nach Selbstverwirklichung:
etwas aufbauen, dazulernen, kreativ sein

Bedürfnis nach Anerkennung und Wertschätzung: Lob, Erfolg, Respekt

soziale Bedürfnisse:
Familie und Freunde haben,
geliebt werden, zu einer Gruppe gehören

Sicherheitsbedürfnisse:
Schutz vor Gefahren, Unterkunft, Recht und Ordnung

körperliche Bedürfnisse:
Grundlagen des Überlebens: Essen, Trinken, Sauerstoff

1 a. Erkläre den Aufbau der Pyramide.
b. Fasse zusammen, was die Pyramide veranschaulicht.

eine Grafik erklären
Grafiken erschließen
➤ S. 296

Diese Erkenntnis machen sich Werbefachleute zunutze.
Sie gestalten Werbung so, dass diese Bedürfnisse angesprochen und neue Wünsche geweckt werden.

2 Welche Bedürfnisse werden durch die Bilder angesprochen?
a. Ordne die Bilder passenden Grundbedürfnissen zu.
b. Schreibe auf, wofür mit den Bildern geworben werden könnte.

die Funktion von Bildern untersuchen

Um gezielt zu werben, berücksichtigen Werbefachleute oft eine Zielgruppe. Das ist der Personenkreis, der angesprochen werden soll. Merkmale, wie z. B. Alter, Bedürfnisse, Interessen, Verhaltensweisen der Zielgruppe, werden bei Gestaltung der Werbung bedacht.

Mit diesen Werbeanzeigen wird dasselbe Produkt beworben, aber unterschiedliche Zielgruppen werden angesprochen.

3 a. Untersucht die Werbeanzeigen mithilfe der folgenden Fragen:
- Für welches Produkt wird geworben?
- Welches Grundbedürfnis wird angesprochen?
- Welche weiteren Wünsche sollen geweckt werden?
- Welche Zielgruppe wird angesprochen?
- Wodurch wird die jeweilige Zielgruppe angesprochen?
- Wie könnte die Anzeige auf die jeweilige Zielgruppe wirken?

b. Wertet eure Antworten gemeinsam aus.

Zielgruppen untersuchen

4 Im Tandem!
Plant und entwerft eine Anzeige, mit der für Milch geworben wird, für eine Zielgruppe eurer Wahl.
a. Legt fest, welchen Personenkreis ihr ansprechen wollt, und beschreibt ihn so genau wie möglich.
b. Wie könnt ihr eure Zielgruppe ansprechen? Sammelt Ideen.
c. Gestaltet eure Entwürfe nach euren Ideen.
d. Präsentiert alle Entwürfe in der Klasse.

eine Zielgruppe berücksichtigen

Gattungen: Werbung

Bilder und Sprache in der Werbung

Bilder sind ein wichtiger Bestandteil von Werbung.

1. Welches Bild spricht dich spontan am meisten an?
   Begründe deine Antwort.

2. Beschreibe die Wirkung der Bilder mithilfe der folgenden Fragen:
   – Worauf wird dein Blick gelenkt?
   – Wie wirken die Personen/Lebewesen?
   – Wie wirken die Farben?
   – Welches Lebensgefühl wird vermittelt? Welche Stimmung?

   die Wirkung von Bildern beschreiben

3. Wofür könnte mit den Bildern geworben werden?
   Schreibe deine Ideen in Stichworten auf und begründe sie.

Werbung will erreichen, dass positive Erwartungen und Vorstellungen geweckt und mit einem Produkt oder einem Unternehmen verknüpft werden. Diese Erwartungen und Vorstellungen nennt man Image.

4. Welche Erwartungen und Vorstellungen könnten mit den Bildern geweckt werden?
   a. Wähle ein Produkt aus Aufgabe 3 und eines der Bilder oben aus.
   b. Beschreibe, welches Image das gewählte Bild von dem Produkt vermitteln könnte.

   das Image untersuchen

Z 5. Im Tandem!
   Tauscht euch darüber aus, warum das Image auf eine Zielgruppe zugeschnitten wird. Führt dazu Beispiele an.

Das Image entsteht jedoch auch durch die Sprache, die in der Werbung verwendet wird. Das sind Werbeslogans aus verschiedenen Anzeigen:

Der gesunde Start in den Tag.	Geht nicht, gibt's nicht.
Natur erleben und Gastlichkeit genießen.	Hilfe, die ankommt.
In touch with tomorrow.	Ich bin doch nicht blöd.

6 Beschreibe, welches Image jeweils durch die Slogans vermittelt wird.

Slogans untersuchen

Starthilfe
Der gesunde Start in den Tag – Das Produkt weckt die Erwartung, dass ...

Slogans sollen sich leicht einprägen und das Interesse der Käufer wecken. Dazu werden häufig folgende sprachliche Mittel verwendet:

- Wörter aus anderen Sprachen, vor allem aus dem Englischen
- Wortneuschöpfungen
- Personifikation (Vermenschlichung von Dingen)
- Anlehnung an Alltags- oder Jugendsprache
- Alliteration (aufeinanderfolgende Wörter mit dem gleichen Anlaut)
- Paradoxon (scheinbarer oder tatsächlicher Widerspruch)
- Metapher (bildlicher Ausdruck, ein Wort oder eine Wortgruppe wird in einer übertragenen Bedeutung verwendet)

Die klügere Zahnbürste gibt nach.
Weniger ist mehr.
Happy mit Handy.
Ein Meer von Cremigkeit.
Geiz ist geil.
Die Milch macht's.
Naschermittwoch

7 Untersuche die Slogans am Rand mithilfe der sprachlichen Mittel. Ordne den sprachlichen Mitteln ein passendes Beispiel vom Rand zu und schreibe sie zusammen auf.

8 Bewertet die Slogans, die ihr aus der Werbung kennt.
  a. Sammelt Slogans, die ihr aus der Werbung kennt.
  b. Welchen Slogan findet ihr am wirkungsvollsten? Begründet eure Entscheidung.
  c. Schreibt die Slogans in einer Rangliste auf.
  d. Überprüft, ob ihr nur den Slogan kennt oder ob ihr auch ein bestimmtes Produkt damit verbindet.

Manchmal ensteht die Wirkung einer Werbeanzeige durch etwas Unerwartetes in Bild und Text.

9 a. Was für eine Werbung für welche Zielgruppe erwartet ihr, wenn ihr nur das Bild betrachtet? Tauscht euch darüber aus.
  b. Untersucht den Text.
  c. Welche Wirkung entsteht durch Text und Bild? Tauscht euch darüber aus.

Gattungen: Werbung

Eine Werbeanzeige untersuchen und gestalten

Viele Werbeanzeigen sind nach dem AIDA-Prinzip aufgebaut.

> **Merkwissen**
>
> **Das AIDA-Prinzip**
> **A**ttention **Aufmerksamkeit** des Lesers/Betrachters gewinnen
> **I**nterest   **Interesse** des Lesers/Betrachters wecken
> **D**esire   einen **Wunsch** erzeugen
> **A**ction   **Aktiv werden**: der Leser/Betrachter soll etwas tun (kaufen, seine Meinung, seine Einstellung, sein Verhalten ändern).

1 Formuliere die Stufen des AIDA-Prinzips in Fragen um.

Starthilfe
> Wie wird die Aufmerksamkeit des Lesers/Betrachters geweckt?

das AIDA-Prinzip verstehen

Diese Anzeige wirbt für die Berliner Stadtreinigungsbetriebe BSR:

Logo der Berliner Stadtreinigungsbetriebe

2 Untersuche die Werbeanzeige nach dem AIDA-Prinzip. Schreibe eine Antwort zu jeder Frage auf.

eine Werbeanzeige nach dem AIDA-Prinzip untersuchen

3 Untersuche die einzelnen Elemente der Werbeanzeige.
– Welches sprachliche Mittel wird verwendet?
– Welche anderen Mittel werden verwendet?

4 Was könnte mit ● gemeint sein? Was mit „Orange"? Erkläre die Aussage der Anzeige mit eigenen Worten.
Tipp: Sieh dir das Logo am Rand an und lies die Bildunterschrift.

5 Welches Image soll mit dem Unternehmen verbunden werden? Schreibe Stichworte dazu auf.

das Image untersuchen

6 Beurteile die Wirkung der Werbeanzeige und begründe deine Meinung.
– Wie ist dein Gesamteindruck?
– Lässt sie sich gut einprägen?
– Weckt sie dein Interesse und deine Aufmerksamkeit?

die Wirkung der Anzeige untersuchen

Diese Werbeanzeige hat eine Gruppe der Klasse 8 b gestaltet.

7 Gruppenarbeit!
  a. Erstellt mithilfe der Stichworte am Rand eine Checkliste, mit der ihr die Werbeanzeige überprüfen könnt.
  b. Überprüft die Werbeanzeige mithilfe der Checkliste.

Checkliste: Eine Werbeanzeige gestalten	Ja	Nein
Ist das Produkt erkennbar?		
...		

Produkt
Zielgruppe
Image
AIDA-Prinzip
Bilder
sprachliche Mittel

Nun könnt ihr selbst eine Werbeanzeige gestalten.
Bevor ihr anfangt, solltet ihr klären, was ihr dafür braucht.

8 Beantwortet die folgenden Fragen in Stichworten:
  – Für welches Produkt wollt ihr werben?
  – Welche Zielgruppe wollt ihr ansprechen?
  – Welches Image wollt ihr vermitteln?

eine eigene Werbeanzeige planen

9 Entwerft dann eine Werbeanzeige nach dem AIDA-Prinzip. Verwendet dazu passende Bilder und sprachliche Mittel.

Werbeanzeigen entwerfen

Zum Schluss könnt ihr eure eigenen Werbeanzeigen überprüfen.

10 Wie wirkungsvoll sind eure Entwürfe?
  Überprüft und überarbeitet die Entwürfe mithilfe einer Checkliste.

die Entwürfe überprüfen und überarbeiten

11 a. Wählt einen Entwurf aus und gestaltet eure Anzeige danach.
  b. Präsentiert sie in der Klasse.

die eigene Werbeanzeige gestalten und präsentieren

Gattungen: Werbung

Z Weiterführendes:
Werbung und ihre Wirkung bewerten

Der italienische Fotograf Oliviero Toscani hat für viele Werbekampagnen bekannter Modefirmen fotografiert. Im Buch „Die Werbung ist ein lächelndes Aas" wird deutlich, wie er Werbung und ihre Wirkung beurteilt.

1 Wovon handelt der Text?
Lest die Überschrift und den Infokasten und tauscht euch über eure Vermutungen aus.

> **Info**
> **Aas** hat verschiedene Bedeutungen, unter anderen: **1.** Schimpfwort **2.** Lockmittel, Köder

Die Werbung ist ein lächelndes Aas   Oliviero Toscani

Halleluja! Treten Sie ein in die beste aller Welten, das Paradies auf Erden, das Reich der Glückseligkeit, des sicheren Erfolgs und der ewigen Jugend. In diesem Wunderland mit immer blauem Himmel trübt kein saurer Regen das glänzende Grün der Blätter, nicht der kleinste Pickel wölbt
5 die babyrosa Haut der Mädchen, und niemals verunziert ein Kratzer die spiegelblanken Karosserien der Autos. Auf leergefegten Straßen fahren junge Frauen mit langen, braungebrannten Beinen in schimmernden Limousinen, die soeben aus der Waschanlage kommen. Unfälle, Glatteis, Radarkontrollen und geplatzte Reifen sind ihnen fremd. Wie Aale schlängeln
10 sie sich durch die Staus der Großstädte, entgehen all den braungebrannten Autoscheibenputzern an den Ampelkreuzungen und [...] gleiten geräuschlos zu geräumigen Altbauwohnungen oder zu luxuriösen Wochenendhäusern mit unbezahlbaren Möbeln.

2 Wie wirkt die Einleitung auf euch als Leser?
Lest die Zeilen 1 und 2 noch einmal und tauscht euch darüber aus.

Leseeindrücke austauschen

Der Autor beschreibt eine bestimmte „Welt".

3 Was kommt in dieser Welt vor? Was nicht?
Schreibt passende Textstellen auf.

den Inhalt erschließen

4 Bringt Werbeanzeigen mit, die Bilder einer solchen Welt vermitteln, und vergleicht sie mit der Beschreibung im Text.

Der Autor beschreibt nicht nur. Er vertritt auch seine Meinung.

5 Welche Meinung vertritt der Autor?
 a. Lest noch einmal die Überschrift und eure Notizen zu Aufgabe 3.
 b. Sprecht darüber, wodurch die Meinung des Autors deutlich wird.
 c. Fasst die Meinung des Autors in eigenen Worten zusammen.

die Schreibabsicht untersuchen

Nachdem die Klasse 8 b den Text gelesen hat, diskutieren Schülergruppen über Werbung und ihre Wirkung.

1 Ich finde Werbung oft witzig und gut gemacht. Ich möchte lieber coole und interessante Bilder sehen als solche, die unbedingt der Wirklichkeit entsprechen.

2 Ich finde es unerträglich, dass ich gar nicht selbst entscheiden kann, ob ich Werbung will oder nicht. Sie ist einfach überall.

3 Werbung vermittelt doch auch wichtige Informationen. Ich kann etwas über die neusten Trends erfahren.

4 Ständig wechseln angesagte Marken. So viel Geld kann ich gar nicht ausgeben.

5 Ohne Werbung würde ich bestimmte Dinge nie ausprobieren. Ich kann ja dann selbst entscheiden, ob ich dabei bleibe.

6 Was die Werbung von den Produkten verspricht, ...

6 Welche Meinungen vertreten die Schüler?
   a. Notiere zu jeder Äußerung, ob sie für oder gegen Werbung spricht.
   b. Ergänze die Sprechblase Nr. 6.

Meinungen und Argumente untersuchen

7 Welche Argumente werden angeführt?
   Schreibe sie nach Pro- und Kontra-Argumenten geordnet in eine Tabelle.

8 Welche Meinung vertrittst du?
   a. Schreibe deine Meinung auf.
   b. Sammle Argumente und Beispiele, die deine Meinung stützen.

die eigene Meinung mit Argumenten und Beispielen stützen

Nun könnt ihr selbst über Werbung und ihre Wirkung diskutieren.

9 Gruppenarbeit!
   a. Bildet Gruppen, in denen verschiedene Meinungen vertreten werden.
   b. Diskutiert darüber, wie ihr persönlich Werbung und ihre Wirkung bewertet.

diskutieren

Pro-und-Kontra-Diskussion
▶ S. 303

Gattungen: Werbung

Nur fürs Ohr:
Ein Hörspiel gestalten

Die Vorlage kennen lernen

Geschichten wirken ganz unterschiedlich, je nachdem, wie sie dargestellt werden. Die folgende Handlung wird als Comic erzählt.

1 Wovon handelt der Comic?
  a. Einigt euch darauf, wer den Text ausdrucksvoll vorlesen wird.
  b. Hört eurer Mitschülerin oder eurem Mitschüler zu, ohne die Comicbilder dabei zu betrachten.
  c. Schreibt Stichworte zur Handlung auf.

einen Comic vorlesen und verstehen

ausdrucksvoll vorlesen
➤ S. 302

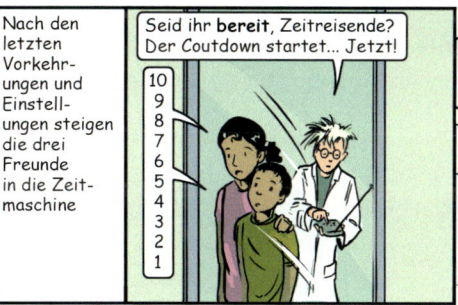

2 a. Tauscht euch darüber aus, was ihr von der Handlung verstanden habt.
b. Schreibt einen passenden Titel für den Comic auf.

das Hörverständnis überprüfen

3 Über welche Teile der Handlung konntet ihr nur Vermutungen anstellen? Erklärt, woraus ihr Schlüsse über den Handlungsverlauf gezogen habt.

In diesem Kapitel lernt ihr, ein eigenes Hörspiel zu gestalten.

4 Besprecht, ob der Comic sich gut als Vorlage für ein Hörspiel eignet.

über Gestaltungsmöglichkeiten nachdenken

5 Besprecht, mit welchen Mitteln Geschichten erzählt werden können.

Gattungen: Nur fürs Ohr: Ein Hörspiel gestalten

Die Stimme trainieren

Hörspielsprecher erzählen nicht nur den Handlungsverlauf
einer Geschichte. Durch ausdrucksvolles Sprechen können sie auch
Gefühle ausdrücken – sogar dann,
wenn die Wörter keine Bedeutung haben.

Sprecherin oder Sprecher
1: Hulli, Holli.
2: Helli, Halli.
1: Hatte tatte gatte tu?
2: Natte patte fatte lu.

1: Jola, jola, mumma fü!
2: Macke, macke tacke hü.
1: Oh, di mio malo matta.
2: Meisei feisei deisei dattei.
1: Adi, Ado, Ada, Adai.
2: Adram, Adrum, Adex, Dei.

1 Welche Gefühle könnt ihr ausdrücken?
  a. Lest den Fantasiedialog zu zweit.
  b. Wiederholt den Dialog und probiert passende Sprechweisen
     für verschiedene Situationen aus.

Gefühle beim Lesen mit verteilten Rollen ausdrücken

Starthilfe
– Ihr freut euch, eine Freundin oder einen Freund zu treffen.
– Ihr tauscht streng vertrauliche Informationen aus.
– ...

  c. Welche Situationen lassen sich leicht an der Sprechweise erkennen?
     Tauscht euch darüber aus.

W Mit diesem Spiel könnt ihr in Gruppen eure Stimme trainieren und
einzelne Sätze für euer Hörspiel in verschiedenen Sprechweisen üben.

> Ich will zurück zu meinen richtigen Freunden.

> Diese Duschkabine ist eine Zeitmaschine?

> 5, 4, 3, 2, 1 ... Null!

> Wer seid ihr? Wer schickt euch?

2 Den richtigen Ton treffen.
  – Reihum spricht jeder einen der Sätze in der Sprechweise seiner Wahl.
  – Alle anderen raten, welche er gewählt hat.
  – Ihr könnt auch weitere Sprechweisen auf kleine Zettel schreiben.
  – Reihum zieht dann jeder einen Zettel und spricht einen der Sätze
    in der passenden Sprechweise.

nervös
wütend
gelangweilt
lässig
müde
besorgt
...

Ihr könnt ausdrucksvoll sprechen, wenn ihr einzelne Wörter in einem Satz besonders betont.

Diese Duschkabine ist eine Zeitmaschine.
Diese **Duschkabine** ist eine Zeitmaschine.
Diese Duschkabine **ist** eine Zeitmaschine.
Diese Duschkabine ist **eine Zeitmaschine**.

3 Gruppenarbeit!
  a. Sprecht in eurer Vierergruppe jeder einen der Sätze. Betont dabei jeweils das hervorgehobene Wort.
  b. Wiederholt die Sätze und nehmt euch dabei auf.
  c. Hört euch eure Aufnahme an und tauscht euch darüber aus, wie sich die Aussage des Satzes jeweils ändert.

Satzbetonungen und ihre Wirkung erproben

Auch in eurem Hörspiel könnt ihr durch die Betonung und die Sprechweise verschiedene Gefühle und Stimmungen ausdrücken.

4 Gruppenarbeit!
  a. Lest den Text in den Sprechblasen mit verschiedenen Betonungen und Sprechweisen.
  b. Schreibt den Dialog ab und unterstreicht Wörter, die ihr betonen wollt.
  c. Schreibt auf, welche Sprechweisen zu welchen Sätzen passen.

misstrauisch
aufmunternd
frustriert
mutlos
überrascht
…

5 Gruppenarbeit!
Lernt den Sprechblasentext auswendig und präsentiert ihn in der Klasse. Achtet dabei auf die Betonung und die Sprechweise.

Bei der Umgestaltung eines Comics in ein Hörspiel müsst ihr manche Zeichen in Laute „übersetzen".

Z 6 Wie lassen sich die Gedanken der Mutter im Bild am Rand mit der Stimme ausdrücken?
  a. Sammelt Ideen.
  b. Präsentiert den Dialog zum Bild in der Klasse.

Geräusche erzeugen

Geräusche machen ein Hörspiel lebendig und spannend.

1 Welche Geräusche passen zu den Bildern am Rand?
    a. Beschreibt die Geräusche.
    b. Probiert Möglichkeiten aus, die Geräusche mit dem Körper, mit anderen Gegenständen oder wie auf den Bildern zu erzeugen.

2 Im Tandem!
    a. Nehmt weitere Geräusche auf.
    b. Spielt sie in der Klasse vor.
    c. Überprüft, ob die anderen herausfinden können, welche Geräusche ihr darstellen wolltet und wie ihr sie erzeugt habt.

Nicht immer ist es möglich, passende Originalgeräusche aufzunehmen.
Ihr könnt sie aber mit wenigen Materialien und Hilfsmitteln nachahmen.

Zellophan dicht vor dem Mikrofon zerknüllen. Gleichzeitig dünne Hölzchen zerbrechen.

Murmeln oder Nüsse in einen Luftballon stopfen. Den Luftballon aufblasen und nah am Mikrofon schütteln.

Mikrofon an ein eingeschaltetes Aufnahmegerät anschließen. Mikrofon anschalten und fest hineinpusten.

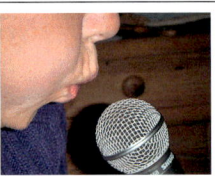

Ein Radio auf einen Bereich ohne klaren Empfang stellen.

3 **a.** Nehmt diese Geräusche auf.
    b. Schreibt auf, in welchen Hörspielszenen ihr sie einsetzen könntet.

Geräusche erzeugen und aufnehmen

Diese Situationen kommen im Comic auf den Seiten 198–199 vor:

> handwerkliche Tätigkeit, ein freundlicher Sommertag, ein Spaziergang, Rufe hinter einer verschlossenen Tür

4 Wie könnt ihr diese Situationen mit Geräuschen darstellen?
    a. Probiert eure Ideen aus und nehmt die Geräusche auf.
    b. Schreibt auf, welche Materialien ihr dazu benötigt.

Situationen mit Geräuschen darstellen

5 Schreibt weitere Geräusche und Materialien auf, die ihr für die Umgestaltung des Comics in ein Hörspiel verwenden wollt.
    Tipp: Ihr könnt auch passende Musik auswählen und einsetzen.

Hörspieldialoge untersuchen und schreiben

Bei einem Hörspiel hört man vor allem die wörtliche Rede der Figuren. Die wörtliche Rede muss lebendig wirken und gleichzeitig dem Zuhörer verraten, was er nicht sehen kann.

Dialog A:

Komm, wir sehen nach!

Meinst du?

Na klar.

Dialog B:

Was sind das für seltsame Geräusche? Es klingt, als ob jemand auf Blech herumhämmert. Außerdem schimpft da jemand vor sich hin. Komm, wir gehen mal um den Gartenzaun herum und schauen nach.

Da arbeitet doch jemand. Vielleicht fühlt sich die Person gestört. Die Garagentür ist ja auch geschlossen. Bist du sicher, dass wir einfach hinübergehen und nachsehen sollten?

Na, klar. Vielleicht können wir behilflich sein. Wenn nicht, können wir uns ja mal vorstellen. Vielleicht wohnen dort Leute in unserem Alter. Wir kennen doch sonst hier niemanden.

1 Im Tandem!
  a. Lest die beiden Dialoge mit verteilten Rollen.
  b. Vergleicht die Dialoge.

Dialoge untersuchen und vergleichen

Manchmal muss die wörtliche Rede leicht verändert werden, damit der Zuhörer die Handlung besser versteht.

2 Schreibt zur selben Situation einen Dialog, der sich für eine Hörspielszene eignet.

Dialoge umschreiben

W Ihr könnt auch einen Erzähler sprechen lassen oder ein Geschehen im Hintergrund durch Geräusche verdeutlichen. Wählt eine dieser Aufgaben:

3 Ergänzt zu eurem Dialog zur Aufgabe 2 passende Geräusche.
  a. Nehmt den Dialog mit den Geräuschen auf.
  b. Präsentiert die Aufnahme in der Klasse.

Geräusche erzeugen
➤ S. 202

4 Welche Teile der Comic-Handlung könnten im Hörspiel durch einen Erzähler wiedergegeben werden? Wählt geeignete Stellen aus und schreibt einen Text für den Erzähler auf.

einen Erzähltext schreiben

Szenen planen und aufnehmen

Für die Herstellung eures Hörspiels braucht ihr einen Szenenplan. Ihr könnt die einzelnen Comicbilder in Szenen umgestalten oder auch mehrere Bilder in einer Szene zusammenfassen.

> Wir könnten Bilder zusammenfassen, in denen dieselben Figuren sprechen.

1
a. Tauscht euch darüber aus, welche Comicbilder sich gut in einer Hörspielszene zusammenfassen lassen.
b. Einigt euch auf die Anzahl und die Einteilung der Szenen.

Starthilfe

Szene	Bild
1	1
2	2 bis …

In einen Szenenplan gehören auch Angaben dazu, für welche Figuren ihr Sprecher benötigt.

2 Schreibt einen Szenenplan. Tragt für jede Szene ein, welche Figuren vorkommen.

einen Szenenplan schreiben

Starthilfe

Szene	Bild	Figur
1	1	Hakan, …

Für die einzelnen Szenen sind die Dialoge besonders wichtig.

3 Überprüft Szene für Szene, welche Textstellen aus dem Comic sich auch für die Hörspielszenen eignen.
a. Schreibt den Text ab und ergänzt ihn.
b. Schreibt auch auf, wie der Text gesprochen und betont werden soll.

einen Szenenplan ergänzen

Hörspieldialoge untersuchen und schreiben ▶ S. 203

Starthilfe

1. Szene: beim Essen		
Figur/Erzähler	Sprechweise	wörtliche Rede
Erzähler	neutral	Familie Özdemir ist am Anfang der Sommerferien umgezogen. Es sind besonders langweilige Ferien.
die Mutter	mitfühlend, freundlich	Geht doch nach dem Essen …
Ayse	schlecht gelaunt	…

Auch die Geräusche sollten im Szenenplan eingetragen werden.

4 Ergänzt in einer weiteren Spalte die Geräusche für jede Szene.
a. Tragt eure Ergebnisse zu Aufgabe 4 und 5 auf Seite 202 ein.
b. Schreibt auch auf, welche Materialien ihr für die Aufnahme noch besorgen müsst.

Euer Hörspiel ist nun gut vorbereitet. Bevor ihr mit dem Aufnehmen beginnt, müsst ihr noch festlegen, wer welche Aufgaben übernimmt.

5 Schreibt einen Regieplan.   *einen Regieplan erstellen*
   a. Fügt eure Aufzeichnungen zu den Aufgaben 1 bis 4 zu einem großen Plan zusammen.
   b. Ergänzt im Plan die Namen der Sprecherinnen und Sprecher.
      Tipp: Ihr könnt auch Testaufnahmen machen und danach festlegen, wer sich für welche Rolle eignet.
   c. Tragt auch ein, wer für welches Geräusch verantwortlich ist.

Starthilfe

Regieplan für das Hörspiel: ...			
1. Szene: beim Essen			
Figur/Erzähler	wörtliche Rede	Sprechweise	Geräusch (verantwortlich)
Nadine: Mutter	Geht doch nach dem Essen ...	...	Geschirrklappern (Lucia)

6 Übt die einzelnen Szenen mit verteilten Rollen mehrmals, bis ihr euren Text und eure Aufgaben gut kennt.   *Hörspielszenen einüben*

Nun könnt ihr euer Hörspiel aufnehmen.

7 Nehmt die Szenen als Hörspiel auf.   *das Hörspiel aufnehmen*
   Wiederholt die Aufnahme, bis ihr mit dem Ergebnis zufrieden seid.
   Tipp: Mit verschiedenen kostenlosen Computerprogrammen könnt ihr eure Aufnahme bearbeiten, z. B. Geräusche ein- und ausblenden, Fehlerstellen entfernen, ...

8 Spielt eure Aufnahme in der Klasse vor.
   a. Macht euch Notizen zu den Aufnahmen.
   b. Wertet anschließend aus:
      – Was ist gut gelungen?
      – Welche Verbesserungsvorschläge gibt es?

W Hier erhaltet ihr weitere Aufgaben zur Wahl.

9 Wie könnte die Comic-Handlung weitergehen?   *eine Fortsetzung schreiben und aufnehmen*
   a. Zeichnet oder schreibt eine Fortsetzung.
   b. Erstellt einen Regieplan für die Fortsetzung.
   c. Nehmt die Fortsetzung auf.

10 Gestaltet Hörspielszenen aus anderen Texten.   *weitere Hörspiele gestalten*
   Wählt dazu geeignete Texte aus „Doppel-Klick" aus.

Gattungen: Nur fürs Ohr: Ein Hörspiel gestalten

Lesen erforschen, lesen trainieren

Sich von einem Text ein Bild machen

Beim Lesen entstehen Bilder in deinem Kopf, die Figuren beginnen zu leben, die Geschichte kommt ins Rollen, du hast eine Vorstellung von den Dingen und eine Vermutung, wie es weitergehen könnte. Du kannst die Geschichte weiterschreiben oder als Theaterstück inszenieren.
Eine solche Spielszene hilft dir, tiefer in die Bedeutung einer Geschichte einzudringen. Als Erstes aber musst du die Geschichte lesen und Schritt für Schritt untersuchen.
Bearbeitet die folgenden Aufgaben in kleinen Gruppen (4 Personen).

1 Lest die Überschrift der Kurzgeschichte und die beiden ersten Sätze. Was könnte geschehen? Tauscht euch über eure Vermutungen aus.

Schritt 1: Vor dem Lesen

2 Lest die Kurzgeschichte – der Schluss fehlt noch.
Tauscht euch anschließend über eure ersten Leseeindrücke aus. Welche Bilder sind in euren Köpfen entstanden?

Das Fenster-Theater Ilse Aichinger

Die Frau lehnte am Fenster und sah hinüber. Der Wind trieb in leichten Stößen vom Fluss herauf und brachte nichts Neues. Die Frau hatte den starren Blick neugieriger Leute, die unersättlich sind. Es hatte ihr noch niemand den Gefallen getan, vor ihrem Haus niedergefahren zu werden. Außerdem wohnte sie im
5 vorletzten Stock, die Straße lag zu tief unten. Der Lärm rauschte nur mehr leicht herauf. Alles lag zu tief unten. Als sie sich eben vom Fenster abwenden wollte, bemerkte sie, dass der Alte gegenüber Licht angedreht hatte. Da es noch ganz hell war, blieb dieses Licht für sich und machte den merkwürdigen Eindruck, den aufflammende Straßenlaternen unter der Sonne machen. Als hätte einer
10 an seinen Fenstern die Kerzen angesteckt, noch ehe die Prozession die Kirche verlassen hatte. Die Frau blieb am Fenster.
Der Alte öffnete und nickte herüber. Meint er mich?, dachte die Frau.
Die Wohnung über ihr stand leer, und unterhalb lag eine Werkstatt, die um diese Zeit schon geschlossen war. Sie bewegte leicht den Kopf.
15 Der Alte nickte wieder. Er griff sich an die Stirne, entdeckte, dass er keinen Hut aufhatte, und verschwand im Innern des Zimmers.
Gleich darauf kam er in Hut und Mantel wieder. Er zog den Hut und lächelte. Dann nahm er ein weißes Tuch aus der Tasche und begann zu winken. Erst leicht und dann immer eifriger. Er hing über die Brüstung, dass man
20 Angst bekam, er würde vornüberfallen. Die Frau trat einen Schritt zurück,

aber das schien ihn nur zu bestärken. Er ließ das Tuch fallen, löste seinen Schal vom Hals – einen großen bunten Schal – und ließ ihn aus dem Fenster wehen. Dazu lächelte er. Und als sie noch einen weiteren Schritt zurücktrat, warf er den Hut mit einer heftigen Bewegung ab und wand den Schal wie einen Turban
25 um seinen Kopf. Dann kreuzte er die Arme über der Brust und verneigte sich. Sooft er aufsah, kniff er das linke Auge zu, als herrsche zwischen ihnen ein geheimes Einverständnis. Das bereitete ihr so lange Vergnügen, bis sie plötzlich nur mehr seine Beine in dünnen, geflickten Samthosen in die Luft ragen sah. Er stand auf dem Kopf. Als sein Gesicht gerötet, erhitzt und freundlich
30 wieder auftauchte, hatte sie schon die Polizei verständigt.
Und während er, in ein Leintuch gehüllt, abwechselnd an beiden Fenstern erschien, unterschied sie schon drei Gassen weiter über dem Geklingel der Straßenbahnen und dem gedämpften Lärm der Stadt das Hupen des Überfallautos. Denn ihre Erklärung hatte nicht sehr klar und ihre Stimme erregt
35 geklungen. Der alte Mann lachte jetzt, sodass sich sein Gesicht in tiefe Falten legte, streifte dann mit einer vagen Gebärde darüber, wurde ernst, schien das Lachen eine Sekunde lang in der hohlen Hand zu halten und warf es dann hinüber. Erst als der Wagen schon um die Ecke bog, gelang es der Frau, sich von seinem Anblick loszureißen.
40 Sie kam atemlos unten an. Eine Menschenmenge hatte sich um den Polizeiwagen gesammelt. Die Polizisten waren abgesprungen, und die Menge kam hinter ihnen und der Frau her. Sobald man die Leute zu verscheuchen suchte, erklärten sie einstimmig, in diesem Hause zu wohnen. Einige davon kamen bis zum letzten Stock mit. Von den Stufen beobachteten sie, wie
45 die Männer, nachdem ihr Klopfen vergeblich blieb und die Glocke allem Anschein nach nicht funktionierte, die Tür aufbrachen. Sie arbeiteten schnell und mit einer Sicherheit, von der jeder Einbrecher lernen konnte. Auch in dem Vorraum, dessen Fenster auf den Hof sahen, zögerten sie nicht eine Sekunde. Zwei von ihnen zogen die Stiefel aus und schlichen um die Ecke.
50 Es war inzwischen finster geworden. Sie stießen an einen Kleiderständer, gewahrten den Lichtschein am Ende des schmalen Ganges und gingen ihm nach. Die Frau schlich hinter ihnen her.
Als die Tür aufflog, stand der alte Mann, mit dem Rücken zu ihnen gewandt, noch immer am Fenster. Er hielt ein großes weißes Kissen auf dem Kopf, das er
55 immer wieder abnahm, als bedeutete er jemandem, dass er schlafen wolle. Den Teppich, den er vom Boden genommen hatte, trug er um die Schultern. Da er schwerhörig war, wandte er sich auch nicht um, als die Männer schon knapp hinter ihm standen und die Frau über ihn hinweg in ihr eigenes finsteres Fenster sah. [...]

3 Wie war euer erster Leseeindruck?
   a. Schreibt zunächst jeder für sich auf, wie die Geschichte auf euch gewirkt hat.
   b. Beschreibt, welche Bilder in eurem Kopf entstanden sind.
   c. Sprecht in der Gruppe über eure ersten Eindrücke und Bilder.

Schritt 2:
Das erste Lesen

den ersten Leseeindruck formulieren

Arbeitstechniken trainieren: Lesen erforschen, lesen trainieren

Den Text lesen und verstehen

Um die Handlung der Kurzgeschichte zu verstehen, könnt ihr die Handlungsbausteine untersuchen. Dabei erkennt ihr, welche Figuren wie handeln, welchen Wunsch die Hauptfigur hat, was der Erfüllung des Wunsches entgegensteht und wie sie darauf reagiert.
Aber auch Zeit und Ort, Licht und Geräusche können von Bedeutung sein. Stellt entsprechende Fragen an den Text.

> Schritt 3:
> **Beim genauen Lesen**

Arbeitet in Gruppen.

1 Lest den ersten Abschnitt der Kurzgeschichte noch einmal.

Die Frau lehnte am Fenster und sah hinüber. Der Wind trieb in leichten Stößen vom Fluss herauf und brachte nichts Neues. Die Frau hatte den starren Blick neugieriger Leute, die unersättlich sind. Es hatte ihr noch niemand den Gefallen getan, vor ihrem Haus niedergefahren zu werden. Außerdem wohnte sie im
5 vorletzten Stock, die Straße lag zu tief unten. Der Lärm rauschte nur mehr leicht herauf. Alles lag zu tief unten. Als sie sich eben vom Fenster abwenden wollte, bemerkte sie, dass der Alte gegenüber Licht angedreht hatte. Da es noch ganz hell war, blieb dieses Licht für sich und machte den merkwürdigen Eindruck, den aufflammende Straßenlaternen unter der Sonne machen. Als hätte einer
10 an seinen Fenstern die Kerzen angesteckt, noch ehe die Prozession die Kirche verlassen hatte. Die Frau blieb am Fenster.

2 **a.** Wer ist die Hauptfigur?
  b. In welcher Situation ist die Hauptfigur? Schreibt Stichwörter auf.
  c. Was möchte die Hauptfigur? Notiert ihren Wunsch.
  d. Verallgemeinert den Wunsch.

die Handlungsbausteine Hauptfigur und Situation bestimmen

3 Wie stellt ihr euch die Hauptfigur vor? Wie sieht sie aus?
  a. Beschreibt eure Vorstellung von der Figur zunächst jeder allein.
  b. Sammelt in der Gruppe eure Ideen. Ihr benötigt sie für die Spielszene.

Fragen an den Text stellen

4 Wo findet das Fenster-Theater statt? Wie stellt ihr euch den Ort vor?
  a. Schreibt alle Schlüsselwörter aus dem ersten Textabschnitt heraus, die etwas über den Ort der Handlung aussagen.
  b. Wie stellt ihr euch den Lärm vor? Notiert Geräusche.
  c. Was könnte der Handlungsort mit dem Wunsch der Frau zu tun haben? Stellt in der Gruppe Vermutungen an.

Schlüsselwörter zum Ort der Handlung finden

Vermutungen anstellen

5 Das Licht spielt in dieser Kurzgeschichte eine besondere Rolle. Im ersten Abschnitt ist es Auslöser für das Handeln der Hauptfigur.
  a. Benennt die Textstelle, die diese Behauptung stützt.
  b. Tauscht euch in der Gruppe darüber aus, wie der Vergleich im vorletzten Satz zu verstehen ist. Klärt Unklarheiten.

weitere Textstellen untersuchen

Unklarheiten klären

In den nächsten Abschnitten der Kurzgeschichte geht es darum, was die Frau von ihrem Fenster aus sieht und wie sie darauf reagiert.

Schritt 3:
Beim genauen Lesen

6 Lest die nächsten Abschnitte noch einmal jeder für sich.

Der Alte öffnete und nickte herüber. Meint er mich?, dachte die Frau. Die Wohnung über ihr stand leer, und unterhalb lag eine Werkstatt, die um diese Zeit schon geschlossen war. Sie bewegte leicht den Kopf.
15 Der Alte nickte wieder. Er griff sich an die Stirne, entdeckte, dass er keinen Hut aufhatte, und verschwand im Innern des Zimmers.
Gleich darauf kam er in Hut und Mantel wieder. Er zog den Hut und lächelte. Dann nahm er ein weißes Tuch aus der Tasche und begann zu winken. Erst leicht und dann immer eifriger. Er hing über die Brüstung, dass man
20 Angst bekam, er würde vornüberfallen. Die Frau trat einen Schritt zurück, aber das schien ihn nur zu bestärken. Er ließ das Tuch fallen, löste seinen Schal vom Hals – einen großen bunten Schal – und ließ ihn aus dem Fenster wehen. Dazu lächelte er. Und als sie noch einen weiteren Schritt zurücktrat, warf er den Hut mit einer heftigen Bewegung ab und wand den Schal wie einen Turban
25 um seinen Kopf. Dann kreuzte er die Arme über der Brust und verneigte sich. Sooft er aufsah, kniff er das linke Auge zu, als herrsche zwischen ihnen ein geheimes Einverständnis. Das bereitete ihr so lange Vergnügen, bis sie plötzlich nur mehr seine Beine in dünnen, geflickten Samthosen in die Luft ragen sah. Er stand auf dem Kopf. Als sein Gesicht gerötet, erhitzt und freundlich
30 wieder auftauchte, hatte sie schon die Polizei verständigt.
Und während er, in ein Leintuch gehüllt, abwechselnd an beiden Fenstern erschien, unterschied sie schon drei Gassen weiter über dem Geklingel der Straßenbahnen und dem gedämpften Lärm der Stadt das Hupen des Überfallautos. Denn ihre Erklärung hatte nicht sehr klar und ihre Stimme erregt
35 geklungen. Der alte Mann lachte jetzt, sodass sich sein Gesicht in tiefe Falten legte, streifte dann mit einer vagen Gebärde darüber, wurde ernst, schien das Lachen eine Sekunde lang in der hohlen Hand zu halten und warf es dann hinüber. Erst als der Wagen schon um die Ecke bog, gelang es der Frau, sich von seinem Anblick loszureißen.

7 Arbeitet in der Gruppe. Untersucht die gelesenen Abschnitte genau. Besprecht zuvor, wer welche der folgenden Aufgaben übernimmt:
   a. Was sieht die Frau von ihrem Fenster aus? Schreibe Stichwörter auf.
   b. Die Frau kann sich lange von dem Fenster gegenüber nicht losreißen. Notiere Schlüsselwörter, die etwas über ihre Gedanken aussagen.
   c. Was tut die Frau, als sie das Theater am Fenster gar nicht mehr versteht? Notiere, wann genau das passiert und wie sie reagiert.
   d. Schreibe alle Hinweise auf den Ort der Handlung auf.

8 Tragt eure Ergebnisse zu Aufgabe 2 in der Gruppe zusammen. Besprecht, wie sich euer Bild von der Geschichte verändert hat.

die Aufgaben in der Gruppe verteilen

Schlüsselwörter finden
weitere Handlungsbausteine untersuchen

Mit dem Eintreffen der Polizei steigt die Spannung.
Die Anzahl der beteiligten Figuren wird erhöht.

Schritt 3:
Beim genauen Lesen

9 Lest jeder für sich die nächsten Abschnitte der Kurzgeschichte.

40 Sie kam atemlos unten an. Eine Menschenmenge hatte sich um den
Polizeiwagen gesammelt. Die Polizisten waren abgesprungen, und die Menge
kam hinter ihnen und der Frau her. Sobald man die Leute zu verscheuchen
suchte, erklärten sie einstimmig, in diesem Hause zu wohnen. Einige davon
kamen bis zum letzten Stock mit. Von den Stufen beobachteten sie,
45 wie die Männer, nachdem ihr Klopfen vergeblich blieb und die Glocke
allem Anschein nach nicht funktionierte, die Tür aufbrachen.
Sie arbeiteten schnell und mit einer Sicherheit, von der jeder
Einbrecher lernen konnte. Auch in dem Vorraum, dessen Fenster
auf den Hof sahen, zögerten sie nicht eine Sekunde. Zwei von ihnen
50 zogen die Stiefel aus und schlichen um die Ecke. Es war inzwischen
finster geworden. Sie stießen an einen Kleiderständer, gewahrten
den Lichtschein am Ende des schmalen Ganges und gingen ihm nach.
Die Frau schlich hinter ihnen her.
Als die Tür aufflog, stand der alte Mann, mit dem Rücken zu ihnen gewandt,
55 noch immer am Fenster. Er hielt ein großes weißes Kissen auf dem Kopf,
das er immer wieder abnahm, als bedeutete er jemandem, dass er schlafen
wolle. Den Teppich, den er vom Boden genommen hatte, trug er
um die Schultern. Da er schwerhörig war, wandte er sich auch nicht um,
als die Männer schon knapp hinter ihm standen und die Frau über ihn hinweg
60 in ihr eigenes finsteres Fenster sah.

Bearbeitet die folgenden Aufgaben in Gruppen.

10 Fasst kurz zusammen, was in der Geschichte vom Anfang bis zu
diesem Abschnitt geschehen ist. Notiert zu jedem Absatz einen Satz.

den Inhalt kurz zusammenfassen

11 Untersucht nun die Textabschnitte auf dieser Seite.
  a. Welche Figuren sind an der Handlung beteiligt?
  b. Wie verhalten sie sich? Notiert Textstellen, mit denen das Verhalten
      der Menschenmenge und der Polizisten charakterisiert werden kann.

das Verhalten der Figuren charakterisieren

12 Stellt euch gegenseitig Fragen, die die Gefühle der Frau und des Mannes
betreffen, z. B.:
  – Was mag die Frau denken, als sie ihr eigenes finsteres Fenster sieht?
  – Wie mag der Mann sich fühlen, wenn er die Polizisten und die Frau
    hinter sich entdeckt?
Nehmt deren Perspektive ein. Schreibt die Antworten auf.

Fragen an den Text und an sich selbst stellen

die Perspektive einer Figur einnehmen

13 Besprecht in der Gruppe, welches Ende der Geschichte ihr vermutet und
welches Ende ihr euch wünscht.

Vermutungen anstellen

Die Ergebnisse der Textarbeit auswerten

> Schritt 4:
> **Nach dem Lesen**

Der letzte Absatz muss den Wendepunkt bringen. Die Handlung drängt zu einer Auflösung und die Kurzgeschichte ihrem Ende zu.

1 Lest nun den letzten Abschnitt der Geschichte, jeder allein.

Die Werkstatt unterhalb war, wie sie angenommen hatte, geschlossen. Aber in die Wohnung oberhalb musste eine neue Partei eingezogen sein. An eines der erleuchteten Fenster war ein Gitterbett geschoben, in dem aufrecht ein kleiner Knabe stand. Auch er trug sein Kissen auf dem Kopf und die
65 Bettdecke um die Schultern. Er sprang und winkte herüber und krähte vor Jubel. Er lachte, strich mit der Hand über das Gesicht, wurde ernst und schien das Lachen eine Sekunde lang in der hohlen Hand zu halten. Dann warf er es mit aller Kraft den Wachleuten ins Gesicht.

Bearbeitet die folgenden Aufgaben in Gruppen.

2 Untersucht das Ende der Kurzgeschichte.
   a. Besprecht, welches der entscheidende Moment, also der Wendepunkt, in dieser Kurzgeschichte ist. Schreibt die entsprechende Textstelle auf.
   b. Wie endet die Geschichte für die Frau?
   c. Was geschieht danach? Wer ist die handelnde Figur am Ende?

den Wendepunkt bestimmen

3 Besprecht das Ende der Kurzgeschichte. Was für ein Ende hattet ihr erwartet? Würdet ihr es als „offen" bezeichnen? Begründet.

den Handlungsbaustein Ende untersuchen

**Mit dem Wissen vom Ende einer Geschichte deutet man das Verhalten der Figuren wieder neu.
Auch Details können eine neue Bedeutung erlangen.**

4 Wie kommunizieren die Figuren in dieser Kurzgeschichte? Wer spricht eigentlich? Wer verständigt sich mit wem? Schreibt Textstellen auf, in denen Äußerungen mittels Mimik und Körpersprache beschrieben werden. Was bedeuten sie jeweils?

Licht und Finsternis spielen eine Rolle. Oft will ein Autor oder eine Autorin damit die Bewertung der Figuren durch die Leser lenken.

5 a. Ordnet alle Textstellen, in denen Licht, Beleuchtung oder Finsternis eine Rolle spielen, den Figuren – Frau, Mann, Knabe – zu.
   b. Deutet eure Zuordnungen. Was lässt sich daraus in Bezug auf die Bewertung der Figuren ableiten?
   c. Bewertet das Verhalten der Hauptfigur. Begründet eure Meinung.

das Verhalten der Hauptfigur bewerten

Den Text szenisch interpretieren

Schritt 4: Nach dem Lesen

Während des Lesens habt ihr viele Fragen an den Text gestellt und beantwortet. Auch nach dem Lesen gibt es noch offene Fragen. Das szenische Spielen hilft euch, diese zu beantworten.
Im Unterschied zur Kurzgeschichte soll das Ende nicht offen bleiben.

Zuerst verständigt ihr euch über den Inhalt eurer Spielszene.

1. Besprecht, was ihr in eurer Spielszene darstellen wollt.
   Tipps: – Beachtet, dass es keine Dialoge in der Kurzgeschichte gibt.
   – Ihr müsst nicht alle Teile der Handlung darstellen.

   Ideen für den Inhalt einer Spielszene sammeln

2. Sammelt Ideen für ein Ende der Spielszene.
   Beispiel 1: Die Frau erklärt der neugierigen Menschenmenge, warum sie die Polizei gerufen hat.
   Beispiel 2: Die Frau bleibt im Hintergrund und …

3. Um herauszufinden, welches Ende der Spielszene am besten zu der Kurzgeschichte passt, stellt ihr unterschiedliche Fragen an den Text und beantwortet sie. Das können sein:

   Fragen an den Text und an sich selbst stellen

   A **Hier im Text:** Fragen, deren Antwort wörtlich an einer Stelle im Text zu finden ist.
   Beispiele: Was genau tut die Frau zu Beginn der Geschichte? Welche Mimik und welche Gesten des Mannes versteht die Frau wie?

   B **Hier und dort im Text:** Fragen, für deren Beantwortung mehrere Informationen im Text verknüpft werden müssen.
   Beispiele: An was für einem Ort findet die Handlung statt? Woran ist das zu erkennen?

   C **Der Text und ich**: Fragen, bei deren Antwort die Informationen im Text mit eurem eigenen Vorwissen und euren Erfahrungen verknüpft werden.
   Beispiele: Welche Rolle spielen Licht und Finsternis in der Geschichte? Was könnte die Autorin beabsichtigt haben? Welche Bedeutung verbindest du mit Licht und Finsternis?

   D **Ich allein**: Stellt euch jeder die Frage, die ihr nur in eurem Kopf beantworten könnt: Hat das Nachdenken über das Ende der Spielszene mein Textverständnis verändert? Wenn ja, wie?

   a. Formuliert in eurer Gruppe zu jedem Fragetyp weitere Fragen. Schaut dazu noch einmal in den Text und bezieht eure Arbeitsergebnisse ein.
   b. Besprecht eure Antworten und entscheidet, welches Ende in eurer Spielszene dargestellt werden soll.

Wenn ihr den Inhalt der Spielszene geplant habt, bereitet ihr die Rollen für die Darstellung der Figuren vor.

Schritt 4: Nach dem Lesen

4 Schreibt auf der Grundlage eurer Arbeitsergebnisse Rollenkarten für die Figuren, die ihr darstellen wollt.
  a. Für die Rolle der Frau könnt ihr einen Monolog schreiben, in dem die Gedanken der Frau zu dem Fenster-Theater formuliert werden.
  b. Für die Rollenkarte „alter Mann" notiert ihr alle Textstellen, in denen seine Gesten und seine Mimik beschrieben werden. Schreibt auch auf, welche Gegenstände ihr benötigt, z. B. ein weißes Kissen.

Rollenkarten schreiben

5 Zu den Rollenkarten gehören die Regieanweisungen: Notiert, wie die Figuren aussehen, wie sie sich bewegen. So könnt ihr vorgehen:

Regieanweisungen formulieren

Beispiel 1:
Im Text heißt es: „Die Frau hatte den starren Blick neugieriger Leute".
– Wie stellt ihr euch die Mimik der Frau vor?
– Welchen Gesichtsausdruck hat sie am Ende der Geschichte?
Baut zwei Standbilder.
Tipp: Den Monolog kann die Frau selbst sprechen. Er kann aber auch von einer anderen Darstellerin (aus dem Off) gesprochen werden.

Beispiel 2:
– Was tut der Mann gerade, als die Frau die Polizei ruft?
  Lest nach und baut auch dazu ein Standbild.
Von dem alten Mann und dem Knaben wird gesagt, dass sie „eine Sekunde lang das Lachen in der Hand" halten, um es dann zu werfen.
– Findet beide Textstellen.
– Probiert diese Geste aus. Was könnte sie bedeuten?

6 Gestaltet den Handlungsort der Spielszene.
  a. Entwerft ein Hintergrundbild (z. B. eine Plakatwand).
  b. Beschreibt einem Beleuchter, wie das merkwürdige Licht am Anfang der Szene aussehen soll. Beschreibt es mit eigenen Vergleichen.
  c. Notiert, wie sich das Licht im Verlaufe der Handlung verändert.

den Handlungsort gestalten

7 a. Verteilt die Rollen.
  b. Übt die Spielszene ein.
  c. Stellt sie der Klasse vor.

die Spielszene aufführen

Nach dem Aufführen der Szenen wertet ihr eure Interpretationen aus.

die szenische Interpretation bewerten

8 Schätzt ein, welche Aufführung das Verhalten der Figuren aus der Kurzgeschichte am überzeugendsten dargestellt hat.

Ein Gedicht lesen, untersuchen, interpretieren

In Gedichten gibt es oft viele sprachliche Bilder, die deine Fantasie anregen. Sie lassen viel Raum für deine eigenen Bilder im Kopf. Aber auch ein Gedicht könnt ihr gemeinsam lesen und bearbeiten. Das Lesen beginnt, wie bei jedem anderen Text, vor dem Lesen. Danach untersucht ihr den Text genau. Nach dem Lesen interpretiert ihr das Gedicht und löst noch eine kreative Schreibaufgabe.

mehr Stadtgedichte
➤ S. 130–141

1 Arbeitet in Gruppen. Lest die Überschrift. Worum könnte es gehen? Tauscht euch über eure Vermutungen aus. Bezieht das Foto ein.

Schritt 1:
Vor dem Lesen

2 Lest das Gedicht nun still, jeder für sich allein.

stadt ohne namen   Zoran Drvenkar

an diesem ort hier
fange ich neu an
mit einigen häusern
und schmalen straßen
5 mit viel grün und
einem hund der
nie bellt und
sich immer freut
dich zu sehen

10 keine schilder führen hierher
das telefon klingelt nie
kein empfang fürs radio
und den fernseher
vergiss den mal

15 ich pflanze birken
und weiden
ich pflanze bücher
und zeit
ich wandere von
20 einem ort zum andern
und fange stets
von neuem an

Info
Zoran Drvenkar wurde 1967 in Krizevci, Jugoslawien, geboren und zog als Dreijähriger mit seinen Eltern nach Berlin.

3 a. Wie hat das Gedicht auf euch gewirkt? Schreibt euren ersten Leseeindruck auf.
b. Beschreibt jeder für sich in Stichworten die Bilder, die beim Lesen in eurer Vorstellung entstanden sind.
c. Besprecht, wie eure Erwartungen von der Überschrift erfüllt wurden.

Schritt 2:
Das erste Lesen

Nach dem ersten Lesen untersucht ihr das Gedicht nun genau.
Ihr stellt Fragen an den Text und klärt gemeinsam Unklarheiten.
Ihr arbeitet abschnittweise, also Strophe für Strophe.

**Schritt 3:
Beim genauen Lesen**

Bearbeitet die folgenden Aufgaben in kleinen Gruppen.

4 Lest euch das Gedicht gegenseitig vor. Notiert, was euch dabei auffällt.

5 Schaut euch das Gedicht als Ganzes noch einmal an.
    a. Notiert Besonderheiten, z. B. Anzahl, Aufbau der Strophen, Sprache.
    b. Klärt Unklarheiten.

Besonderheiten in Form und Sprache erkennen

Unklarheiten klären

6 Untersucht nun den Inhalt genauer, Strophe für Strophe.
    a. Was wird in der ersten Strophe beschrieben? Fasst es zusammen.
    b. Findet ein Wort, das den Inhalt der zweiten Strophe wiedergibt.
    c. Worum geht es in der dritten Strophe? Wie unterscheidet sie sich von den beiden anderen?

Fragen an den Text stellen:
– Strophe für Strophe den Inhalt erfassen

7 Der Dichter spricht nicht selbst in einem Gedicht. Er setzt ein lyrisches Ich ein. Untersucht das lyrische Ich mit den folgenden Fragen:
    – In welcher Stimmung ist das lyrische Ich?
    – In welchen Strophen spricht das lyrische Ich nur von sich selbst, in welchen spricht es jemanden an? Wer kann das sein?
      Notiert die entsprechenden Textstellen.
      Tauscht euch über eure Vermutungen aus.
    – Wie beschreibt das lyrische Ich seinen Neuanfang? Notiert Textstellen.

– das lyrische Ich untersuchen

Nach dem genauen Lesen wertet ihr eure Arbeitsergebnisse gemeinsam aus und interpretiert den Text. Dazu benötigt ihr auch euer Vorwissen.

**Schritt 4:
Nach dem Lesen**

8 **a.** Stellt Vermutungen über den Lebensort vor dem Neuanfang an.
    b. Interpretiert die ersten vier Verszeilen der dritten Strophe:
      Was kann es bedeuten, neben „birken und weiden" auch „bücher und zeit" zu pflanzen?
    c. Was mag daran gut sein, immer unterwegs zu sein und „stets von neuem" anzufangen? Wie passt die Überschrift des Gedichts dazu? Sprecht darüber und schreibt gemeinsam einen kurzen Text dazu.
    d. Legt den Text in eure Lesemappe.

Vermutungen anstellen, den Text interpretieren

Lesemappe ➤ S. 295

9 Schreibt ein Parallelgedicht, das mit den beiden Verszeilen beginnt:

    an diesem ort hier
    fange ich neu an
    ...

ein Parallelgedicht schreiben

Z **10** Stellt einen Zusammenhang zwischen der Kurzgeschichte „Fenster-Theater" und dem Gedicht „stadt ohne namen" her.

einen thematischen Zusammenhang deuten

Eine Inhaltsangabe schreiben

Eine Kurzgeschichte verstehen

Eine Kurzgeschichte handelt von scheinbar ganz alltäglichen Situationen. Darin geschehen entscheidende Dinge, die aber oft erst auf den zweiten Blick erkennbar sind. Um eine Inhaltsangabe schreiben zu können, muss man die Kurzgeschichte gut verstanden haben. Der Textknacker mit den Handlungsbausteinen hilft dabei.

Kurzgeschichten verstehen ▶ S. 142–153, 206–213

1 Sieh dir die Kurzgeschichte als Ganzes an.
    a. Lies den Titel und den Namen des Autors.
    b. Schreibe auf, welche Erwartungen du an die Kurzgeschichte hast.

vor dem Lesen

Das Schöne an der „Rose" Martin Suter

Die „Rose" kommt in keinem Gourmet-Führer vor, dazu sitzt dem Koch der Aromatstreuer zu locker. Dennoch ist das Lokal ein beliebter Treffpunkt für Business-Lunchs. Es besitzt eine ansprechende Weinkarte, akzeptiert alle Kreditkarten und stellt auf Wunsch undetaillierte Rechnungen aus.

5 Für Roubaty gibt es noch einen wichtigeren Grund, sich in der „Rose" wohl zu fühlen: Man kennt ihn und spricht ihn mit Namen an. Das ist nicht selbstverständlich. In der „Rose" werden nur wichtige Leute mit Namen angesprochen, oder solche, die sich dieses Privileg durch Treue, Regelmäßigkeit und hohe Trinkgelder verdient haben. Roubaty gehört eher zur zweiten

10 Kategorie. Aber für den uneingeweihten Beobachter ist es nicht ersichtlich, ob ein Gast aus dem ersten oder zweiten Grund mit Namen angesprochen wird. Roubaty braucht das ab und zu, dass er von Außenstehenden als wichtig betrachtet wird. Er ist zwar in der Branche kein Unbekannter, aber die Branche selbst (Organisationsberatung) fristet ein von der Öffentlichkeit weitgehend

15 unbeachtetes Dasein. Sie wirkt weitgehend im Hintergrund, denn kein Unternehmen gibt gerne zu, dass es in Organisationsfragen auf externe Hilfe angewiesen ist.
Obwohl Roubaty nicht irgendein Organisationsberater ist, sondern der Inhaber der Organisationsberaterfirma Roubaty & Partner mit über vierzig Mitarbeitern,

20 reicht seine Bekanntheit nicht weit über die Branchengrenzen hinaus. Dieses Prominenzmanko wird in der „Rose" jeweils für anderthalb Stunden kompensiert. „Guten Tag, Herr Roubaty, der Aquariumtisch ist frei, Herr Roubaty, heute haben wir Pastetli, Herr Roubaty, zum Trinken wie immer, Herr Roubaty?"

25 Roubaty ist etwas früher dran als sonst. Er sitzt allein am Aquariumtisch,
isst einen etwas schlappen grünen Salat und liest die Zeitung dazu.
Auf der anderen Seite des Aquariums nehmen zwei Herren Platz.
Roubaty registriert mit halbem Ohr, dass sie Filet de Perche[1] bestellen.
Er achtet nicht weiter auf das Gespräch, bis plötzlich der Name Roubaty fällt.
30 „Wir offerieren gegen Roubaty, aber ich bin optimistisch.
Wir haben die günstigere Honorarpauschale."
Roubaty zieht sich hinter die Zeitung zurück und spitzt die Ohren.
Das muss jemand von Orgconsa sein, sein letzter Mitbewerber
um den wohl wichtigsten Beratungsauftrag dieses Jahres.

35 „Wo liegt ihr in etwa?", fragt die andere Stimme.
Roubaty sieht von weitem Erna, die dienstälteste und lauteste Serviertochter,
mit einem Tablett auf ihn zukommen.
„Aber du behältst es für dich."
Erna kommt näher. Gleich wird sie sagen: „Ihr Rehschnitzel, Herr ROUBATY!"
40 „Wir haben wirklich knapp kalkuliert und kommen ..."
Roubaty weiß sich nicht anders zu helfen, als Erna wie ein Polizist
die flache Hand entgegenzustrecken. Stopp!
„... alles in allem auf eine Monatspauschale von ..."
Erna stellt das Tablett drei Tische weiter ab und ruft durchs Lokal:
45 „Ich bin gleich bei Ihnen, HERR ROUBATY!"

[1] das Filet de Perche: Filet vom Barsch

2 Sprecht gemeinsam über euren ersten Leseeindruck:
– Wie wirkt die Kurzgeschichte auf euch?
– Was macht euch neugierig?
– Was fällt euch auf?

den ersten Leseeindruck formulieren

3 Fasst kurz zusammen, worum es in der Geschichte geht.

Arbeitstechniken trainieren: Eine Inhaltsangabe schreiben

Das genaue Lesen der Geschichte und das Herausarbeiten
der Handlungsbausteine helfen dir beim Schreiben der Inhaltsangabe.

beim genauen Lesen

Im ersten Teil der Kurzgeschichte wird Herr Roubaty beschrieben.

4 Lies die Zeilen 9–24. Was erfährst du darin über die Hauptfigur?
Notiere Stichworte und belege deine Aussagen mit Textstellen.
Diese Fragen helfen dir dabei:
– Welche Gewohnheit hat Roubaty?
– Warum fühlt er sich in dem Lokal „Rose" wohl?
– Was ist für ihn wichtig?

*Handlungsbaustein
Hauptfigur*

Handlungsbausteine ▶ S. 296

5   a. Informiere dich über die Bedeutung der hervorgehobenen
Fremdwörter. Sie geben dir Hinweise auf das berufliche Umfeld,
in dem Roubaty tätig ist.
   b. Schreibe mit eigenen Worten auf, womit er sich beschäftigt.

Fremdwörter verstehen

Der zweite Teil erzählt die Situation, in die Roubaty durch das Erscheinen der zwei Herren gerät.

6 Lies noch einmal den zweiten Teil der Kurzgeschichte (Zeilen 25–45).
   a. Außer Roubaty spielen zwei weitere Herren eine Rolle. Wer sind sie?
Sammle Informationen über sie aus dem Text.
   b. Warum interessiert sich Roubaty für ihr Gespräch? Gib an,
welche Beziehung zwischen ihm und den zwei Herren besteht.
   c. Warum versucht Roubaty, die Kellnerin aufzuhalten?
Erkläre sein Verhalten.

den Inhalt durch Fragen erschließen

Roubaty hat plötzlich einen ganz anderen Wunsch und stößt dabei auf ein Hindernis.

7 Welchen Wunsch hat Roubaty im ersten Teil?
Welchen im zweiten Teil?
   a. Gib die Wünsche in eigenen Worten wieder.
   b. Erkläre, warum sich Roubatys zweiter Wunsch nicht erfüllt.

die Handlungsbausteine Wunsch und Hindernis bestimmen

Das Hindernis erfordert eine Reaktion von Roubaty.

8 Gib mit eigenen Worten wieder, wie Roubaty auf das Hindernis reagiert.

den Handlungsbaustein Reaktion bestimmen

Diese Kurzgeschichte hat, wie viele Kurzgeschichten, ein offenes Ende.

9 Im Tandem!   *den Handlungsbaustein*
Tauscht euch über folgende Fragen aus: *Ende untersuchen*
– Was könnte passieren, nachdem Erna Roubatys Namen durch das Lokal gerufen hat?
– Welche Konsequenzen könnte es für Roubaty haben, wenn die Herren am anderen Tisch seinen Namen hören?

Z 10 Überlegt, warum die Kurzgeschichte mit Ernas Satz endet.

Du hast dem Text nun alle Informationen entnommen, die du brauchst, um die Kurzgeschichte zu verstehen.

11 Schreibe zu allen Handlungsbausteinen der Kurzgeschichte   *die Handlungsbausteine*
Stichworte auf.   *zusammenfassen*

Hauptfigur/Situation	Wunsch	Hindernis
Roubaty, Inhaber der Organisationsberaterfirma Roubaty & Partner ...	bekannt sein ...	...

Reaktion	Ende
will die Serviererin Erna zurückhalten ...	...

In der Kurzgeschichte erfährst du viel über Herrn Roubaty durch sein Verhalten.

> ungeschickt   leichtsinnig   unprofessionell
> unsicher   oberflächlich

12 Beurteile Roubatys Verhalten. Wähle dazu ein Wort aus,   *nach dem Lesen*
das du für zutreffend hältst, und begründe deine Wahl.   *das Verhalten der*
Tipp: Du kannst auch eigene Adjektive zur Beurteilung verwenden.   *Hauptfigur beurteilen*

Der Titel einer Geschichte enthält eine wichtige Aussage.   *über den Titel sprechen*

13 Wie habt ihr den Titel vor dem Lesen verstanden?
Wie versteht ihr ihn nach dem Lesen?
Vergleicht.

14 Tauscht euch darüber aus, warum der Autor diesen Titel gewählt hat.

Arbeitstechniken trainieren: Eine Inhaltsangabe schreiben

Eine Inhaltsangabe schreiben

Du hast diese Kurzgeschichte Schritt für Schritt mit dem Textknacker erarbeitet, die Handlungsbausteine untersucht und das Verhalten der Hauptfigur beurteilt.
Damit hast du eine gute Grundlage für eine Inhaltsangabe.

Wichtig an einer Inhaltsangabe ist eine gelungene Einleitung.
In der Einleitung nennst du Autor, Titel, Textsorte und Thema.

Dies sind vier Beispiele für eine Einleitung.

A In der Kurzgeschichte „Das Schöne an der ‚Rose'" von Martin Suter geht es um Herrn Roubaty, einen Geschäftsmann, dem Bekanntheit wichtiger ist als beruflicher Erfolg.

B Herr Roubaty, ein Organisationsberater, ist die Hauptfigur in der Kurzgeschichte von Martin Suter. Ihm geht ein wichtiges Geschäft verloren, weil seine Konkurrenten ihn dabei erwischt haben, als er sie belauscht hat.

C Der Geschäftsmann Herr Roubaty in der Kurzgeschichte „Das Schöne an der ‚Rose'" von Martin Suter verliert durch seine Eitelkeit ein wichtiges Geschäft.

D Herr Roubaty, ein erfolgreicher Geschäftsmann, verliert durch die Schuld einer Kellnerin einen wichtigen Auftrag.

1 Besprecht, welcher Einleitungssatz am besten geeignet ist, und begründet eure Entscheidung.

2 Schreibe eine eigene Einleitung zu deiner Inhaltsangabe.

3 Schreibe eine Inhaltsangabe der Kurzgeschichte.

> **Arbeitstechnik**
>
> ### Eine Inhaltsangabe schreiben
>
> Eine Inhaltsangabe **informiert kurz** über den **wesentlichen Inhalt** eines Textes. Du verwendest das **Präsens**.
> – In der **Einleitung** nennst du **Autor**, **Titel**, **Textsorte** und **Thema**.
> – Im **Hauptteil** fasst du die **wichtigsten Ereignisse** der Handlung mithilfe der Handlungsbausteine zusammen. Du kannst sowohl den ersten, oberflächlichen Eindruck festhalten als auch das tiefere Verständnis der Handlung.
> – Am **Schluss** gehst du auf das **Ende** ein. Beziehe dabei auch das **Verhalten der Hauptfigur** ein.
> Schreibe **sachlich** (ohne ausschmückende Elemente) und verwende **keine wörtliche Rede**.

Eine Inhaltsangabe überarbeiten

Die beiden folgenden Inhaltsangaben wurden von Schülern geschrieben.

A In „Das Schöne an der ‚Rose'" geht es um Herrn Roubaty, einen Geschäftsmann, der gerne eine wichtige Persönlichkeit wäre. Aber leider muss er wegen seines Berufs diskret sein.
Herr Roubaty geht deshalb gerne in ein schickes Restaurant essen und fühlt sich dann wichtig, wenn die Kellner laut seinen Namen sagen. Eines Tages waren zufällig andere Geschäftsleute im Lokal, die seine Konkurrenten waren. Sie unterhielten sich über einen wichtigen Auftrag, und Herr Roubaty wollte sie dabei belauschen. Aber es gelang ihm nicht, weil die Kellnerin Erna laut seinen Namen rief.

B Die Kurzgeschichte „Das Schöne an der ‚Rose'" wurde von Martin Suter geschrieben und handelt von einem Mann, der sich durch seine Eitelkeit selber ein Geschäft vermasselt.
Herr Roubaty ist der Inhaber der Organisationsberaterfirma Roubaty und Partner. Da man mit diesem Beruf nicht viel Bekanntheit erlangt, geht der Geschäftsmann jeden Tag in sein Stammrestaurant „Rose", in dem er gekannt und mit Namen angesprochen wird. Er sitzt am Aquariumtisch, als sich zwei Männer, es sind geschäftliche Konkurrenten von ihm, auf die andere Seite des Aquariums setzen. Sie beginnen über einen Auftrag zu reden, um den sie mit Roubaty kämpfen. Lange hört Herr Roubaty dem Gespräch zu, um Informationen zu erhalten, bis eine Kellnerin, aufgrund seiner Bestellung, seinen Namen durch das ganze Lokal ruft, so wie er es sonst gern hat.

1 Besprecht, welche Inhaltsangabe eurer Meinung nach besser gelungen ist, und begründet eure Entscheidung.

Inhaltsangaben untersuchen

2 a. Erstellt eine Checkliste.
b. Überprüft die beiden Inhaltsangaben mithilfe der Checkliste.

eine Checkliste erstellen

Checkliste: Überprüfen einer Inhaltsangabe	Ja	Nein
– Werden in der Einleitung Autor, Titel, Textsorte und Thema genannt?		
– Werden im Hauptteil die wichtigsten Ereignisse zusammengefasst, so wie sie mithilfe der Handlungsbausteine ermittelt wurden?		
– …		

3 Überarbeite deine eigene Inhaltsangabe mithilfe der Checkliste.

die Inhaltsangabe überarbeiten

Arbeitstechniken trainieren: Eine Inhaltsangabe schreiben

Informationen veranschaulichen

Diagramme und ihre Funktion untersuchen

Mithilfe von Diagrammen kann eine Vielzahl an Informationen übersichtlich und anschaulich dargestellt werden.
Auf Seite 59 ist ein Kurven- oder Liniendiagramm abgebildet:

mehr über Reisen
➤ S. 57–71

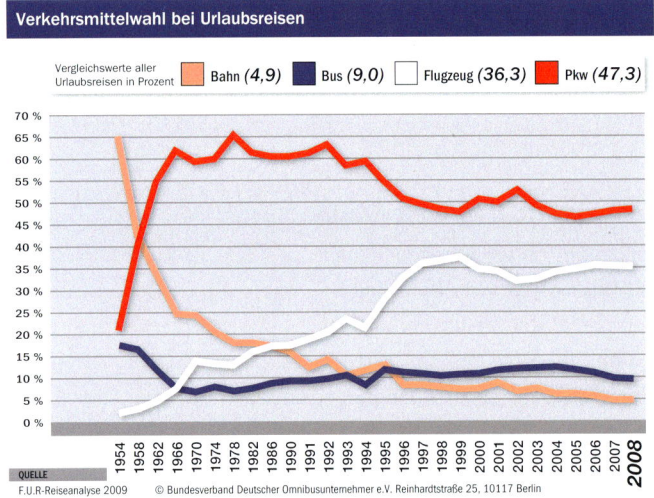

1 Was veranschaulicht das Diagramm? Erkläre die Überschrift.

ein Diagramm verstehen

2 Wie sind die Informationen veranschaulicht?
  a. Schreibe auf, welche Angaben an der waagerechten Achse und welche an der senkrechten Achse stehen.
  b. Schreibe auf, was durch die Farben (der Kurven) gekennzeichnet ist.

Informationen aus einem Diagramm entnehmen

Über die einzelnen Angaben hinaus kannst du aber auch umfassende Informationen auf einen Blick entnehmen.

3 Schreibe auf, was du am Verlauf der einzelnen Kurven und was du am Verlauf aller Kurven erkennen kannst, wenn du sie vergleichst.

4 Wozu kann ein Diagramm genutzt werden?
  a. Schreibe mithilfe des Diagramms einen kurzen Sachtext, der über die Verkehrsmittelwahl bei Urlaubsreisen informiert.
  b. Vergleiche, welche Informationen besser mit dem Text und welche mit dem Diagramm vermittelt werden können.

die Funktion eines Diagramms untersuchen

Je nachdem, welche Informationen im Vordergrund stehen sollen, können unterschiedliche Darstellungsweisen gewählt werden.

Verkehrsmittelwahl bei Urlaubsreisen 2009

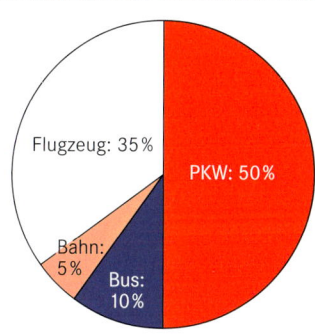

5 Welche Informationen können mit welchem Diagramm besser veranschaulicht werden?
  a. Vergleiche dieses Diagramm mit dem Diagramm auf Seite 222.
  b. Begründe deine Einschätzung.

Darstellungsformen vergleichen

W Mithilfe der folgenden Wahlaufgaben kannst du selbst ausprobieren, wofür sich zwei weitere Darstellungsformen eignen.
Verwende Informationen aus dem Diagramm auf Seite 222.

6 Ordne Informationen zur Verkehrsmittelwahl bei Urlaubsreisen in einer Tabelle.

Informationen in einer Tabelle ordnen

Starthilfe

	Bahn	Bus	...	...
1954	65 %	...	...	20 %

7 Veranschauliche Informationen zur Verkehrsmittelwahl bei Urlaubsreisen in Form eines Säulendiagramms.

Informationen in einem Säulendiagramm veranschaulichen

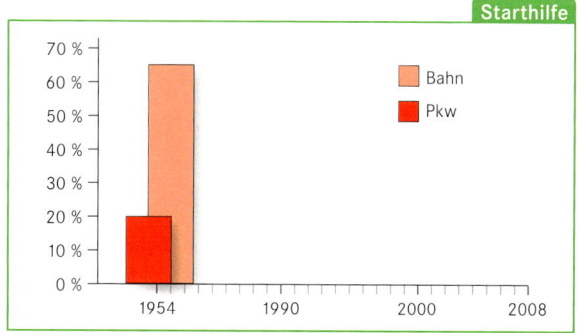

Nun könnt ihr eure Ergebnisse auswerten.

8 Vergleicht die Darstellungsformen und schreibt auf, wofür sie sich eignen.

Informationen in einem Kurzreferat präsentieren

Auf den Seiten 78 und 79 wertest du Informationen für ein Kurzreferat über Nelson Mandela aus. Deine Zuhörer werden dir besser folgen können, wenn du die Informationen anschaulich präsentierst.

mehr über Nobelpreisträger
➤ S. 75–87

1	1942	Mandela schließt sich dem ANC an.
	1964	Mandela wird zu lebenslanger Haft verurteilt.
	1990	Mandela wird aus der Haft entlassen.
	1993	…

2 „Einem Menschen seine Menschenrechte verweigern, bedeutet, ihn in seiner Menschlichkeit zu missachten."
Nelson Mandela

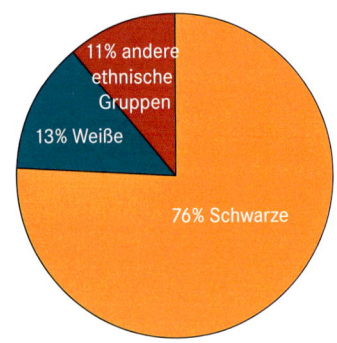

3 Einwohner Südafrikas in %
11% andere ethnische Gruppen
13% Weiße
76% Schwarze

4

5

6 ?

1 Sieh dir die Materialien an.
   a. Schreibe auf, in welcher Form Informationen präsentiert werden.
   b. Schreibe auch auf, welche Informationen mithilfe der Materialien präsentiert werden. Lies dazu auf den Seiten 78–79 nach.

Materialien auswerten

2 Welche Materialien würdest du außerdem präsentieren? Suche weitere Materialien zu Nelson Mandela oder fertige selbst welche an.

Materialien suchen

Informationen aus dem Internet kritisch auswählen ➤ S. 296

Die Materialien sollten beim Verstehen der Inhalte helfen.
Deshalb sollten sie übersichtlich gestaltet und klar gegliedert sein.

3 Schreibe einen Überblick über die Lebensdaten Nelson Mandelas in Form einer Tabelle. Wähle Informationen aus, die für dich und für deine Zuhörer wichtig sind.

4 Vergleiche die Karte am Rand mit der Karte auf Seite 224.
  a. Wähle aus, welche Karte für dein Kurzreferat geeignet ist.
  b. Begründe deine Wahl.

Deine Materialien kannst du mithilfe verschiedener Medien präsentieren.

5 Mithilfe welcher Medien könntest du die Materialien präsentieren?
  a. Schreibe sie auf.
  b. Wäge Vor- und Nachteile der einzelnen Medien ab.
  c. Berücksichtige, welche Medien dir zur Verfügung stehen.
  d. Entscheide dich für die Medien, die du verwenden willst.

Mithilfe der folgenden Arbeitstechnik kannst du Materialien für ein Kurzreferat auswerten, vorbereiten und anschaulich präsentieren.

> **Arbeitstechnik**
> **Anschaulich präsentieren**
> - Suche nach **Materialien, die wichtige Informationen** in deinem Kurzreferat **veranschaulichen,** oder fertige selbst solche Materialien an.
> - **Wähle** Materialien **aus**, die wichtige Informationen für deine Zuhörer enthalten.
> - **Gestalte** die Materialien **übersichtlich**.
> - **Wähle Medien aus**, die sich zum Präsentieren deiner Materialien eignen, die dir zur Verfügung stehen und die du bedienen kannst.
> - **Übe den Vortrag und die Präsentation** der Materialien, bis du die Medien sicher bedienen kannst, während du dich auf den Inhalt deines Kurzreferats konzentrierst.
> - **Halte** dein **Kurzreferat** und **präsentiere** die vorbereiteten Materialien.

6 Bereite die Materialien für dein Kurzreferat vor.
  a. Schreibe eine Checkliste.
  b. Überprüfe deine Vorbereitungen mithilfe der Checkliste.

Materialien für ein Kurzreferat vorbereiten und präsentieren

7 Halte dein Kurzreferat mithilfe der vorbereiteten Materialien und Medien.

das Kurzreferat halten

Copyright für Wörter

Richtig zitieren

Michael will den Planeten Mars vorstellen. Er informiert sich.

> Der Mars ist mit einem Durchmesser von 6794 km etwa halb so groß wie die Erde. Ein Marstag ist 39 Minuten länger als der 24-stündige Erdtag und ein Marsjahr ist fast doppelt so lang wie das 365-tägige Erdjahr. Die Anziehungskraft des Mars ist nur etwa ein Drittel so stark wie auf der Erde. Auf dem Mars herrscht eine Oberflächentemperatur von eisigen −63 Grad. (Sehen – Staunen – Wissen. Mars. Gerstenberg Verlag, Hildesheim 2005, S. 17, 24)

> Unser Nachbarplanet im Sonnensystem hat die Astronomen seit Jahrhunderten fasziniert. In mancher Hinsicht ist er der Erde sehr ähnlich: Sein Tag dauert 25 Stunden, es gibt Vulkane, Täler und Eiskappen an den Polen. Vor Milliarden Jahren besaß der Mars noch eine Atmosphäre, in der möglicherweise Leben existierte. (Faszination Weltraum. Eine Reise durch unser Sonnensystem. Dorling Kindersley, Starnberg 2004, S. 22)

Michael hat diesen Sachtext über den Planeten Mars verfasst:

Der Mars

Unser Nachbarplanet im Sonnensystem hat die Astronomen seit Jahrhunderten fasziniert. Der Mars hat einen Durchmesser von 6794 Kilometern. Die durchschnittliche Entfernung von der Sonne beträgt 227,9 Millionen Kilometer. Der Mars hat zwei Monde, Deimos und Phobos. In mancher Hinsicht ist er
5 der Erde sehr ähnlich: Sein Tag dauert 25 Stunden, es gibt Vulkane, Täler und Eiskappen an den Polen. Die Anziehungskraft des Mars ist nur etwa ein Drittel so stark wie auf der Erde. Wegen seiner roten Farbe wurde der Mars nach dem Kriegsgott benannt. Auf dem Mars würde man ohne richtige Ausrüstung erfrieren und ersticken. Die Oberflächentemperatur beträgt −63 Grad.

Michaels Schwester weist ihn darauf hin,
dass er Sätze kennzeichnen muss, die er übernommen hat.

1 Lies Michaels Text und markiere auf einer Folie, die du über die Buchseite legst, welche Sätze er abgeschrieben hat.

Zitate erkennen

> **Merkwissen**
>
> Beim wörtlichen **Zitieren** übernimmst du Wörter, Wortgruppen oder Sätze in deinen Text, ohne sie zu verändern. Damit die fremden Textteile zu erkennen sind, musst du sie in **Anführungszeichen** setzen. Wenn du Wörter in einem Zitat auslässt, füge an der Stelle [...] ein. Gib in Klammern die Quelle und die Textstelle (Seiten- und Zeilenzahl) an, die du zitierst.

2 Schreibe Michaels Text ab und kennzeichne die Zitate.

Zitate kennzeichnen

Es ist nicht immer nötig, Auszüge wortwörtlich zu zitieren.
Du kannst auch den Inhalt mit eigenen Worten wiedergeben.
Dafür ist es wichtig anzugeben, auf welche Stelle du dich beziehst.

Michael hat sich auch darüber informiert, ob Leben auf dem Mars
möglich ist. Dazu hat er in einem Sachbuch folgende Aussage
des deutschen Wissenschaftlers Professor Jesco von Puttkammer
gefunden. Diese Informationen will er für seinen Text zusammenfassen.

So spannend ist die Welt im Weltraum Kurt Hopf

„Einige Wissenschaftler sind sich ziemlich sicher, dass es auf dem Mars
vor etlichen Millionen Jahren richtige Meere und Flüsse gegeben habe.
Noch heute kann man die alten Flussbetten und Canyons erkennen. Es ist
sehr wahrscheinlich, dass es zu dieser Zeit dort auch Lebewesen gegeben hat.
5 Aber wie das Leben aussah, weiß niemand. Möglicherweise waren es einfache
Bakterien, vielleicht Algen, Pflanzen oder Flechten. Aber mehr können dazu
auch die besten Experten nicht sagen. Es gibt sogar eine Geschichte, wonach
das Leben einst vom Mars auf die Erde gekommen sein soll. Unvorstellbare
Naturkatastrophen hätten den wohl viel wohnlicheren Mars, so heißt es da,
10 zu einer trostlosen Wüste gemacht. Tja, und die grünen Männchen haben es
aber offenbar nicht bis auf die Erde geschafft", meint der Professor augen-
zwinkernd, „falls es sie überhaupt je gegeben hat."
Der Mars und seine angeblichen Bewohner sind Thema vieler
Science-Fiction-Bücher und -Filme. 1913 tauchten die grünen Männlein
15 mit den lustigen Antennen auf dem Kopf erstmals in einem Comic auf.
In H. G. Wells' Roman „Krieg der Welten" (1898) verlassen die Marsianer
ihre Heimat, um die lebensfreundlichere Erde zu erobern.
E. T.-Regisseur Steven Spielberg drehte 2005 eine Neuverfilmung.
(Aus: Kurt Hopf, So spannend ist die Welt im Weltraum.
20 Willi wills wissen. Baumhaus Verlag, Frankfurt am Main, 2009, S. 29.)

3 Fasse die wichtigsten Informationen aus dem Textausschnitt zusammen.
Gib die Quelle an.

Informationen zusammenfassen

4 Schreibe einen eigenen Text über den Mars.
Verwende darin Zitate und Quellenangaben.

in einem Text Zitate und Quellenangaben verwenden

Merkwissen

Wenn du den Inhalt aus einem Text mit eigenen Worten wiedergibst,
ist es wichtig anzugeben, auf welche Stelle einer Quelle du dich beziehst.
Dafür verwendest du die Form (vgl. Zeile/Z. X) oder (vgl. Seite/S. X).
Die Abkürzung „vgl." steht für „vergleiche".

Feedback empfangen und geben

Feedback empfangen – Feedback geben

Das Wort Feedback kommt aus dem Englischen und bedeutet Rückmeldung. Nach ihrem Kurzreferat hat Greta ihren Mitschüler Moritz um ein Feedback gebeten.

Danke.

*Gut gemacht! Von deiner Aufregung habe ich kaum etwas mitbekommen. Auf mich hast du **sicher gewirkt** … **Ich hätte** nur **gern** die Gelegenheit und die Zeit gehabt, Fragen zu stellen.*

Hm … meinst du im Anschluss an meinen Vortrag?

1 Wozu dient das Feedback?
Schreibe auf, was Greta durch das Feedback erfahren kann.

die Funktion eines Feedbacks verstehen

Wer um ein Feedback bittet, kann auch dazu beitragen, dass es gelingt.

2 Sieh dir das Foto an und lies die Sprechblasen.
Beschreibe, wie Greta zeigt, dass sie am Feedback interessiert ist.

Mimik, Gestik und Äußerungen untersuchen

Oft ist es sinnvoll, überlegt auf das Feedback zu reagieren.

Am liebsten würde ich ihn kurz unterbrechen. Er weiß doch, dass die Zeit so knapp war. Ich musste mich schon kürzer fassen als geplant. Aber ich warte noch ab, weil …

3 Warum hält sich Greta zunächst zurück?
  a. Lies, was Greta denkt, und ergänze den letzten Satz.
  b. Tausche dich mit deinen Mitschülern darüber aus, ob Gretas Reaktion während des Feedbacks sinnvoll ist. Begründe deine Meinung.

überlegt reagieren

Wenn du jemandem in deiner Klasse ein Feedback geben möchtest, kannst du es mithilfe dieser Arbeitstechnik tun:

> **Arbeitstechnik**
> **Ein Feedback geben**
> - Gib **nur** dann ein Feedback, **wenn dich jemand darum bittet**.
> - Beginne mit den **positiven Eindrücken**.
> - **Beschreibe sachlich**, was dir aufgefallen ist. Werte nicht.
> - Kritisiere nur, **was der Feedbackempfänger verändern kann**.
> - Sprich **nicht zu viel auf einmal** an.
> - Verwende **Ich-Botschaften**.
> - Formuliere **brauchbare Verbesserungsvorschläge**.

4 Im Tandem!   *ein Feedback überprüfen*
Überprüft Moritz' Feedback von Seite 228 mithilfe der Arbeitstechnik.
    a. Tauscht euch darüber aus, was Moritz gut gelungen ist.
    b. Schreibt in Stichworten auf, was Moritz ergänzen oder verbessern könnte.

Wichtig ist nicht nur, was du sagst, sondern auch, dass du verdeutlichst, dass du im Feedback deine persönliche Wahrnehmung ausdrückst.

5 Schreibe Formulierungen auf, mit denen du ausdrücken kannst, dass du von deinen Eindrücken, Wünschen und Erwartungen sprichst.

> Mir hat gefallen …
> Mir hat nicht gefallen …
> Ich hatte den Eindruck …
> Mich hat überrascht …
> Ich wünschte …

Nun könnt ihr selbst üben, ein Feedback zu geben.

6 Schreibt auf, wozu ihr gerade ein Feedback brauchen könntet.

> **Starthilfe**
> – zu einer Bewerbung um eine Praktikumsstelle

7 Im Tandem!   *ein Feedback geben*
    a. Bittet euch gegenseitig um ein Feedback, das ihr benötigt.
    b. Gebt euch gegenseitig ein Feedback mithilfe der Arbeitstechnik und euren Formulierungen aus Aufgabe 5.

Wie ist das Feedback-Gespräch gelungen?

8 Wertet das Feedback-Gespräch mithilfe der folgenden Fragen aus: *ein Feedback-Gespräch auswerten*
    – Wie habt ihr euch als Feedback-Empfänger gefühlt?
    – Wie als Feedback-Geber?
    – Was ist euch leichtgefallen? Was schwerer?
    – Was war besonders hilfreich?

Rechtschreiben:
Die Trainingseinheiten

1. Trainingseinheit: Häufige Fehlerwörter

Der Austausch

„Da vorne warten sie!", rief Julian ziemlich aufgeregt, als unser Bus hielt. Julian freute sich seit Wochen auf unseren Schüleraustausch mit Frankreich, vielleicht deswegen, weil er schon oft mit seinen Eltern an der französischen Atlantikküste gewesen war. Außerdem sprach er bereits ganz gut Französisch.
5 Mir dagegen war immer mulmiger geworden, je näher wir dem kleinen Städtchen in der Nähe vor Brest kamen, mit dem unsere Schule seit Jahren eine Partnerschaft hatte.
Ganz alleine in einer Familie, die fast kein Wort Deutsch spricht, das machte mir irgendwie doch ein bisschen Angst. Nach allem, was man so gehört hatte, gab es
10 bei den Franzosen interessante Dinge wie Froschschenkel zum Abendessen. Endlich wurden wir von unseren Gasteltern in Empfang genommen, und dann ging es auch gleich zu ihnen nach Hause. Kaum hatte ich meinen Koffer im Haus abgestellt, hieß es auch schon à table – zu Tisch. Zu meiner großen Überraschung stand auf dem Esstisch eine riesige Pizza –
15 mein Lieblingsessen.

1 Beantworte die Fragen schriftlich:
– Wo war Julian schon mehrmals im Urlaub?
– Welche größere Stadt liegt in der Nähe des kleinen Städtchens, mit dem die Schule eine Partnerschaft hatte?
– Welche große Überraschung stand auf dem Esstisch?

Die im Text hervorgehobenen Wörter werden häufig fehlerhaft geschrieben.

2 Im Tandem!
a. Schreibt die Wörter untereinander ab oder diktiert sie euch gegenseitig.
b. Überlegt, an welchen Stellen in den Wörtern Fehler auftauchen können. Markiert diese Stellen.
c. Schreibt Rechtschreibtipps dazu.

häufige Fehlerwörter schreiben

Starthilfe
ziemlich – mit ie

> Vielleicht habe ich heute Abend endlich ein bisschen mehr Zeit für dich.

3 a. Schreibe den Satz ab.
b. Unterstreiche die vier Wörter, die fehleranfällig sind.
c. Schreibe selbst drei Sätze mit fehleranfälligen Wörtern.
Verwende Wörter aus dem Text oder eigene fehleranfällige Wörter.

Das Wörtchen **dass** ist das fehleranfälligste Wort überhaupt.
Tipp: Wenn du anstelle von dass dieses oder welches einsetzen kannst, schreibe das. Geht das nicht, schreibe immer dass.

dass oder **das**

> Ich hoffe sehr, dass/das ich die Prüfung bestehe.
> Dass/Das Auto, dass/das dort parkt, gehört meinem Bruder.
> Ich freue mich, dass/das du mich besuchst.
> Ich glaube fest daran, dass/das ich versetzt werde.

4 Überprüfe, ob **dass** oder **das** geschrieben werden muss.
Schreibe die Sätze mit der richtigen Schreibung ab.

Vier besondere Schreibungen:
man – aber: der Mann   kam – aber: kommen
hat – aber: hatte   aß   – aber: essen

besondere Schreibungen

5 a. Schreibe die vier Wörter und die Wortgruppen ab.
b. Schreibe mit den Wörtern und Wortgruppen Sätze.

Der Text enthält sechs Fehlerwörter.

Eine Überraschung zum Geburtstag

Anna sah vom Fenster aus, das ihre Mutter vor dem Haus ankam und das Fahrrad abstellte. „Sie kommt. Ein bisschen verspätet, aber sie ist entlich da!", rief sie ihrem Vater und dem Bruder in der Küche zu. Sie hatte, wie ihr Bruder etwas neidvoll zugab, eine ziehmlich gute Idee gehabt: „Mann, klasse! Ein Abendessen als Überaschung an Mamas Geburtstag!" Und auch Annas Angst, das Essen könnte ihnen villeicht nicht so gut gelingen wie ihrer Mutter, war überflüssig gewesen. Mama aß mit sichtlichem Appetit und ihr Gesicht strahlte vor Freude.

Achtung: 6 Fehler!

6 Schreibe den Text ab und korrigiere dabei die Fehlerwörter.

W 7 a. Schreibt den Text „Der Austausch" von Seite 230 ab oder schreibt den Text als Partnerdiktat.
b. Unterstreicht die hervorgehobenen Wörter.

Partnerdiktat ▶ S. 261

2. Trainingseinheit:
Komma in Aufzählungen und Satzgefügen

Ein richtiger Junge

In der 8. Klasse wurde es besonders schwierig. „Lukas ist ein richtiger Junge!",
sagte mein Großvater über mich. Motorroller, Motorräder und Autos
interessierten mich, aber die waren meistens nicht Gegenstand des Unterrichts.
Und so quälte ich mich bis zum Abschluss nach der 10. Klasse. Weil ich
5 die 9. Klasse zweimal machte, hätte es eigentlich nach der 11. heißen müssen.
Als ich dann endlich die Ausbildung zum Mechatroniker beginnen konnte,
war die Freude groß. Reparieren, montieren, Steuerungssoftware installieren
und überprüfen, all das machte mir Spaß!
Aber warum begann ich im 2. und besonders im 3. Ausbildungsjahr innerlich
10 immer unzufriedener zu sein? Ich dachte sogar daran, abzubrechen. Als ich
eines Tages zufällig einen ehemaligen Klassenkameraden traf, wusste ich
plötzlich Bescheid. Jens war Erzieher in einer betreuten Wohneinrichtung
für Kinder und Jugendliche. Was er über seinen Berufsalltag erzählte,
beeindruckte mich sehr. Schlagartig wurde mir klar, dass ich nicht mein Leben
15 lang mit Maschinen arbeiten wollte, sondern mit Menschen. Nachdem ich
die Prüfung als Mechatroniker bestanden hatte, begann ich meine 2. Ausbildung
zum Heilerzieher. Und ich bin immer noch ein richtiger Junge, obwohl mein
Großvater fragte: „Ist das nicht ein Beruf für Mädchen?"

mehr über Berufe
➤ S. 93–110

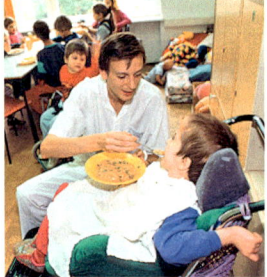

1 Beantworte die Fragen schriftlich:
– Was interessierte Lukas in der 8. Klasse mehr als der Unterricht?
– Um welche Ausbildungsberufe geht es im Text?
– Welche Einsicht entsteht nach der Begegnung mit Jens?

Häufige Fehlerwörter sind:

| schwierig | interessieren | meistens | quälen | der Abschluss | endlich |
| reparieren | zufällig | Bescheid wissen | die Maschine | | |

2 a. Schreibe die Wörter ab.
b. Markiere Stellen, an denen Fehler auftreten können, und schreibe
Rechtschreibtipps dazu.

häufige Fehlerwörter
schreiben

Abschreiben von Wörterlisten
➤ S. 260

Merkwissen
Die Teile einer **Aufzählung**, die nicht durch **und/oder** verbunden sind,
werden durch **Komma** abgetrennt.

3 Der Text „Ein richtiger Junge" enthält zwei Sätze mit Aufzählungen.
a. Schreibe die Sätze ab.
b. Unterstreiche die Aufzählungen und markiere die Kommas.
Z c. Schreibe selbst drei Sätze mit Aufzählungen.

Kommasetzung
bei Aufzählungen

> **Merkwissen**
>
> Ein **Satzgefüge** besteht aus einem **Hauptsatz** (HS) und mindestens einem **Nebensatz** (NS). In einem Satzgefüge werden Nebensätze vom Hauptsatz durch **Komma** abgetrennt.
> Am Anfang des NS steht häufig eine Konjunktion.

4 a. Schreibe zu den folgenden Satzgefügen die passenden Sätze aus dem Text „Ein richtiger Junge" ab.
b. Markiere das Komma zwischen Nebensatz und Hauptsatz.

Kommasetzung im Satzgefüge

Weil _____ , _____ .
　　　　NS　　　　　　HS

Als _____ , _____ .
　　　NS　　　　　　HS

Als _____ , _____ .
　　　NS　　　　　　HS

Nachdem _____ , _____ .
　　　　　NS　　　　　　HS

Im folgenden Text fehlen alle Kommas in den Satzgefügen.

Ein überraschendes Geschenk

Achtung: 8 Fehler!

Als ich heute von der Schule nach Hause kam sagte meine Mutter zu mir: „Wenn du deine Schularbeiten gemacht hast lade ich dich zu einem Stadtbummel ein." „Dass du mit mir in die Stadt gehen willst finde ich ganz toll", erwiderte ich. „Vielleicht kauft mir meine Mutter etwas Schönes", dachte ich.
5 Nachdem ich meine Hausaufgaben fertig hatte gingen wir los. Obwohl es zu regnen begann waren wir guter Laune. Während wir an einem Kaufhaus vorbeigingen blieb ich plötzlich stehen. „Mama, siehst du dort die schicke Hose?", rief ich. Zu meiner Überraschung ging meine Mutter mit mir in das Kaufhaus und ich bekam die tolle Hose.
10 Leider konnte ich sie am nächsten Tag meinen Mitschülerinnen nicht zeigen weil ich am Morgen enttäuscht feststellte dass alles nur ein Traum gewesen war.

5 Schreibe den Text ab und setze die Kommas.

6 a. Schreibe den Text „Ein richtiger Junge" (Seite 232) ab.
b. Markiere die Kommas in der Aufzählung durch Pfeile.
c. Unterstreiche in den Satzgefügen die Nebensätze einmal und die Hauptsätze zweimal.

Abschreiben von Texten
▶ S. 260

Z 7 Im Tandem!
a. Überlegt, welche Wörter im Text auf Seite 232 besonders fehleranfällig sind.
b. Markiert diese Wörter in euren Abschreibtexten.

Training Rechtschreiben: Die Trainingseinheiten

3. Trainingseinheit: Datums- und Zeitangaben, Höflichkeitsanrede, Aufzählung von Wortgruppen

Sehr geehrte Frau König,

wir, die Klasse 8 a, bedanken uns herzlich bei Ihnen dafür, dass wir am Dienstag, dem 6. Juni, um 10:00 Uhr, die örtliche Feuerwehr besuchen durften. Es waren für uns alle sehr
5 interessante Stunden, die Sie mit Ihren Erklärungen des Berufsfeldes Feuerwehr spannend machten. Fasziniert haben uns die vielen Geräte, die Sie zur Brandbekämpfung, zur Rettung von Menschenleben, bei Unfällen, bei Überschwemmungen und bei Sturm- und Umweltschäden
10 einsetzen. Dass wir manche auch ausprobieren durften, war besonders großzügig von Ihnen. Mit Erstaunen registrierten wir, dass es in unserer Stadt eine Hauptbrandmeisterin gibt, die der Feuerwehr vorsteht. Wie wir erfuhren, sind Sie auf Kreisebene die erste Frau
15 in diesem Beruf. Dazu beglückwünschen wir Sie. Nochmals vielen Dank für Ihr Engagement.

Mit freundlichen Grüßen
Ihre Klasse 8 a

1 Beantworte die Fragen. Schreibe Sätze auf.
– Wofür bedankt sich die Klasse 8 a?
– Von welchen besonderen Geräten waren die Schüler fasziniert?
– Was registrierten die Schüler mit Erstaunen?

Datums- und Zeitangaben kann man verschieden schreiben:

Datums- und Zeitangaben

> Am Dienstag, dem 6. Juni(,) um 10:00 Uhr(,) besuchten wir die Feuerwehr.
> Dienstag, den 6. Juni(,) 10:00 Uhr(,) besuchten wir die Feuerwehr.
> Dienstag, 6. Juni(,) besuchten wir die Feuerwehr.
> Die Feuerwehr besuchten wir Dienstag, den 6. Juni.

2 Schreibe die Beispielsätze ab.

> Ich muss am Donnerstag, dem 17. Februar zu einer Untersuchung ins Krankenhaus.

3 Schreibe den Satz in vier verschiedenen Formen auf.

> **Merkwissen**
>
> **Mehrteilige Datums- und Zeitangaben** werden
> durch **Komma** abgetrennt.
> Das Komma nach der Zeitangabe kannst du setzen oder weglassen.

> Am Montag um 8:00 Uhr beginnt unsere Klassenfahrt.
> Am Mittwoch dem 10. Juli um 13:00 Uhr beginnen die Sommerferien.
> Ich freue mich, dass ich Dienstag den 14. Juli bereits verreisen werde.

4 Schreibe die Sätze ab und setze die Kommas an die richtigen Stellen.

> **Merkwissen**
>
> In offiziellen Briefen wird die Höflichkeitsanrede **Sie** bzw. **Ihr/Ihnen**
> immer **großgeschrieben**.

5 a. Schreibe jeweils einen Beispielsatz für **Sie** und **Ihr/Ihnen**   Höflichkeitsanrede
aus dem Brief der 8 a ab.
b. Formuliere einen eigenen Satz und unterstreiche darin
die Höflichkeitsanrede.

> **Merkwissen**
>
> Die Teile einer **Aufzählung** (**Wortgruppe**), die nicht durch **und/oder**
> verbunden sind, werden durch **Komma** abgetrennt.

6 Der Brief der 8a enthält einen Satz mit einer Aufzählung
von Wortgruppen.   Aufzählung von
a. Schreibe den Satz ab.   Wortgruppen
b. Unterstreiche die Aufzählung von Wortgruppen.

Mit den folgenden Wortgruppen kannst du Aufzählungen bilden:

Wortgruppen 1	Wortgruppen 2	Wortgruppen 3
– frisches Gemüse	– verschiedene Fruchtsäfte	– indische und afrikanische Elefanten
– Äpfel aus biologischem Anbau	– französischer Käse	– sibirische Tiger
– verschiedene Herbstblumen	– griechische Oliven	– exotische Vögel
	– ofenfrisches Brot	

7 Schreibe Sätze auf, in denen du die Wortgruppen 1, 2 und 3 aufzählst.

8 Schreibe weitere Sätze mit Aufzählungszeichen auf.

W 9 Schreibt den Brief von Seite 234 ab oder schreibt den Brief   Partnerdiktat ▶ S. 261
als Partnerdiktat.

4. Trainingseinheit: Großschreibung, Komma bei nachgestellten Erläuterungen

Das Fliegen – für uns eine Selbstverständlichkeit

„Nur zwei Prozent der Weltbevölkerung können sich das Reisen mit dem Flugzeug leisten." Beim Lesen dieses Satzes stockte ich. Das war eine Behauptung, von der ich kaum glauben konnte, dass sie der Wahrheit entsprach. Denn für viele von uns ist das Fliegen fast schon eine Selbstverständlichkeit.
5 Als Sportinteressierter las ich doch ständig Neuigkeiten von großen Weltsportereignissen, z. B. von Weltmeisterschaften und Olympischen Spielen.
Vom Reisen per Schiff oder Bahn las ich dabei selten. Und ich erinnerte mich, dass deutsche Fußballmannschaften in der kälteren Jahreszeit zum Trainieren häufig in wärmere Länder fliegen. Etwas beschämt musste ich feststellen,
10 wie leicht wir darüber die Wirklichkeit eines Großteils der Weltbevölkerung vergessen, vor allem in Afrika, Südamerika und Asien.

mehr zum Reisen
▶ S. 57–71

1 Beantworte die Fragen zum Text. Schreibe Sätze auf.
– Wie viel Prozent der Weltbevölkerung können sich das Reisen mit dem Flugzeug überhaupt leisten?
– Wohin fliegen im Winter Fußballmannschaften zum Trainieren?

Im Text sind die Verben, die zu Nomen geworden sind, hervorgehoben.

Verben werden zu Nomen

> **Merkwissen**
> Aus Verben können **Nomen** werden.
> Die starken Wörter **das**, **beim**, **zum** und **vom** machen's!

2 a. Schreibe die hervorgehobenen Wortgruppen untereinander auf.
b. Unterstreiche die starken Wörter.

Nun kannst du selbst Nomen bilden.

3 a. Bilde Nomen aus Verben und schreibe sie auf.
b. Schreibe fünf Sätze mit Nomen aus Verben.

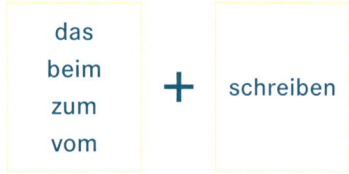

> **Merkwissen**
> Wörter mit den Suffixen **-ung**, **-keit**, **-heit** und **-nis** sind **Nomen**.
> Sie werden großgeschrieben.

4 Der Text „Das Fliegen" enthält sieben Nomen mit **-ung**, **-heit**, **-keit**, **-nis**.
a. Schreibe sie mit dem dazugehörigen Artikel auf.
b. Markiere jeweils die Suffixe.

Nomen mit Suffixen

Weitere Nomen mit den Suffixen **-ung**, **-heit**, **-keit**, **-nis**:

die Einigung   das Hindernis   die Menschlichkeit
die Besonderheit   die Fröhlichkeit   das Geheimnis
die Streitschlichtung   das Einverständnis   die Eigenheit
die Betriebserkundung   die Freundlichkeit   die Süßigkeit
die Befreiung   die Vergangenheit   die Krankheit   das Ereignis

5 a. Lege eine Tabelle an und ordne die Nomen ein.
b. Schreibe auch die Nomen aus Aufgabe 4 in die Tabelle.
c. Ergänze in jeder Spalte drei weitere Nomen.

Starthilfe

-ung	-keit	-heit	-nis
die Einigung	…	…	…

Merkwissen

Nachgestellte Erläuterungen werden durch Komma vom übrigen Satz abgetrennt. Sie werden oft mit Wörtern wie **das heißt (d. h.)**, **und zwar, zum Beispiel (z. B.), nämlich, besonders, vor allem** oder **insbesondere** eingeleitet.

6 Im Text gibt es zwei Sätze mit nachgestellten Erläuterungen.
a. Schreibe die Sätze ab.
b. Unterstreiche die Erläuterungen und markiere das Komma.

Kommasetzung bei nachgestellten Erläuterungen

Z 7 Finde nachgestellte Erläuterungen und schreibe die Sätze auf. Vergiss das Komma nicht.

Ich lese täglich in der Zeitung die Artikel über lokale Sportereignisse, z. B.   .

Ein Großteil der Weltbevölkerung kann sich das Reisen mit dem Flugzeug nicht leisten, vor allem   .

Häufig fliegen Fußballmannschaften im Winter zum Trainieren in wärmere Länder, besonders   .

Es gibt Alternativen zur Anreise mit dem Flugzeug, und zwar   .

Das Fliegen ist fast schon eine Selbstverständlichkeit geworden, besonders   .

8 a. Schreibe den Text „Das Fliegen" ab.
b. Unterstreiche alle Verben, die zu Nomen geworden sind.
c. Kreise die starken Wörter ein.

Abschreiben von Texten
➤ S. 260

5. Trainingseinheit:
Tageszeiten und Wochentage

Berufsberatung

Zögernd öffnete ich gestern Morgen die Tür des Beratungszimmers und war überrascht, dass mich die Berufsberaterin gleich mit meinem Namen begrüßte. Ihr müsst wissen, dass ich morgens noch nicht so fit bin und meist erst mittags richtig wach werde. Die Berufsberaterin
5 stellte mir einige Fragen und sagte, dass ich bei meinen Antworten ehrlich zu mir selbst sein sollte. Denn nur so funktioniere die Beratung und brächte Ergebnisse. Ich erzählte ihr, dass ich mich besonders für Tiere interessiere und gern in den Zoo gehe. Das wollte sie nun genauer wissen. Sie fragte, welche Tiere mich besonders interessieren und ob ich schon mal
10 an die Arbeit eines Tierpflegers gedacht hätte. Sie blätterte in einem Buch und zeigte mir dann anhand einer Beschreibung, dass der Beruf sehr vielseitig und auch anspruchsvoll ist. Sie bot mir an, dass sie bei einer Freundin im Zoo wegen eines Schnuppertags nachfragen könne. Das gefiel mir, und keine fünf Minuten später war ich für Samstagmorgen
15 zu einem Kurzpraktikum im Zoo angemeldet.

mehr über Berufserkundung
➤ S. 92–110

1 Welcher Satz steht so nicht im Text? Schreibe ihn ab.
– Zögernd öffnete ich gestern Morgen die Tür des Beratungszimmers.
– Die Berufsberaterin legte mir einen Fragebogen vor.
– Ich erzählte ihr, dass ich mich besonders für Tiere interessiere.

Im Text werden Tageszeiten und Wochentage erwähnt.

2 Schreibe sie ab.

> **Merkwissen**
>
> **Tageszeiten und Wochentage** mit **s** am Ende sind **Adverbien**.
> Sie werden immer **kleingeschrieben**.
> **morgens – sonntags**

| morgens | mittags | nachts |
| sonntags | | mittwochs | samstags |

3 a. Ergänze die Reihen der Tageszeiten und der Wochentage und schreibe sie auf.
b. Welche Termine hast du? Schreibe fünf Sätze auf.

Tageszeiten und Wochentage mit **-s**

> **Starthilfe**
> Ich füttere morgens immer meine Katze ... mittwochs ...

> **Merkwissen**
>
> Nach **gestern**, **heute** und **morgen** werden **Tageszeiten** großgeschrieben.
> **gestern Morgen – heute Nachmittag – morgen Abend**

gestern Morgen	gestern Mittag	gestern Nacht
heute Mittag	heute Abend	heute Vormittag

4 Schreibe die Reihen ab und ergänze.

Großschreibung von Tageszeiten

> **Merkwissen**
>
> **Zusammensetzungen aus Wochentag und Tageszeit** werden immer zusammen- und großgeschrieben – egal, ob ein Begleiter davorsteht.
> **Samstagmorgen – der, dieser, ein, am, bis Samstagmorgen**

Sonntag		der Morgen
am Montag		der Vormittag
ein Mittwoch	+	der Mittag
der Donnerstag		der Nachmittag
dieser Dienstag		der Abend
bis Freitag		die Nacht

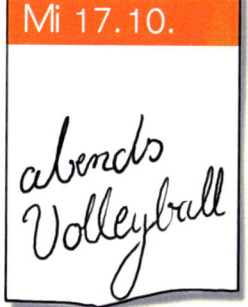

5 a. Schreibe Zusammensetzungen aus Wochentag und Tageszeit auf.
b. Schreibe fünf Sätze auf, in denen Zusammensetzungen vorkommen.

Die folgende Einladung enthält elf Zeitangaben.

Liebe Schülerinnen und Schüler, liebe Eltern,
lieber Lehrerinnen und Lehrer,

am DIENSTAGMORGEN, am DIENSTAGNACHMITTAG und am DIENSTAG-
ABEND findet unser Schulfest statt. Am MONTAGNACHMITTAG werden alle
Klassen das Schulfest vorbereiten, sodass DIENSTAGMORGEN alles fertig ist.
Wir werden MORGENS nach der 3. Stunde mit dem Fest beginnen. Der erste Teil
5 des Festes endet MITTAGS mit einem gemeinsamen Essen. Der zweite Teil
beginnt NACHMITTAGS und steht unter dem Motto „Aktionstag Berufe". In der
Aula gibt es viele Möglichkeiten der Information bei Vertretern des Arbeits-
amtes, der Wirtschaft und des Handwerks. Der DIENSTAGABEND gehört
unserer Schulband. Für die Tombola können bereits HEUTE NACHMITTAG und
10 MORGEN VORMITTAG Lose gekauft werden.

6 Wie werden die Zeitangaben richtig geschrieben?
a. Schreibe die Einladung ab und unterscheide zwischen
Groß- und Kleinschreibung.
b. Kontrolliere die Schreibungen mithilfe der Aufgaben 3–5.

6. Trainingseinheit: Fremdwörter

Bionik: Vorbild Natur

Besitzt du ein Kleidungsstück mit Klettverschluss? Dann weißt du bestimmt, dass der Verschluss wie eine Klette funktioniert. Wenn man ein solches Prinzip der Natur abschaut, spricht man von Bionik. Dieser Begriff ist aus den Wörtern Biologie und Technik zusammengesetzt: Biologie + Technik = Bionik.
5 Auch die Physik und Chemie spielen in der Bionik eine Rolle.
Wenn Wissenschaftler ein bestimmtes Problem haben, können sie in der Natur nach einer Analogie suchen und so vielleicht in ihrem Labor die Lösung finden. Diese verbessert die Qualität vieler Produkte, wird oft auch industriell genutzt und bringt finanzielle Erfolge. Somit hilft die Bionik nicht nur, den Alltag
10 der Menschen zu vereinfachen, sondern sie ist auch zu einem positiven wirtschaftlichen Faktor geworden.

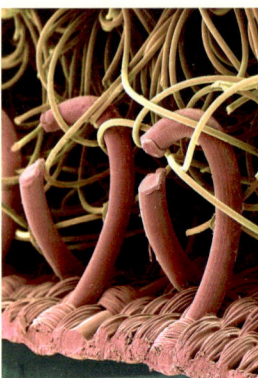

Funktionsweise eines Klettverschlusses

mehr über Bionik
➤ S. 39-56

1 Beantworte die Fragen schriftlich:
– Aus welchen Wörtern ist das Wort Bionik gebildet?
– Welche Wissenschaften spielen in der Bionik ebenfalls eine Rolle?

Im Text sind Wörter hervorgehoben. Es sind Fremdwörter.

> **Merkwissen**
>
> **Fremdwörter** kann man oft an ihren Endungen (Suffixen) erkennen.
> Viele Nomen haben die Suffixe **-ik**, **-ie**, **-or**, **-ität**,
> viele Adjektive die Suffixe **(i)ell** und **-iv**.

2 **a.** Übertrage die Tabelle in dein Heft.
b. Ordne die hervorgehobenen Fremdwörter aus dem Text in die Tabelle ein. Ergänze bei den Nomen den Artikel.

Fremdwörter mit Suffixen

Starthilfe

-ik	-ie	-or	-ität	-(i)ell	-iv
die Bionik	…	…	…	…	…

3 Erkläre die Fremdwörter: **die Analogie**, **der Faktor**.
Schreibe die Wörter und deine Worterklärungen auf.
Tipp: Du kannst ein Fremdwörterbuch oder ein Lexikon verwenden.

> die Republik   die Energie   der Katalysator   die Realität   offiziell
> intensiv   die Politik   alternativ   speziell   der Direktor   die Theorie
> die Kritik   die Demokratie   effektiv   der Professor   die Sexualität
> aktuell   der Autor   die Spezialität   konservativ   die Quantität
> funktionell   die Universität   instinktiv

4 Ordne die Wörter aus der Wörterliste ebenfalls in deine Tabelle ein.

der Katalysator	die Geschlechtlichkeit
die Sexualität	die Menge
die Quantität	ein Gerät zur Abgasreinigung
die Demokratie	wahlweise
alternativ	unbewusst
instinktiv	die Volksherrschaft
die Realität	amtlich
offiziell	die Wirklichkeit

?

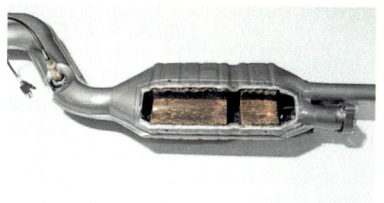

der Katalysator

5 Schreibe die Fremdwörter mit ihrer Erklärung ab.

> **Starthilfe**
> der Katalysator – ein Gerät zur Abgasreinigung

Die folgenden Sätze kannst du durch Fremdwörter aus dieser Trainingseinheit ergänzen.

6 a. Schreibe die Sätze ab.
b. Setze passende Fremdwörter in die Lücken.

Manche Menschen sehen eher _____ in die Zukunft, andere eher negativ.

Ein Grundrecht in einer _____ ist das freie und geheime Wahlrecht.

Um die Umwelt zu schonen, hat heute jeder Neuwagen mit Verbrennungsmotor einen _____.

Der Begriff Bionik ist aus den Wörtern _____ und _____ zusammengesetzt.

Wenn etwas in der _____ klappt, heißt das noch lange nicht, dass es auch in der Praxis funktioniert.

Um _____ zu sparen, ist es ratsam, Fenster ausreichend zu isolieren.

_____ schlage ich vor: Entweder gehen wir in ein Spaßbad oder wir besuchen eine Sportveranstaltung.

Für die letzte Klassenarbeit vor den Zeugnissen werde ich _____ üben.

7 a. Schreibe den Text „Bionik: Vorbild Natur" ab.
b. Unterstreiche alle Fremdwörter.

Abschreiben von Texten
▶ S. 260

Z 8 Im Tandem!
a. Schreibt jeder drei eigene Lückensätze mit Fremdwörtern auf.
b. Tauscht die Sätze aus und ergänzt die passenden Fremdwörter.

7. Trainingseinheit: Fachwörter, Wörter mit wider

Unsere vernetzte Schulbücherei

„Eure Lehrer haben wirklich gute Ideen", hörte Peter seinen Vater sagen. „Naja, nicht immer", erwiderte Peter. „Wie kommst du darauf?" „Lies selbst", antwortete sein Vater und reichte ihm einen Elternbrief der Städtischen Gesamtschule. „Können moderne Medien uns
5 klüger machen und das Lesen fördern? Fernsehen verblödet, Computer machen einsam und von Videospielen werden Kinder gewalttätig. Diese und weitere negative Urteile sind oft zu hören und zu lesen, wenn über die modernen Medien diskutiert wird. Darum müssen wir die Medienkompetenz verstärkt schulisch fördern und mit den Schülerinnen
10 und Schülern einen sachgerechten und selbstgesteuerten Umgang mit den Medien einüben. Zu diesem Schulkonzept gehört die Online-Vernetzung unserer Schulbücherei mit der Stadtbücherei in einem Schulbüchereiverbund. Sämtliche ausleihbaren Medien aller Schulen unserer Stadt werden erfasst und mithilfe einer besonders geschützten VPN-Verbindung
15 im Internet über den Online-Katalog der Stadtbücherei zugänglich gemacht." Peter kommentierte: „Das heißt, wir haben dann Terminals in unserer Schulbücherei und können von dort ausleihen. Die Idee gefällt mir."

1 Beantworte die Fragen schriftlich:
– Was gibt der Vater seinem Sohn Peter zu lesen?
– Welche negativen Urteile kann man oft hören, wenn es um moderne Medien geht?
– Mit welcher Frage beginnt der Elternbrief der Städtischen Gesamtschule?

Im Text „Unsere vernetzte Schulbücherei" sind Fachwörter hervorgehoben. Hier findest du ihre Erklärungen.

- Endgerät, Bildschirm – ein Arbeitsplatzrechner, der zur Ein- und Ausgabe von Daten verwendet wird, der Nutzer (User) hat über das Terminal direkten Zugriff auf einen entfernt stehenden Computer
- direkte Verbindung mit einem Datennetz
- virtual private network (dt. virtuelles privates Netz); es ist die sichere Verbindung lokaler Netze zum Transport privater oder geschäftlicher Informationen
- die Fähigkeit, mit Medien (Film, Funk, Fernsehen, Presse und Computer) kritisch umzugehen
- ein Programm (Plan) einer Schule

2 a. Schreibe die Erklärungen untereinander auf.   Fachwörter
b. Schreibe die passenden Fachwörter dazu.

Viele Fachwörter im Zusammenhang mit den modernen Medien kommen aus dem Englischen, z. B.:

das Onlinebanking   der Onlinebroker   das Onlinepublishing   online
der Onlineshop

3 Erklärt die Bedeutung der Fachwörter.

Das Wort **wider** hat die Bedeutung „gegen".

4 a. Lies noch einmal den Anfang des Textes auf Seite 242.
b. Schreibe das Wort mit **wider** auf.

Wörter mit **wider**

Diese Wörterliste enthält Nomen, Verben und Adjektive:

widerwillig   die Widerrede   das Widerwort   widerstehen   widersetzen
der Widerstand   der Widerspruch   widerlegen   widersprechen
widerspenstig   widerspiegeln   widerstandslos   der Widerruf   widerlich
der Widersacher   widerrechtlich   widerstandsfähig   widerwärtig
widerfahren   der Widerhaken   der Widerstandskämpfer

5 a. Schreibe die Wörter nach ihrer Wortart geordnet in eine Tabelle.
b. Fünf Wörter der Wörterliste haben drei Silben, zwei Wörter haben fünf Silben. Schreibe diese Wörter in gegliederter Form auf.

Gliedern ➤ S. 250

Starthilfe
das Widerwort – Wi | der | wort

6 a. Schreibe die folgenden Sätze ab.
b. Setze passende Wörter aus der Tabelle von Aufgabe 5 in die Lücken.

Als die Polizei eintraf, ließ sich der Einbrecher _____ festnehmen, denn er hatte begriffen, dass jeder _____ zwecklos war.

Der Verteidiger ist mit der Meinung des Staatsanwalts nicht einverstanden. „Herr Staatsanwalt, ich werde Ihre Mordtheorie _____."

„Sei doch nicht so _____! Nicht immer kann man recht haben", meinte meine Mutter.

Es gibt Situationen, da muss man _____ leisten, um Schlimmeres zu verhindern.

Während der Diskussion _____ Samir energisch: „Da bin ich aber ganz anderer Meinung!"

7 Schreibe den Text „Unsere vernetzte Schulbücherei" ab.

Abschreiben von Texten
➤ S. 260

8. Trainingseinheit:
Getrenntschreibung, Satzreihe, Fremdwörter

Zurück zur Erde
Eine Begebenheit aus „Das Marsprojekt" von Andreas Eschbach

Wie sollten die Jugendlichen ruhig bleiben? „Das Marsprojekt ist zu Ende",
sagten die Eltern, „wir müssen der Anordnung Folge leisten und wir sollen
zur Erde zurückkehren." Für die vier Jugendlichen Ariana, Elinn, Ronny und
Carl war es ein Schock. Sie waren die ersten Menschen, die auf dem Mars
5 aufwuchsen, und sie hatten den Mars als ihre Heimat lieben gelernt.
Nun wollte man das Projekt rückgängig machen, sie sollten alles hier einfach
verlassen. Ihr Leben sollte noch einmal auf der Erde neu beginnen, die sie
gar nicht kannten. Zusammen mit Elinn machten sie einen Ausflug im Rover.
Die Jugendlichen waren wieder überwältigt von dem Anblick der Marsland-
10 schaft. Sie fühlten: Hier sind wir zu Hause! „Lasst uns aktiv werden, wir werden
eine Botschaft an die Erde senden und wir werden Alarm schlagen."

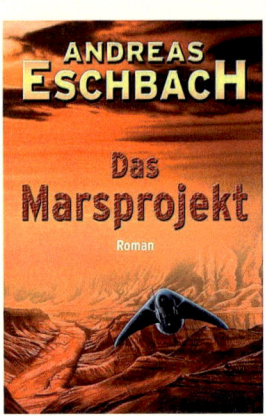

mehr zum Jugendroman
„Das Marsprojekt"
➤ S. 170–177

1 Welcher Satz steht so nicht im Text? Schreibe ihn ab.
– Ihre Eltern konnten die Neuigkeit nicht vor ihnen geheim halten.
– Ihr Leben sollte noch einmal auf der Erde neu beginnen,
  die sie gar nicht kannten.
– Die Jugendlichen waren wieder überwältigt von dem Anblick
  der Marslandschaft.

Im Text „Zurück zur Erde" sind vier unterschiedliche
Getrenntschreibungen hervorgehoben.

2 a. Übertrage die Tabelle in dein Heft.
b. Ordne die Getrenntschreibungen in die richtigen Spalten ein.

Getrenntschreibungen

Wortgruppe aus Nomen + Verb	Wortgruppe aus Adjektiv + Verb	Wortgruppe aus Verb + Verb	weitere Wortgruppen
Folge leisten	ruhig bleiben	...	zu Ende

Auch diese Wortgruppen werden getrennt geschrieben:

falsch machen darüber hinaus Auto fahren stehen bleiben Rad fahren
aus Versehen richtig machen spazieren gehen sauber halten
auf einmal Schlange stehen hängen bleiben vor allem Gefahr laufen
wach bleiben zu Hilfe (kommen) liegen bleiben Not leiden treu bleiben
baden gehen Ski fahren

3 a. Ordne auch diese Getrenntschreibungen in die Tabelle ein.
b. Wähle aus jeder Spalte zwei Beispiele aus und bilde damit Sätze.

> **Merkwissen**
>
> **Hauptsätze in Satzreihen**, die nicht durch **und/oder** verbunden sind, werden durch **Komma** abgetrennt.
>
> _____, _____ und _____.
>   HS   HS   HS

4 Im Text „Zurück zur Erde" gibt es zwei Satzreihen.
  a. Schreibe die beiden Satzreihen ab.
  b. Unterstreiche die Hauptsätze (HS) und markiere das Komma.

Kommasetzung in Satzreihen

5 Schreibe die folgenden Satzreihen ab und setze die fehlenden Kommas.

Achtung: Fehler!

In der Jugendherberge mussten wir spätestens um 8:00 Uhr aufstehen um halb 9:00 Uhr gab es Frühstück ab 10:00 Uhr begann unser Tagesprogramm.

Während unserer Klassenfahrt haben wir ein Fußballturnier veranstaltet außerdem haben wir eine Nachtwanderung gemacht und wir sind oft im Meer baden gegangen.

In den Ferien werde ich viel Rad fahren und an heißen Tagen gehe ich ins Schwimmbad.

Wir machten es uns bequem Kerzen wurden angezündet und der Gastgeber versorgte uns mit Getränken.

Beim Schulfest führte meine Klasse ein kleines Theaterstück auf nachmittags eröffneten wir eine Losbude und unsere Losverkäufer hatten viel zu tun.

> **Merkwissen**
>
> Mit dem Präfix **pro-** beginnen viele Fremdwörter.

Weitere Nomen mit dem Präfix **pro-** sind:

> der Prozess   das Protokoll   der Protest   der Produzent   der Profit
> das Profil   das Programm

6 a. Schreibe die Nomen ab und füge den Plural dazu.
  b. Bilde zu jedem Nomen ein Verb mit dem Suffix **-ieren**.

> **Starthilfe**
> der Prozess – die Prozesse – prozessieren

7 a. Bilde zusammengesetzte Wörter mit den Wörtern **Protest**, **Programm** und **Protokoll**.
  b. Überprüfe die Wörter mit dem Wörterbuch.

8 Schreibe den Text „Zurück zur Erde" ab.

Abschreiben von Texten
➤ S. 260

Training Rechtschreiben: Die Trainingseinheiten

9. Trainingseinheit: Das kann ich!
Einen Text korrigieren

Am Ende dieser Trainingseinheit steht ein Text mit Fehlern.
Bearbeite alle Aufgaben und du bist fit für die Fehlersuche.

Fremdwörter mit dem Suffix **-ie**

Fremdwörter mit Suffixen

> Industrie   Chemie   Kalorie   Energie   Biologie   Therapie
> Demokratie   Batterie   Kolonie   Akademie

1 **a.** Ordne die Nomen nach dem Alphabet und schreibe sie mit Artikel auf.
   b. Unterstreiche die Endung **-ie**.

> **Merkwissen**
> Wörter mit den Suffixen **-ung**, **-keit**, **-heit** und **-nis** sind Nomen.
> Sie werden großgeschrieben.

> belohnen   leiten   gesund   hindern   traurig   klug   heizen
> wahr   ärgern   zuverlässig   geheim   sparsam

2 **a.** Verwandle die Verben und Adjektive mit passenden Suffixen in Nomen.
   b. Unterstreiche die Endungen.

Beim Gliedern zerlegst du ein Wort in Sprechsilben.
Das hilft beim richtigen Schreiben.
Leis|tungs|fä|hig|keit

das Gliedern

> höchstwahrscheinlich   zurückversetzen   nachahmenswert
> Erholungsaufenthalt   zusammenarbeiten   Fördervereinsmitglied
> Fahrradgepäcktasche   voraussichtlich   entgegengehen

3 Schreibe die Nomen, Verben und Adjektive in gegliederter Form auf.

ä/äu oder **e/eu**?
Leite ab! Suche ein verwandtes Wort mit **au/a**.
Säure kommt von sauer → also **äu**
Getränke kommt von (er) trank → also **ä**

Wörter mit **ä/äu**

> gef   hrlich   tats   chlich   aufr   men   Ger   sch
> l   ten   Erk   ltung   Geb   de   Gep   ck

4 Leite ab! Schreibe die Wörter richtig auf.

Die Konjunktion **dass** kommt häufig vor.
Die Konjunktion **dass** steht am Anfang eines Nebensatzes.

die Konjunktion **dass**

Wir wünschen dir, _____ .

Er glaubt fest daran, _____ .

Alle wissen, _____ .

Seit heute weiß ich, _____ .

Sie hofft, _____ .

5 a. Ergänze passende dass-Sätze. Schreibe die Sätze auf.
b. Markiere das Komma vor **dass**.

Es gibt nur wenige Wörter, in denen der Vokal **e** verdoppelt ist.

doppelte Vokale

der Kaffee   leer   die Idee   das Meer   die See   der Schnee   der Tee
das Beet   die Seele   die Beere   die Armee   der Klee

6 Schreibe die Wörter nach dem Alphabet geordnet auf.

Dieser Text enthält vier Rechtschreibfehler und einen
Zeichensetzungsfehler:

Prickelnd und gesund

Achtung:
5 Fehler!

Glauben Sie, dass es möglich ist, Kinder und Jugendliche in der Schule dazu
zu bringen, einfaches Wasser aus der Leitung zu trinken, ohne Zucker,
! ohne Kalorin? Können sie auf die geliebten, aber ungesunden Limonaden
voller Zucker verzichten? Dass diese Getränke der Gesundheit Schaden
! 5 zufügen können und ein hindernis für jede Diät sind, wissen alle. Außerdem
nehmen die meisten Menschen am Tag nicht genügend Flüssigkeit zu sich,
wodurch die körperliche und geistige Leistungsfähigkeit beeinträchtigt ist.
! Und so kam die SV der hiesigen Städtischen Realschule auf eine prickelnde Ide.
Im Foyer der Realschule steht seit Montag ein Apparat, der eine Mischung
10 aus Wasserhahn, Wasserfilter und Sprudelbereiter ist. In den Pausen können
die Schüler ihre Trinkflaschen kostenlos auffüllen, nach Wunsch mit oder
! ohne Kohlenseure. Einige Fünftklässler, so berichtete unsere Reporterin,
! sind glücklich dass sie jetzt keine schweren Trinkflaschen mehr
in ihren Schultaschen tragen müssen.
15 Finanziert wurde der Wasserspender durch die SV, den Förderverein
und lokale Unternehmen, die solch ein nachahmenwertes Beispiel
gern unterstützen.

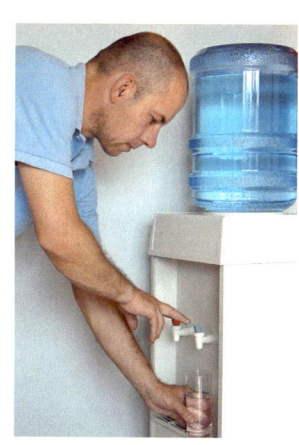

7 a. Lies den Text genau.
b. Schreibe die Fehlerwörter richtig auf. Markiere die Fehlerstellen.
c. Schreibe den Text fehlerfrei auf. Setze das fehlende Komma.

10. Trainingseinheit: Das kann ich!
Einen Text korrigieren

Auch am Ende dieser Trainingseinheit steht ein Text mit Fehlern.
Bearbeite alle Aufgaben und du bist fit für die Fehlersuche.

Das Dehnungs **-h** steht nach einem langen Vokal.
Allerdings nur vor den Konsonanten **l**, **m**, **n** und **r**.

*das Dehnungs-**h***

> gähnen   ahnen   fahren   Gebühr   Sahne   ohne   hohl   sehr   Verkehr
> Sohle   verwöhnen   Mühle   belohnen   lahm   zahm   berühmt   Ohr
> Befehl   allmählich   nehmen   Wahrheit   bezahlen   ihr   ungefähr   zehn

1 a. Ordne die Wörter in eine Tabelle in deinem Heft ein.
   b. Füge bei den Nomen den Artikel hinzu.

Nomen	Verben	Adjektive	sonstige
...	gähnen	...	...

Starthilfe

Das Wort **wider** hat die Bedeutung „gegen".
widersprechen = etwas „dagegen" sagen

*Wörter mit **wider***

> erwidern, der Widerstand, das Widerwort, widerspenstig, widerlich,
> widerstehen, der Widerruf, widerlegen, widerstandsfähig

2 Ergänze passende Wörter und schreibe die Sätze auf.

Ärgerlich ermahnte mich mein Vater: „Noch ein weiteres
von dir und unser Gespräch ist endgültig beendet."

„Ich bin da aber ganz anderer Meinung",   Jan energisch.

Der verschimmelte Käse stinkt wirklich   .

„Deine Argumente überzeugen mich nicht, ich werde sie der Reihe nach
               ."

Merkwissen

Aus Verben können **Nomen** werden.
Die starken Wörter **das**, **zum**, **beim** und **vom** machen's!

aus Verben werden Nomen

3 a. Bilde Nomen aus Verben und
      schreibe die Wortgruppen auf.
   b. Wähle drei Wortgruppen aus
      und schreibe Sätze auf.

> **Merkwissen**
>
> In einem **Satzgefüge** werden **Nebensätze** (NS) vom **Hauptsatz** (HS) durch **Komma** abgetrennt.

4 **a.** Schreibe zu den Satzbildern passende Sätze.
b. Kreise die Konjunktionen ein und markiere das Komma.

Weil _____ , _____ .
      NS   HS

_____ , wenn _____ .
    HS   NS

Als _____ , _____ .
     NS   HS

> **Merkwissen**
>
> Die Teile einer **Aufzählung** (**Wörter**, **Wortgruppen**, **Sätze**), die nicht durch **und/oder** verbunden sind, werden durch **Komma** abgetrennt.

> Großmutter Tanten Cousinen und Schulfreunde habe ich zu meinem 14. Geburtstag eingeladen.
>
> In der Konditorei habe ich Obsttörtchen mit Sahne Nussecken mit Schokolade und frischen Pflaumenkuchen besorgt.
>
> Am Nachmittag werden wir Kaffee trinken dann gehen wir spazieren und danach spielen wir Monopoly.

5 Schreibe die Sätze ab und setze die fehlenden Kommas.

6 Der Text enthält fünf Rechtschreibfehler und einen Zeichensetzungsfehler.
    a. Schreibe die Fehlerwörter richtig auf. Markiere die Fehlerstelle.
    b. Schreibe den Text ab und setze das fehlende Komma.

Ein köstliches Bratapfelrezept

Achtung: 6 Fehler!

Wenn ich etwas morgens, mittags und abends essen kann, dann sind das Bratäpfel. Dazu nehme ich eine säuerliche Apfelsorte, höle die Äpfel aus, fülle sie mit Süßem und mit intensiv duftenden Gewürzen und gare sie im Backofen. Der krönende Abschluss vor dem Servieren ist dann das hinzufügen von
5 Vanillesoße oder Schlagsane. Zum Füllen nimmt man Rosinen, Honig Mandeln, Zimt und Nelken. Weil die Geschmäcker verschieden sind bieten sich noch viele weitere Füllungen an, z. B. Butter, Spekulatius, Marzipan oder geröstete Sonnenblumenkerne. Meine Freundinnen haben noch nie wiedersprochen, wenn ich ihnen sagte, dass ich für sie Bratäpfel zubereiten möchte. Als ich meiner
10 englischen Austauschpartnerin bei ihrem Besuch von deutschen Bratäpfeln erzählte, erwiderte sie, dass man in England gern „Apple Crumble" isst. Und das will sie jetzt für mich zubereiten. Ich freue mich darauf.

Die Rechtschreibhilfen

Entwickle dein Rechtschreibgespür! Lasse Zweifel zu!
Die Zweifel kannst du durch Rechtschreibhilfen beseitigen!

Gliedern – verlängern – ableiten

Angst vor langen Wörtern? Das Gliedern hilft!

Beim Gliedern zerlegst du ein Wort in Sprechsilben.
Das hilft dir beim richtigen Schreiben. Un|ter|richts|stun|de

das Gliedern

Nomen	Verben	Adjektive
Fahrradgepäcktasche	entgegengehen	voraussichtlich
Handballeuropameisterschaft	zusammenarbeiten	höchstwahrscheinlich
Personennahverkehr	hinübergehen	erklärlicherweise
Satellitenempfang	dazwischenfahren	hochkonzentriert
Diebstahlsicherung	hinunterlaufen	dreigeschossig
Umweltschutzprogramm	zurückversetzen	vorschriftsmäßig

1 a. Schreibe die Nomen, Verben und Adjektive in gegliederter Form auf.
    b. Welches Nomen, welches Verb und welches Adjektiv hat
       die meisten Silben? Unterstreiche die drei Wörter.

2 Im Tandem!
    Findet selbst je zwei Nomen, Verben und Adjektive
    mit mindestens fünf Sprechsilben.

es bre___t? – er i___t? Das Verlängern hilft!

Verlängere das Verb: Bilde den Infinitiv und gliedere dann.
ir|ren → also: er irrt

das Verlängern

sie stel|llt	es klap|ppt	er schwim|mmt	er knur|rrt
es knal|llt	es klem|mmt	es stim|mmt	sie kip|ppt	er schaf|fft
sie klet|ttert	es bren|nnt		

3 Bilde zu den Verbformen den Infinitiv und gliedere dann.

> **Starthilfe**
> stel|len → also: sie stellt

hervorragen ? hunder ?

Das Verlängern und deutliches Sprechen der Wörter hilft!
hervorragen → hervorragende Leistungen → also: hervorragend

bekann	Aben	entfern	jeman
spannen	berühm	wüten	elegan
tausen	Elemen	intelligen	hunder

4 Verlängere die Wörter in Wortgruppen, sprich deutlich und entscheide. Schreibe die Wörter auf.

> **Starthilfe**
> bekannte Personen → also: bekannt

h fig? erk lten? Das Ableiten hilft!

Leite ab! Suche ein verwandtes Wort mit au/a.
häufig kommt von Haufen → also: äu

das Ableiten

kr ftig	gef hrlich	l cheln	l ten
Geb de	ngstlich	Verk fer	erk lten

5 Leite ab. Schreibe die Wörter und ihre Ableitungen auf.

> **Starthilfe**
> kräftig kommt von Kraft → also: ä

6 a. Schreibe die hervorgehobenen Wörter aus dem Text „Eine erfolgreiche Zusammenarbeit" untereinander auf.
b. Entscheide, welche Rechtschreibhilfe bei der Schreibung der einzelnen Wörter hilft.

Eine erfolgreiche Zusammenarbeit

Auf dem Gebiet Satellitenempfang wird unsere Firma voraussichtlich mit einer anderen Firma zusammenarbeiten. Es stimmt, dass diese Firma gute Produkte herstellt. Wir hoffen, dass eine Zusammenarbeit erfolgreich ist. Ein Experte errechnete nämlich, dass somit hundert neue Arbeitsplätze entstehen werden. Das finden wir hervorragend. Häufig sind Firmen zu ängstlich. Sie halten eine Zusammenarbeit mit anderen Firmen für gefährlich und befürchten Nachteile für die eigene Firma.

7 Schreibe den Text ab und unterstreiche die hervorgehobenen Wörter.

das Abschreiben von Texten
► S. 260

Wichtige Rechtschreibregeln

Zusammenschreibung

Zusammenschreibung aus Adjektiv und Verb

> **Merkwissen**
> Wortgruppen aus **Adjektiv + Verb** werden **zusammengeschrieben**, wenn das zusammengesetzte Wort eine **neue Bedeutung** hat.
> **schwarzsehen** – fernsehen, ohne Gebühren zu zahlen, oder
> – pessimistisch in die Zukunft sehen

Zusammenschreibung aus Adjektiv und Verb

zusammengesetztes Wort	Bedeutung
glattgehen	es klappte hervorragend
leichtfallen	keine Probleme mit etwas haben
schwarzärgern	sich über etwas furchtbar aufregen
hochrechnen	aus Teilergebnissen das Gesamtergebnis vorausrechnen
krankschreiben	eine Bescheinigung ausstellen, dass jemand arbeitsunfähig ist
offenbleiben	eine Frage/ein Problem bleibt noch ungeklärt

1 a. Präge dir die zusammengesetzen Verben mit den Erläuterungen ein.
   b. Teste dich!
   Decke die linke Spalte zu und schreibe die zusammengesetzten Verben.
   Decke die rechte Spalte zu und schreibe die Erläuterungen auf.

2 Schreibe die Sätze auf und ergänze passende Zusammensetzungen.

Ich habe viel gelernt und hoffe sehr, dass mir die Klassenarbeit ___ wird.

Wenn wir die Jahresdurchschnittstemperaturen der letzten 50 Jahre ___ , können wir über zukünftige Entwicklungen mehr sagen.

Weil ich mich gut auf die Prüfung vorbereitet hatte, war ich sicher, dass alles ___ würde.

Wegen einer fiebrigen Erkältung wurde ich vom Arzt ___ .

Über dein schlechtes Benehmen bei Tisch habe ich mich ___ .

Nach der Fernsehdiskussion zum Thema Mobbing sind noch einige Fragen ___ .

Zusammenschreibung aus Nomen und Verb

Merkwissen

Aus **Nomen + Verb** entsteht ein **zusammengesetztes Nomen**.
Die starken Wörter **das**, **zum**, **beim** und **vom** machen's!
Das Radfahren macht mir Spaß.

Zusammenschreibung aus Nomen und Verb

Kaffee trinken   Eis essen   Fleisch braten   Ski fahren
Diät halten   Auto fahren   Fußball spielen   Theater spielen
Schlange stehen   Luft holen   Angst haben   Karten spielen

1 a. Bilde aus der Wortgruppe (Nomen + Verb) mithilfe der starken Wörter neue Nomen.
b. Schreibe fünf Sätze mit den neuen Nomen auf.

Starthilfe
Kaffee trinken – beim Kaffeetrinken

Merkwissen

Aus **Wortgruppen** werden **Zusammensetzungen**.
Wortgruppe   Zusammensetzung
bezogen auf den Beruf   →   **berufsbezogen**
wirksam durch Werbung   →   **werbewirksam**

Zusammenschreibung aus Wortgruppen

einen Finger breit   scharf wie ein Messer   rot wie Feuer
lang bis zum Knie   mehrere Jahre lang   von Angst erfüllt   tätig im Beruf
weich wie Butter   vor Freude strahlend   gegen Hitze beständig

2 Bilde Zusammensetzungen.
Schreibe die Wortgruppen und die Zusammensetzungen auf.

Starthilfe
einen Finger breit – fingerbreit

3 Schreibe die Sätze ab und ergänze passende Zusammensetzungen.

Nach der Schule muss ich mich selbst versorgen, weil meine Eltern _____ sind.

Durch einen Großbrand in einer Holzfabrik leuchtete der Himmel _____ .

Gute Pfannen und Töpfe sind extrem _____ .

Als ich ein neues Fahrrad bekam, lief ich meinen Eltern _____ in die Arme.

Meine Briefmarkensammlung ist inzwischen umfangreich und wertvoll, weil ich _____ fleißig gesammelt habe.

Mit Wortbausteinen üben

Die deutsche Sprache ist lebendig.
Mit Präfixen (Vorsilben) und Suffixen (Endungen)
entstehen neue Nomen, Adverbien und Adjektive.
Die Schreibung der Präfixe und Suffixe bleibt immer gleich.

das Präfix **miss-**

> **Merkwissen**
> Das Präfix **miss-**
> Präfix + Verb = neues Verb und neues Nomen
> **miss- + achten = missachten, die Missachtung**

miss- +
trauen   billigen
brauchen   deuten
handeln   verstehen

1 Bilde neue Verben und Nomen mit dem Präfix **miss-**.

> **Starthilfe**
> miss- + trauen = misstrauen, das …

> Er achtet sehr darauf, immer höflich zu sein.
> Sie missachtet jegliche Regeln der Höflichkeit.

Z **2** Im Tandem!
  a. Welche Bedeutungsänderung entsteht durch das Präfix **miss**?
     Sprecht darüber.
  b. Schreibt jeweils zwei Sätze mit den Verben aus Aufgabe 1,
     sodass die Bedeutungsänderung deutlich wird.

> **Merkwissen**
> Das Präfix **zer-**
> Präfix + Verb = neues Verb
> **zer- + stechen = zerstechen**

das Präfix **zer-**

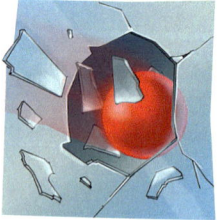

zer- +
stechen   stampfen   knittern   wühlen   gliedern
schneiden   schlagen   legen   treten
sägen   kauen   kratzen   bomben   brechen

3 a. Bilde Verben und schreibe sie auf.
   b. Ordne die Verben der Bedeutung entsprechend in die Tabelle ein.
      Tipp: Überlege, welches Nomen zu dem Verb passt.

> **Starthilfe**

Bedeutung: teilen/zerkleinern	Bedeutung: beschädigen
…	zerstechen

> **Merkwissen**
>
> Das Präfix **haupt-**
> Präfix + Nomen = neues Nomen
> **haupt- + das Gebäude = das Hauptgebäude**

das Präfix **haupt-**

> die Verkehrsstraße   die Schlagader   der Gedanke   das Ziel
> der Darsteller   die Sache   das Nahrungsmittel   die Rolle
> der Eingang   der Gewinnn   die Schule

4 a. Bilde neue Nomen mit dem Präfix **haupt-** und schreibe sie auf.
b. Im Tandem!
Schreibt auf, welche Bedeutungsveränderung
durch das Präfix **haupt-** entsteht.

> **Merkwissen**
>
> Das Suffix -**weise**
> Nomen + Suffix = Adverb
> **das Beispiel + -weise = beispielsweise**
>
> Adjektiv + Suffix = Adverb
> **vernünftig + -weise = vernünftigerweise**

das Suffix -**weise**

> der Besuch   liebenswürdig   die Ergänzung   seltsam
> der Zwang   unsinnig   der Monat   realistisch   der Auszug
> unerklärlich   der Versuch   notwendig   das Quartal

5 Verwandle die Nomen und Adjektive in Adverbien.
Tipp: Zwischen Nomen und Suffix musst du ein **s** einfügen.
Zwischen Adjektiv und Suffix musst du **er** einfügen.

> **Merkwissen**
>
> Das Suffix -**mäßig**
> Nomen + Suffix = Adjektiv
> **das Gefühl + -mäßig = gefühlsmäßig**
> **Tipp:** Bei vielen Wörtern musst du ein **s** einfügen.

das Suffix -**mäßig**

> die Entwicklung   das Recht   der Fahrplan   die Gewohnheit
> die Vorschrift   die Verfassung

Z **6** a. Bilde Adjektive mit dem Suffix -**mäßig** und schreibe sie auf.
b. Wähle vier Adjektive aus und bilde damit Sätze.

> **Starthilfe**
> entwicklungsmäßig, …

Training Rechtschreiben: Wichtige Rechtschreibregeln

Groß- und Kleinschreibung

Merkwissen
Das starke Wort **im** ist eine Verschmelzung aus der Präposition **in** und dem Artikel **dem**: **im (in dem) Übrigen**.

Großschreibung durch **im**

im Einzelnen	im Weiteren	im Wesentlichen	im Besonderen	im Voraus
im Ganzen	im Großen und Ganzen	im Geringsten	im Stillen	
im Allgemeinen	im Weiteren	im Folgenden	im Speziellen	im Vorhinein

1 a. Schreibe die Sätze ab und ergänze passende Wortgruppen.
b. Unterstreiche die Großschreibung.

       habe ich schon oft an dich gedacht.

       bin ich mit deiner Leistung zufrieden.

       kann ich deinen Vorschlägen zustimmen.

       bin ich der Meinung, dass es für eine Diskussion jetzt zu spät ist.

Merkwissen
Eigennamen werden großgeschrieben.
Eigennamen sind z. B. Namen von Personen, Staaten, Straßen und Festen.

Großschreibung von Eigennamen

Pariser Platz   Bayerischer Wald   Scheker Bayram   der Heilige Abend
Johann Wolfgang von Goethe   die Vereinigten Staaten von Amerika
Elisabeth die Zweite   Neuer Markt   Erster Bürgermeister   Jom Kippur
Stiller Ozean   Glockengasse   Am Schwarzen Weg   Atlantischer Ozean

2 a. Übertrage die Tabelle in dein Heft.
b. Ordne die Eigennamen in die passenden Spalten ein.

Starthilfe

Personen	Straßen/Plätze	Landschaften/Staaten/Meere	Feste
…	Pariser Platz	…	…

Merkwissen
Tageszeiten und Wochentage mit **s** am Ende sind **Adverbien**.
Sie werden immer **kleingeschrieben**.

Kleinschreibung von Tageszeiten und Wochentagen

sonntags   abends   montags   nachts   dienstags   morgens   mittwochs
vormittags   donnerstags   mittags   freitags   nachmittags   samstags

3 a. Schreibe die Adverbien getrennt nach Tageszeiten und Wochentagen.
b. Markiere das **s**.

5-Minuten-Übungen

Das Geheimnis des Erfolgs ist die Wiederholung. Die folgenden Übungen eignen sich für das tägliche Trainieren – in fünf Minuten.

Wörter mit Doppelkonsonanten

Doppelkonsonanten

> die Tablette   die Ebbe   buddeln   der Teppich   die Zigarre
> die Batterie   knabbern   das Geschirr   kribbeln   das Paddel
> die Herrschaft   der Pudding   der Fernsehapparat
> die Quittung   die Grippe   die Krabbe   mittags   knurren
> klappen   paddeln

1 a. Ordne die Wörter in die Tabelle ein.
b. Unterstreiche oder markiere den doppelten Konsonanten.

Starthilfe

bb	dd	pp	rr	tt
…	…	…	…	die Table<u>tt</u>e

2 Erweitere die Tabelle um die Spalten ll und ff.
Schreibe jeweils fünf Wörter mit ll und ff in die Spalten.

End- kommt von Ende

Wörter mit dem Präfix **end-**

> endlos   endgültig   endlich   das Endspiel   das Endergebnis   enden
> der Endkampf   der Endlauf   das Endlager   die Endstation   die Endziffer
> der Endbahnhof   unendlich   die Endfassung   die Endgeschwindigkeit
> die Endlichkeit   die Endmontage   der Endpunkt   die Endung   die Endzeit

3 Schreibe die Wörter ab und gliedere sie nach Sprechsilben.
Tipp: Zwei Wörter werden anders gegliedert.

Die Konjunktion **dass** steht häufig nach den folgenden Verben:

die Konjunktion **dass**

> glauben   denken   meinen   wissen   sehen   fühlen   hoffen
> erwarten   erklären   sich freuen   merken   wetten

4 a. Bilde mit fünf Verben kurze Hauptsätze.
b. Füge jeweils einen passenden Nebensatz mit **dass** hinzu.
Vergiss das Komma vor **dass** nicht.

Starthilfe

> Ich glaube fest daran, dass ich die Prüfung bestehen werde.
> Er denkt, dass …

Training Rechtschreiben: Wichtige Rechtschreibregeln

Langes i in Fremdwörtern

5 Schreibe die markierten Nomen nach dem Alphabet geordnet auf.

Fremdwörter mit langem **i**

Die Medizin schmeckt bitter.	Die Maschine muss repariert werden.
Ich habe den Termin verpasst.	Eine Lawine verschüttete ein Dorf.
Deine Kritik ist berechtigt.	Der neue Satellit verbessert den Empfang.
Es fehlt die Margarine zum Backen.	Frischer Salat enthält wichtige Vitamine.
Unsere Fußballmannschaft steckt in der Krise.	Ich wünsche dir guten Appetit.
Du gehst ein hohes Risiko ein.	Das Benzin ist schon wieder teurer geworden.
Die Diskussion hatte ein hohes Niveau.	

6 Schreibe die Sätze ab.

Abschreiben ➤ S. 262–263

Häufige Fehlerwörter

häufige Fehlerwörter

vielleicht   ein bisschen   erwidern   wahrscheinlich   abends   zu Hause
irgendwie   außerdem   während   meistens   ziemlich   Spaß   Idee

7 Schreibe die häufigen Fehlerwörter jeweils dreimal.

Nomen mit -ung, -heit, -keit, -nis

Nomen mit **-ung**, **-heit**, **-keit**, **-nis**

gleichgültig   geheim   frei   verändern   klug   vergrößern
wahrscheinlich   frech   ärgern   schwierig   verabreden
einverstanden   ähnlich   veranstalten

8 Bilde aus den Wörtern Nomen mit den Suffixen
-**ung**, -**keit**, -**heit** und -**nis**.

Adjektive werden zu Nomen

nominalisierte Adjektive

alles Gute	stand heute in der Zeitung
nichts Besonderes	wünsche ich dir
etwas Wichtiges	ergab die Untersuchung
wenig Neues	fand ich im Katalog
viel Interessantes	erlebte ich in den Ferien

9 a. Bilde aus den Wortgruppen möglichst viele sinnvolle Sätze.
b. Unterstreiche die Nomen nach **alles**, **nichts**, **etwas**, **wenig**, **viel**.

Eingeschobene Nebensätze

HS 1. Teil	Nebensätze	HS 2. Teil
Meine Sorge	als ich den Schulhof erreichte	war unbegründet.
Meine Nachbarin	dass ich den Bus verpassen könnte	ist meine beste Freundin.
Das grüne Auto	die in der Goethestraße wohnt	gehört meinem Bruder.
In dem Moment	das dort steht	begann es zu regnen.
Ich muss leider	weil ich krank geworden bin	den Termin absagen.

10 a. Schiebe passende Nebensätze in die Hauptsätze.
b. Schreibe die Sätze auf.
c. Unterstreiche die eingeschobenen Nebensätze.
d. Setze die Kommas.

Häufige Konjunktionen

häufige Konjunktionen

Häufig beginnen Nebensätze mit den Konjunktionen **dass**, **als**, **weil**, **wenn**, **obwohl**.

11 Schreibe passende Sätze zu den folgenden Satzbildern.

```
          ↓
Als                    ,                    .
       NS                      HS
                       , dass               .
       HS                      NS
Weil                   ,                    .
       NS                      HS
Wenn                   ,                    .
       NS                      HS
                       , obwohl             .
       HS                      NS
                       , als                .
       HS                      NS
Dass                   ,                    .
       NS                      HS
                       , als                .
       HS                      NS
```

Das Geheimnis des Erfolgs ist die Wiederholung!

12 Im Tandem!
a. Diktiert euch abwechselnd jeweils zehn Wörter aus den Aufgaben 1, 3, 7 und 8.
b. Diktiert euch abwechselnd jeweils fünf Sätze aus den Aufgaben 6, 9 und 10.

zum Partnerdiktat ➤ S. 261

Die Arbeitstechniken

Das Abschreiben – das Partnerdiktat – die Rechtschreibkartei

Das Abschreiben

Richtiges Schreiben lernt man durch Schreiben, insbesondere durch Abschreiben. Richtiges Abschreiben will gelernt sein. Auf den Seiten 262 bis 263 findest du Übungen dazu.

Texte, Wörterlisten, Wörterreihen
➤ S. 262–263

> **Arbeitstechnik**
> **Das Abschreiben von Texten**
>
> Die sieben Schritte zum Abschreiben von Texten:
> 1. Lies den Abschreibtext langsam und sorgfältig.
> 2. Gliedere den Text in Sinnabschnitte.
> 3. Präge dir die Wörter einer Sinneinheit genau ein.
> 4. Schreibe die Wörter auswendig auf.
> 5. Kontrolliere Wort für Wort.
> 6. Streiche Fehlerwörter durch und korrigiere sie.
> 7. Ordne Fehlerwörter in die Rechtschreibkartei ein.

> **Arbeitstechnik**
> **Das Abschreiben von Wörterlisten**
>
> Die fünf Schritte zum Abschreiben von Wörterlisten:
> 1. Lies sorgfältig Wort für Wort.
> 2. Decke die Wörterliste zu – nur das erste Wort bleibt sichtbar.
> 3. Präge die das Wort ein und schreibe es auswendig auf.
> 4. Kontrolliere die Schreibung.
> 5. Decke das nächste Wort auf usw.

> **Arbeitstechnik**
> **Das Abschreiben von Wortreihen**
>
> Die fünf Schritte zum Abschreiben von Wörterreihen:
> 1. Lies die Wortreihen sorgfältig.
> 2. Lerne die erste Wortreihe auswendig.
> 3. Decke die Wortreihe zu und schreibe sie auf.
> 4. Kontrolliere die Wortreihe Wort für Wort.
> 5. Decke die nächste Wortreihe auf usw.

Das Partnerdiktat

In einem Partnerdiktat könnt ihr mithilfe eines Partners oder
einer Partnerin einen Text fehlerfrei aufschreiben.

Texte, Wörterlisten,
Wörterreihen
➤ S. 262–263

Arbeitstechnik
Partnerdiktat

Ein Partner diktiert.

- Lies bei **Texten** den ganzen Satz vor.
  Diktiere dann die Sinnabschnitte.
- Lies bei **Wörterlisten** die ganze Liste vor.
  Diktiere dann Wort für Wort.
- Lies bei **Wörterreihen** die ganze Reihe vor.
  Diktiere die einzelnen Teile der Reihe.

- Bei einem Fehler sage sofort „Stopp!".
  Lass dem Partner Zeit, den Fehler
  zu finden.
- Gib Hilfen oder zeige den Text,
  die Liste oder die Reihe.

Der andere Partner schreibt.

- Höre dir den ganzen Satz in Ruhe an.
  Schreibe die einzelnen Sinnabschnitte auf.
- Höre dir die Wörter in Ruhe an.
  Schreibe Wort für Wort.
- Höre dir die ganze Wörterreihe in Ruhe an.
  Schreibe nacheinander die einzelnen Teile
  der Wörterreihe auf.
- Kontrolliere das zuletzt Geschriebene ruhig und
  konzentriert mithilfe der Rechtschreibhilfen,
  um den Fehler zu finden.
- Streiche das Fehlerwort durch.
  Schreibe das Wort richtig darüber.

Die Rechtschreibkartei

Eine Rechtschreibkartei besteht aus Lernkärtchen.
Auf jedem Lernkärtchen steht ein Fehlerwort
mit zusätzlichen Infomationen.

Arbeitstechnik
Eine Rechtschreibkartei anlegen

1. Schreibe das **Fehlerwort in die Mitte**
   der ersten Zeile.
2. **Unterstreiche** die Fehlerstelle.
3. Ergänze Wörter und Wortgruppen.
   - Füge bei Verbformen das Personalpronomen
     und den Infinitiv hinzu.
   - Füge bei Nomen den Artikel, den Plural
     bzw. den Singular hinzu.
   - Verlängere Adjektive durch eine Wortgruppe.
   - Schreibe auch ganze Wortgruppen auf.
4. Wenn möglich füge einen **Rechtschreibtipp** hinzu.

es brennt
Infinitiv: brennen

der Abend
die Abende (Plural)

herzlich
herzliche Grüße

ein paar Mitschüler

die Besichtigung
Endsilbe -ung
= Großschreibung

So übst du mit Lernkärtchen:
Lernkärtchen einprägen – Kärtchen umdrehen –
auswendig aufschreiben – kontrollieren
Ordne die Kärtchen nach Fehlerschwerpunkten.
Wichtig! Erweitere ständig deine Rechtschreibkartei.

Übungen zu den Arbeitstechniken

Die folgenden Texte, Wörterlisten und Wörterreihen kannst du durch Abschreiben oder als Partnerdiktat üben.

Abschreiben von Texten
➤ S. 260
Partnerdiktat
➤ S. 261

Abschreibtexte

Tagebuch einer Klassenfahrt

Dienstag, 7.6.2011

Am Vormittag bummelten wir in kleinen Gruppen die lange Einkaufsstraße einmal hinauf und herunter. Am Nachmittag spazierten wir durch den Stadtpark zwischen Rasenflächen, Bäumen und Blumenbeeten, um zum Stadtschloss zu gelangen. Die Besichtigung des Stadtschlosses war sehr interessant und dauerte circa zwei Stunden. Gegen Abend gingen wir müde in unser Jugendhotel zurück. Ein paar Mitschüler humpelten sogar, weil sie Blasen an ihren Füßen hatten. Für den nächsten Tag steht ein Besuch des Spaßbades auf dem Programm. Dort können alle dann ihre Füße kühlen.

Marie Schmidt 8 b

Der Außerirdische (Teil I)

Als ich gestern Abend nach Hause kam, saß meine Familie schon am Tisch. „Das nächste Mal bitte ein bisschen pünktlich", bemerkte meine Mutter. Beim Essen dann passierte das Unglaubliche: Die Tür ging auf und wir sahen einen Außerirdischen hereinkommen. „Ich bitte um Entschuldigung", murmelte er. „Ich kann mein Raumschiff nicht wiederfinden. Können Sie mir sagen, wie ich zu meinem Planeten zurückkomme?"

Der Außerirdische (Teil II)

Meine Freundin, die sich meistens auf jeden Spaß einließ, schien ziemlich ärgerlich: „Interessant, dein Erlebnis! Und konntet ihr ihm helfen?" „Leider nicht", erwiderte ich, „er rannte nämlich auf einmal nach draußen und verschwand wieder in der Dunkelheit." „Und bei mir dämmert es langsam", sagte meine Freundin. „Ich weiß, warum er verschwand: April! April! Zum Veräppeln such dir jemand anders aus." „Schade, dass sie nicht auf meinen Aprilscherz hereingefallen ist", dachte ich. „Ich fand die Idee irgendwie super."

Wörterlisten

Abschreiben von Wörterlisten ➤ S. 260

Nomen/Verben
die Wahrheit
zurückkehren
der Spaß
hereinkommen
das Gebäude
spazieren
das Geheimnis
kontrollieren
beim Fahren

Verben/Adjektive
ähnlich
kommen – sie kam
schwierig
essen – er aß
pünktlich
erwidern
zielstrebig
zusammenschreiben
angenehm
heißen

Nomen/Verben/Adjektive
die Freundlichkeit
entschuldigen
kräftig
vom Schreien
veranstalten
hungrig
die Verschiedenheit
gefährlich
wissen – er weiß

Wortfamilie
fahren
dazwischenfahren
die Rückfahrt
unbefahrbar
die Vorfahrt
zusammenfahren
die Erfahrung
widerfahren
fortfahren

Sonstige
vielleicht
meistens
irgendetwas
draußen
nämlich
eigentlich
abends
auf einmal
denn/wenn

Wörterreihen

Abschreiben von Wörterreihen ➤ S. 260

Verbreihen
frieren: ich friere – ich fror – ich habe gefroren – ich hatte gefroren
ziehen: ich ziehe – ich zog – ich habe gezogen – ich hatte gezogen
verlieren: ich verliere – ich verlor – ich habe verloren – ich hatte verloren

sehen: du siehst – du sahst – du hast gesehen – du hattest gesehen
lesen: du liest – du lasest – du hast gelesen – du hattest gelesen
geben: du gibst – du gabst – du hast gegeben – du hattest gegeben

schreiben: er schreibt – er schrieb – er hat geschrieben – er hatte geschrieben
verzeihen: er verzeiht – er verzieh – er hat verziehen – er hatte verziehen
preisen: er preist – er pries – er hat gepriesen – er hatte gepriesen

Fremdwörterreihen
Industrie – Energie – Demokratie
Konferenz – Konsequenz – Existenz
informieren – interessieren – kontrollieren

Medizin – Benzin – Vitamin
Information – Situation – Generation
Journalist – Tourist – Komponist
Position – Revolution – Tradition

Training Rechtschreiben: Die Arbeitstechniken

Sprache und sprechen

Die Herkunft der Wörter

Die Bedeutung von Wörtern hat oft etwas mit ihrer Herkunft zu tun. So ist wahrscheinlich das Wort **Gefahr** aus dem Wort **fahren** entstanden. Die gemeinsame Herkunft der beiden Wörter erkennt man am gemeinsamen Wortstamm **-fahr-**.

1 Schreibe beide Wörter auf und unterstreiche den gemeinsamen Wortstamm.

den gemeinsamen Wortstamm erkennen

2 Was könnte das Wort **Gefahr** mit **fahren** zu tun haben?
   a. Beschreibe die Bilder.
   b. Erkläre, wie das Wort Gefahr entstanden sein könnte.

über die Herkunft von Wörtern nachdenken

mehr über die Geschichte des Reisens ➤ S. 60–63

Starthilfe
Früher waren Menschen in Gefahr, die …

Auch über die Herkunft und die Bedeutung dieser Wörter könnt ihr Vermutungen anstellen.

die Erfahrung   die Vorfahren   der Gefährte   das Gefährt

3 Wie könnten diese Wörter entstanden sein?
   a. Stellt Vermutungen dazu an und tauscht euch darüber aus.
   b. Fasst eure Vermutungen schriftlich zusammen.

die Herkunft und Bedeutung von Wörtern erklären

Starthilfe
Früher hielt man jemanden für erfahren, wenn …
Erfahren zu sein bedeutet heute, dass …

Z 4 Schreibt weitere Wörter mit dem Wortstamm **-fahr-** auf und erklärt ihre Bedeutung.

Wortverwandtschaften sind oft wie Rätsel.
Der gemeinsame Ursprung mancher Wörter wird erst
durch den Rückblick in die Geschichte deutlich.

- Was sind noch einmal Sagen?
- Haben die Leute früher nicht geschrieben?
- Aber wieso entstehen heute kaum noch Sagen?

5 Was hat **sagen** mit der **Sage** zu tun?
Stellt Vermutungen an und tauscht euch darüber aus.

6 Im Tandem!
   a. Ordnet die Bilder den passenden Fragen zu.
   b. Beantwortet die Fragen mithilfe der Bilder.
      – **Burg** kommt von **Berg**. Wie kann man das erklären?
      – Wie wird aus **Hut** das Verb **behüten**?
   Tipp: Ihr könnt auch ein Herkunftswörterbuch benutzen.

> Starthilfe
> Burg kommt von Berg, weil …

Zwischen jeweils zwei der folgenden Wörter bestehen
Wortverwandtschaften.

| richtig   die Biologie   die Zeit   das Praktikum   der Fleischwolf
der Wolf   die Werbung   die Bionik   die Zeitung   schlagen
die Schlagzeile   der Bericht   praktisch   die Brautwerbung |

7 Welche der Wörter sind miteinander verwandt?
   a. Schreibe sie zusammen auf.
   b. Unterstreiche den gemeinsamen Wortstamm.

> Starthilfe
> richtig – der Bericht

Wortverwandtschaften erkennen

8 Welche Gemeinsamkeiten entdeckt ihr
in der Bedeutung der verwandten Wörter?
Tauscht euch in der Klasse darüber aus.

Bedeutungen erklären

9 Schreibe zu den Wörtern mindestens ein weiteres verwandtes Wort auf
und unterstreiche den gemeinsamen Wortstamm.

> Starthilfe
> richtig – der Bericht – berichtigen

Z 10 Wie könnten die Wörter entstanden sein?
   a. Schreibe deine Vermutungen dazu auf.
   b. Überprüfe deine Vermutungen mithilfe eines Herkunftswörterbuchs.

Wortfelder

In der Novelle „Drei Männer im Schneesturm" von Meinrad Inglin brechen die Figuren zu einer Bergwanderung auf.
So beschreibt der Ich-Erzähler ihre Fortbewegung.

„Drei Männer im Schneesturm" ➤ S. 154–168

> Auf diesem Grate wanderten wir nach kurzer Rast dahin […]
> Wir gingen also vorwärts […]
> Wir stapften also vom Grat auf die sogenannte Hochebene hinaus […]
> Halb ohnmächtig taumelte ich nach Mitternacht ins Bett […]

1 Welche Verben verwendet der Ich-Erzähler?
Schreibe sie im Infinitiv auf.

Starthilfe
wandern, …

Die Verben aus Aufgabe 1 gehören zu einem Wortfeld.

Merkwissen

Wortfelder bestehen aus Wörtern, die man zu einer Gruppe zusammenfassen kann, weil sie zu **derselben Wortart** gehören und weil sie in einem **Merkmal übereinstimmen**.
Beispiel: Die Wörter **quatschen, flüstern, reden** gehören zu einem Wortfeld. Es sind Verben, die das gemeinsame Merkmal **sprechen** haben.

2 Zu welchem Wortfeld gehören die Verben aus Aufgabe 1?
  a. Schreibe das gemeinsame Merkmal auf.
  b. Schreibe weitere Verben auf,
     die zu diesem Wortfeld gehören.

Starthilfe
schleichen, spazieren …

W Auch die Wörter anderer Wortarten lassen sich zu Wortfeldern zusammenfassen. Wähle aus dem Wortmaterial einen Kasten aus.

| regnerisch, kalt, schwül, neblig, … | Hagel, Schnee, Hitze, Frost, … |

3 a. Schreibe die Wortart der Wörter und das übergeordnete Merkmal auf.
   b. Ergänze weitere Wörter, die zum Wortfeld gehören.

Z 4 Wozu dient die Verwendung unterschiedlicher Wörter
für einen ähnlichen oder für den gleichen Sachverhalt?
  a. Formuliere einen Text mit Wörtern, die zu einem Wortfeld gehören.
  b. Überprüfe, ob diese Wörter austauschbar sind.
  c. Beschreibe, wie der Text wirkt, wenn du in jedem Satz dasselbe Wort verwendest.

In der Novelle „Drei Männer im Schneesturm" geht es um Leben und Tod.
In solchen gefährlichen Situationen ist Schnee nicht gleich Schnee.
Die folgenden Wörter gehören zu dem deutschen Wortfeld **Schnee**:

der Schneematsch,	Schnee, der beim Auftauen matschig wird
der Pulverschnee,	klebriger Schnee, wie feuchtes Salz
der Triebschnee,	vom Wind verwehter Schnee
der Altschnee,	mehr Regen als Schnee
der Feuchtschnee/	leichter, feinkörniger Schnee
der Pappschnee,	vor längerer Zeit gefallener Schnee
der Schneesturm,	Sturm mit heftigem Schneefall
der Sulzschnee	

5 Erkläre die Wörter aus dem Wortfeld **Schnee**.
   a. Ordne die Schneearten den passenden Erklärungen zu.
   b. Welche Schneearten kannst du einem Foto zuordnen?
      Schreibe die Buchstaben der Fotos mit den passenden Wörtern
      und Erklärungen auf.

Z 6 Warum kann die genaue Unterscheidung der Schneearten
lebenswichtig sein? Begründe deine Antwort mit einem Beispiel.

In der Sprache der Inuit gibt es für Schnee viele Wörter.

akillukkak – weicher Schnee	massak – Schnee mit Wasser gemischt
apun – der Schnee	mauya – Schnee, in den man einbrechen kann
aput – verteilter Schnee	nutagak – der Pulverschnee
kaiyulak – Schnee mit gerippter Oberfläche	persertok – der Triebschnee
katiksunik – leichter Schnee	pokaktok – salzartiger Schnee
kiksrukak – glatter Schnee	sillik – fester Schnee mit einer Kruste

Info

Als **Inuit** bezeichnen sich einheimische Volksgruppen, die im arktischen Kanada sowie auf Grönland leben.
Die Sprache der Inuit heißt **Inuktitut** und bedeutet „Sprache des Menschen".

7 Warum sind wohl bei den Inuit so viele Wörter für Schnee
entstanden? Begründe deine Antwort.

Z 8 Tauscht euch über die folgenden Fragen aus:
   – In welchen Regionen der Erde gibt es vielleicht nur wenige
     oder keine Wörter für Schnee?
   – Wofür könnte es in anderen Regionen verschiedene
     Wörter geben?

Z 9 Schreibe Wörter auf, die zum Wortfeld **Wind** oder **Regen** gehören.
Schreibe jeweils passende Erklärungen dazu.

weitere Wortfelder
aufschreiben

Training Grammatik: Sprache und sprechen

Wörter aus anderen Sprachen

Weit gereiste Wörter

Viele Wörter stammen aus fernen Zeiten und anderen Kulturen. Etwa 40 % der deutschen Wörter kommen ursprünglich aus anderen Sprachen. Solche Wörter sind im Laufe der Zeit weit „gereist". Dabei haben sie sich verändert.

koechiap (chinesisch) – Fischsoße
scholé (altgriechisch) – Muße, Freizeit
suffa (arabisch) – Sitzbank
quitara (arabisch) – Zupfinstrument
quafah (arabisch) – Kaffee
bangla (indisch) – ebenerdiges Haus
tomatl (aztekisch) – ...
kangaroo (Sprache australischer Ureinwohner) – ...

1 Aus welchen Sprachen kommen die Wörter **Ketschup, Schule, Sofa, Bungalow, Gitarre, Kaffee, Tomate, Känguru**?
   a. Trage die deutschen Wörter, ihre Herkunft und die ursprünglichen Wörter in eine Tabelle ein.
   b. Unterstreiche die Wörter, deren Bedeutung sich im Laufe der Zeit geändert hat.

die Herkunft von Wörtern untersuchen

Starthilfe

deutsches Wort	Herkunft	ursprüngliches Wort
Ketschup	chinesisch	koechiap

Viele Wörter haben nicht nur die deutsche Sprache bereichert, sondern gleich mehrere andere Sprachen.

2 Gruppenarbeit!
Prüft gemeinsam, ob es die Wörter in ähnlicher Form auch in anderen Sprachen gibt.
   a. Tragt die Wörter aus Aufgabe 1 in eine Tabelle ein.
   b. Ergänzt in der Tabelle, wie die Wörter in weiteren Sprachen heißen.
     Tipp: Ihr könnt auch in Wörterbüchern nachschlagen oder andere Personen fragen.

Wortverwandtschaften in verschiedenen Sprachen erkennen

Starthilfe

deutsches Wort	weitere Sprache(n)
Kaffee	café (französisch), kahve (türkisch), ...

3 Welche Gründe könnte es dafür geben, dass Wörter so weit gereist sind?
   a Beschreibt das Bild am Rand.
   b. Sprecht über eure Vermutungen.

Neue Erfindungen, neue Wörter

Folgende Wörter sind zu unterschiedlichen Zeiten ins Deutsche übersetzt worden.

Ausgangswort	späteres deutsches Wort	Datum der Übersetzung ins Deutsche
Perron	Bahnsteig	nach 1871
Aeroplan	Flugzeug	nach 1905
Helikopter	Hubschrauber	nach 1930
Computer	Rechner	nach 1946

4 Tauscht eure Vermutungen zu den folgenden Fragen aus:
– Warum entstanden die Wörter zuerst in anderen Sprachen?
– Warum sind dafür später neue deutsche Wörter gefunden worden?

Wenn neue Dinge entdeckt oder erfunden werden, werden auch neue Wörter benötigt.

mehr über neue Entdeckungen und Erfindungen ➤ S. 39–53

| Gold | Foto | Schwert | Rad | Geld | Fabrik | Kupfer | Motor |

5 In welcher Reihenfolge könnten die Wörter erfunden worden sein?
  a. Macht Vorschläge und begründet sie.
  b. Einigt euch auf eine Reihenfolge.

Z 6 Informiert euch auf der Seite 43 über den Flugapparat Leonardo da Vincis und findet eine passende Bezeichnung für seine Konstruktion. Begründet eure Vorschläge.

Durch die moderne technische Entwicklung sind im Bereich Mobilfunk in den letzten Jahren viele neue Wörter entstanden.

7 Untersucht neue Wörter in der Handywerbung.
  a. Schreibt aus Handywerbeanzeigen neue Wörter auf.
  b. Welche englischen Ausdrücke lassen sich sinnvoll durch ein deutsches Wort ersetzen? Macht Übersetzungsvorschläge.
  c. Recherchiert im Internet, wie das Wort **Handy** entstanden ist.

mehr über die Sprache der Werbung ➤ S. 188–197

Z 8 Welche Wörter gab es vor 50 Jahren noch nicht? Welche noch nicht vor zehn Jahren?
  a. Schreibt jeweils mindestens fünf solcher Wörter auf.
  b. Schreibt dazu, was sie bedeuten und in welchen Bereichen sie verwendet werden.
  c. Prüft, ob die Wörter schon in neueren Wörterbüchern stehen.

iPhone
Flyer
Kids
Dosenpfand
skypen
Public Viewing
...

Modewörter und Jugendsprache

Modewörter

Modewörter sind eine neue Art, etwas zu sagen.

1 Schreibe die Äußerungen mithilfe
der folgenden Fragen vollständig auf:
- Was könnte der glückliche Gewinner sagen?
- Was könnte er sagen, wenn er trotz toller Leistung verloren hätte?

Wow, das ist ... !!!

Mit Modewörtern kannst du Aussagen verstärken.

2 Schreibe verschiedene Aussagen auf und verstärke sie.
  a. Ergänze die Wörterliste am Rand mit weiteren Wörtern.
  b. Bilde Sätze mit den Wörtern.

Starthilfe
Ich finde das total mutig.

total
echt
absolut
...

Modewörter verändern sich mit der Zeit.

3 Vergleicht Modewörter früher und heute.   *Modewörter vergleichen*
  a. Fragt Erwachsene unterschiedlichen Alters, welche Wörter sie für **gut** oder **schlecht** verwendet haben, und schreibt sie auf.
  b. Schreibt Wörter auf, die ihr für **gut** oder **schlecht** benutzt.
  c. Sprecht über Gemeinsamkeiten und Unterschiede.

4 Welche Modewörter für **Fest** oder **Feier** kennt ihr?
  a. Schreibt sie auf.
  b. Stellt Vermutungen dazu an, welche Wörter früher verwendet wurden.
  c. Überprüft eure Vermutungen, indem ihr eure Eltern oder Lehrer fragt.

**Modewörter entstehen oft spontan im Alltag.
Ihr könnt sie auch selbst erfinden und verbreiten.**

Z 5 Gruppenarbeit!
  a. Erfindet neue Wörter, um auszudrücken, dass etwas erfreulich ist.
  b. Einigt euch auf ein Wort, das ihr verbreiten wollt.
     Tipp: Bedenkt dabei, wie das Wort sein muss, damit es gern verwendet wird.
  c. Verwendet das Wort in eurem Bekanntenkreis möglichst oft.
  d. Wertet nach 14 Tagen aus:
     - Wie haben andere zuerst auf das Wort reagiert?
     - Wie häufig wird es jetzt von anderen verwendet?

Das ist ja voll kratzig!

Jugendsprache

Jugendliche früher und heute verwenden ihre Sprache,
so z. B. in einem Tagebucheintrag von 1957:

6 Was bedeutet der Eintrag?
   a. Schreibe dir unbekannte Wörter auf.
   b. Schreibe auf, was sie bedeuten könnten.
      Frage Menschen, die 1957 jugendlich
      waren, nach der Bedeutung.
   c. Übersetze den Tagebucheintrag
      in heutiges Schriftdeutsch.
   d. Übersetze den Tagebucheintrag in die
      heutige Jugendsprache.

14.11.1957
Tofte.
Geschwoft wie wild.
Gerockt, gehottet
noch und nöcher.
Und morgen Milchbar
mit Ulrike. Kernig, kernig.

Um die Verwendung von Jugendsprache und die Reaktionen darauf geht
es in dem Gedicht von Christine Nöstlinger aus den 90er Jahren.

Sprachproblem   Christine Nöstlinger

Sag ich total *irre*,
Wird meine Mama ganz wirre.
Sag ich *superspitze*,
gerät mein Papa in Hitze.
5 Sag ich *affengeil*,
bangt Oma um mein Seelenheil.

Sag ich *nullo Bock*
droht mir Opa mit dem Stock.
Red ich vom *Durchdrehen*,
10 muss ich auf mein Zimmer gehen.
Da brüll ich dann: So was von *beschissen*!
Was das heißt, werden sie wenigstens wissen.

7 Welche Wörter lösen die unterschiedlichen Reaktionen aus?
   a. Schreibe die Wörter mit ihrer Bedeutung auf.
   b. Welche Gründe könnte es für die Reaktionen auf diese Wörter geben?
      Tauscht euch darüber aus.

die Jugendsprache in einem Gedicht untersuchen

In heutiger Jugendsprache würde das Gedicht anders lauten.

8 Schreibe das Gedicht um.
   a. Verwende aktuelle Wörter der Jugendsprache.
   b. Schreibe auch die Bedeutung der verwendeten Wörter auf.

ein Gedicht umschreiben

Z 9 Beantwortet folgende Fragen und diskutiert eure Antworten.
   – Welche Wörter der Jugendsprache verwendet ihr häufig?
   – Wie unterscheiden sie sich vom Sprachgebrauch der Erwachsenen?
   – Aus welchen Gründen verwenden Jugendliche eine „eigene" Sprache?
   – In welchen Situationen ist es angemessen, Jugendsprache
     zu verwenden? In welchen nicht? Nennt Beispiele.

den eigenen Sprachgebrauch reflektieren

Fehler verstehen und vermeiden

Genitivformen und Vergleiche

In der Alltagssprache wird der Genitiv in der deutschen Sprache oft durch den Dativ verdrängt.

Janas Mutter: Na, wie war's in der Schule?
Jana: Gut, wir haben in Geschichte „Das Leben von den Anderen" angeschaut.
Janas Mutter: Du meinst sicher den Film „Das Leben der Anderen", der in der DDR spielt.
Jana: Na ja, oder so, das ist doch das Gleiche.
Janas Mutter: Na ja, nicht ganz. Stell dir mal vor, ich würde als Kommissarin zu jemandem sagen: „Im Namen vom Gesetz, Sie sind verhaftet."

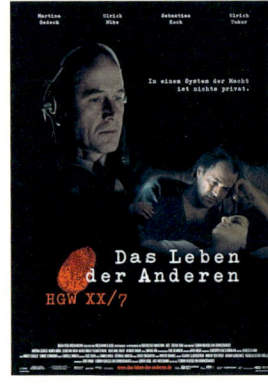

Genitivformen erkennen

1 a. Was meint ihr zu Janas Antwort, es sei „das Gleiche"? Sprecht darüber.
  b. Lest den Satz, den Janas Mutter als Beispiel nennt. Schreibt den Satz auf, den sie als Kommissarin sagen muss.

Für Jana war ihr Fehler kein Problem, doch in anderen Situationen ist eine fehlerlose Sprache besonders wichtig.

2 a. Wo und wann ist es wichtig, fehlerfrei zu sprechen? Sprecht über solche Situationen.
  b. Welche Wirkung hat es, wenn man in solchen Situationen fehlerhaft spricht? Tauscht euch darüber aus.

Es gibt viele Buch- und Filmtitel, in denen der Genitiv verwendet wird.

Bis(s) zum Ende		Nacht
Die Weite	des	Himmel
Die verborgene Seite	der	Mond
Das Vermächtnis		Drachenreiter
Chroniken		Unterwelt

3 Schreibe die Buch- und Filmtitel richtig auf.

Genitivformen verwenden

Z 4 Schreibt weitere Titel von Büchern, Filmen und Spielen auf, in denen der Genitiv verwendet wird.

Starthilfe
Spiel des Wissens
…

In Vergleichen werden die Wörter **wie** oder **als** verwendet.

> Man kann schlauer sein als ein anderer, aber nicht schlauer als alle anderen.
> Er ist schlau wie ein Fuchs.
> Er fährt schneller, als die Polizei erlaubt.
> Er ist frech wie Oskar.
> Er tobt wie ein Wirbelwind.

5 Wann wird bei Vergleichen **wie** und wann **als** verwendet?
Lies die Sprichwörter und Redensarten.
Schreibe eine Regel für Vergleiche mit **wie** und mit **als** auf.

*Vergleiche mit **wie** und **als***

Sprachliche Bilder werden oft als Vergleiche ausgedrückt.

falsch		eine Schlange
größer		ein Elefant
schneller	als	eine Schnecke
gefährlicher	wie	die Polizei erlaubt
lahm		ein Maulwurf
blind		die Nacht
schwarz		ein Löwe

6 a. Schreibe die sprachlichen Bilder auf.
b. Unterstreiche die Adjektive.
[Z] c. Wähle drei Wortgruppen aus und bilde Sätze damit.

[W] Vergleiche die deutsche Sprache mit der englischen Sprache.
Wähle eine der folgenden Aufgaben aus.

7 Suche aus dem Internet sieben Film- oder Buchtitel
mit der englischen Umschreibung des Genitivs.
Schreibe sie auf und übersetze sie ins Deutsche.

Sprachen vergleichen

> **Starthilfe**
> Call of the Wild – Ruf der Wildnis
> …

> sly as a fox   bigger than a house   as high as a mountain
> as deep as the sea   longer than a river   as blue as the sky
> prettier than a rose

8 a. Übersetze die Vergleiche ins Deutsche.
Wann verwendest du **wie** und wann **als**?
b. Beschreibe die Regel im Englischen und vergleiche sie
mit der Regel im Deutschen.

Partizipien verwenden

Das Partizip I

Die Programmankündigung für eine neue Hörspielkrimiserie soll durch Partizipien lebendig und spannend werden.

20:00 Uhr: Der _____ Engel
_____ Spannung! _____ Autos, _____ Bremsen,
Autotüren, _____ Kugeln!
Kann Kommissar Angelo die Situation retten?
Ist er ein _____ Engel?
Ein _____ Ereignis für's Ohr –
nichts für schwache Nerven!

pfeifend
knisternd
helfend
rettend
knallend
quietschend
packend
rasend

1 Schreibe die Hörspielankündigung ab und ergänze sie mit den Partizipien in der Randspalte.
Tipp: Denke an die richtigen Endungen.

Starthilfe
20:00 Uhr: Der rettende Engel

das Partizip I verwenden

Merkwissen
Das **Partizip I** wird vom Infinitiv abgeleitet:
Infinitiv + d → Partizip I z. B. rasen + d → rasend

Z **2** Schreibt eine Programmankündigung für ein eigenes Hörspiel. Verwendet das Partizip I.

ein eigenes Hörspiel gestalten
➤ S. 198–205

Mit dem Partizip I kannst du Eindrücke und Stimmungen lebendig schildern, z. B. von einem Sportereignis oder einem Konzert.

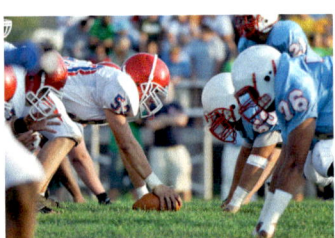 

dröhnen
jubeln
toben
hämmern
kämpfen
keuchen
anfeuern
triumphieren
...

3 Schildere deinen Eindruck von einer der Veranstaltungen auf den Fotos.
 a. Verwende das Partizip I.
 b. Schreibe eine passende Überschrift für deine Reportage auf.
 c. Trage deine Reportage lebendig vor.

Eindrücke und Stimmungen schildern
Reportage ➤ S. 185

Das Partizip II

Mit dem Partizip II kannst du die Folgen zurückliegender Ereignisse genauer beschreiben. Das ist bei einer Flut geschehen:

> Die Ufer sind überschwemmt. Die Brücken sind eingestürzt.
> Die Deiche sind gebrochen. Die Menschen haben die Häuser verlassen.

1 Beschreibe die Folgen der Flut in einem Satz. Verwende dazu Partizipien und unterstreiche sie.

das Partizip II verwenden

Starthilfe
Man sieht überschwemmte Ufer, ... Deiche, ...

Merkwissen
Das **Partizip II** wird aus den Vorsilben **ge-**, dem Wortstamm und der Endung **-(e)t** oder **-en** gebildet.
Beispiele: **die gelungene Rettung, die eingestürzte Brücke**

Die Flut hat noch mehr Schäden angerichtet.

Die Wiesen sind überflutet. So weit das Auge blickt, sieht man überall überflutete Wiesen. Der Wasserpegel steigt ständig. Er ist schon jetzt höher gestiegen als bei der letzten großen Flut. Der _____ Wasserstand bedroht Mensch und Tier. Menschen und Tiere sind geflohen.
5 Viele der _____ Tiere sind ertrunken. Bäume stürzen in der reißenden Flut um. Etliche Bäume an der Uferstraße sind schon umgestürzt. Die _____ Bäume behindern die Rettungsmannschaften.

2 Schreibe den Bericht ab. Ergänze dabei passende Partizipien.

einen Bericht ergänzen

Auch in einem Zeitungsartikel wird über die Folgen der Flut berichtet.

An den Deichen türmen sich _____ Sandsäcke. _____ Häuser, _____ Bäume und wild _____ Müll sieht man überall. _____ Autos säumen die Straße. In den Orten ein Schreckensbild: _____ Fenster waren kein Hindernis für die Fluten. _____ Wege, Straßen und Keller findet man überall in der Unterstadt. Einige _____ Häuser wurden inzwischen mit rot-weißen Warnbändern umzäunt.

aufstapeln
gefährden
zumauern
beschädigen
herumliegen
entwurzeln
verlassen
überfluten

3 a. Schreibe den Zeitungsartikel ab und ergänze passende Partizipien.
b. Schreibe eine passende Schlagzeile für den Zeitungsartikel auf.

Wortart: Präpositionen

Präpositionen mit Dativ oder Akkusativ verwenden

In der Tageszeitung wird von einem Banküberfall berichtet. Einem Gerücht nach soll der Bankräuber eine Riesensumme versteckt halten. Ein stadtbekanntes Kunstwerk soll angeblich einen Hinweis enthalten. Etliche Menschen gehen auf die Suche …

an
unter
in
vor
hinter
auf
neben

Ein Mädchen klettert _____ den Riesenwürfel.
Eine Frau krabbelt _____ den Würfel.
Sie stellt sich _____ das Kunstwerk.
Nun steht sie _____ dem Hohlraum.
_____ dem Hohlraum ist nichts.
Ein Junge sucht _____ dem Kunstwerk
Auch _____ dem Kunstwerk ist nichts.

1 Schreibe den Text ab und setze dabei passende Präpositionen ein.

Präpositionen einsetzen

2 Welche Sätze geben Antwort auf die Frage **wo**?
Welche Sätze geben Antwort auf die Frage **wohin**?
   a. Schreibe die Tabelle ab und ergänze sie.
   b. Unterstreiche Nomen mit den Artikeln, die den Präpositionen folgen.
   c. Tauscht euch darüber aus, wann der Dativ und wann der Akkusativ nach der Präposition verwendet wird.

den Fall erkennen

Dativ
an dem → am
in dem → im

Akkusativ
in das → ins
an das → ans
auf das → aufs

Starthilfe

Wo?	Wohin?
…	Ein Mädchen klettert auf <u>den Riesenwürfel</u>.

3 Manche Präpositionen können mit dem nachfolgenden Artikel zusammengezogen auftreten.
Schreibe Sätze aus Aufgabe 1 neu auf.

> **Merkwissen**
>
> Wörter wie **an**, **auf**, **unter**, **in**, **vor**, **hinter**, **neben** sind **Präpositionen** (Verhältniswörter). Sie stehen vor einem Nomen oder Pronomen und **bestimmen den Fall** des nachfolgendes Wortes oder der Wortgruppe.
> Beispiel: **auf dem Schrank** (Wo?) – Dativ;
> **in den Schrank** (Wohin?) – Akkusativ

Die Suche war an diesem Standort nicht erfolgreich.
Nun sucht man bei einem Skulpturbrunnen in der Stadt.

Der Polizistin hat in _____ naheliegenden Büsche geschaut.
Die Feuerwehr hat in _____ Kopf der Statue hineingeguckt.
Ein Sterngucker hat sogar nachts von _____ Skulpturen zu
Sternen geschaut. Ein Junge hat unter _____ Steinen gegraben.
5 Ein Polizist hat alles neben _____ Skulpturen inspiziert.
Viele Bürger sind in _____ Häuser gegangen, um zu fragen.
Eine Passantin hat in _____ Fugen des Brunnens hineingeschaut.
Frühere Komplizen haben an _____ Sockel der Skulptur nachgeschaut.
Ein glücklicher Bauarbeiter von nebenan hat unter _____ rechten Fuß
10 einer Figur gesucht und war erfolgreich. Er fand einen Zettel mit einem Wort,
zweimal aufgeschrieben. Welchem? Er sagte nichts weiter.

im Dativ (Wo?)
dem Brunnen
dem Kunstwerk
der Skulptur
den Steinen

im Akkusativ (Wohin?)
den Brunnen
das Kunstwerk
die Skulptur
die Steine

4 Ergänze die Artikel im Akkusativ oder im Dativ.
   a. Überprüfe, ob du mit **wo?** oder **wohin?** fragen kannst.

> Starthilfe
> Wohin hat die Polizistin geschaut? → Sie hat in die naheliegenden Büsche geschaut.

   b. Schreibe die Sätze ab und ergänze sie mit dem richtigen Artikel.

5 Nach den Präpositionen in der Randspalte steht nur der Dativ
oder nur der Akkusativ.
Schreibe Beispielsätze mit den Präpositionen vom Rand auf.

Dativ
bei
mit

Akkusativ
durch
für
ohne
gegen

W Wähle aus den Aufgaben aus.

Riddle

There is a little green house,
And in the little green house
There is a little brown house,
And in the little brown house
There is a little yellow house,
And in the little yellow house
There is a little white house,
And in the white house
There is a little heart.

Who am I?

I step into that street.
I walk into that garden.
I go through that gate
and walk into that pretty house.
I walk into the kitchen
and climb onto that table.
I jump into that wonderful sugar pot
and say mmmhh forever.

6 a. Übertrage die Rätsel ins Deutsche und schreibe die Übersetzung auf.
   b. Schreibe das Lösungswort dazu.

Rätsel ins Deutsche übertragen

7 Im Tandem!
   a. Schreibt eigene Rätsel und verwendet Präpositionen aus Aufgabe 5.
   b. Löst eure Rätsel gegenseitig.

eigene Rätsel schreiben

Training Grammatik: Wortart: Präpositionen

Konjunktivformen

Wünsche und Träume ausdrücken

Jeder hat seine eigenen Wünsche und Träume.
Das ist Gregors Wunschtraum:

_____ ich doch die Stimme von ...
_____ ich doch singen wie ...
Ich wünschte so sehr, es _____ wahr:
ich als der neue **Superstar**!

ich war – ich wäre
ich konnte – ich könnte
ich hatte – ich hätte

1 Wovon träumt Gregor? Was wünscht er sich?
Schreibe seine Wunschsätze auf und ergänze sie sinnvoll.

Wunschsätze ergänzen

> **Merkwissen**
>
> Mit dem **Konjunktiv II** (Möglichkeitsform des Verbs) kann man ausdrücken, dass etwas nicht oder noch nicht Wirklichkeit ist: **Möglichkeiten**, erfüllbare oder nicht erfüllbare **Wünsche**.
> Ich wäre gern ein Star.

Gregor drückt seine Wünsche und Träume in einem Song aus.

Ich _____ jeden Monat einen tollen Hit,
sogar die Bundeskanzlerin _____ mit.
Mit dem Erlös von dem Gesang
_____ ich bald 'ne eigne Bank.
5 Und ich _____ einen dicken Wagen,
den _____ ein Chauffeur mit Schlips und Kragen.
Meinen Fans _____ ich so sehr,
es _____ täglich immer mehr.
Sie alle _____ mich so megatoll,
10 ich _____ Post von ihnen Säcke voll.

sie sang – sie sänge
er fuhr – er führe
ich besaß – ich besäße
ich hatte – ich hätte
sie fanden – sie fänden
ich erfand – ich erfände
es wurden – es würden
ich bekam – ich bekäme
ich gefiel – ich gefiele

2 Schreibe den Songtext ab und ergänze passende Konjunktivformen.

Konjunktivformen ergänzen

3 Wie wird der Konjunktiv II gebildet?
a. Schreibe die Verbformen aus der Randspalte ab.
b. Unterstreiche, was sich in der abgeleiteten Konjunktivform verändert.

Verbformen vergleichen

> **Starthilfe**
> sie sang – sie s<u>ä</u>ng<u>e</u>

Zu diesen Verben kannst du selbst den Konjunktiv II bilden:

sein   sprechen   fliegen   gehen   finden   geben

4 Bilde die Konjunktivformen und trage sie in die Tabelle ein.
  a. Trage die Verben im Infinitiv in die erste Spalte ein.
  b. Bilde erst das Präteritum, dann den Konjunktiv II.

Konjunktivformen bilden

Starthilfe

Verb (Infinitiv)	Präteritum	Konjunktiv II
sein	ich war	ich wäre
sprechen	...	...

Merkwissen

Der **Konjunktiv II** wird **vom Präteritum abgeleitet**.
Präteritum → Konjunktiv II
du hattest → du hättest gern ...
sie blieb → sie bliebe bestimmt ...
ich fand → ich fände es schön ...

Der letzte Teil von Gregors Song klingt, als wäre alles wirklich passiert.

Ich sprach sehr gebildet, echt, ihr glaubt es kaum.
Die Welt war ein Supertraum.
Ich flog mal nach Bali oder nach Hawaii,
mein Manager, er war stets dabei.

5 Man gab mir ein Supersommerhaus,
nur Prominenz ging da ein und aus.
Man fand mich auf jeder Supersause,
nur ab und zu war ich zu Hause.

Und plötzlich merk ich:
10 Aus der Traum!
Ich sitze hier in meinem Superseifenblasenschaum.

5 Welche Strophen handeln von Gregors Wunschtraum?
Welche von der Wirklichkeit? Tauscht euch darüber aus.

6 Kennzeichne Gregors Wünsche durch den Konjunktiv II.
  a. Ersetze die Präteritumformen durch Konjunktivformen.
    Tipp: Die Tabelle zu Aufgabe 4 hilft dir dabei.
  b. Schreibe den neuen Songtext auf.

Konjunktivformen verwenden

Starthilfe

Ich spräche sehr gebildet, ...

Z 7 Welche Wunschträume hast du?
Schreibe sie auf und verwende den Konjunktiv II.

Konjunktivformen unterscheiden und verwenden

Einen König von Deutschland gibt es nicht.
Gäbe es ihn und du könntest es sein: Was würdest du tun?

1 a. Schreibe deine Ideen in Stichworten auf.
b. Formuliere aus den Stichworten einen Text.
Verwende dazu den Konjunktiv II.

> gäbe, müsste, wäre, ließe, machte, nähme, kaufte, hätte, bekäme, ginge, brächte, …

Der Popsänger Rio Reiser hat einen ironischen Song darüber geschrieben, wie er es sich vorstellt, „König von Deutschland" zu sein.

[…] Ich würde die Krone täglich wechseln, würde zweimal baden
Würde die Lottozahlen eine Woche vorhersagen
Bei der Bundeswehr gäbe es nur noch Hitparaden
Ich würde jeden Tag im Jahr Geburtstag haben […]
Das alles und noch viel mehr
Würde ich machen
Wenn ich König von Deutschland wär' […]

Rio Reiser

2 Welche Verbformen drücken Vorstellungen aus? Schreibe sie auf.

Starthilfe
ich würde wechseln, …

In manchen Fällen lässt sich an der Verbform nicht erkennen, ob eine Vorstellung ausgedrückt wird.

Merkwissen

Manche Verben ändern im Konjunktiv II ihre Form nicht.
Dann kann man die **Ersatzform** mit **würde** verwenden.
bauen → ich baute (Präteritum) → ich baute (Konjunktiv II) →
ich würde bauen (Ersatzform)

3 Untersuche die Konjunktivformen aus dem Songtext.
Trage sie in die richtige Spalte einer Tabelle ein.

Konjunktivformen unterscheiden

Starthilfe

Konjunktiv II	Konjunktiv-Ersatzform mit **würde**
es gäbe	ich würde wechseln

kaufen trainieren bekommen laufen besuchen gelingen trinken
verpassen unterstützen ändern

4 Bei welchen Verben könntest du statt des Konjunktiv II
die Ersatzform mit **würde** verwenden?
a. Bilde zu jedem Verb die Präteritum- und die Konjunktivform.
b. Überprüfe, ob sie sich unterscheiden.

„Was täten Sie, wenn Sie Königin oder König wären?"
Auf diese Umfrage antwortete eine humorvolle Frau:

„Also, ich würde gern Superfrau als Kanzlerin haben.
Ich würde 365 Tage im Jahr Urlaub nehmen ...
ja, ich würde nicht mehr ans Arbeiten denken.
Ich würde mir ein Superschloss bauen lassen.
5 Die stinkenden Autos würden auch nicht mehr fahren.
Es würde mir dann wesentlich besser gehen als jetzt."

5 Welche Konjunktivformen verwendet die Frau?
Schreibe sie auf.

> **Starthilfe**
> ich würde haben, ...

Hanno möchte über die Umfrage in der Schülerzeitung schreiben.
Er möchte die Ersatzform mit **würde** nicht zu oft wiederholen.

6 Schreibe den Bericht für die Schülerzeitung.
a. Bilde zu den Verben aus Aufgabe 5 den Konjunktiv II.
b. Verwende in deinem Bericht den Konjunktiv II.

Konjunktivformen
in einem Bericht
verwenden

Auch in dem südamerikanischen Lied „El Condor Pasa"
geht es um die Vorstellung, jemand oder etwas ganz anderes zu sein.
Die Popstars Simon & Garfunkel haben es auf Englisch gesungen.

I'd rather be[1] a sparrow[2] than[3] a snail[4]
Yes I would, if I could, I surely[5] would.
I'd rather be a hammer than a nail[6]
Yes I would, if I only could, I surely would.
5 Away, I'd rather sail away
Like a[7] swan[8] that's here and gone ...

I'd rather be a forest than a street
Yes I would, if I could, I surely would.
I'd rather feel the earth beneath[9] my feet
10 Yes I would, if I only could, I surely would.

Simon & Garfunkel

[1] I'd rather be (I would rather be): ich wäre lieber   [2] a sparrow: ein Spatz
[3] than: als (Vergleich)   [4] a snail: eine Schnecke   [5] surely: sicherlich
[6] a nail: ein Nagel   [7] like a ...: wie ein ...   [8] a swan: ein Schwan   [9] beneath: unter

Z 7 Übertrage das Lied ins Deutsche.
Tipp: Die blau hervorgehobenen Stellen kannst du
als Konjunktivformen wiedergeben.

Z 8 Wer oder was wärt ihr lieber? Und warum?
a. Schreibt eure Vorstellungen auf. Verwendet Konjunktivformen dafür.
b. Tauscht euch über eure Vorstellungen aus.

Der Satz: Die Satzreihe

Satzreihen erkennen

mehr zu Berufen ➤ S. 93–106
oder
➤ www.planet-beruf.de

In den folgenden Texten erhälst du Informationen über vier Berufe.

A Druckerinnen und Drucker fertigen Broschüren und Plakate an, aber sie gestalten sie nicht selbst. Sie verarbeiten die Druckerzeugnisse auch weiter, denn sie falzen, schneiden und binden die bedruckten Bögen. Sie arbeiten nicht nur in der Herstellung, sondern sie sind auch im Versand oder Verkauf tätig.

B Estrichlegerinnen und Estrichleger bauen keine Häuser, doch sie sind für die Böden zuständig. Sie gießen nicht nur den Estrich, sondern kümmern sich auch um die Dämmung im Boden. Sie brauchen Kenntnisse im Bereich Technik und Werken, denn sie arbeiten mit Baugeräten und -maschinen.

C Krankenpflegerinnen und Krankenpfleger betreuen Patienten, aber sie führen auch medizinische Behandlungen durch und übernehmen Verwaltungsaufgaben. In dem Beruf hat man viel mit Menschen zu tun, doch man benötigt auch körperliche Kraft. Krankenpflegerinnen und Krankenpfleger brauchen Kenntnisse in der Biologie und Chemie, denn sie müssen die Wirkungsweise von Medikamenten verstehen können.

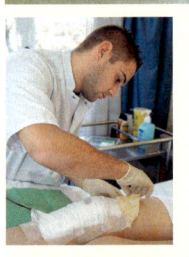

D Servicefachkräfte für Dialogmarketing müssen sich gut ausdrücken und sicher schreiben können, denn sie haben z. B. in Callcentern viele Kundenkontakte. Sie sollen einen freundlichen Umgang mit ihren Kunden pflegen, aber sie müssen sich auch durchsetzen können. Sie informieren und beraten nicht nur, sondern müssen bei Reklamationen auch konfliktfähig sein.

Die Texte bestehen aus Satzreihen.
Die Hauptsätze sind durch Konjunktionen verbunden.

1 a. Wähle zwei Berufe aus.
b. Schreibe wichtige Informationen in Stichworten auf.

2 a. Wähle zwei Texte aus und schreibe sie ab.
b. Umkreise die Konjunktionen blau, die jeweils zwei Hauptsätze verbinden.

die Konjunktionen **aber, denn, sondern, doch**

3 Mit welchen Konjunktionen werden Begründungen oder Gegensätze eingeleitet?
Suche aus den Satzreihen diese Konjunktionen heraus und schreibe sie auf.

Satzreihen bilden

Jeder Beruf erfordert bestimmte Verantwortlichkeiten.

Produktionsmechaniker/-innen müssen präzise arbeiten		sie dosieren Wirk- und Hilfsstoffe bei der Arzneimittelproduktion.
Bauzeichner/-innen erstellen Zeichnungen	aber	man braucht Kenntnisse in Mathematik und Chemie.
Pharmakanten müssen verantwortungsbewusst arbeiten	doch denn sondern	sie bekommen ihre Entwürfe von Architekten.
Modeschneider/-innen entwerfen nicht nur Modelle für Bekleidungskollektionen		sie überwachen auch den Produktionsablauf bei den Nähern und Näherinnen.
Glasmachen sieht einfach aus		sie warten Maschinen und stellen diese richtig ein.

1 Verbinde jeweils zwei Hauptsätze mit einer Konjunktion zu einer Satzreihe. Schreibe die Satzreihe auf und umkreise die Konjunktionen.

Satzreihen mithilfe der Konjunktionen **aber**, **doch**, **denn** und **sondern** bilden

> **Starthilfe**
> Produktionsmechaniker müssen sorgfältig und präzise arbeiten, (denn) sie warten ...

Jeweils zwei Hauptsätze informieren über einen Beruf.

> Ein Fotograf braucht eine Fotoausrüstung.
> Hebammen arbeiten in eigenen Räumen.
> Eine Hotelfachfrau arbeitet in allen Abteilungen eines Hotels.
> Sie sind auch in Krankenhäusern tätig.
> Er arbeitet in einem Atelier.
> Sie muss jederzeit auf die Kunden und ihre Wünsche eingehen können.

2 Ordne die Hauptsätze einander zu.
Verbinde sie mit einer passenden Konjunktion und schreibe sie auf.

Satzreihen mit **und**/**oder** bilden

Zeichensetzung ➤ S. 307

> **Merkwissen**
> Eine **Satzreihe** besteht aus zwei oder mehr Hauptsätzen.
> Die Hauptsätze können durch **nebenordnende Konjunktionen** verbunden werden.
> Vor den Konjunktionen **aber**, **doch**, **denn**, **sondern** steht ein Komma.

Der Satz: Das Satzgefüge

Hauptsätze und Nebensätze verbinden

Die Schülerinnen und Schüler machen sich Gedanken über ihr Betriebspraktikum.

Sprechblasen (grün):
- Ich mache ein Betriebspraktikum …
- Ich möchte mein Praktikum in einer Werbeagentur absolvieren …
- Ich würde gern eine Bäckerlehre machen …
- Ich möchte später Tischler werden …
- Ich werde einen Praktikumsbericht verfassen …

Nebensätze (blau):
- weil ich gern zeichne und entwerfe.
- damit ich vor der Lehre ein Berufsfeld kennen lerne.
- nachdem ich mein Praktikum absolviert habe.
- weil mir das Arbeiten mit Holz gefällt.
- obwohl ich dann oft nachts arbeiten muss.

1 Welche Vorstellungen haben die Schülerinnen und Schüler von ihrem Betriebspraktikum?
   a. Bilde Sätze und schreibe sie auf.
      Tipp: Denke an das Komma.
   b. Unterstreiche in jedem Satzgefüge den Nebensatz und umkreise die Konjunktion.

Haupt- und Nebensätze zusammenfügen
mehr zu Satzgefüge ➤ S. 310

Starthilfe
Ich möchte später Tischler werden, (weil) mir das Arbeiten …

Merkwissen
Das **Satzgefüge** besteht aus einem **Hauptsatz** und einem **Nebensatz**. Der Nebensatz endet mit einer **gebeugten Verbform**.
Nebensätze werden mit Konjunktionen eingeleitet und vom Hauptsatz durch Komma getrennt:
Die Zeitung verkaufte sich schlecht, obwohl das Titelbild gut ankam.

Jeder hat für sein Praktikum andere Ziele und Wünsche.

> farbenprächtige Blumensträuße gestalten
> das Hobby Fotografieren zum Beruf machen
> mehr über Gourmetgerichte erfahren
> kranken Menschen wieder Mut machen
> mehr über Mechanik und Elektronik in Fahrzeugen lernen

Kfz-Werkstatt — Roman
Fotoatelier — Philippe
Blumenladen — Kirsten
Arztpraxis — Aysegül
Hotelküche — Florian

2 a. Schreibe die Ziele und Wünsche der Schülerinnen und Schüler mit den Begründungen auf.
Verwende die Konjunktionen **weil** und **damit**.
Achte auf das Komma.
b. Unterstreiche die gebeugte Verbform im Nebensatz rot.

*die Konjunktionen **weil** und **damit***

> **Starthilfe**
> Roman möchte in einer Kfz-Werkstatt arbeiten, damit er mehr über … lernt.

An jeden Beruf werden unterschiedliche Erwartungen gestellt.

> Eine Floristin muss Pflanzensorten sehr gut kennen, …
> Ein Fotograf muss viel über Beleuchtung wissen, …
> Ein Koch in einem Restaurant muss seine Zeit gut einteilen können, …
> Eine medizinische Fachangestellte muss den Arzt bei Behandlungen unterstützen, …
> Ein Kfz-Mechatroniker muss sich mit Elektronik auskennen, …

3 a. Bilde Satzgefüge. Schreibe jeweils einen Nebensatz mit der Konjunktion **weil** und einen Nebensatz mit der Konjunktion **damit**.
b. Vergleiche die Nebensätze mit **weil** und **damit**.
Wie unterscheiden sich die Nebensätze inhaltlich?

Z 4 Was wünschst du dir von deinem Betriebspraktikum?
Schreibe mindestens drei Satzgefüge mit den Konjunktionen **weil** oder **damit** auf.

Training Grammatik: Der Satz: Das Satzgefüge

Einige Schülerinnen und Schüler erlebten ihr Praktikum anders als erwartet.

> Leroy konnte gut mit den Kindern umgehen. Er hatte vorher nie mit Kindergartenkindern zu tun gehabt.
>
> Larissa unterhielt sich gern mit den alten Menschen. Sie hatte sie immer langweilig gefunden.
>
> Tom musste viel Büroarbeit machen. Er hatte sich die Arbeit als Kriminalbeamter aufregender vorgestellt.
>
> Hatice erkundete den Beruf der Fliesen-, Platten- und Mosaiklegerin. Sie hatte zuerst Bedenken wegen der körperlichen Belastung.

5 a. Bilde aus jeweils zwei Sätzen ein Satzgefüge, in dem der Hauptsatz vor dem Nebensatz steht.
  b. Unterstreiche die gebeugte Verbform im Nebensatz rot und umkreise die Konjunktion blau.
  c. Markiere das Komma.

die Konjunktion **obwohl**

Starthilfe
Leroy konnte gut mit Kindern umgehen, (obwohl) er ... zu tun gehabt hatte. ...

Auch bei diesen Jugendlichen verlief das Praktikum anders als erwartet.

> Pedro musste auch Kunden bedienen und einkaufen.
> Er wollte eigentlich nur interessante Gerichte kochen.
>
> Olivia durfte Kühlanlagen programmieren.
> Sie hatte keine technischen Vorkenntnisse.
>
> Angela musste mit Chemikalien umgehen. Sie hat einige Allergien.
>
> Leo durfte einmal Trecker fahren. Er hat noch keinen Führerschein.
>
> Ibrahim kümmerte sich im Tierheim vor allem um die Hunde und Katzen.
> Er mag lieber Reptilien.

6 a. Bilde aus den jeweils zwei Sätzen Satzgefüge, in denen der Nebensatz vor dem Hauptsatz steht.
  Tipp: Achte auf die Reihenfolge der Satzglieder im Hauptsatz.
  b. Unterstreiche die gebeugte Verbform im Nebensatz rot und umkreise die Konjunktion blau.
  c. Markiere das Komma.

Starthilfe
(Obwohl) er eigentlich nur interessante Gerichte kochen wollte, musste Pedro ...

Merkwissen
Die **Konjunktion** obwohl leitet eine **Einschränkung** der Aussage ein.

Jonas hat während seines Praktikums in einem Fotofachgeschäft gearbeitet und diesen Tagesbericht geschrieben.

Morgens um 9 Uhr stellte ich die Postkartenständer heraus. Dann kontrollierte ich die Regale und füllte sie auf.
Dann kam ein Kunde und wollte Passfotos machen. Ich führte ihn ins Fotoatelier und sagte unserem Fotografen Bescheid.
5 Der Fotograf machte die Passfotos. Ich putzte zur gleichen Zeit unsere Kaffeeküche.
Ich konnte einer Kundin das Gerät des digitalen Bilderservice erklären.
Dann hatte ich Mittagspause.
Mein Chef erklärte mir einige Schwierigkeiten beim Ein- und Verkauf.
10 Dann schickte er mich zum Fotografieren in die Stadt.
Ich kam zurück. Ich zeigte ihm meine Fotos.
Die anderen Mitarbeiter bedienten einige Kunden. Ich dekorierte das Schaufenster neu.
Mein Chef begutachtete mein Schaufenster. Dann hatte ich Feierabend.

nachdem
als
während
bevor

den Satzbau überarbeiten

7 a. Verbessere Jonas' Tagesbericht so, dass du Satzgefüge statt einfacher Hauptsätze verwendest.
   Tipp: Die am Rand stehenden Konjunktionen helfen dir.
b. Schreibe die Satzgefüge auf und achte auf die Kommas.

Bei diesen Tätigkeiten kannst du die zeitliche Abfolge verdeutlichen.

nachdem ich das Schaufenster dekoriert hatte	konnten wir den Estrich gießen
nachdem ich das Brot in den Ofen geschoben hatte	wir mussten die Ergebnisse schriftlich festhalten
nachdem ich den Zement angemischt hatte	ich zerkleinerte die Verpackungen
nachdem ich die neue Ware in die Regale sortiert hatte	säuberte ich die Backstube
nachdem wir ein Experiment durchgeführt hatten	ich aß Mittag

8 a. Ordne Haupt- und Nebensätze sinnvoll zu und schreibe die Satzgefüge auf.
b. Ändere die Reihenfolge von Hauptsatz und Nebensatz. Schreibe die geänderten Sätze auf.

die Konjunktion **nachdem**
Zeichensetzung ➤ S. 307

Starthilfe
Ich aß Mittag, nachdem ich das Schaufenster ...

Merkwissen
Mithilfe der **Konjunktionen nachdem, als, während, bevor** kannst du die **zeitliche Abfolge** eines Geschehens ausdrücken.

Der Satz: Relativsätze

Relativsätze erkennen und bilden

Lina und Paul haben unterschiedliche Anfänge zu einer Geschichte geschrieben.

*Das Auto war fahrerlos.
Die Frau schrie auf.
Dem Autofahrer fiel vor Entsetzen die Wurst aus der Hand. Die Menschen waren völlig verwirrt.
Lina*

Das Auto, das völlig unerwartet zu fahren begann, war fahrerlos. Die Frau, die am Gartenzaun stand, schrie auf. Dem Autofahrer, der gerade vom Schnellimbiss zurückkehrte, fiel vor Entsetzen die Wurst aus der Hand. Die Menschen, die ungeduldig an der Bushaltestelle gewartet hatten, waren völlig verwirrt.   Paul

1 Wodurch unterscheiden sich die beiden Textanfänge? Welcher Anfang beschreibt das Geschehen genau? Begründe.

2 a. Schreibe den Text von Paul auf.
   b. Unterstreiche, was anders ist als in Linas Text.

Paul hat in seinem Text Nebensätze eingeschoben, die Informationen zu vorangegangenen Nomen geben. Diese Nebensätze sind Relativsätze.

3 Wodurch unterscheiden sich die eingeschobenen Relativsätze von den Hauptsätzen? — *Relativsätze erkennen*
   a. Unterstreiche das erste Wort in den Relativsätzen. Worauf bezieht es sich?
   b. Unterstreiche die gebeugten Verbformen im Hauptsatz und im eingeschobenen Relativsatz.

> **Merkwissen**
>
> **Relativsätze** sind Nebensätze, die sich meist auf ein vorangehendes Nomen beziehen. Sie werden immer durch Komma abgetrennt und durch ein Relativpronomen (z. B. **der**, **das**, **die**) eingeleitet.

Relativpronomen sind auch **welcher**, **welches** und **welche**.

Z 4 Ersetze die Relativpronomen in Pauls Text durch **welcher**, **welches** und **welche**. Was fällt dir am Sprachstil auf? — *Relativpronomen einsetzen*

So geht die Geschichte weiter.

Das fahrerlose Auto	der das die	inzwischen allen Angst einflößte	pfiff laut auf seiner Trillerpfeife.
An einer Verkehrsampel		den Verkehr auf der Kreuzung regelte	fuhr das Auto vorbei.
Ein Polizist		auf Rot schaltete	sprangen in ihr Auto und fuhren dem Auto nach.
Zwei Polizeibeamte		die gerade aus der Bäckerei gekommen waren	rollte die Straße entlang.

5   a. Bilde Satzgefüge mit Relativsätzen.
      b. Unterstreiche im Relativsatz das Relativpronomen und im Hauptsatz das Bezugswort.
        Tipp: Beachte die Kommas vor und nach den eingeschobenen Relativsätzen.

Relativpronomen einsetzen

Mit den Sätzen kannst du die Geschichte weitererzählen.

Die fünf Jugendlichen schauten dem Auto und dem Polizeiwagen nach.	Sie warteten auf den Bus.
Ein kleines Mädchen ließ sein Brötchen fallen.	Er unterhielt sich mit seinem Freund.
Ein Junge rannte den beiden Autos hinterher.	Er hatte zuvor noch am Laternenpfahl geschnüffelt.
Eine Krähe flog vom Dach hinunter zum Brötchen.	Es stand vor der Bäckerei.
Die Bäckereiverkäuferin unterbrach ihre Arbeit und lief ans Fenster.	Sie hatte alles beobachtet.
Ein Hund zerrte kläffend an der Leine.	Sie zählte das Wechselgeld.

6   Finde die passenden Satzpaare und erzähle die Geschichte weiter.
      Schreibe die Sätze auf und umkreise das Relativpronomen.

> **Starthilfe**
> Die fünf Jugendlichen, (die) auf den Bus warteten, …

Relativsätze können auch nachgestellt werden.

Das Auto verlangsamte die Fahrt und fuhr gegen einen Laternenpfahl, …
Die beiden Polizeibeamten stiegen aus ihrem Fahrzeug, …
Die Leute liefen zu dem Auto, …
Die Polizeibeamten öffneten vorsichtig die Fahrertür, …
Plötzlich entdeckten sie …
Alle Umstehenden lachten über das Geschehen, mit …

Z 7   Beende die Geschichte.
       a. Vervollständige die Sätze mit passenden Relativsätzen.
       b. Schreibe das Ende der Geschichte auf.

Satzgliedteile: Attribute

Attribute erkennen und verwenden

Buchtitel sollen neugierig machen und zum Lesen verlocken.
Zwei der Buchtitel gibt es wirklich, die anderen beiden sind erfunden.

   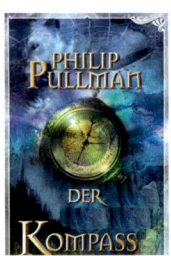

1 a. Welche Buchtitel reizen dich zum Lesen? Begründe deine Wahl.
b. Welche beiden Buchtitel gibt es wirklich? Begründe.

Attribute erkennen

Auch bei diesen Titeln handelt es sich um Buchtitel.
Sie sind jedoch nicht vollständig, es fehlen die Attribute.

> Das Messer   Spiele   Die Zora   Mädchen lügen nicht
> Die ???   Der Wächter   Der Vogel

> drei
> tödliche
> rote
> der spazieren ging
> tote
> magische
> dunkle

2 Wie könnten die Buchtitel dieser Jugendbücher heißen?
   a. Vervollständige die Buchtitel mithilfe passender Attribute.
   b. Schreibe die Buchtitel ins Heft.
   c. Überprüfe im Internet, ob du die echten Buchtitel gefunden hast.

> **Merkwissen**
>
> **Attribute** treten in Form von **beigefügten Wörtern**, **Wortgruppen** oder **Nebensätzen** (Relativsätze) auf. Sie geben **zusätzliche Informationen** zu Nomen. Sie können dem Nomen **vorangestellt** oder **nachgestellt** sein.
> Beispiele: Die **unendliche** Geschichte   Geschichten **aus aller Welt**
> Geschichten, **die das Leben schrieb**

Diese Buchtitel enthalten keine Attribute.

> Freak   Der Joker   Die Welle   Der Unsichtbare   Die Wolke   Keeper

Z 3 Sprecht darüber, warum sie trotzdem interessant klingen.

In diesem Bücherregal findest du Jugendbuchtitel,
die Attribute enthalten. Die Attribute sind vorangestellt
oder nachgestellt.

4 Unterscheide die Attribute in ihrer Form.
  a. Trage die Jugendbuchtitel in eine Tabelle ein.
  b. Unterstreiche die vorangestellten und die nachgestellten Attribute.
  c. Trage die fremdsprachigen Titel auch auf Deutsch ein.
     Schreibe deine Übersetzung dazu.

die Form von Attributen
untersuchen
Genitivformen ➤ S.272

Starthilfe

vorangestelltes Attribut	Attribut als nachgestelltes Nomen im Genitiv	Attribut nachgestellt mit Präposition z. B. in, aus, von, vor…
Crazy Moon – Der verrückte Mond	Der Ruf der Steppe	Die Geheimnisse von Green Lake

Z 5 Recherchiere Filmtitel im Internet. Ergänze jeweils fünf Titel je Spalte.

Attribute findest du in vielen Texten, so auch in dieser Buchempfehlung.

„Das Marsprojekt" von Andreas Eschbach

Mein Lieblingsbuch ist „Das Marsprojekt" von Andreas Eschbach. Es handelt
von den Jugendlichen Ariana, Elinn, Carl und Ronny, die auf dem Mars leben.
Die vier Freunde fühlen sich in ihrer Heimat, auf dem Mars, wohl.
Die Erde ist überbevölkert und auf dem Mars können sie so leben, wie sie wollen.
5 Aber das Marsprojekt soll abgebrochen werden und alle sollen
auf die Erde zurückkehren, weil das Unternehmen zu teuer wird.
Schließlich machen die Jugendlichen auch noch eine aufregende Entdeckung.
Mir gefällt besonders gut, dass die Handlung auf einem fremden Planeten spielt.
Und es ist richtig beeindruckend, wie sich die vier Hauptfiguren
10 gegen die mächtigen Entscheider stellen und dafür kämpfen,
auf ihrem Planeten bleiben zu können.

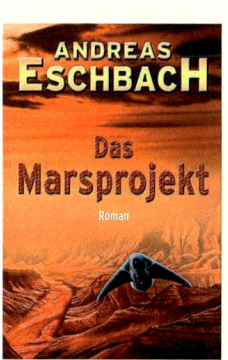

6 Schreibe die Buchempfehlung ab und unterstreiche die Attribute.

Attribute erkennen

7 Schreibe eine Empfehlung zu deinem Lieblingsbuch.

Wissenswertes auf einen Blick

Texte – Literatur – Medien

Literarische Gattungen

In der Literatur gibt es **drei Gattungen** – die **Lyrik** (Gedichte), die **Epik** (erzählende Literatur) und die **Dramatik** (Bühnendichtung).

Lyrik

Gedichte bilden die Gattung Lyrik. Sie haben mindestens eine **Strophe** und sind in **Versen** (Gedichtzeilen) geschrieben. Sie reimen sich häufig.
- Der **Reim** ist der möglichst genaue Gleichklang von Wörtern.
  - Paarreim: Reime am Ende von aufeinanderfolgenden Gedichtzeilen (a a b b)
  - Kreuzreim: Reime der übernächsten Zeilen (a b a b)
  - Umarmender Reim: ein Reim, der einen Paarreim umschließt (a b b a)
- Eine **Strophe** verbindet eine bestimmte Anzahl von Versen (Gedichtzeilen) zu einer Einheit und gliedert das Gedicht oder Lied.
- Die **Verse** (Gedichtzeilen) eines Gedichts können nach einer bestimmten Anordnung von betonten (x́) und unbetonten (x) Silben gegliedert sein. Diese wird **Metrum** oder auch **Versmaß** genannt.
- Wichtige Metren/Versmaße sind:
  Jambus – unbetonte und betonte Silben wechseln sich ab, z. B.:

  x x́ x x́ x x́ x x́ x x́ x
  Die Jah-res-zei-ten wan-dern durch die Wäl-der

  Trochäus – betonte und unbetonte Silben wechseln sich ab, z. B.:

  x́ x x́ x x́ x x́ x x́
  Uns-re Wän-de sind so dünn wie Haut

  Daktylus – einer betonten Silbe folgen zwei unbetonte, z. B.:

  x́ x x x́ x
  Wenn du zur Ar-beit gehst

Dichter verwenden in ihren Gedichten einen **Sprecher**. Wird die Ich-Form verwendet, dann spricht man vom **lyrischen Ich**, das jedoch nicht mit dem Dichter gleichzusetzen ist.

lyrischer Sprecher/
lyrisches Ich
► S. 131, 137, 215

Sprachliche Bilder

Sprachliche Bilder sind Wörter oder Wortgruppen, die nicht in ihrer eigentlichen, sondern in einer **übertragenen Bedeutung** verwendet werden. Texte wirken durch sprachliche Bilder anschaulicher. In der Fantasie der Leser oder der Hörer können so Bilder von den beschriebenen Lebewesen, Gegenständen, Stimmungen oder Gefühlen entstehen.

sprachliche Bilder ➤ S. 33, 135–136

Metaphern sind sprachliche Bilder, bei denen ein Wort oder eine Wortgruppe aus einem bekannten Zusammenhang herausgenommen und auf etwas anderes übertragen wird, z. B.:
Das Dächermeer schlägt ziegelrote Wellen.

Metapher ➤ S. 33, 135

Die **Personifikation**: Ein Gegenstand, ein Tier oder eine Pflanze wird als Person dargestellt, vermenschlicht, z. B.:
Jetzt ruhn auch schon die letzten Großstadthäuser.

Personifikation ➤ S. 135–136

Epik

Sagen, Märchen, Fabeln, Kurzgeschichten, Novellen, Kriminalgeschichten, Erzählungen und Romane gehören zur Gattung Epik. Ein **Erzähler** präsentiert das Geschehen. Er darf nicht mit dem Autor gleichgesetzt werden.
Der Erzähler und die Erzählweise können durch verschiedene Merkmale unterschieden werden:

Merkmale des Erzählens ➤ S. 34, 38, 145, 155

- **Ich-Erzähler:** Der Ich-Erzähler erzählt in der Ich-Form. Er erscheint gleichzeitig als erlebende und als erzählende Figur.
- **Er-/Sie-Erzähler:** Der Er-/Sie-Erzähler vermittelt das Geschehen. Er gibt das Geschehen aus der Sicht einer oder mehrerer Personen wieder und verwendet die Er- oder Sie-Form.
- **Auktorialer Erzähler:** Der Er-/Sie-Erzähler steht außerhalb der Handlung. Er kennt die Gedanken und Gefühle aller Figuren und hat die Übersicht über alle Einzelheiten der Handlung. Er kann sich direkt an die Leser wenden und sie durch Vorausdeutungen, Kommentare und Urteile leiten.

auktorialer Erzähler ➤ S. 166

- **Innerer Monolog:** Die Gedanken, Gefühle und Wahrnehmungen der handelnden Figur werden in der Ich-Form wiedergegeben, z. B.:
Ich kann erst ruhig durchatmen, wenn der Wagen in der Garage steht und ich bei meiner Familie bin. Und wann ist der Mann mit dem Fahrrad bei seiner Familie?

innerer Monolg ➤ S. 124, 145, 168

Roman

Als **Roman** bezeichnet man verschiedene **umfangreiche Formen des Erzählens**. Romane können ihrem Inhalt nach ganz unterschiedlich sein, z. B. gibt es Abenteuerromane, Jugendromane, Zukunftsromane, Science-Fiction-Romane, fantastische Romane und viele andere Arten von Romanen.

Erzählung/Geschichte

Als **Erzählung** bezeichnet man verschiedene **Kurzformen des Erzählens**, die nicht genauer durch bestimmte Merkmale gekennzeichnet sind.

Wissenswertes auf einen Blick

Novelle

Eine Novelle ist eine Erzählung. Sie handelt von einem **unerhörten, ungewöhnlichen Ereignis**. Im Mittelpunkt der Handlung steht ein **Konflikt**, der zu einem **Wendepunkt** im Leben der Figuren führen kann.
Eine entscheidende Bedeutung für die Handlung haben **Dingsymbole**, die an verschiedenen Textstellen auftauchen und dem Leser weitere Hinweise zu den Figuren geben können. Häufig gibt es eine äußere **Rahmenhandlung**, die eine **Binnenerzählung** umschließt.

Novelle ➤ S. 154–169

Kurzgeschichten

Eine **Kurzgeschichte** ist eine knappe, moderne Erzählung. Kurzgeschichten handeln meist von einem **kurzen Ausschnitt** aus einem **alltäglichen Geschehen**, das zu einem **entscheidenden Moment** im Leben einer oder mehrerer Figuren wird. Weitere Kennzeichen sind ein **unvermittelter Anfang** und ein **offenes Ende**, das viele Deutungsmöglichkeiten zulässt.

Kurzgeschichten
➤ S. 142–153, 206–211, 216–217

Science-Fiction

Science-Fiction sind abenteuerliche oder fantastische Geschichten oder Romane. Sie erzählen von einer möglichen **Zukunft** der Menschheit, in der die Technik und die **Naturwissenschaften** sehr hoch entwickelt sind. In Science-Fiction-Literatur geht es z. B. um Abenteuer im **Weltraum**, um neue **technische Erfindungen** oder um **Zeitreisen**.

Science-Fiction-Roman
➤ S. 170–173

Tageszeitungen

Tageszeitungen berichten in gedruckter Form oder als Online-Ausgabe umfassend über das Tagesgeschehen. Durch ihr **tägliches Erscheinen** sind sie sehr aktuell. In einer Zeitung findet man **verschiedene** Arten von **Artikeln**, z. B. Berichte, Reportagen, Interviews und Kommentare.

Tageszeitungen ➤ S. 178–187

Werbung

Werbung dient der gezielten **Beeinflussung** von Menschen. Werbebotschaften **informieren** und sprechen **Bedürfnisse** an oder erzeugen neue. Zu diesem Zweck wird ein **Image** aufgebaut, das mit einem Produkt verknüpft wird. Die Gestaltung des Image wird genau auf die **Zielgruppe** (Personenkreis, der angesprochen werden soll) zugeschnitten. Die einzelnen Elemente von Werbeanzeigen werden nach dem **AIDA-Prinzip** gestaltet.

Werbung ➤ S. 188–197

Hörspiel

Auf verschiedenen Tonträgern oder im Radio kann man Hörspiele hören. Die Handlung wird in Hörspielen durch **Dialoge** dargestellt. **Geräusche** und die **ausdrucksvolle Sprechweise** der verschiedenen Stimmen machen ein Hörspiel lebendig und spannend.

ein Hörspiel gestalten
➤ S. 198–205

Texte lesen, verstehen, sich informieren

Der Textknacker

Der Textknacker hilft dir beim Lesen und Verstehen von Sachtexten und literarischen Texten.
Als Erstes musst du wissen, warum du einen Text liest.
Du suchst z. B. nach Informationen zu einem Thema oder du hast einen bestimmten Arbeitsauftrag.

Schritt 1: Vor dem Lesen

Du siehst dir den Text als Ganzes an (z. B. die Bilder und die äußere Gestalt).

Schritt 2: Das erste Lesen

Sachtexte	Literarische Texte
Du überfliegst den Text:	Du liest den Text einmal durch:
– Was fällt dir auf?	– Was fällt dir auf?
– Was kennst du schon?	– Was kennst du schon?
– Worum geht es?	– Worum geht es?
	– Wie wirkt der Text auf dich?

Schritt 3: Beim genauen Lesen

Sachtexte	Literarische Texte
Du achtest auf:	Du fragst nach:
– die Überschrift	– den Handlungsbausteinen
– die Absätze	– den Gattungsmerkmalen
– die Schlüsselwörter	– der Sprache
	Dabei beziehst du die Überschrift, die Absätze und die Schlüsselwörter ein.

Welche Fragen hast du an den Text?
Was ist wichtig für deine Arbeit?

Schritt 4: Nach dem Lesen

Sachtexte   Literarische Texte

Du schreibst etwas zum Text auf oder erfüllst deinen **Arbeitsauftrag** und arbeitest dabei mit deinen Arbeitsergebnissen aus den Schritten 2 und 3.

Eine Lesemappe anlegen

In einer **Lesemappe** sammelst du Informationen und Notizen, die dir helfen, deine Arbeit mit Texten zu **bewerten**.
- Gestalte ein schönes **Deckblatt**.
- Lege alle Texte, die du rund ums Lesen schreibst, in deine Lesemappe.
- Sammle darin außerdem deine Bilder und Plakate, die du zu Texten gestaltet hast, sowie Lesetipps.

Sachtexte erschließen
➤ S. 42–44, 47–56, 60–63, 78–79, 84–86, 98–100, 102–103, 118–119, 176–177

literarische Texte erschließen
➤ S. 28–31, 34, 36–38, 64–65, 96–97, 114–117, 122–124, 142–153, 206–215, 216–221

Lesemappe ➤ S. 31, 63, 124, 153, 175, 185, 215

Die Handlungsbausteine untersuchen

Um den Aufbau und die Wirkung eines literarischen Textes zu verstehen, suche im Text nach den **fünf Handlungsbausteinen**. Sie finden sich in fast allen Erzähltexten und enthalten das Wichtigste der Handlung. Wenn du diese fünf Bausteine herausgefunden hast, kannst du **den Aufbau und die Wirkung einer Geschichte** verstehen.
Stelle diese **Fragen**, wenn du die Handlungsbausteine ermitteln willst:
- Wer ist die **Hauptfigur**? In welcher **Situation** steckt sie?
- Welchen **Wunsch** hat sie?
- Welches **Hindernis** ist ihr im Weg?
- Wie **reagiert** die Hauptfigur auf das Hindernis, wie versucht sie, es zu überwinden?
- Wie **endet** die Handlung? Ist die Hauptfigur erfolgreich?

die Handlungsbausteine einer Geschichte untersuchen
➤ S. 15, 65, 147–148, 155–159, 163–168, 208–211, 216–219

Eine Grafik lesen

Grafiken (Tabellen, Karten und Diagramme) können **zusätzliche Informationen** zu Sachtexten enthalten.
- Lies die **Überschrift** oder die **Bildunterschrift** und benenne das Thema.
- Lies die **Erklärungen**, z. B. die Legende.
- Sieh dir nun die Grafik **genauer** an.
- **Stelle Fragen** an die Grafik und formuliere entsprechende Antworten.
- Erkläre mit eigenen Worten, was in der Grafik dargestellt ist.

Grafiken erschließen
➤ S. 52, 54, 59, 183, 190, 222–225

Informationen aus dem Internet kritisch auswählen

Bei der Informationssuche im Internet gibst du mit einem oder mehreren Begriffen genau an, wonach du suchst.
Du prüfst, ob die **Webseite vertrauenswürdig** und die **Informationen glaubwürdig** sind:
- Wähle möglichst offizielle Webseiten von Institutionen, Verbänden und Unternehmen (z.B. Tageszeitungen, Organisationen und Vereine).
- Überprüfe die Glaubwürdigkeit der gefundenen Informationen. Vergleiche sie und übernimm nur Informationen, die durch mehrere Quellen (z.B. Lexikon oder andere Webseiten) gestützt werden.

Du übernimmst **wichtige, für deine Zwecke geeignete Informationen**.
- Überprüfe, ob die Seite Informationen enthält, die du suchst.
- Verändere sonst den Suchbegriff oder klicke einen Treffer etwas weiter unten auf der Trefferliste an.
- Mach dir per Hand Notizen oder kopiere einzelne Informationen in ein neues Word-Dokument. Kopiere keine kompletten Textabschnitte.

Informationen aus dem Internet kritisch auswählen
➤ S. 51, 63, 79, 87–88, 91, 177, 224

Wörter nachschlagen

Im Wörterbuch oder im Lexikon sind die Wörter **alphabetisch geordnet**.
- Suche das Wort unter dem **richtigen Buchstaben des Alphabets**. Die Buchstaben stehen auf jeder Seite oben oder unten oder am Rand.
- **Kopfwörter** auf jeder Seite oben oder am Rand zeigen an, ob das gesuchte Wort auf den aufgeschlagenen Seiten steht oder ob du weiterblättern musst.
- Wenn Wörter mit demselben Buchstaben beginnen, musst du dich nach dem zweiten Buchstaben richten. Manchmal sogar nach dem dritten, vierten oder fünften Buchstaben.

nachschlagen
➤ S. 44, 47, 56, 245, 265

Ideen sammeln, planen, schreiben, überarbeiten

Ideensammlung: Cluster

So kannst du vorgehen:
- Nimm dir ein **leeres Blatt Papier**.
- Schreibe in die Mitte ein Wort oder eine Wortgruppe, z. B. Flamme oder Glorias Witz. **Kreise** das Wort oder die Wortgruppe ein.
- Schreibe nun **die Wörter rund um das Wort** auf, die dir dazu einfallen.
- **Verbinde** die neuen Wörter **durch Striche** mit dem Kernwort.
- Manchmal kannst du auch zu den neuen Wörtern **weitere Wörter** finden.

Cluster ➤ S. 33, 72, 76, 150

Texte planen, schreiben, überprüfen und überarbeiten

Vor dem Schreiben
- Lies die **Aufgabe** mehrmals genau durch.
- Schreibe auf, was du tun sollst.
- Beantworte die Fragen zum **Schreibziel**:
  Für wen oder **an wen** schreibe ich? **Was** möchte ich **erreichen**?
- Sammle **Informationen** und **Ideen**.

Während des Schreibens
- Beantworte die Fragen zum **Aufbau** deines Textes:
  Was steht in Einleitung, Hauptteil und Schluss?
  In welcher **Reihenfolge** schreibe ich?
- Ordne deine Informationen.
- Schreibe einen **Entwurf**. Finde eine **Überschrift**.

Nach dem Schreiben
- Überprüfe deinen Text. Verwende **Checklisten**.
- Überarbeite deinen Text. Achte auf die **Rechtschreibung**.

Texte überarbeiten ➤ S. 32, 72–74, 108–110, 127–129, 220–221

Eine Inhaltsangabe schreiben

Eine Inhaltsangabe **informiert kurz** über den **wesentlichen Inhalt** eines Textes. Du verwendest das **Präsens**.
- In der **Einleitung** nennst du **Autor**, **Titel**, **Textsorte** und **Thema**.
- Im **Hauptteil** fasst du die **wichtigsten Ereignisse** der Handlung mithilfe der Handlungsbausteine zusammen.
- Am **Schluss** gehst du auf das **Ende** des Textes ein. Beziehe dabei auch das **Verhalten der Hauptfigur** ein.

Schreibe **sachlich** (ohne ausschmückende Elemente) und verwende **keine wörtliche Rede**.

Inhaltsangabe ➤ S. 135, 216–221

Einen Leserbrief schreiben

Mit einem **Leserbrief** kannst du zu einem Artikel **Stellung nehmen**.
- Nenne den Artikel, auf den du dich beziehst, und schreibe in der **Einleitung deine Meinung** ohne Begründungen auf.
- Nenne deine **Argumente** und Beispiele im **Hauptteil**.
  Das überzeugendste Argument steht wirkungsvoll am Schluss.
- Führe auch Argumente aus dem Zeitungsartikel an, um ihnen **zuzustimmen** oder mit Gegenargumenten zu **widersprechen**.
- **Verknüpfe** deine Sätze durch passende Wörter, z. B. weil, denn, da, deshalb, obwohl, sondern, einerseits, andererseits.
- **Fasse** zum Schluss deinen Standpunkt zum Thema **zusammen**.

Leserbrief ➤ S. 66, 71

Wissenswertes auf einen Blick

Eine Stellungnahme schreiben

In einer Stellungnahme **legst** du deine **Meinung** zu einer strittigen Frage **dar** und **begründest** sie.
In der **Planung** gehst du in **fünf Schritten** vor:
1. Schritt: Argumente sammeln
2. Schritt: die eigene Meinung festlegen
3. Schritt: Argumente auswählen, ordnen und durch Beispiele verdeutlichen
4. Schritt: Argumente verknüpfen
5. Schritt: die Einleitung und den Schluss schreiben

Eine Stellungnahme besteht aus **Einleitung**, **Hauptteil** und **Schluss**.
In der **Einleitung** nennst du das **Thema**, zu dem du
Stellung nehmen möchtest.
Im **Hauptteil** formulierst du **deine Meinung** und **begründest** sie
mit Argumenten.
Du schreibst sachlich.
Im **Schlussteil** wiederholst du **deine Meinung** und
fasst das Wichtigste zusammen.

Stellungnahme ➤ S. 64–67, 69, 72–74, 177

Zitieren

Beim **wörtlichen Zitieren** übernimmst du Wörter, Wortgruppen oder Sätze in deinen Text, **ohne sie zu verändern**. Damit die fremden Textteile zu erkennen sind, musst du sie in **Anführungszeichen** setzen.
Wenn du Wörter in einem Zitat auslässt, füge an der Stelle […] ein.
Gib in Klammern die Textstelle (Seiten- und Zeilenzahl) an, die du zitierst.
Wenn du **Textinhalte mit eigenen Worten** wiedergibst, musst du ebenfalls die Seiten- und Zeilenzahl angeben, auf die du dich beziehst.
Verwende dafür die Form: **vgl. Seite …/Zeile …**

zitieren ➤ S. 116, 226–227

Eine Kurzbewerbung schreiben

- Schreibe auf, für **welches Praktikum** und für **welchen Zeitraum** du dich bewirbst.
- Du kannst auch schreiben, woher du von diesem Praktikumsplatz weißt.
- **Begründe** dann, warum du dich für dieses Praktikum interessierst.
- Beachte die besondere **Form** des Bewerbungsschreibens: Briefkopf und Briefende.

Bewerbungsschreiben ➤ S. 104–105

Einen Lebenslauf am Computer schreiben

Wenn du deinen Lebenslauf am Computer schreibst und speicherst, kannst du ihn für weitere Bewerbungen (überarbeitet) wiederverwenden.
- Öffne ein **neues leeres Dokument** in einem Schreibprogramm.
- Schreibe die **Überschrift** und lasse genügend **Platz für dein Foto**.
- Schreibe die **Vorgaben** (Name, Vorname, …) an den Anfang jeder Zeile.
- Trage rechts daneben deine **persönlichen Angaben** ein.
- Um einen **gleichmäßigen Abstand** zwischen der linken und der rechten Spalte zu erhalten, kannst du die **Tabulatortaste** verwenden.
- Schreibe das **Datum** auf, das mit dem Bewerbungsschreiben übereinstimmen muss.
- **Unterschreibe** den Lebenslauf **handschriftlich**.
- Speichere deinen Lebenslauf so, dass du ihn wiederfinden kannst.

Lebenslauf ➤ S. 106–107

Einen Tagesbericht schreiben

- **Gliedere** den Tagesbericht sinnvoll: Beginne mit einem **einleitenden Satz**, der die **wichtigsten Informationen** enthält:
  Wer? Wann? Wo? Was?
- Gib dann den **Tagesablauf im Einzelnen** wieder. Schreibe der **zeitlichen Reihenfolge** nach auf, was du getan hast. Verwende passende **Adverbien der Zeit**.
- Schreibe **sachlich**.
- Verwende das **Präteritum**.

Tagesbericht
➤ S. 108–110

Einen Gegenstand und seine Funktion beschreiben

In einer Gegenstandsbeschreibung beschreibst du einen **Gegenstand**, seine Bestandteile und seine **Funktion**.
- Verwende die Zeitform **Präsens**.
- Wähle eine **sinnvolle Reihenfolge**, beschreibe z. B. erst das Ganze, dann die Einzelteile, von unten nach oben oder von links nach rechts.
- Verwende **genaue Bezeichnungen**.
- Beschreibe die **Merkmale** wie äußere Form, Größe, Material und Farbe.
- Erkläre die **Funktionsweise** des Gegenstandes und wozu seine Bestandteile jeweils dienen.
- Um Besonderheiten zu verdeutlichen, kannst du den Gegenstand mit anderen Dingen oder Lebewesen **vergleichen**.

einen Gegenstand und seine Funktion beschreiben
➤ S. 41

Nach einem Erzählplan erzählen

Wenn du eine **eigene Geschichte** erzählen möchtest, mache dir zunächst einen Erzählplan.
- Für den Erzählplan überlegst du dir die **Handlungsbausteine** deiner Geschichte:
  - Baustein **Hauptfigur** und **Situation**
  - Baustein **Wunsch**
  - Baustein **Hindernis**
  - Baustein **Reaktion**
  - Baustein **Ende**
- **Notiere** für jeden Baustein deine **Ideen** in Stichworten.
  Du kannst dazu **Fragen** stellen:
  - Wer soll meine Hauptfigur sein?
  - In welcher Situation …?
  - …
- Entscheide, mit welchem Handlungsbaustein deine Geschichte beginnen soll, um das Interesse der Leser zu wecken.
  Ordne die Bausteine in einer **sinnvollen Reihenfolge**.
- Baue **Spannung** auf. Verrate nicht zu viel auf einmal.
- Mache die Leser durch **Andeutungen** und **Geheimnisse** neugierig.
- **Beschreibe** die Figuren, ihre Gedanken und Gefühle ausführlich, damit sich die Leser hineinversetzen können.
- Erzähle erst zum **Schluss**, wie sich die Spannung **auflöst**.
- Überlege dir eine **Überschrift**, die die Leser neugierig macht.

Geschichten weiterschreiben
➤ S. 153, 205, 289

Geschichten schreiben
➤ S. 175

Geschichten umschreiben
➤ S. 21, 124, 145, 153

Geschichten nacherzählen
➤ S. 169

Eine literarische Figur charakterisieren	charakterisieren ➤ S. 31–32, 34–38, 65, 146–149

In einer Figurencharakteristik beschreibst du **Merkmale** und **Eigenheiten** einer literarischen Figur. Diese können im Text **direkt** oder **indirekt** dargestellt werden (z. B. durch die Art, wie die Figur spricht, denkt, fühlt oder handelt).
- Nenne den **Titel** des Textes und **allgemeine Angaben** zur Figur.
- Beschreibe die **äußeren Merkmale**, z. B. Lebensumstände, Erscheinungsbild, Familienverhältnisse ...)
- Beschreibe, was du über die **Gefühle**, **Gedanken**, **Verhaltensweisen**, **Wünsche** der Figur und über ihr **Verhältnis zu anderen Figuren** erfährst.
- **Beurteile** abschließend die Figur und ihr Verhalten aus deiner Sicht.
- Charakterisiere die Figur in der Zeitform **Präsens**.

Eine Charakteristik schreiben	eine Charakteristik schreiben ➤ S. 38, 149

Die Charakteristik einer literarischen Figur besteht aus Einleitung, Hauptteil und Schluss.
Einleitung:
- Name der Figur, Titel des Buches und Name des Autors
- allgemeine Angaben (Alter, ...)
- Lebensumstände (Familienverhältnisse, Beruf ...)

Hauptteil:
- Aussehen
- Charaktereigenschaften, Verhalten
- Gefühle, Gedanken, Einstellungen, Vorlieben und Abneigungen
- Verhältnis zu anderen Figuren
- Verhalten in besonderen Situationen

Zum **Schluss** kannst du die Figur und ihr Verhalten beurteilen.

Texte überarbeiten in der Schreibkonferenz	Texte überarbeiten ➤ S. 32, 72–74, 110, 128–129, 220–221

- **Schreibt auf** oder **lest nach, worauf ihr** bei der jeweiligen Schreibaufgabe **achten müsst**.
- Schreibt eure **Texte gut leserlich** auf ein Blatt.
- Lasst dabei am Rand ausreichend **Platz für Anmerkungen**.
- Gebt die **Texte reihum** in der Gruppe **weiter**.
- **Überprüft** jeden Text und **schreibt Anmerkungen** an den Rand.
- Merkt auch an, was gut gelungen ist.
- **Überarbeitet** euren eigenen Text mithilfe der Anmerkungen.
- **Überprüft** gegenseitig eure **Rechtschreibung** und korrigiert sie anschließend.

Ein Plakat gestalten	Plakate gestalten ➤ S. 63, 110

Entscheide:
- Welches **Papierformat** eignet sich für den Inhalt am besten?
- Wie soll die **Überschrift** heißen?
- Welcher **Text** und welche **Bilder** sollen auf das Plakat?
- Wie sollen Überschrift, Text und Bilder **verteilt** werden?
- Welche Wörter möchtest du besonders **hervorheben**?
- Welche Stifte und Farben verwendest du, damit das Plakat gut **lesbar** ist?

Gestalte anschließend dein Plakat.

Mündlich präsentieren, argumentieren, diskutieren

Ein Kurzreferat vorbereiten

Mit einem **Kurzreferat** kannst du andere über ein Thema **informieren**.
1. Schritt: Suche ein **Thema** aus.
2. Schritt: Beschaffe **Informationen** aus Büchern, Lexika und dem Internet.
3. Schritt: Lies die Texte, markiere **Wichtiges** und mache dir Notizen.
4. Schritt: **Gliedere** das Kurzreferat und **ordne** deine Notizen.
5. Schritt: Formuliere eine **Überschrift**, eine **Einleitung** und einen **Schluss**.
6. Schritt: **Übe**, das Kurzreferat vorzutragen.

Kurzreferat ➤ S. 71, 77–79, 86–89, 131, 224–225

Ein Kurzreferat frei vortragen

- Stelle dich so hin, dass dich alle sehen können.
- Versuche, **frei zu sprechen** und wenig abzulesen.
- **Sprich langsam** und deutlich.
- Orientiere dich an deinen **Stichworten**.
- Schreibe **Schlüsselwörter** an die Tafel.
- **Schaue** beim Sprechen die Zuhörer **an**.
- **Zeige** deine Bilder und Materialien an passenden Stellen.

Anschaulich präsentieren

- Suche nach **Materialien, die wichtige Informationen** in deinem Kurzreferat **veranschaulichen,** oder fertige selbst solche Materialien an.
- **Wähle** Materialien **aus**, die wichtige Informationen für deine Zuhörer enthalten.
- **Gestalte** die Materialien **übersichtlich**.
- **Wähle Medien aus**, die sich zum Präsentieren deiner Materialien eignen, die dir zur Verfügung stehen und die du bedienen kannst.
- **Übe den Vortrag und die Präsentation** der Materialien, bis du die Medien sicher bedienen kannst, während du dich auf den Inhalt deines Kurzreferats konzentrierst.
- **Halte** dein **Kurzreferat** und **präsentiere** die vorbereiteten Materialien.

präsentieren ➤ S. 50–51, 63, 89, 222–225

Ein Feedback empfangen und geben

Tipps für Feedback-Empfänger:
- Zeige dem Feedback-Geber, **dass du** an seinem Feedback **interessiert bist**.
- **Höre erst zu** und beginne nicht gleich, dich zu verteidigen.
- **Frage nach**, wenn du etwas nicht verstanden hast.
- **Bedanke dich** beim Feedback-Geber für sein Feedback.
- Denke darüber nach, wie du die **Kritik nutzen** kannst.

Tipps für Feedback-Geber:
- Gib **nur** dann ein Feedback, **wenn dich jemand** darum **bittet**.
- Beginne mit den **positiven Eindrücken**.
- **Beschreibe sachlich**, was dir aufgefallen ist. Werte nicht.
- Kritisiere nur, **was der Feedback-Empfänger verändern kann**.
- Sprich **nicht zu viel auf einmal** an.
- Verwende **Ich-Botschaften**.
- Formuliere brauchbare **Verbesserungsvorschläge**.

Feedback ➤ S. 228–229

Wissenswertes auf einen Blick

Ein Interview durchführen
1. Schritt: Lege das **Thema** fest.
2. Schritt: Suche einen **Interviewpartner** aus.
3. Schritt: Beschaffe **Informationen**.
4. Schritt: **Bereite** das **Interview vor**.
Achte dabei auf die **Fragetechnik**.
Kontaktiere deinen Interviewpartner und **vereinbare** den **Ort**, die **Zeit** und die **Länge des Interviews**.
Entscheide, ob das Interview **gelesen oder gehört** werden soll.
5. Schritt: **Führe** das **Interview durch**.

Interview
➤ S. 80–88, 90–92, 174, 186

Ein Buch vorstellen
Nenne zuerst den **Titel** und den **Autor** des Buches.
- Sage, um welche **Art** von Buch es sich handelt (z. B. Jugendbuch).
- Stelle die **Hauptfiguren** vor.
- Erzähle kurz vom **Inhalt** des Buches, aber verrate nicht zu viel.
- Gib den Inhalt im **Präsens** wieder.
- **Erkläre**, warum dir das Buch gut gefallen hat.
- **Lies** einen Ausschnitt aus dem Buch vor.

ein Buch vorstellen
➤ S. 177

Einen Text ausdrucksvoll vorlesen
Tipp 1: **Lies** den Text mehrmals **leise**. Lies ihn **gründlich**.
Tipp 2: Der **Textknacker** hilft dir beim Verstehen des Textes.
Tipp 3: Beachte beim Vorlesen die **Satzzeichen**. Mache jeweils eine **Pause**.
Tipp 4: Senke bei einem Punkt am Satzende etwas die Stimme.
Bei einem Komma oder einem Semikolon halte die Stimme oder hebe sie leicht an.
Tipp 5: Ausdrucksvoll liest du, wenn du einzelne Wörter besonders **betonst**.
Tipp 6: **Übe** das Vorlesen **mehrmals**, bevor du den Text anderen vorliest.

ausdrucksvoll vorlesen
➤ S. 16, 135–136, 198–201, 203

Ein Gedicht auswendig lernen und ausdrucksvoll vortragen
- Lerne die erste Strophe **Zeile für Zeile** auswendig.
- Sprich dann **die Strophe** als Ganzes.
- Gehe genauso bei den anderen Strophen vor.
- Wenn du das ganze Gedicht auswendig sprechen möchtest, kannst du dir am Anfang mit einem **Blatt Papier** helfen: Lege es so, dass du jeweils nur den **Anfang jeder Zeile** lesen kannst.
- Nutze **Symbole** für Sprechpausen, zur Senkung und Hebung der Stimme.
- **Schaue** beim Vortrag **die Zuhörerinnen und Zuhörer an**.
- Sprich das Gedicht auswendig, aber halte das **Gedichtblatt** in der Hand, damit du notfalls nachschauen kannst.
- Sprich **langsam**, **deutlich** und **betont**.
- Mache **Pausen**.
- Drücke mit deiner Stimme **Gefühle** und **Stimmungen** aus.
- Setze **Mimik** und **Gestik** passend zum Vortrag ein.

Gedichte vortragen
➤ S. 131–132, 138–139

Wissenswertes auf einen Blick

Szenisches Spiel, szenisch interpretieren

Ihr könnt selbst Spielszenen zu einer Geschichte schreiben und gestalten.
- Legt fest, welche **Figuren** es gibt und wer welche **Rolle** spielt.
- Notiert, was die Figuren **sagen, denken** und wie sie sich **fühlen**.
- Schreibt, wo nötig, **Regieanweisungen** auf.
- Übt nun das gemeinsame Spiel: Drückt die Gefühle der Figuren durch **Betonung**, **Körpersprache** und **Gesichtsausdruck** aus.

eine Szene nachspielen
➤ S. 16–17, 22–23, 124, 169, 212–213

Ein Standbild bauen

Mit einem Standbild kann man eine Situation, Gefühle oder auch Begriffe darstellen.
So könnt ihr vorgehen:
- Klärt, was ihr darstellen wollt.
- Eine **„Bildhauerin"** oder ein **„Bildhauer" formt** das Standbild (**Position** der Personen, **Haltung, Gestik**) und macht einen gewünschten **Gesichtsausdruck** vor.
- Die **„Statuen"** ahmen den Gesichtsausdruck nach und bleiben in der geformten Haltung stehen.
- Anschließend wird das **Standbild erklärt**.
- Die **Betrachter** sehen sich das Standbild von allen Seiten an und geben eine **Rückmeldung,** wie sie das Standbild gedeutet haben.
- Die „Statuen" **beschreiben,** wie sie sich selbst **gefühlt** haben.

Standbilder
➤ S. 16

Diskutieren

- Wählt einen **Diskussionsleiter**.
- Tauscht eure **Argumente** aus. Verwendet dabei keine Killerphrasen, bleibt **sachlich**.
- Geht auf die Redebeiträge der **Vorredner** ein.
- **Hört** euch gegenseitig **zu** und **seht** euch beim Reden **an**.
- **Sprecht** klar und **deutlich**.
- Achtet darauf, dass ihr am Ende der Diskussion zu einem **Ergebnis** kommt.

diskutieren ➤ S. 71, 197

Killerphrasen und Ich-Botschaften
➤ S. 18–19, 23–24

Eine Pro-und-Kontra-Diskussion führen

- Du kannst andere überzeugen, wenn du deine Meinung mit **Argumenten dafür** (Pro-Argumente) und **Argumenten dagegen** (Kontra-Argumente) begründest.
In einer Pro-und-Kontra-Diskussion werden verschiedene Meinungen vertreten, dazu sind **gut begründete Argumente** und Beispiele wichtig.
- Wählt einen **Diskussionsleiter**, damit die Diskussion geordnet verläuft. Sie oder er sollte auf die gleichwertige Dauer der Redeanteile achten.
- Teilt die Klasse in eine Pro- und eine Kontra-Gruppe ein.
- **Tragt** eure Argumente **vor** und geht auch auf die Argumente der anderen ein.
- **Einigt** euch in der Diskussion auf ein Ergebnis.
- Am Ende der Diskussion fasst der Diskussionsleiter die Diskussion zusammen und trägt das **Ergebnis** vor.

eine Pro-und-Kontra-Diskussion führen
➤ S. 85, 197

Wissenswertes auf einen Blick

Rechtschreiben

Die Arbeitstechniken

Das Abschreiben

Die sieben Schritte zum Abschreiben von Texten:
1. Lies den Abschreibtext langsam und sorgfältig.
2. Gliedere den Text in Sinnabschnitte.
3. Präge dir die Wörter einer Sinneinheit genau ein.
4. Schreibe die Wörter auswendig auf.
5. Kontrolliere Wort für Wort.
6. Streiche die Fehlerwörter durch und korrigiere sie.
7. Ordne die Fehlerwörter in die Rechtschreibkartei ein.

Die fünf Schritte zum Abschreiben von Wörterlisten:
1. Lies sorgfältig Wort für Wort.
2. Decke die Wörterliste zu – nur das erste Wort bleibt sichtbar.
3. Präge dir das Wort ein und schreibe es auswendig auf.
4. Kontrolliere die Schreibung.
5. Decke das nächste Wort auf usw.

Die fünf Schritte zum Abschreiben von Wörterreihen:
1. Lies die Wörterreihen sorgfältig.
2. Lerne die erste Wörterreihe auswendig.
3. Decke die Wörterreihen zu und schreibe sie auf.
4. Kontrolliere die Wörterreihen Wort für Wort.
5. Decke die nächste Wörterreihe auf usw.

Übungen zum Abschreiben von Texten ➤ S. 231, 233, 235, 237, 239, 241, 243, 245, 262

Übungen zum Abschreiben von Wörterreihen ➤ S. 263

Das Partnerdiktat

Ein Partner diktiert.
- Lies bei **Texten** den ganzen Satz vor.
  Diktiere dann die Sinnabschnitte.
- Lies bei **Wörterlisten** die ganze Liste vor.
  Diktiere dann Wort für Wort.
- Lies bei **Wörterreihen** die ganze Reihe vor.
  Diktiere die einzelnen Teile der Reihe.
- Bei einem Fehler sage sofort: „Stopp!" Lass dem Partner Zeit, den Fehler zu finden.
- Gib Hilfen oder zeige den Text, die Liste oder die Reihe.

Der andere Partner schreibt.
- Höre dir den ganzen Satz in Ruhe an.
  Schreibe die einzelnen Sinnabschnitte auf.
- Höre dir die Wörter in Ruhe an.
  Schreibe Wort für Wort.
- Höre dir die ganze Wörterreihe in Ruhe an.
  Schreibe nacheinander die einzelnen Teile der Wörterreihe auf.
- Kontrolliere das zuletzt Geschriebene ruhig und konzentriert mithilfe der Rechtschreibhilfen (S. 250–251), um den Fehler zu finden.
- Streiche das Fehlerwort durch.
  Schreibe das Wort richtig darüber.

Partnerdiktat ➤ S. 231, 235, 259, 261–262

Eine Rechtschreibkartei anlegen

Rechtschreibkartei ➤ S. 261

1. Schreibe das **Fehlerwort in die Mitte** der ersten Zeile.
2. **Unterstreiche** die Fehlerstelle.
3. Ergänze Wörter und Wortgruppen:
   - Füge bei Verbformen das Personalpronomen und den Infinitiv hinzu.
   - Füge bei Nomen den Artikel, den Plural bzw. den Singular hinzu.
   - Verlängere Adjektive durch eine Wortgruppe.
   - Schreibe auch ganze Wortgruppen auf.
4. Wenn möglich, füge einen **Rechtschreibtipp** hinzu.

Rechtschreibhilfen

Das Dehnungs-h

➤ S. 248

Wenn du nicht sicher bist, **ob in einem Wort ein h vorkommt**, kannst du prüfen, welche Buchstaben davor und dahinter stehen. Sie helfen dir, dich für die richtige Schreibung zu entscheiden.
Das **Dehnungs-h** steht nach einem langen Vokal und nur vor den Konsonanten **l**, **m**, **n** und **r**:
Stuhl – nehmen – ohne – ehrlich.
In den meisten Wörtern folgt aber nach einem langen Vokal kein **h**.

Das Gliedern

➤ S. 246, 250, 257

Beim **Gliedern** zerlegst du ein Wort in Sprechsilben.
Das hilft dir beim richtigen Schreiben. Un|ter|richts|stun|de

Das Verlängern

➤ S. 250–251

Wenn du nicht weißt, ob ein Wort mit einem Doppelkonsonanten geschrieben wird, kannst du es **verlängern**. Von Verben kannst du z. B. den Infinitiv bilden und **dann gliedern**:
er ir/rrt? → ir | ren → also: er irrt
Das Verlängern und **deutliches Sprechen** der Wörter helfen dir auch, wenn du nicht hörst, mit welchem Buchstaben ein Wort endet.
hervorragen**d/t**? → hervorragen**d**e Leistungen → also: hervorragen**d**

Das Ableiten

➤ S. 251

Wenn du nicht hörst, ob ein Wort mit **ä** oder **e**, mit **äu** oder **eu** geschrieben wird, kannst du es ableiten und eine Entscheidung treffen.
Suche **verwandte Wörter** mit **a** oder **au**: h**äu**fig → H**au**fen, kr**ä**ftig → Kr**a**ft.

Wortbildung

➤ S. 254–255

Viele Wörter sind **zusammengesetzt**. Wenn du die einzelnen Bausteine richtig schreibst, dann kannst du auch die Zusammensetzungen richtig schreiben.
Mit **Präfixen** (Vorsilben) und **Suffixen** (Endungen) entstehen neue Nomen, Verben und Adverbien:
Präfix   + Verb   = neues Verb und neues Nomen
miss   + achten   = missachten, die Missachtung
Nomen   + Suffix   = Adverb
das Beispiel + -weise = beispielsweise

Wissenswertes auf einen Blick

Rechtschreibregeln

Zusammenschreibung
▶ S. 252–253

- Wortgruppen aus **Adjektiv + Verb** werden **zusammengeschrieben**, wenn das zusammengesetzte Wort eine **neue Bedeutung** hat.
  glattgehen (zusammengesetztes Wort) → es klappte hervorragend (Bedeutung)
- Aus **Nomen + Verb** entsteht ein **zusammengesetztes Nomen**.
  Die Wörter **das, zum, beim** und **vom** machen's!
  Das Radfahren macht mir Spaß.
- Aus **Wortgruppen** entstehen **Zusammensetzungen**!
  bezogen auf den Beruf → berufsbezogen

Groß- und Kleinschreibung

Wörter werden zu Nomen
▶ S. 236, 248, 256

- Aus Verben können Nomen werden.
  Die starken Wörter **beim, zum, vom, im, das** und **ein** machen's!
  reisen – das Reisen   trainieren – beim Trainieren   klopfen – ein Klopfen
- Aus Adjektiven können Nomen werden.
  Die starken Wörter **etwas, nichts, viel, wenig** und **im** machen's!
  schön – etwas Schönes, nichts Schönes, viel Schönes,
  wenig Schönes; übrig – im Übrigen

Nomen mit -ung, -heit, -keit und -nis
▶ S. 236–237

Wörter mit den Endungen **-ung**, **-heit**, **-keit** und **-nis** sind Nomen.
Sie werden großgeschrieben:
die Weltbevölkerung, die Wahrheit, die Selbstverständlichkeit, das Ereignis

Eigennamen
▶ S. 256

Eigennamen schreibt man **groß**.
Eigennamen sind z. B. Namen von Personen, Staaten, Straßen und Festen.
Bestehen sie aus **mehreren Wörtern**, schreibt man das erste Wort
und alle **Nomen** und **Adjektive** groß:
Große Hamburger Straße, Jom Kippur, die Vereinigten Staaten von Amerika

Tageszeiten
▶ S. 238–239, 256

- Nach **gestern**, **heute** und **morgen** werden Tageszeiten großgeschrieben:
  gestern Mittag, heute Morgen, morgen Abend.
- **Zusammensetzungen aus Wochentag** und **Tageszeit** werden immer zusammen- und großgeschrieben – egal ob ein Begleiter davorsteht oder nicht.
  Samstagmorgen – der, dieser, ein, am, bis Samstagmorgen
- **Tageszeiten und Wochentage** mit **s** am Ende sind **Adverbien**.
  Sie werden immer **kleingeschrieben**.
  morgens – samstags

Fremdwörter	► S. 240–241

Viele Fremdwörter kann man an ihren Suffixen (Endungen) erkennen.
Viele **Nomen** haben die Suffixe **-ik, -ie, -or, -ität**. Sie werden großgeschrieben.
Viele **Adjektive** enden auf **-(i)ell** und **-iv**. Sie werden kleingeschrieben.

Zeichensetzung

Aufzählungen	► S. 232, 235, 249

Die Teile einer Aufzählung, die nicht durch **und/oder** verbunden sind, werden durch **Komma** abgetrennt.

Komma in Satzreihen	► S. 245, 283

Satzreihen bestehen aus zwei oder mehreren Hauptsätzen.
Hauptsätze in Satzreihen, die nicht durch **und/oder** verbunden sind, werden durch **Komma** abgetrennt.

Komma in Satzgefügen	► S. 233, 284–289

In einem Satzgefüge werden Nebensätze (NS) vom Hauptsatz (HS) durch ein **Komma** getrennt. Am Anfang der Nebensätze steht häufig eine Konjunktion, z. B. **als**, **weil**, **dass**, **obwohl**, **nachdem**
Nachdem ich meine Hausaufgaben fertig hatte (NS), gingen wir los (HS).

Spitzen- und Endstellung von Nebensätzen	► S. 287

Nebensätze können vor (Spitzenstellung) und nach dem Hauptsatz (Endstellung) stehen:
Als ich endlich die Ausbildung zum Mechaniker beginnen konnte (NS), war die Freude groß (HS). (Spitzenstellung)
Die Freude war groß (HS), als ich endlich die Ausbildung zum Mechaniker beginnen konnte (NS). (Endstellung)

Mehrteilige Datums- und Zeitangaben	► S. 234–235

Mehrteilige Datums- und Zeitangaben werden durch **Komma** abgetrennt.
Das Komma nach der Zeitangabe kannst du setzen oder auch weglassen:
Am Dienstag, dem 6. Juni, um 10:00 Uhr(,) besuchten wir die Feuerwehr.

Nachgestellte Erläuterungen	► S. 237

Nachgestellte Erläuterungen werden durch ein Komma vom übrigen Satz abgetrennt. Sie werden oft mit Wörtern wie **das heißt (d. h.)**, **und zwar**, **zum Beispiel (z. B.)**, **nämlich**, **besonders**, **vor allem** oder **insbesondere** eingeleitet: Es gibt Alternativen zur Anreise mit dem Flugzeug, und zwar eine Anreise mit der Bahn oder mit dem Bus.

Grammatik

Wortarten

Nomen

Nomen bezeichnen **Lebewesen** (Menschen, Tiere, Pflanzen), **Gegenstände** und **gedachte** oder **vorgestellte** Dinge.
Nomen werden im Deutschen immer großgeschrieben.
Vor dem Nomen steht oft ein bestimmter Artikel (der, das, die) oder ein unbestimmter Artikel (ein, ein, eine).
Fast alle Nomen können im **Singular** (Einzahl) und im **Plural** (Mehrzahl) stehen.
Aus zwei oder drei Nomen kannst du ein zusammengesetztes Nomen bilden.
Werden Nomen zusammengesetzt, richtet sich der Artikel
nach dem letzten Nomen: der Ball – der Fußball

Jedes Nomen kann in verschiedenen **Fällen** (Kasus) stehen.
Du kannst nach dem Fall, in dem ein Nomen steht, fragen.
Im Deutschen gibt es vier Fälle: Fragen:
Nominativ (1. Fall)   Wer oder was?
Genitiv (2. Fall)   Wessen?
Dativ (3. Fall)   Wem?
Akkusativ (4. Fall)   Wen oder was?

Übungen zum Genitiv
➤ S. 272–273
Präpositionen mit Dativ und Akkusativ ➤ S. 276–277

Verben in verschiedenen Zeitformen

Verben sind Tätigkeitswörter und geben an, was jemand tut oder was geschieht. Verben bilden verschiedene Zeitformen.

Verben im **Präsens** verwendest du, um auszudrücken,
– **was man regelmäßig tut**: Sina **füttert** die Kraken sechsmal die Woche.
– **was man jetzt tut**: Sina **füttert** die Kraken jetzt gerade.
Bei vielen Verben bleibt im Präsens der Verbstamm gleich.
Es verändern sich nur die Endungen. Sie richten sich nach der Person.
Zusammengesetzte Verben können im Satz getrennt stehen.

Verben im **Präteritum** verwendest du, wenn du **schriftlich über etwas berichtest oder erzählst**, was schon vergangen ist:
Wie in vielen anderen Großstädten **feierten** auch in Berlin zahlreiche Fans den Sieg der Nationalmannschaft.

Verben im **Perfekt** verwendest du meist, wenn du etwas **mündlich erzählst**, das schon vergangen ist.
Viele Verben bilden das Perfekt mit **haben**: Sie hat gebacken.
Einige Verben bilden das Perfekt mit **sein**: Wir sind gelaufen.

Das **Plusquamperfekt** verwendest du, wenn du ausdrücken willst, dass etwas **vor einem zurückliegenden Ereignis geschah**:
Chaos brach aus, nachdem die Luftbehörden den Luftraum über vielen Ländern **geschlossen hatten**.

Das **Futur** verwendest du, wenn du über Dinge sprichst,
die in der **Zukunft** liegen, also noch nicht geschehen sind:
Heute Abend **werde** ich ins Kino **gehen**.

Aktiv und Passiv

Das Aktiv und das Passiv sind zwei Verbformen, die bei der Darstellung von Handlungen unterschieden werden.
Das **Aktiv** beschreibt, wer handelt:
Die Fluggesellschaften strichen tausende Flüge.
Das **Passiv** beschreibt, was getan wird. Der Handelnde wird nicht erwähnt.
Tausende Flüge wurden gestrichen.

Konjunktivformen

Übungen zum Konjunktiv II
➤ S. 278–281

Unsichere Informationen kannst du mit dem **Konjunktiv I** ausdrücken.
Auch bei nichtwörtlicher Rede (indirekter Rede) wird der Konjunktiv I verwendet. Dadurch wird deutlich, dass die Aussage nicht wahr sein muss.
Er sagt, er **laufe** jeden Morgen zehn Kilometer.
Sie meint, sie **sei** die Beste im Schwimmverein.

Mit dem **Konjunktiv II** (Möglichkeitsform des Verbs) kann man ausdrücken, dass etwas nicht oder noch nicht Wirklichkeit ist:
Möglichkeiten, erfüllbare oder nicht erfüllbare **Wünsche**.
Ich wäre gern ein Star.

Der **Konjunktiv II** wird **vom Präteritum abgeleitet**.
Präteritum → Konjunktiv II
du hattest → du hättest gern …
sie blieb → sie bliebe bestimmt …
ich fand → ich fände es schön …

Pronomen

Die **Personalpronomen** ich, du, er, sie, es, wir, ihr, sie kannst du für Personen, Lebewesen und Dinge einsetzen.

Possessivpronomen zeigen an, wem etwas gehört.
Sie können im **Singular** und im **Plural** stehen: **mein/meine, dein/deine, sein/seine, ihr/ihre, unser/unsere, euer/eure, ihr/ihre**.

Adjektive

Übungen zu Adjektiven
➤ S. 250, 255

Adjektive werden auch als **Eigenschaftswörter** bezeichnet.
Sie werden immer **kleingeschrieben**.
Mit Adjektiven kann man Personen, Tiere oder Gegenstände genauer beschreiben: ein **langes** Kleid, eine **nette** Lehrerin.

Wenn du Personen, Tiere oder Gegenstände vergleichen willst, kannst du **gesteigerte Adjektive** verwenden:

Positiv	Komparativ	Superlativ
(Grundform)	(1. Steigerungsform)	(2. Steigerungsform)
(so) groß (wie)	größer (als)	am größten

Wissenswertes auf einen Blick

Partizip I und II

Partizipien können wie Adjektive verwendet werden, sie werden jedoch vom Verb abgeleitet.
Das **Partizip I** wird vom Infinitiv abgeleitet:
Infinitiv + d → Partizip I   rasen + d → rasend
Das **Partizip II** wird aus der Vorsilbe **ge-**, dem Wortstamm und der Endung **-(e)t** oder **-en** gebildet.
Beispiele: die eingestürzte Brücke, die gelungene Rettung

Übungen zu Partizipien ► S. 274–275

Präpositionen

Wörter wie **an**, **auf**, **unter**, **in**, **vor**, **hinter**, **neben** sind **Präpositionen** (Verhältniswörter). Sie stehen vor einem Nomen oder Pronomen und **bestimmen den Fall** des nachfolgenden Wortes oder der Wortgruppe:
auf dem Schrank (wo?) – **Dativ**; in den Schrank (wohin?) – **Akkusativ**.

Übungen zu Präpositionen ► S. 276–277

Konjunktionen

Konjunktionen (Bindewörter) verbinden Sätze.
Nebenordnende Konjunktionen wie **und**, **oder** und **aber** verbinden Wörter und Sätze. Unterordnende Konjunktionen wie **wenn**, **weil**, **dass**, **als** verbinden Haupt- und Nebensätze. Die Konjunktionen **weil** und **denn** leiten Begründungen ein. Die Konjunktionen **nachdem**, **bevor** und **während** drücken eine zeitliche Abfolge aus.

Übungen zu Konjunktionen ► S. 282–287

Adverbien

Adverbien (Umstandswörter) geben genaue Angaben zu dem Geschehen.
Adverbien des Ortes drücken aus, wo etwas geschieht, z. B. draußen.
Adverbien der Zeit drücken aus, wann etwas geschieht, z. B. immer.
Adverbien der Art und Weise drücken aus, wie etwas geschieht, z. B. gern.
Adverbien des Grundes drücken aus, warum etwas geschieht, z. B. deshalb.

Übungen zu Adverbien ► S. 238, 255–256

Der Satz

Die Satzreihe

Eine **Satzreihe** besteht aus zwei oder mehr **Hauptsätzen**. Die Hauptsätze können durch **nebenordnende Konjunktionen** verbunden werden:
Die Zeitung verkaufte sich nicht gut, denn das Titelbild war langweilig.

Übungen zur Satzreihe ► S. 282–283

Das Satzgefüge

Das **Satzgefüge** besteht aus einem **Hauptsatz** und einem **Nebensatz**. Der Nebensatz endet mit einer **gebeugten Verbform**. Nebensätze werden mit Konjunktionen eingeleitet und vom Hauptsatz durch Komma getrennt:
Die Zeitung verkaufte sich schlecht, obwohl das Titelbild gut ankam.

Übungen zum Satzgefüge ► S. 284–289

Der Relativsatz

Relativsätze sind Nebensätze, die sich meist auf ein vorangehendes Nomen beziehen (Relation = Beziehung). Sie werden immer durch Komma abgetrennt und durch ein Relativpronomen (z. B. **der**, **das**, **die**) eingeleitet:
Ein Mädchen, das Ball spielte, rannte schnell ins Haus.

Satzglieder/Satzgliedteile

Die Umstellprobe

Mit der **Umstellprobe** kannst du Satzglieder ermitteln:
Meine Freundin kommt morgen. Morgen kommt meine Freundin.

Das Subjekt

Das **Subjekt** kann eine Person oder eine Sache sein.
Mit **Wer oder was?** fragt man nach dem Subjekt:
Sabine hat Geburtstag. – Wer hat Geburtstag? – Sabine.

Das Prädikat

Das **Prädikat** sagt etwas darüber aus, was jemand tut oder was geschieht.
Mit **Was tut ...?** fragst du nach dem Prädikat:
Eric gratuliert. – Was tut Eric? – Er **gratuliert**. – Eric **hat gratuliert**.

Die Objekte

Mit **Wen oder was?** fragst du nach dem **Akkusativobjekt**:
Sabine bringt die Gäste zur Tür. – Wen bringt Sabine zur Tür? – Die Gäste.
Er sucht Papier und Bleistift. – Was sucht er? – Papier und Bleistift.
Mit **Wem?** fragst du nach dem **Dativobjekt**:
Sarah gratuliert Sabine. – Wem gratuliert Sarah? – Sabine.
Mit **Wessen?** fragst du nach dem **Genitivobjekt**:
Sarah erfreute sich des Sieges. – Wessen erfreute sich Sarah? –
Des Sieges.

Die adverbialen Bestimmungen

Nach der **adverbialen Bestimmung der Zeit** fragst du mit **Wann?**:
Der Spion kam um 10 Uhr. – Wann kam der Spion? – Um zehn Uhr.
Nach der **adverbialen Bestimmung des Ortes** fragst du mit **Wo?**, **Woher?**, **Wohin?**: Er traf ihn am Bahnhof. – Wo traf er ihn? – Am Bahnhof.
Nach der **adverbialen Bestimmung der Art und Weise** fragst du mit **Wie?**:
Die Geldübergabe verlief hektisch. – Wie verlief die Geldübergabe?
– Hektisch.
Nach der **adverbialen Bestimmung des Grundes** fragst du mit **Warum?**:
Wegen der Eile übersah er ihn. – Warum übersah er ihn? – Wegen der Eile.

Das Attribut

Attribute treten in Form von **beigefügten Wörtern, Wortgruppen** oder **Nebensätzen** (Relativsätzen) auf.
Sie geben **zusätzliche Informationen** zu Nomen. Sie können dem Nomen **vorangestellt** oder **nachgestellt** sein:
Die **unendliche** Geschichte   Geschichten **aus aller Welt**
Geschichten, **die das Leben schrieb**.

Übungen zu Attributen
➤ S. 290–291

Wissenswertes auf einen Blick

Textquellen

Aichinger, Ilse (geb. 1921 in Wien): Das Fenster-Theater (S. 206–211). Aus: I. A.: Der Gefesselte. Erzählungen. Frankfurt/Main (S. Fischer Verlag) 1953.

Allende, Isabel (geb. 1942 in Lima/Peru): Die Stadt der wilden Götter (S. 64–65). Aus: Die Stadt der wilden Götter (1964). Aus dem Spanischen v. Svenja Becker. Frankfurt/Main (Suhrkamp Taschenbuch) 2004, S. 35–37.

Behrens, Brigitte (geb. 1951 in Würzburg): Auf der Reise zu sich selbst. (S. 70–71). Artikel vom 09.07.2007 veröffentlicht von Sigrid Totz. Aus: http://www.greenpeace.de/ueber_uns/geschaeftsfuehrung/artikel/vom_feinen_unterschied_zwischen_reise_und_urlaub/ [03.02.2011]

Bichsel, Peter (geb. 1935 in Luzern): San Salvador (S. 146–147). Aus: Eigentlich möchte Frau Blum den Milchmann kennenlernen. Frankfurt/M. (Suhrkamp Taschenbuch) 1996, S. 50–52.

Boie, Kirsten (geb. 1950 in Hamburg): Kerle mieten oder Das Leben ändert sich stündlich (S. 28–30, 35). Aus: Kerle mieten oder Das Leben ändert sich stündlich. Hamburg (Verlag Friedrich Oetinger) 2001, S. 51–56, 246.

Clark, Petula/ Hatch, Tony (Petula Clark, geb. 1932 in Epsom/Großbritannien; Tony Hatch, geb. 1939 in Pinner/USA): Downtown (S. 141). © Universal/MCA Music Publishing GmbH, Berlin.

Claudius, Matthias (geb. 1740 in Reinfeld, gest. 1815 in Hamburg): Urians Reise um die Welt (S. 57). Aus: http://gutenberg.spiegel.de/?&id=5&kapitel=35&xid=320#gb_found [04.02.2011]

Drvenkar, Zoran (geb. 1967 in Krizevci/Jugoslawien): stadt ohne namen (S. 214). Aus: was geht wenn du bleibst. Hamburg (Carlsen) 2005, S. 57.

Eschbach, Andreas (geb. 1959 in Ulm): Das Marsprojekt (S. 171–173). Aus: Das Marsprojekt: Das ferne Leuchten. Würzburg (Arena-Verlag) 2002, S. 7–9, 240–241.
Wie werden wir arbeiten? (S. 176–177). Aus: Das Buch von der Zukunft. Ein Reiseführer. Berlin (Rowohlt) 2004, S. 201–204.

Frankenberger, Klaus-Dieter (geb. 1955 in Darmstadt): Asche über Europa (S. 187). Aus: http://www.faz.net/artikel/C30100/vulkanausbruch-asche-ueber-europa-30071701.html [15.04.2010]

Gomringer, Eugen (geb. 1925 in Cachuela Esperanza/Bolivien): cars and cars (S. 138). Aus: Konstellation. Ideogramme. Stundenbuch. (Reclam) 1983.

Hornby, Nick (geb. 1957 in Redhill/Großbritannien): Slam (S. 36–37). Aus: Slam. Aus dem Englischen v. Clara Drechsler und Harald Hellmann. Köln (Kiepenheuer & Witsch) 2008, S. 9–14.

Hughes, Langston (geb. 1902 in Joplin, gest. 1967 in New York/USA): Subway Rush Hour (S. 138). Aus: Breining, Helmbrecht (Hrsg.): Poetischer New York-Führer. Darmstadt (Wissenschaftliche Buchgesellschaft) 2005, S. 132.

Inglin, Meinrad (geb. 1893, gest. 1971 in Schwyz/Schweiz): Drei Männer im Schneesturm (S. 154–168). Aus: Meinrad Inglins schönste Erzählungen. Zürich (Ammann) 2000.

Joplin, Janis (geb. 1943 in Port Arthur/USA, gest. 1970 in Hollywood/USA): Me and Bobby Mc Gee (S. 26). © EMI Songs Musikverlag GmbH, Hamburg

Jürgens, Udo (geb. 1934 in Klagenfurt): Ich war noch niemals in New York (S. 57). © Aran Productions AG. Melodie der Welt J Michel KG. Musikverlag, Frankfurt/Main. Unter: http://www.udojuergens.de/cd/songtext/ichwarnoch.htm [25.11.2010].

Kaléko, Mascha (geb. 1907 in Chrzanów/Polen, gest. 1975 in Zürich): Spät nachts (S. 132). Aus: Das lyrische Stenogrammheft. Reinbek (Rowohlt Verlag) 1956.

Kästner, Erich (geb. 1899 in Dresden, gest. 1974 in München): Die Wälder schweigen (S. 133). Aus: Doktor Erich Kästners Lyrische Hausapotheke. Zürich (Atrium) 2005, S. 49.

Kirsch, Sarah (geb. 1935 in Limlingerode): Trauriger Tag (S. 137). Aus: Sämtliche Gedichte. München (DVA) 2005.

Ladiges, Ann (geb. 1935 in Hamburg): Blaufrau (S. 96–97). Aus: Blaufrau. Reinbek bei Hamburg (Rowohlt) 1998, S. 5–8.

Lekuton, Joseph Lemasolai (geb. in Nordkenia/Afrika): Facing the Lion (S. 122–124). Aus: Facing the Lion. Aus dem Englischen v. Herman Viola. Wuppertal (Peter Hammer Verlag) 2003, S. 64–68.

Loriot (Vicco von Bülow, geb. 1932 in Brandenburg a. d. Havel): Feierabend (S. 13, 14–15). Aus: Loriot: Gesammelte Prosa. Zürich (Diogenes Verlag AG) 2006.

Löwenstein, Stephan und **Sattar, Majid**: Schwarz-Grün gescheitert (S. 181). Aus: http://www.faz.net/s/Rub594835B672714A1DB1A121534F010EE1/Tpl~Ecommon~SThemenseite.html [29.11.2010]

Meinhard, Gabriele Janis Joplin: Die weißschwarze Stimme (S. 27). Aus: http://www.giltherano.de/bio/music/joplin.html [24.11.2010]

Mieder, Eckhard: Unterwegs sein (S. 60–62). Originalbeitrag.

Nelson Rolihlahla Mandela: Freiheitskämpfer, Häftling, Präsident (S. 78–79). Eckhard Mieder. Originalbeitrag.

Nöstlinger, Christine (geb. 1936 in Wien-Hernals/Österreich): Sprachproblem (S. 271). Aus: Nöstlinger/Bauer: Ein und alles. Weinheim und Basel (Beltz Verlag) 1993.

Philbrick, Rodman (geb. 1951 in Boston/USA): Freak (S. 114–116, 120, 125–126). Aus: Freak. Aus dem Amerikanischen v. Werner Schmitz. Ravensburg (Ravensburger) 1998, S. 84–88, 177–178, 50–52.

Reding, Josef (geb. 1929 in Castrop-Rauxel): Generalvertreter Ellebracht begeht Fahrerflucht (S. 142–144). Aus: Nennt mich nicht Nigger. Recklinghausen (Paulus) 1964, S. 140–144.

Reiser, Rio (geb. 1950 in Berlin, gest. 1996 in Fresenhagen): König von Deutschland (S. 280 gekürzt). © SMPG Publishing (Germany) GmbH, Berlin c/o Sony/ATV Music Publishing (Germany) GmbH. Unter: www.rioreiser.de.

Rettberg, Felix: Im Bauch des Riesen (S. 102). Aus: Lieser/Kausch (Hrsg.): Hamburg, das Magazin aus der Metropole. Hamburg (Hamburg Marketing) 2010.

Siebert, Julia Mollusken fasten wöchentlich (S. 98–100). Aus: FAZ http://www.faz.net/-00ngsk [24.11.2010]

Simon & Garfunkel (Paul Simon, geb. 1941 in Newark/New Jersey; Art Garfunkel, geb. 1941 in Forest Hills/New York): El Condor Pasa (S. 281). Englischer Text von Paul Simon. © Edward B. Marks Music Co./Musikverlag Intersond GmbH Hamburg. Unter: www.lyricsfrak.com/s/simon-and-garfunkel.html.

Steen, Cassandra/Tawil, Adel (Cassandra Steen geb. 1980 in Ostfildern-Ruit; Adel Tawil geb. 1978 in Berlin): Stadt (S. 140). © Universal Music Publ. GmbH, Berlin. EMI Music Publishing Germany GmbH & Co. KG, Hamburg. Arabella Musikverlag GmbH Berlin. Numarek Songs Marek Pompetzki, Berlin.

Steinhöfel, Andreas (geb. 1962 in Battenberg, Hessen): Paul Vier und die Schröders (S. 34). Aus: Paul Vier und die Schröders. Hamburg (Carlsen Verlag) 2006, S. 13–15.

Storm, Theodor (geb. 1817 in Husum, gest. 1888 in Haderau-Hanemarschen): Die Stadt (S. 131). Aus: Sämtliche Werke. Hg. v. A. Köster. Leipzig (Insel) 1923.

Suter, Martin (geb. 1948 in Zürich): Das Schöne an der „Rose" (S. 216–217). Aus: Business Class. Neue Geschichten aus der Welt des Managements. Zürich (Diogenes Verlag AG) 2002, 2004 S. 167–168.

Till, Jochen (geb. 1966 in Frankfurt/Main): Zu(g)einander (S. 20–21). Aus: Zu(g)einander. Ravensburg (Ravensburger Buchverlag) 2007, S. 29–31.

Toscani, Oliviero (geb. 1942 in Mailand): Die Werbung ist ein lächelndes Aas (S. 196). Aus: Die Werbung ist ein lächelndes Aas. Aus dem Italienischen v. Barbara Neeb. Mannheim (Bollmann) 1996, S. 9.

Tucholsky, Kurt (geb. 1890 in Berlin, gest. 1935 in Göteborg/Schweden): Augen in der Großstadt (S. 134). Aus: Großstadtlyrik. Hg. v. Waltraud Wende. Stuttgart (Philipp Reclam jun.) 1999, S. 144.

Veli, Orhan (geb. 1914 in Istanbul, gest. 1950 in Istanbul): Ich höre Istanbul (S. 139). Aus: Fremdartig/Garip. Gedichte in zwei Sprachen. Hg. und übersetzt aus dem Türkischen v. Yüksel Pazarkaya. Frankfurt/Main, 1985.

Wigge, Michael (geb. 1976 im Sauerland): Ohne Geld bis ans Ende der Welt (S. 68). Aus: Ohne Geld bis ans Ende der Welt. Köln (Kiepenheuer & Witsch) 2010, S. 26–27.

Wohmann, Gabriele (geb. 1932 in Darmstadt, gest. 2015 in Darmstadt): Glorias Witz (S. 150–152). Aus: Schwarz und ohne alles. Berlin (Aufbau Verlag) 2008, S. 108–111.

Wolfenstein, Alfred (geb. 1888 in Halle, gest. 1945 in Paris/Frankreich): Städter (S. 136). Aus: Großstadtlyrik. Hg. v. Waltraud Wende. Stuttgart (Philipp Reclam jun.) 1999, S. 104.

Wurzel, Christoph: Denken in Schubladen (S. 118–119). Originalbeitrag.

Ungenannte Verfasser:
Sie: Hermann … (S. 17). Originalbeitrag.
Lulu heißt die Hauptfigur (S. 33). Originalbeitrag.
Der Natur abgeschaut (S. 42–44). Originalbeitrag.
Ein natürliches Belüftungssystem (S. 47). Originalbeitrag.
Einfach nachmachen? (S. 48–49). Originalbeitrag.
Mit den Ohren sehen (S. 50). Originalbeitrag.
Kühl und sparsam (S. 52). Originalbeitrag.
Die Grenzen der Bionik (S. 54). Originalbeitrag.
Autor: Guglefix04. Originalbeitrag.
Wohin in den Sommerferien? (S. 72). Originalbeitrag.
Alfred Nobel (S. 77). Originalbeitrag.
Ein neuer Name für unsere Schule? (S. 80–81). Originalbeitrag.
Interview mit Herrn Meyer (S. 83). Originalbeitrag.
Frieden ist eine Männerbastion – Interview mit Maren Haartje (S. 84–85). Aus: http://www.brigitte.de/gesellschaft/politik-gesellschaft/friedensnobelpreis-frauen-539046/ [03.02.2011]
Sabriye Tenberken (S. 85). Originalbeitrag.
Der Friedensnobelpreis für die Organisation „Ärzte ohne Grenzen" (S. 86). Originalbeitrag.
Anekdote über Einstein (S. 113). Aus: Peter Köhler (Hrsg.): Das Anekdoten-Buch. Stuttgart (Phlipp Reclam jun.) 1997, S. 189.
Auszüge von Einträgen zum Buchstaben B (S. 120). Aus: Das Fremdwörterbuch. Duden Mannheim (Bibliographisches Institut & F. A. Brockhaus AG) 2001.
Unfall im Menschengehege (S. 128). Originalbeitrag.
Der Tag, an dem ich auf den Planeten Blorb entführt wurde (S. 129). Originalbeitrag.
Wer ist Andreas Eschbach? (S. 170). Originalbeitrag.
Ein Interview mit Andreas Eschbach (S. 174). Originalbeitrag.
Traumstart ins Weihnachtsgeschäft (S. 181). Aus: Neue Westfälische. Regionale Tageszeitung vom 29.11.2010.
„Podknast" mit Baacke-Preis ausgezeichnet (S. 181). Aus: Neue Westfälische. Regionale Tageszeitung vom 29.11.2010.
Schützen essen Grünkohl (S. 181). Haller Kreisblatt. Aus: Neue Westfälische. Regionale Tageszeitung vom 27.11.2010.
Hupkonzerte in Berlin nach dem Sieg der Nationalmannschaft (S. 182). Originalbeitrag.
Die Vulkan-Asche aus Island (S. 184). Aus: Dorstener Zeitung vom 15.04.2010.
Bei einer Eruption (S. 184). Aus: Münsterland Zeitung vom 18.04.2010.
Aus Furcht vor einem erneuten Ausbruch (S. 184). Aus: http://www.focus.de/reisen/fliegen/vulkanausbruch/island-tourismus-vulkan-schreckt-urlauber-ab_aid_512413.html [03.02.2011]
Reportage: Gelassenheit in Island nach Vulkanausbruch (S. 185). Aus: http://www.freiepresse.de/NACHRICHTEN/THEMA_DES_TAGES_REGIONAL/7357268.php [03.02.2011]
Interview mit Karl-Christian Bergmann (S. 186). Aus: http://www.stern.de/gesundheit/gesundheitsgefahr-durch-aschewolke-keine-panik-wegen-der-vulkanasche-1559137.html [03.02.2011]
Hörspieldialog (S. 203). Originalbeitrag.
Beispiele 1 und 2 für Inhaltsangaben (S. 221). Originalbeitrag.
Der Mars (S. 226). Originalbeitrag.
Unser Nachbarplanet im Sonnensystem … (S. 226). Aus: Faszination Weltraum. Starnberg (Dorling Kindersley) 2004, S. 22.
Der Mars ist mit einem Durchmesser … (S. 226). Aus: Sehen – Staunen – Wissen. Hildesheim (Gerstenberg) 2005, S. 24. Aus dem Englischen v. Margot Wilhelmi. Originaltitel: Eye witness Guides: Mars. Dorling/Kindersley Ltd. The Penguin Group. Right & Contracts (Germany).
Einige Wissenschaftler … (S. 227). Aus: Kurt Hopf: So spannend ist die Welt im Weltraum. Frankfurt/Main (Baumhaus) 2009, S. 29.
Der Austausch (S. 230). Originalbeitrag.
Ein richtiger Junge (S. 232). Originalbeitrag.
Ein überraschendes Geschenk (S. 233). Originalbeitrag.
Sehr geehrte Frau König (S. 234). Originalbeitrag.
Das Fliegen – für uns eine Selbstverständlichkeit (S. 236).
Berufsberatung (S. 238). Originalbeitrag.
Eine Einladung (S. 239). Originalbeitrag.
Bionik: Vorbild Natur (S. 240). Originalbeitrag.
Unsere vernetzte Schulbücherei (S. 242). Originalbeitrag.
Zurück zur Erde (S. 244). Originalbeitrag.
Prickelnd und gesund (S. 247). Originalbeitrag.
Ein köstliches Bratapfelrezept (S. 249). Originalbeitrag.
Eine erfolgreiche Zusammenarbeit (S. 251). Originalbeitrag.
Tagebuch einer Klassenfahrt (S. 262). Originalbeitrag.
Der Außerirdische (Teil I) (S. 262). Originalbeitrag.
Der Außerirdische (Teil II) (S. 262). Originalbeitrag.
Berufsbilder/Berufsanforderungen: Drucker/-innen, Estrichleger/-innen, Krankenpfleger/-innen, Servicefachkräfte (S. 282). Originalbeitrag.
Tagesbericht: Morgens um 9 Uhr … (S. 286). Originalbeitrag.
Das Marsprojekt von Andreas Eschbach – Inhaltsangabe (S. 291). Originalbeitrag.

Bildquellen

S. 11, 83, 106: Michael Miethe, Berlin; S. 16, 23, 109, 129, 197, 202 Mitte links und rechts, 205, 228: Peter Wirtz, Dormagen; S. 22: Dik Browne, Hägar der Schreckliche. Folge 585/Bulls Press GmbH, Frankfurt/M.; S. 25 oben: CRAWLEY FILMS/Kobal Collection, unten von links nach rechts: picture-alliance/DeFodi, picture-alliance/Photoshot (2); picture-alliance/Byron Purvis/AdMedia, picture-alliance/dpa (2); S. 26 links: picture-alliance/dpa, rechts: picture-alliance/kpa; S. 27: picture-alliance/dpa; S. 28: © Reto Klar; S. 36: ullstein bild – SIPA; S. 37: TilluT/de.fotolia.com; S. 39 oben links und S. 43: David Lentink/Science Photo Library; S. 39 rechts und S. 45: Alain Emoult/images.de; S. 39 unten links: picture-alliance/OKAPIA KG/Fritz Rauschenbach, rechts: Michael Svoboda/iStockphoto.com; S. 41 A: picture-alliance/dpa, B: picture-alliance/dpa, C: picture-alliance/dpa/Paul Miller, 1: Doug Perrine/Peter Arnold, 2: picture alliance/dpa, 3: Igor Groser/de.fotolia.com; S. 42: Doug Perrine/Peter Arnold; S. 43 2: doc-stock/visualsunlimited, 4 und Seite 269: Arco Images, 5: Andreas Pulwey/F1 ONLINE; S. 47 1: NPL/Arco Images; S. 48 oben: ullstein bild – iT, unten: Eugeny Sverdlov/iStockphoto.com; S. 52 1: Mandy Patter/Creative Commons; S. 53: doc-stock/INSADCO Photography; S. 55 2: DLR, Köln, 3: picture-alliance/Design Pics; S. 56: Dane Wirtzfeld/iStockphoto.com; S. 57 Collage: ullsteinbild.heritage, ullstein bild – Granger Collection, Photocomptoire/de.fotolia.com, Patricia Hofmester/de.fotolia.com; S. 58: von links nach rechts: Eduard Titov/de.fotolia.com, Leslie Banks/iStockphoto.com, Laurenthamets/de. fotolia.com, Juanmonino/iStockphoto.com, Uwe Malitz/de.fotolia.com; S. 60: picture-alliance/dpa; S. 61 von oben nach unten: picture-alliance/dpa, ullstein bild – heritage, ullstein bild – Granger Collection, Schapowalow/SIME; S. 62 von oben nach unten: Photocomptoir/de.fotolia.com, ullstein bild – Granger Collection, Frank Eckgold/de.fotolia.com; S. 64: ullstein bild – Giribas; S. 66: Demid/de.fotolia.com; S. 70: picture-alliance/dpa; S. 72: Elenathewise/de.fotolia.com; S 75: Hintergrund: picture-alliance/dpa, links: ullstein bild – SIPA, rechts und S. 80: picture-alliance/dpa, unten und S. 224: picture-alliance/Graeme Williams; S. 77 von oben nach unten: picture-alliance, picture-alliance/dpa (2); S. 78 oben: fotoman/de.fotolia.com, unten: International Defense and Aid Kollektion Reuters/Corbis Images; S. 79: Panos Pictures/VISUM; S. 80 oben: Paramount Home Entertainment; S. 84: FriedensFrauen Weltweit; S. 85: picture-alliance/dpa; S. 86: Ärzte ohne Grenzen e. V., Foto: Veronique Terrasse; S. 88: picture-alliance/dpa; S. 90: team.zivilcourage@gmx.at; S. 93 oben links, 94, 100: picture-alliance/Sven Simon, rechts, 94, 101: picture-alliance/dpa, unten links, 94: cs-photo/de.fotolia.com, rechts, 94: Franz Pfluegl/de.fotolia.com; S. 98: ozgur/de.fotolia.com; S. 101: picture-alliance/dpa; S. 111: William Ely Hill, My Wife and my Mother-in-Law, 1915; S. 118: picture-alliance/dpa; S. 127, 128: Michael Sowa, Zoo der Zukunft, © VG Bild-Kunst, Bonn 2013; S. 130 links, 136: Dmitry Nikolaev/de.fotolia.com, Mitte: Tobias Machhaus/de.fotolia.com, rechts: Heino Pattschull/de.fotola.com; S. 131: ullstein bild – united archives; S. 134: George Grosz, Widmung an Oskar Panizza, © Estate of George Grosz, Princeton, N.J./VG Bild-Kunst, Bonn 2016; S. 137: picture-alliance/Markus C. Hurek; S. 138 oben: picture-alliance/dpa, unten: ullstein bild – Imagebroker.net; S. 139 oben: picture-alliance/dpa, unten: picture-alliance/empics; S. 140: picture-alliance/dieKLEINERT.de/Mathias Dietze; S. 141: picture-alliance/empics; S. 148 links: ullstein bild – Still Pictures, rechts: picture-alliance/Lonely Planet Images; S. 154: picture-alliance/Bildagentur-online/M. Dietrich; S. 170: Andreas Eschbach; S. 173: picture-alliance/dpa; S. 178: nadil/de.fotolia.com, Christoph Schöne/de.fotolia.com, Grum_l/de.fotolia.com (2), Sylvain Bouquet/de.fotolia.com; S. 185: picture-alliance/abaca; S. 186, 187: picture-alliance/dpa; S. 188 Collage: Respect Copyrights/Zukunft Kino Marketing GmbH, picture-alliance/dpa, picture-alliance/Back Page Images, picture-alliance/ZB, Martina Berg/de.fotolia.com, Gorgsenegger/de.fotolia.com; S. 190 1: picture-alliance/Chromorange, 2: Franz Pfluegl/de.fotolia.com, 3: dinostock/de.fotolia.com; S. 191: CMA Centrale-Marketing-Gesellschaft der deutschen Argrarwirtschaft mbH i. L., Bonn; S. 192 von links nach rechts: Lars Koch/de.fotolia.com, Pieter Bregmann/de.fotolia.com, Crashoran/de.fotolia.com; S. 193: Jüdisches Museum, Berlin; S. 194: Mit freundlicher Genehmigung der Berliner Stadtreinigung, www.BSR.de; S. 202 1: picture-alliance/Godong, 2: Antje Lindert-Rottke/de.fotolia.com, unten links und rechts: Daphná Pollak, Berlin; S. 214: picture-alliance/Design pics; S. 224 5: Increa/de.fotolia.com; S. 225: Marco Birn/de.fotolia.com; S. 226: Michael Rosskothen/de.fotolia.com; S. 228: Li-Bro/de.fotolia.com; S. 232: Annette Hauschild/OSTKREUZ; S. 234: picture-alliance/dpa; S. 236: Petra Bihlmaier/de.fotolia.com; S. 238: ullstein bild- Grabowsky; S. 240: © Eye of Science, Agentur Focus; S. 241: picture-alliance/dpa; S. 247: Stephanie Maertz/de.fotolia.com; S. 242: picture-alliance/dpa; S. 249: Carmen Steiner/de.fotolia.com; S. 251: Michael S. Schwarzer/de.fotolia.com; S. 256: Merlindo/de.fotolia.com; S. 265 1: kameramann/de.fotolia.com, 2: picture-alliance/Creasource; S. 266: The Jewish National and University Library, Jerusalem; S. 267 A: Johanna Mühlbauer/de.fotolia.com, B: Chris Gloster/de.fotolia.com; S. 270: picture-alliance/dpa; S. 271: Ekhard Ninnemann; S. 272: Buena Vista/Cinetext; S. 274 links: Bill Grove/iStockphoto.com, rechts: drx/de.fotolia.com; S. 275 unten: picture-alliance/dpa; S. 280: picture-alliance/Jazz Archiv Hamburg; S. 281 oben: Mediagfx/de.fotolia.com, unten: picture-alliance/Photoshot; S. 282 von oben nach unten: picture-alliance/dpa (2), picture-alliance/BSIP, picture-alliance/Keystone; S. 283: picture-alliance/Süddeutsche Zeitung Photo; S. 284: David Ausserhofer/Intro; S. 285 von links nach rechts: fotofrank/de.fotolia.com, wildworx/de.fotolia.com, helix/de.fotolia.com, Robert Kneschke/de.fotolia.com, helix/de.fotolia.com; S. 286: picture-alliance/ZB; S. 287: Grigory Bibikov/iStockphoto.com

Coverabbildungen

S. 30, 35: Kirsten Boie, Kerle mieten. Fischer Schatzinsel, Frankfurt/M. 2008; S. 34: Andreas Steinhöfel, Paul Vier und die Schröders. Carlsen Verlag, Hamburg 2008; S. 37: Nick Hornby, Slam. Verlag Kiepenheuer & Witsch, Köln 2008; S. 65: Isabel Allende, Die Stadt der wilden Götter. dtv Reihe Hanser, München 2009; S. 68: Michael Wigge, Ohne Geld bis ans Ende der Welt. Kiepenheuer & Witsch, Köln 2010; S. 122: Joseph Lemasolai Leduton, Facing the Lion. Peter Hammer Verlag, Wuppertal 2007; S. 173, 244, 291: Andreas Eschbach, Das Marsprojekt. BASTEI LÜBBE, Köln 2009; S. 176: Andreas Eschbach, Das Buch von der Zukunft. Rowohlt Verlag, Reinbek 2004; S. 227: Kurt Hopf, So spannend ist die Welt im Weltraum. Reihe Willi Wills Wissen. Bd. 22. Baumhaus Verlag, Frankfurt 2009; S. 266: Sandra Glover, Gefährlich nah. cbt Verlag, München 2010; S. 290 links: Evan Kuhlmann, Der letzte unsichtbare Junge. dtv, München 2010; rechts: Philip Pullman, Der goldene Kompass. Heyne Verlag, München 2007.

Illustrationen

Stefan Bachmann, Wiesbaden: S. 156, 158, 160, 162–163, 165–166; **Thomas Binder**, Magdeburg: S. 217, 288–289; **Heribert Braun**, Berlin: S. 45–47, 50–54; **Sylvia Graupner**, Annaberg: S. 25, 28, 32, 142, 144, 147, 150–151; **Ulrike Selders**, Köln: 274, 276–277, 278–279; **Juliane Steinbach**, Wuppertal: S. 122–123; **Dorina Tessmann**, Berlin: 115, 119–120; **Rüdiger Trebels**, Düsseldorf: S. 14–15, 20, 93, 96, 132–133, 171–172, 175, 198–199, 201, 203, 209–210, 212, 230–231, 233, 235, 239, 252–254, 257–259, 264, 266, 273, 268, 291

Textartenverzeichnis

Anekdote
113 Anekdote über Einstein

Bericht
287 Tagesbericht (Betriebspraktikum)

Bildergeschichten/Comics
22 Hägar: Mir reicht's!!
198, 201 Hörspiel-Comic

Biografische Texte
27 Janis Joplin: Die weiß-schwarze Stimme
78 Nelson Rolihlahla Mandela: Freiheitskämpfer, Häftling, Präsident
122 Joseph Lemasolai Lekuton: Facing the Lion
170 Wer ist Andreas Eschbach?

Briefe/E-Mails/Mitteilungen
104 Bewerbungsschreiben
234 Sehr geehrte Frau König
239 Eine Einladung
251 Eine erfolgreiche Zusammenarbeit

Dialog/szenische Texte
13 Feierabend
17 Gelungene Kommunikation
200 Sprechtraining
203 Hörspieldialog
272 Genitivverwendung

Erzählungen/Erzähltexte
→ siehe auch (Jugend-)Buchauszüge und Kurzgeschichten
96 Ann Ladiges: Blaufrau
230 Der Austausch
231 Eine Überraschung zum Geburtstag
232 Ein richtiger Junge
233 Ein überraschendes Geschenk
236 Das Fliegen – für uns eine Selbstverständlichkeit
238 Berufsberatung
242 Unsere vernetzte Schulbücherei
244 Zurück zur Erde
249 Ein köstliches Bratapfelrezept
262 Tagebuch einer Klassenfahrt
262 Der Außerirdische (Teil I und Teil II)

Fragebogen
189 Wie sehr wirst du durch Werbung beeinflusst?

Gedichte
131 Theodor Storm: Die Stadt
132 Mascha Kaléko: Spät nachts
133 Erich Kästner: Die Wälder schweigen
134 Kurt Tucholsky: Augen in der Großstadt
136 Alfred Wolfenstein: Städter
137 Sarah Kirsch: Trauriger Tag
138 Eugen Gomringer: cars and cars
138 Langston Hughes: Subway Rush Hour
139 Orhan Veli: Ich höre Istanbul
214 Zoran Drvenkar: stadt ohne namen
271 Christine Nöstlinger: Sprachproblem

Grafiken/Tabellen/Schaubilder/Landkarten
45 Flugbahn eines Ahornsamens
51 Schallstock für Blinde
52 Belüftung und Entlüftung im Eastgate Centre
53 Selbstreinigungseffekt der Lotusblätter
54 Überdruck und Unterdruck
59, 222 Verkehrsmittelwahl bei Urlaubsreisen
112 Urteile/Vorurteile
190 Bedürfnis-Pyramide nach Abraham Maslow
223 Torten-/Kreisdiagramm
223 Säulendiagramm
224 Tabelle/Biografie
224 Einwohner Südafrikas in %
224 Karte: Südafrika
225 Karte: Afrika

Internettexte
67 Autor: Guglefix04

Interviews
69 Interview mit Michael Wigge
80 Ein neuer Name für unsere Schule?
83 Interview mit dem Schulleiter Herrn Meyer
84 Frieden ist eine Männerbastion
174 Interview mit Andreas Eschbach
186 Interview mit Karl-Christian Bergmann (Lungenfacharzt)

(Jugend-)Buchauszüge
20 Jochen Till: Zu(g)einander
28, 35 Kirsten Boie: Kerle mieten oder Das Leben ändert sich stündlich
34 Andreas Steinhöfel: Paul Vier und die Schröders
36 Nick Hornby: Slam
64 Isabel Allende: Die Stadt der wilden Götter
68 Michael Wigge: Ohne Geld bis ans Ende der Welt
114, 120, 125 Rodman Philbrick: Freak
171 Andreas Eschbach: Das Marsprojekt

Kurzgeschichten
142 Josef Reding: Generalvertreter Ellebracht begeht Fahrerflucht
146 Peter Bichsel: San Salvador
150 Gabriele Wohmann: Glorias Witz
206 Ilse Aichinger: Das Fenster-Theater
216 Martin Suter: Das Schöne an der „Rose"

Leserbriefe
66 Reisen nur mit dem Rucksack?
72 Wohin in den Sommerferien?

Lexikonartikel/Wörterbucheinträge
39 die Biologie
39 die Technik
77 Alfred Nobel
85 Sabriye Tenberken
120 Bibliothek, Bionik, Bramarbas

Lieder/Liedauszüge/Songtexte
26 Janis Joplin: Me and Bobby McGee
140 Cassandra Steen/Adel Tawil: Stadt
141 Tony Hatch/Petula Clark: Downtown
280 Rio Reiser: Auszug aus König von Deutschland
281 Simon & Garfunkel: El Condor Pasa (in englischer Übersetzung)

Novellen
155 Meinrad Inglin: Drei Männer im Schneesturm

Redewendungen
33 Sprachliche Bilder entschlüsseln

Sachtexte
42 Der Natur abgeschaut
47 Ein natürliches Belüftungssystem
48 Einfach nachmachen?
50 Mit den Ohren sehen
52 Kühl und sparsam
54 Die Grenzen der Bionik
60 Unterwegs sein
77 Wissenswertes über den Friedensnobelpreis
86 Der Friedensnobelpreis für die Organisation „Ärzte ohne Grenzen"
94 Berufsbilder
101 Berufsbild: Tierpfleger
118 Christoph Wurzel: Denken in Schubladen
176 Andreas Eschbach: Das Buch von der Zukunft
196 Oliviero Toscani: Die Werbung ist ein lächelndes Aas
226 Unser Nachbarplanet
226 Der Mars ist mit einem Durchmesser
226 Der Mars
227 Kurt Hopf: So spannend ist die Welt im Weltraum
240 Bionik: Vorbild Natur
282 Berufsbilder und -anforderungen

Schülertexte
32 Charakteristik von Lulu
128 Unfall im Menschengehege
129 Der Tag, an dem ich auf den Planeten Blorb entführt wurde
221 Zwei Inhaltsangaben
291 Das Marsprojekt von Andreas Eschbach – Buchempfehlung

Slogans
193 Werbeslogans

Zeitungs- und Onlineartikel
70 Brigitte Behrens: Auf der Reise zu sich selbst
90 Zivilcourage
98 Mollusken fasten wöchentlich
102 Im Bauch des Riesen
181 Traumstart ins Weihnachtsgeschäft
181 Schwarz-Grün gescheitert
181 „Podknast" mit Baacke-Preis ausgezeichnet
181 Schützen essen Grünkohl
182 Hupkonzerte in Berlin
184 Die Vulkan-Asche
184 Aus Furcht vor einem erneuten Ausbruch
184 Bei einer Eruption
185 Reportage: Gelassenheit in Island nach Vulkanausbruch
186 Interview mit Karl-Christian Bergmann (Lungenfacharzt)
187 Klaus-Dieter Frankenberger: Asche über Europa
247 Prickelnd und gesund
275 Die Folgen der Flut

Sachregister

Ableitungen, ableiten 246, 251
Abschreiben
- Texte 231, 233, 235, 237, 239, 241, 243, 245, 247, 249, 251, 260, 262
- Wörterlisten 232, 240, 260, 263
- Wörterreihen 260, 263

Adjektive 128, 154, 173–174, 250, 255
Adverbien 238, 255–256
AIDA-Prinzip 194
Akkusativ 276–277
Antonyme 76
Argumente 66, 73, 197
Attribute 290–291
Auktorialer Erzähler → Erzähler

Bericht
- Tagesbericht 108–110, 287
- Zeitungsbericht 183, 185, 275

Beschreibung, beschreiben
- Abbildungen/Bilder 44–45, 127
- Fotos 40–41, 58, 130, 173
- Funktionsweisen 41, 45, 50, 53
- Grafiken 112

Berufsbilder 94–95, 98–102, 109, 282–287
Betonung, betonen 200–201
Bewerbung 103–107
bewerten, beurteilen, auswerten 21, 149, 211, 213, 219, 229
Binnenerzählung 155, 166–168
Biografie/Autobiografie 27, 122–124
Broschüre gestalten 103

Charakteristik, Figuren charakterisieren 31–32, 34–38, 65, 146–149, 210
Checkliste 74, 105, 107, 110, 127, 195, 221, 223
Cluster 33, 72, 76, 150
Comic 22, 198–199
Computer/Textverarbeitung 107

das/dass 231, 247, 257
Dativ 276–277
Dehnungs-h 248
Diagramm 59, 222–224
Dialog 13–17, 23, 203–204
Diskussion, diskutieren 59, 71, 85, 197
Doppelkonsonanten 250, 257
doppelte Vokale 247

E-Mail 177
Entscheidender Moment → Wendepunkt
Erzählen
- Geschichte 175
- nacherzählen 169
- weitererzählen 172
- zu einem Foto 154

Erzähler 34, 38, 124, 155, 166–169, 203
Erzählperspektive → Sichtweise/Perspektive
Erzählplan 175
Erzählung 96–97

Fachwörter 47, 242
Feedback 228–229
Figurengestaltung 117, 124–126
Formelles Schreiben 104–107
Fragetechniken 82–83, 91
Fremdwörter 218, 240–241, 246, 258

Gedichte 130–141, 271
- schreiben/weiterschreiben 130, 135, 137, 139, 215
- umschreiben 271
- untersuchen 131–133, 135–137, 271
- vortragen 131–132, 138–139

Genitiv 272
Geräusche 202–204
Getrennt-/Zusammenschreibung 244, 252–253
Gliedern 243, 246, 250, 257
Grafiken 52, 54, 59, 112, 190, 222–225
Groß-/Kleinschreibung 238–239, 256

Handlungsbausteine 15, 65, 147–148, 152, 155–159, 163–168, 208–211, 216–219
Handlungsmotive 117, 124, 126
Hauptsätze 233, 245, 249, 259, 282–287
Höflichkeitsanrede 235
Hörspiel 198–205, 274
Hörverständnis 199

Ich-Botschaften 19, 229
Ich-Erzähler → Erzähler
Image 192–195
Informationssuche 51, 79, 85, 88, 91, 98
Inhaltsangabe 135, 216–221
Innerer Monolog 124, 145, 168
Interview 80–81, 83–85, 87, 90–92, 174, 186

Jugendbuch, Jugendroman 20–21, 28–30, 34–37, 64–65, 114–116, 125–126, 170–173, 290–291
Jugendsprache → Modewörter

Killerphrasen 18, 23–24
Kleinschreibung → Groß-/Kleinschreibung
Kommasetzung
- Aufzählung 232, 235, 249
- mehrteilige Datums- und Zeitangaben 234–235
- nachgestellte Erläuterungen 237
- Relativsätze 288–289
- Satzgefüge 233, 249
- Satzreihe 245
- vor dass 247

Kommunikation, kommunizieren 12–13, 20–22, 228–229
Konflikt 159, 163, 167
Konjunktionen 247, 249, 257, 259, 282–287
Konjunktiv II 147, 278–281
- Ersatzform mit würde 280–281
Konjunktivformen 147, 278–281

Körpersprache 12, 16, 228
Kritik 23–24, 228–229
Kurzgeschichten 142–147, 150–152, 206–211, 216–217
Kurzreferat 63, 71, 77–79, 86–89, 131, 177, 224–225

Layout 179
Lebenslauf 106–107
Leseeindruck 165, 207, 217
Lesemappe 31, 63, 124, 153, 175, 185, 215
Leserbrief 66, 71
Lexikonartikel 77
lyrisches Ich – Sprecher in Gedichten

Medien 178–205
Mediennutzung 179, 225
Metaphern 33, 135
Metrum 133
Mitschrift 79, 89
Modewörter/Jugendsprache 270–271

Nachrichtenpyramide 183
Nachschlagen 44, 47, 56, 245, 265, 268–269
Nebensätze 233, 247, 249, 259, 284–289
Nomen 250, 254–255
Nominalisierung 236, 248, 256, 258
Novelle 154–169

Online-Artikel 98–100
Online-Version (Tageszeitung) 179

Parallelgedichte schreiben → Gedichte schreiben
Partizipien
- Partizip I 274
- Partizip II 275

Partnerdiktat 231, 235, 259, 261
Personifikation 135–136
Perspektive → Sichtweise
Plakat 63, 110
Präfixe 245, 254–255
Praktikum, Betriebspraktikum 101, 104, 284–287
Praktikumsbericht → Tagesbericht
Präpositionen 276–277
Präsentation, präsentieren 50–51, 63, 89, 195, 205, 225
Pro-/Kontra-Argumente 59, 71, 73, 197

Rahmenhandlung 155, 166, 168
Raumgestaltung 152, 173, 175, 208
Recherchieren 51, 79, 101, 291
Rechtschreibkartei 261
Rede 85
Regieanweisungen 16–17, 213
Regieplan 205
Reimschema 135
Relativpronomen 288–289
Relativsätze 288–289
Reportage 185, 274

Ressorts 181
Rollenkarten 213
Rollenspiel 124

Sachtexte 42–44, 47–50, 48–49, 52, 54–55, 60–62, 78–79, 118–119, 176–177, 196, 226
Satzgefüge 233, 249, 259, 284–287
Satzgliedteile → Attribute
Satzreihe 245, 282–283
Schlagzeilen 181, 184
Schreibkonferenz 110, 128–129
Science-Fiction-Roman 170–173
Sichtweise/Perspektive 31, 112–113, 117, 126–127, 168, 172, 210
Slogan 193
Sprachgebrauch 271
Sprachliche Bilder 33, 135–136
Sprachliche Mittel 193–195
Sprecher in Gedichten 131, 137, 215
Sprechweise 16, 22, 200–201
Steckbrief 27, 170
Stellungnahme, Stellung nehmen 65–66, 68–74, 168, 177
Stichworte notieren 77, 166, 198
Suffixe 236, 245–246, 257
Szenenplan 204

Szenische Darstellung, szenisches Spiel 16–17, 22, 169, 204, 212–213
Synonyme 76

Tagesbericht → Bericht
Tageszeitung → Zeitung
Texte
– schreiben 17, 63, 127, 175, 220, 289
– überprüfen, überarbeiten 32, 128–129, 221
– umgestalten 124, 153, 198–205
– weiterschreiben 13, 153, 289
Textknacker (Texte lesen und verstehen) 42–44, 48–50, 52, 54–56, 60–63, 70–71, 78–79, 86, 98–103, 142–153

Übersetzen
– Gedichte 138
– Lieder/Songs 140–141, 281
– Rätsel 277
Umfrage 63

Verben 128, 250, 254
Vergleich 136, 273
Verlängern 250–251
Vermutungen 40, 208
Visualisieren, veranschaulichen 222–225

Vorlesen 177, 198
Vorstellung, vorstellen
– Autor 177
– Buch 177

Wendepunkt 145, 159, 211
Werbung 188–197, 269
W-Fragen 91, 108–109, 183
Wortbedeutung 40, 120
Wortfelder 154, 266–267
Wortherkunft 264–265, 268–269
Wortstamm 264–265
Wortverwandtschaft 265, 268
Wortwahl 121, 126, 270–271

Zeitgestaltung 152
– zeitdeckendes Erzählen 168
Zeitung 178–187
Zeitungsartikel 70–71, 86, 102, 180–187, 275
Zeitungsbericht → Bericht
Zielgruppe 191, 193, 195
Zitat/Zitieren 112, 116, 226–227
Zusammenfassen 116, 155, 210, 217
Zusammenschreibung
→ Getrennt-/Zusammenschreibung
Zusammensetzungen, zusammengesetzte Wörter 46, 239

Vollständige Gedichte

Hier findest du das vollständige Gedicht „Spät nachts" von Mascha Kaléko von Seite 132 in seiner ursprünglichen Form.

Spät nachts   Mascha Kaléko

Jetzt ruhn auch schon die letzten Großstadthäuser.
Im Tanzpalast ist die Musik verstummt
Bis auf den Boy, der einen Schlager summt.
Und hinter Schenkentüren wird es leiser.

5 Es schläft der Lärm der Autos und Maschinen,
Und blasse Kinder träumen still vom Glück.
Ein Ehepaar kehrt stumm vom Fest zurück,
Die dürren Schatten zittern auf Gardinen.

Ein Omnibus durchrattert tote Straßen.
10 Auf kalter Parkbank schnarcht ein Vagabund.
Durch dunkle Tore irrt ein fremder Hund
Und weint um Menschen, die ihn blind vergaßen.

In schwarzen Fetzen hängt die Nacht zerrissen,
Und wer ein Bett hat, ging schon längst zur Ruh.
15 Jetzt fallen selbst dem Mond die Augen zu …
Nur Kranke stöhnen wach in ihren Kissen.

Es ist so still, als könnte nichts geschehen.
Jetzt schweigt des Tages Lied vom Kampf ums Brot.
– Nur irgendwo geht einer in den Tod.
20 Und morgen wird es in der Zeitung stehen …

Das Buch wurde erarbeitet auf der Grundlage der Ausgaben von Renate Krull (Gesamtherausgeberin) sowie den Herausgebern Werner Bentin, Hans Joachim Heinz, Christa Knirsch, Ekhard Ninnemann und Martin Plieninger; von Benildis Andris, Helga Artelt, Susann Bartsch, Susanne Becker, Werner Bentin, Kathleen Breitkopf, Ulrich Deters, Jörg Diekneite, Claudia Eisele, Gisela Faber, Filiz Feustel, Christiane Frauen, Axel Frieling, Julia Giede, Nadine Glück, Michaela Greisbach, Angela Haar, Hans Joachim Heinz, Karin Hofer, August-Bernhard Jacobs, Christa Knirsch, Michaela Koch, Renate Krull, Ina Lang, Gisela Mössle, Ursula Oswald, Martin Plieninger, Lisa Rivo, Werner Roose, Simone Schlepp-Pellny, Jutta Schöps-Körber, Stephan Theuer

Zu „Doppel-Klick" gibt es das Arbeitsheft Basis 8,
das Arbeitsheft Plus 8, sowie eine begleitende Unterrichtssoftware.

Projektleitung: Gabriele Biela
Redaktion: Daphná Pollak, Grit Ellen Sellin, Dietlinde Thomas
Bildrecherche: Petra Ebert, Kirsten Greve

Umschlaggestaltung: tritopp, Berlin
Layoutkonzept: nach Entwürfen von Farnschläder & Mahlstedt, Hamburg
Layout und technische Umsetzung: Buchgestaltung +, Berlin

www.cornelsen.de

Die Webseiten Dritter, deren Internetadressen in diesem Lehrwerk angegeben sind, wurden vor Drucklegung sorgfältig geprüft. Der Verlag übernimmt keine Gewähr für die Aktualität und den Inhalt dieser Seiten oder solcher, die mit ihnen verlinkt sind.

Soweit in diesem Lehrwerk Personen fotografisch abgebildet sind und ihnen von der Redaktion fiktive Namen, Berufe, Dialoge und Ähnliches zugeordnet oder diese Personen in bestimmte Kontexte gesetzt werden, dienen diese Zuordnungen und Darstellungen ausschließlich der Veranschaulichung und dem besseren Verständnis des Inhalts.

Dieses Werk berücksichtigt die Regeln der reformierten Rechtschreibung und Zeichensetzung.
Bei den mit [R] gekennzeichneten Texten haben die Rechteinhaber einer Anpassung widersprochen.

1. Auflage, 4. Druck 2021

Alle Drucke dieser Auflage sind inhaltlich unverändert und können im Unterricht nebeneinander verwendet werden.

© 2011 Cornelsen Verlag, Berlin
© 2021 Cornelsen Verlag GmbH, Berlin

Das Werk und seine Teile sind urheberrechtlich geschützt. Jede Nutzung in anderen als den gesetzlich zugelassenen Fällen bedarf der vorherigen schriftlichen Einwilligung des Verlages.
Hinweis zu §§ 60a, 60b UrhG: Weder das Werk noch seine Teile dürfen ohne eine solche Einwilligung an Schulen oder in Unterrichts- und Lehrmedien (§ 60b Abs. 3 UrhG) vervielfältigt, insbesondere kopiert oder eingescannt, verbreitet oder in ein Netzwerk eingestellt oder sonst öffentlich zugänglich gemacht oder wiedergegeben werden. Dies gilt auch für Intranets von Schulen.

Druck und Bindung: Livonia Print, Riga

ISBN 978-3-06-061898-9

PEFC zertifiziert
Dieses Produkt stammt aus nachhaltig bewirtschafteten Wäldern und kontrollierten Quellen.
www.pefc.de

Auf einen Blick:
Die Übungen zu den Aufgaben des Kernlehrplans

mündliche Aufgabentypen	Aufgaben	Seite	Kapitel
Sprechen			
1. sachgerecht und folgerichtig vortragen, z. B. a. Beobachtungen b. Arbeitsergebnisse (Auseinandersetzung mit Sachverhalten oder Texten) c. kurze Referate	ein Kurzreferat vorbereiten und halten	51	Bionik: Vorbild Natur
		60–63, 71	Unterwegs
		78–79, 86–87	Einsatz für den Frieden
		88–89	Präsentieren: Kurzreferat
		224–225	Informationen veranschaulichen
	einen Sachtext lesen und über den Inhalt informieren	50–52	Bionik: Vorbild Natur
		60–63	Unterwegs
		118–119	Auf den zweiten Blick
	sich über eine Person oder Sache informieren	26–27	(K)ein Idol für mich
		52	Bionik: Vorbild Natur
		76–77	Einsatz für den Frieden
		94–95, 98–103	Berufe erkunden – Sich bewerben
	sachlich formulieren	67	Unterwegs
	Funktionsweisen und Vorgänge beschreiben und präsentieren	45, 53	Bionik: Vorbild Natur
gestaltend sprechen / szenisch spielen			
2. gestaltend vortragen (nonverbale und verbale Ausdrucksformen einsetzen) a. dialogische Texte b. Gedichte	Szenen und Worte ausdrucksstark vortragen	169	Ein unerhörtes Ereignis – Die Novelle
		198–201	Nur fürs Ohr: Ein Hörspiel gestalten
	ein Hörspiel planen und aufnehmen	204–205	Nur fürs Ohr: Ein Hörspiel gestalten
	eine Szene spielen	124	Auf den zweiten Blick
		169	Ein unerhörtes Ereignis – Die Novelle
	Gedichte ausdrucksstark vortragen	131–133, 138–139	Im Bann der Großstadt
	Texte gestaltend vortragen	85	Einsatz für den Frieden
		177	Auf Marsreise mit Andreas Eschbach
Gespräche führen			
3. Sprechakte gestalten und reflektieren a. in Gruppengesprächen b. in Streitgesprächen (auch als Rollenspiel) c. in Interviews	zuhörergerechtes Sprechen/adressatengerechtes Erzählen	12–13	Sag mal, meinst du auch, was du sagst?
		270	Sprache und sprechen
	die eigene Meinung zum Ausdruck bringen	13–24	Kritik üben – mit Kritik umgehen?
	konstruktive Rückmeldungen geben	18–19	Sag mal, meinst du auch, was du sagst?
		228–229	Feedback empfangen und geben
	argumentieren und diskutieren	59, 71	Unterwegs
		197	Werbung
	aktiv zuhören	24	Kritik üben – mit Kritik umgehen
		228–229	Feedback empfangen und geben
	Gesprächsregeln kennen und beachten	18–19, 22	Sag mal, meinst du auch, was du sagst?
		23–24	Kritik üben – mit Kritik umgehen
		82–83	Einsatz für den Frieden
	Wünsche, Erwartungen und Vorstellungen äußern	40	Bionik: Vorbild Natur
		95	Berufe erkunden – Sich bewerben
		278–281	Konjunktivformen
	ein Interview gestalten	80–81, 84–85	Einsatz für den Frieden
		90–92	Ein Interview planen, durchführen und auswerten
	Gesprächsverhalten untersuchen	12–21	Sag mal, meinst du auch, was du sagst?
		23–24	Kritik üben – mit Kritik umgehen

schriftliche Aufgabentypen	Aufgaben	Seite	Kapitel
Schreiben			
2. in einem funktionalen Zusammenhang auf der Basis von Materialien sachlich berichten und beschreiben	einen Text zusammenfassen	54–56	Sachtexte erschließen
		116	Auf den zweiten Blick
		227	Copyright für Wörter
	einen Bericht schreiben	108–110	Ein Praktikumstag im Fotostudio
		183, 185	Aktuelles vom Tage
	eine Funktionsweise beschreiben	45, 50–51, 53	Bionik: Vorbild Natur
	eine Inhaltsangabe schreiben	216–221	Eine Inhaltsangabe schreiben

schriftliche Aufgabentypen	Aufgaben	Seite	Kapitel
3. eine Argumentation zu einem Sachverhalt verfassen (ggf. unter Einbeziehung anderer Texte)	Stellung nehmen	64–69, 70–71	Unterwegs
		72–74	Schriftlich Stellung nehmen
		177	Auf Marsreise mit Andreas Eschbach
Lesen – Umgang mit Texten und Medien			
4. a. einen Sachtext, medialen Text oder literarischen Text mithilfe von Fragen auf Wirkung und Intention hin untersuchen und bewerten b. durch Fragen bzw. Aufgaben geleitet: aus kontinuierlichen und/oder diskontinuierlichen Texten Informationen ermitteln, Informationen miteinander vergleichen, deuten und abschließend reflektieren und bewerten	Diagramme/Karten/Tabellen auswerten	59	Unterwegs
		183	Aktuelles vom Tage
		190	Werbung
		222–225	Informationen veranschaulichen
	einen Fragebogen auswerten	189	Werbung
	Grafiken, Fotos und Bilder untersuchen und bewerten	22	Sag mal, meinst du auch, was du sagst?
		23	Kritik üben – mit Kritik umgehen
		40–45, 50–53	Bionik: Vorbild Natur
		54–56	Sachtexte erschließen
		94, 106	Berufe erkunden – Sich bewerben
		111–112	Auf den zweiten Blick
		127	Texte schreiben und überarbeiten
		173	Auf Marsreise mit Andreas Eschbach
		188, 190–195	Werbung
		214	Lesen erforschen, lesen trainieren
	Werbeanzeigen untersuchen und bewerten	191, 193–195	Werbung
	Zeitungstexte lesen und verstehen	27	(K)ein Idol für mich
		86–87	Einsatz für den Frieden
		98–100, 102–103	Berufe erkunden – Sich bewerben
		178–187	Aktuelles vom Tage
	Interviews lesen und verstehen	69	Unterwegs
		80–85	Einsatz für den Frieden
		174	Auf Marsreise mit Andreas Eschbach
		186	Aktuelles vom Tage
	Sachtexte mit dem Textknacker lesen und verstehen	42–44, 48–52	Bionik: Vorbild Natur
		54–56	Sachtexte erschließen
		60–63, 70–71	Unterwegs
		78–79, 86	Einsatz für den Frieden
		98–101	Berufe erkunden – Sich bewerben
	Lesetechniken und -strategien die Handlungsbausteine untersuchen und anwenden	15	Sag mal, meinst du auch, was du sagst?
		65	Unterwegs
		155–168	Ein unerhörtes Ereignis – Die Novelle
		208–211	Lesen erforschen, lesen trainieren
		216–219	Eine Inhaltsangabe schreiben
	Lesestrategien kennen lernen und anwenden (Vorwissen aktivieren, das eigene Vorgehen analysieren, Fragen an den Text stellen und beantworten, den Inhalt eines Textes vorhersagen und die Vorhersagen überprüfen)	54–56	Sachtexte erschließen
		146–153	Kurzgeschichten
		206–213	Lesen erforschen, lesen trainieren
		216–219	Eine Inhaltsangabe schreiben
	lyrische Texte lesen und verstehen	130–141	Im Bann der Großstadt
		214–215	Lesen erforschen, lesen trainieren
	sprachliche Mittel erkennen	33	(K)ein Idol für mich
		132, 134–137, 140	Im Bann der Großstadt
		193	Werbung
	Liedtexte interpretieren	26	(K)ein Idol für mich
		140–141	Im Bann der Großstadt
		280–281	Konjunktivformen
	Dialoge lesen und bearbeiten	14–17	Sag mal, meinst du auch, was du sagst?
	Szenen lesen und aufführen	14–17	Sag mal, meinst du auch, was du sagst?
	einen Comic lesen und verstehen	22	Sag mal, meinst du auch, was du sagst?
		189–199	Nur fürs Ohr: Ein Hörspiel gestalten
	epische Texte lesen und verstehen	20–21	Sag mal, meinst du auch, was du sagst?
		28–31, 34–35	(K)ein Idol für mich
		36–38	Eine literarische Figur charakterisieren
		64–65	Unterwegs
		96–97	Berufe erkunden – Sich bewerben
		114–117, 122–126	Auf den zweiten Blick
		142–153	Kurzgeschichten
		154–169	Ein unerhörtes Ereignis – Die Novelle
		171–173	Auf Marsreise mit Andreas Eschbach
		206–211	Lesen erforschen, lesen trainieren
		216–219	Eine Inhaltsangabe schreiben

schriftliche Aufgabentypen	Aufgaben	Seite	Kapitel
	die Erzählperspektive untersuchen	166	Ein unerhörtes Ereignis – Die Novelle
	Figuren charakterisieren	28–32, 34–35	(K)ein Idol für mich
		36–38	Eine literarische Figur charakterisieren
		146–149	Kurzgeschichten
		210	Lesen erforschen, lesen trainieren
	sich über Autoren und ihre Bücher informieren	170, 174, 177	Auf Marsreise mit Andreas Eschbach
Sprachliche Formen und Strukturen in ihrer Funktion			
5. einen Text nach vor-gegebenen Kriterien überarbeiten	eine Charakteristik überarbeiten	32	(K)ein Idol für mich
	eine Stellungnahme überarbeiten	67	Unterwegs
		74	Schriftlich Stellung nehmen
	eine Inhaltsangabe überarbeiten	221	Eine Inhaltsangabe schreiben
	einen Text aus der Sicht einer Figur überarbeiten	127–129	Texte schreiben und überarbeiten
	eine Bewerbung überarbeiten	105	Berufe erkunden – Sich bewerben
	einen Lebenslauf überarbeiten	107	Berufe erkunden – Sich bewerben
	einen Tagesbericht überarbeiten	110	Ein Praktikumstag im Fotostudio
Produktionsorientiertes Schreiben			
6. sich mit einem literarischen Text durch dessen Umgestaltung auseinandersetzen, z. B. a. einen Dialog schreiben b. Perspektive wechseln	einen fiktiven Brief schreiben	168	Ein unerhörtes Ereignis – Die Novelle
	eine Fortsetzung schreiben	96–97	Berufe erkunden – Sich bewerben
		153	Kurzgeschichten
	Textfragmente sinnvoll ergänzen	13	Sag mal, meinst du auch, was du sagst?
		289	Der Satz: Relativsätze
	ein Parallelgedicht schreiben	135–138	Im Bann der Großstadt
		215	Lesen erforschen, lesen trainieren
	Hörspieldialoge untersuchen und schreiben	198–205	Nur fürs Ohr: Ein Hörspiel gestalten
	einen inneren Monolog schreiben	124	Auf den zweiten Blick
		145	Kurzgeschichten
		168	Ein unerhörtes Ereignis – Die Novelle
	einen Dialog schreiben	153	Kurzgeschichten
	szenische Interpretation eines Textes	16–17	Sag mal, meinst du auch, was du sagst?
		124	Auf den zweiten Blick
		169	Ein unerhörtes Ereignis – Die Novelle
		204–205	Nur fürs Ohr: Ein Hörspiel gestalten
		212–213	Lesen erforschen, lesen trainieren
	einen fremdsprachigen Text ins Deutsche übertragen	138, 141	Im Bann der Großstadt
		281	Konjunktivformen